福建师范大学教材建设基金资助

GONGGONG BUMEN RENLI ZIYUAN GUANLI

公共部门人力资源管理

鄢龙珠 主 编 （第二版）

厦门大学出版社
XIAMEN UNIVERSITY PRESS

第二版序言

《公共部门人力资源管理》出版三年来,受到了广泛的关注,许多高等院校的老师和学生将之选作教材或参考书。在收集和吸纳使用本书的老师、同学及其他读者的意见和建议的基础上,我们对第一版进行了修改和补充。此次修订的内容主要在以下几个方面:

1. 调整了局部结构。新版本把第九、十章合并为一章,新增加了第十一章公共部门人力资源信息管理系统。

2. 在大多数章节中增加了一些新内容,修改了我们发现的错误。

3. 改写了部分章节。主要是改写了第七章公共部门人力资源绩效管理;第八章公共部门人力资源薪酬管理;第九章公共部门人力资源职业生涯管理。

4. 补充和更新了部分章节的案例及练习题。

在修订过程中,我们参考了大量的相关书籍资料,除已注明外,还借鉴了许多专家、学者的著作、教材、论文、案例及网站资料,在此一并致以衷心的谢意。

在此我还要对为本书的写作付出辛勤努力的各位作者表示衷心感谢,对为本书的出版倾注大量精力的厦门大学出版社编辑甘世恒同志表示衷心感谢。

本书的修订工作由鄢龙珠设计与主持,具体分工是:第一、八章:鄢龙珠;第二章:吴镇聪;第三章:刘少枫;第四章:王明春;第五章:陈志;第六章:徐初佐;第七章:俞少奇;第九章:邢雯;第十章:陈志;第十一章:郑书娟。

全书由鄢龙珠统稿,黄毅君、张伟志、张再海等对全书进行了通读。

公共部门人力资源管理是一门发展极快的学科,由于我们水平有限,加之时间仓促,书中不妥和疏漏之处在所难免,诚盼同行专家和广大读者批评指正,以便我们继续修订。

福建师范大学公共管理学院

鄢龙珠

2010 年 1 月 26 日

目　　录

第一章　导　论

★公共部门人力资源的内涵与特征
★公共部门人力资源管理的性质和特点
★现代公共部门人力资源管理与传统人事管理的差异
★公共部门人力资源管理的基本功能
★我国公共部门人力资源管理系统变革的成果和有待突破的问题

公共部门人力资源管理是社会人力资源管理的一个部分,是公共部门实施管理活动的前提和基础。它直接影响公共管理活动的开展,制约公共管理活动的结果,是公共管理活动的重要组成部分。

第一节　公共部门与公共部门人力资源

一、公共部门的含义、类型与特征

(一)公共部门的含义

公共部门(public sector)是相对于私营部门(private sector)的一种社会形态。私营部门是指提供私人物品、谋求实现自身利益最大化的个人和组织。公共部门是指旨在提供公共产品和公共服务,以谋求社会公共利益和普遍福祉的一套组织体系。公共部门的构成十分复杂,而且,其涉及的范围和数量是随着社会发展的不同时期,国家管理社会经济事务的职能范围、所用管理手段与方式的变化而变化的。

最典型的公共部门是政府部门,它们以公共权力为基础,具有明显的强制性,依法管理社会公共事务,其目标是谋取社会的公共利益,对社会与公众负责,不以盈利为根本目的;不偏私于任何集团的私利。最典型的私人部门是私人企业,它们以追求自身利益最大化为最终目标。

公私部门之间的界限最初比较清晰,但随着社会经济的发展,公私部门之间的互动日趋频繁,出现了相互渗透、交融的趋势。第二次世界大战后,随着各国行政权的进一步扩大,政府管理经济与社会各方面事务的形式也发生了重大变化。政府由传统的"守夜人"和社会生活的仲裁者,直接进入了人们社会生活的各方面。政府直接投资办企业,建立众多国有企业,提供公共物品;直接开办公立学校,使更多的平民子女接受国家教育等等。因而,具有公共部门内在性质的组织的范围明显扩大了。在广义上,它既包括依靠国家财政运转的国家政权组织,尤其是管理社会公共事务的行政组织,同时也包括由政府直接投资、在所有制形式上属于国有的公营企业、公立学校、公立医院与相当数量的得到行政授权、并靠国家财政资源运转的机构或公共事业性组织等。而在今天,伴随着一次又一次的政治和行政改革运动,依照政府职能削减和分权的原则,公共部门的范围和表现形式在广泛的民营化浪潮和新公共治理运动的推动下,又发生了诸多的变化。第三部门迅速兴起,而"公部门"与"私部门"的界限变得越来越模糊,政府通过契约外包和分包,使越来越多的私营部门不断地介入到公共服务中。

(二)公共部门的主要类型

由于人们在认定公共部门的内涵和外延时,采用的标准和评价方式不同,所以,对公共部门范畴的界定并不统一。我们在分析公共部门的内在性质和外延范畴时,根据一系列标准和特征,将公共部门的范围和主要类型划分为以下几类。①

第一类公共组织是指公共部门体系中具有最为突出的特征的一大类组织——拥有公共权力,制定和执行国家宪法、法律,维持社会秩序,从事社会公共事务管理,提供公共产品和公共服务,运营经费全部来源于国家公共财政的划拨,追求公共利益的实现,不以盈利为目的的国家政权组织系统,包括国家各级立法机关、行政机关、司法机关和检察机关。在传统意义上,它们构成"公域"的中心,是公共组织最重要的组成部分。

第二类公共组织是指由国家政权组织委托和授权的,从事公共服务的,为公众提供科学、文化、医疗卫生等公共产品,其运营经费一部分来源于国家公共财政的划拨,一部分来源于为收回成本而向服务接受者收取的费用,不以盈利为目的的组织体系。在我国,它们是从事公共事业服务的国有的或民营的事业单位或组织,包括公立医院、疗养院、养老院、公立学校、科学研究机构、文化馆、图书

---

① 参见孙柏瑛主编:《公共部门人力资源开发与管理》,中国人民大学出版社 2004 年版,第 9～10 页。

馆、美术馆、社区公益服务组织、社会工作的志愿者组织等。今天,它们也属于"第三部门",是非营利组织的重要组成部门。尽管这些组织越来越多地采用企业化经营的模式,形成了企业式的运营过程,但是,由于它们的基本性质是提供公共服务,并且与私营企业不同,它们不以盈利为目的,所以也是公共部门的一部分。

第三类公共组织是指由政府出资组建,生产社会需求的物质产品,以盈利和国有资产增值为目的,以企业化方式运营的组织体系,主要是指各种国有企业和公司。在内部经营方式上,国有企业与私营企业区别不大,但由于其产权性质属于国有,运营资源来源于公共的资源,又受到政府主管部门或授权主管部门的监督、管理,所以可视为公共部门的一部分。

由此可见,公共部门是一个庞大的组织体系,是由内部运营方式并不相同的组织构成,这决定了在公共部门中,针对不同类型的公共组织,人力资源管理的模式和形态也是多样化的。

本书主要讨论第一类组织的人力资源管理,兼顾第二、三类组织。

(三)公共部门的特征

经济学家希克斯(Hicks)强调公共部门是公共政治决策的产物,而非市场动作的结果。政府是以命令为基础的——它们能强制人们执行,而市场则是自愿行为。经济学家斯蒂格利茨(Stiglitz)则认为,公共部门与私营部门的重要区别在于两个方面:一是经营公共部门的负责人所拥有职务的合法性直接地从政治选举过程中产生;二是政府被赋予一定的强制力,这种权力是私营机构所没有的。简单地讲,公共部门与私营部门的核心差异在于其是否拥有合法的强制力,政府是社会中唯一可以合法使用暴力的机关。他进一步指出,虽然政府拥有这种强制权,但在民主社会中,"政府仍依赖于各方面的自愿服从"。

从作用的范围来看,私人部门与公共部门之间似乎不存在清晰的界线,当私人部门的行为具有很强外溢性的时候更是如此。但是当我们将典型的公共部门和典型的私人部门进行对比分析时,就会发现二者之间是有差别的,它们有着各自的特质。见表1-1。

二、公共部门人力资源的内涵与特征

(一)人力资源内涵及特征

1. 人力资源内涵

"资源"一般分为自然资源、资本资源、人力资源和信息资源。人力资源(human resources)是指一定范围内能够推动社会和经济发展的、具有正常智力和体力劳动能力的人的总称。

表 1-1　公共部门与私人部门的区别

因素		部门	
		公共部门	私人部门
环境	市场	市场由监督机构构成	人们的购买行为决定市场
		提供同一服务的组织相互合作	为提供某项服务相互竞争
		资金来源依赖预算拨款（免费服务）	资金来源依赖于收费
		缺乏数据	数据充分可用
		市场信号弱	市场信号清晰
	制约	指令和义务限制了自主权和灵活性	只受法律和内部多数人意见的限制
	政治影响	政治影响是直接的,源于权威和经济控制力	政治影响是间接的,依赖于法律和私人部门的经济实力
交易	强制力	人们必须资助和消费组织的服务	消费是自愿的,依据所用情况付费
	影响范围	具有较大社会影响,关注者众多	具有较小社会影响,关注者范围小
	公众审查	不能将计划保密或隐蔽制订计划	可以隐蔽地制订计划并将其保密
	所有权	所有权模糊,范围极度泛化	所有权明晰,利益相关者少而集中
组织程序	目标	长期和短期目标不断变化,往往相互冲突且难以界定和落实	组织目标清楚,认同度高
		最关注公平	更关注效率
	绩效期望	模糊,并处于不断变化中,随选举和政治任命的变化而变化,容易导致鼓励无所事事	清楚,在长时间内稳定不变,因而易使人产生紧迫感
	激励	稳定的工作,重要任务和角色	主要是利益激励

引自赵曼主编:《公共部门人力资源管理》,清华大学出版社 2005 年版,第 4 页。

　　人力资源是一个涵盖面很广的理论概括。要准确地理解人力资源的实质和内涵,就必须分析和把握人口资源、人力资源、劳动力资源和人才资源四者的关系。

　　人口资源是指一个国家或地区的人口总体的数量表现。它是一个最基本的底数,就如一个高大建筑物的底层,与之相关的人力资源、劳动力资源、人才资源皆以此为基础。

　　人力资源是指一个国家或地区具有为社会创造物质、精神和文化财富的,从事智力劳动和体力劳动的人们的总称。它强调人具有的劳动能力,即使是潜在

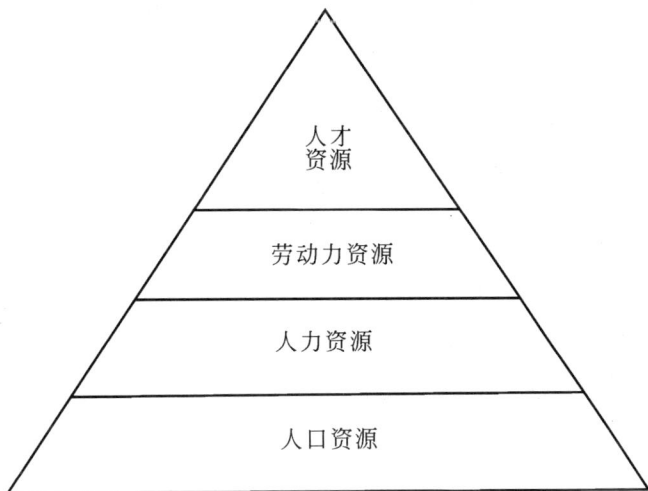

图 1-1 人口资源、人力资源、劳动力资源、人才资源四者的关系

的,如未进入法定劳动年龄或超出法定劳动年龄的人们均应包含进去。当然,这是从广义的人力资源角度来理解的。

劳动力资源是指一个国家或地区有劳动能力并在"劳动年龄"范围之内的人口总和。

人才资源则是对一个国家或地区具有较强的管理能力、研究能力、创造能力和专门技术能力的人的总称。它重点强调人的质量方面,强调劳动力资源中较优秀的那一部分,表明一个国家和地区所拥有的人才质量,反映了一个民族的素质。

人口资源和劳动力资源突出了人的数量和劳动者数量;人才资源侧重人的质量;人力资源是人口数量与质量的统一,是潜在人力与现实人力的统一。如果开发得当,利用有方,管理得力,人力资源将为社会经济的发展做出巨大贡献。

人力资源分为现实的人力资源和潜在的人力资源两部分。现实的人力资源指一个国家或一个地区在一定时间内拥有的实际从事社会经济活动的全部人口,包括正在从事劳动和投入经济运行的人口以及由于非个人原因暂时未能从事劳动的人口。潜在的人力资源则是指处于储备状态,正在培养成长,逐步具备劳动能力的,或虽具有劳动能力,但由于各种原因不能或不愿从事社会劳动的,并在一定条件下可以动员其投入社会经济生活的人口总和。例如在校的青年学生、现役军人、从事家务劳动的家庭妇女等。

人力资源的构成要素有两个。第一个要素是人力资源的数量,它是衡量人力资源总量的基础性指标,是人力资源量的特征。一国或地区的人口数量与广义的人力资源数量呈明显的正相关性,反映了人力资源绝对量的水平。而人力资源的相对量是现实的人力资源数量在国家或地区总人口中所占的比重。现实人力资源数量投入得越多,就意味着就业人口越多,表明该国家或地区经济发展具有一定优势。第二个要素是人力资源的质量,它是衡量人力资源总体素质的指标,是人力资源质的特征。人力资源的质量对于国家和社会发展的作用比人力资源的数量因素更为重要。人力资源的质和量综合体现在劳动者个体和人力资源整体的健康状况、知识水平、技能水平和劳动态度四个方面。提高一国人力资源的质量是现代人力资源发展的重要目标和方向,在以信息、知识和技术密集为特征的现代知识经济时代更是如此。

2. 人力资源的特征

与其他资源相比,人力资源表现出以下基本特征:[①]

(1)人力资源具有能动性和创造性,在经济活动中居于主导地位。人力资源能有目的、有意识地主动引导、操纵和控制其他资源去推动社会和经济的发展,同时它还是唯一能起到创造作用的资源。它既能顺应一定的社会历史条件,也能创新和发展社会条件,改变不合时宜的陈规陋习。因此,人力资源能适应环境的变化和要求,担负起应变、进取、创新、发展的任务,从而使组织更加充满活力,成为社会发展最积极、最活跃的生产要素。

(2)人力资源是可再生的生物性资源。人力资源以人的身体为天然载体,是一种"活"的资源并与人的自然生理特征相联系。这一特点决定了在人力资源的使用过程中必须考虑工作环境、工伤风险、时间弹性等非经济和非货币因素。人口的生产和劳动力的再生产,通过人口总体和劳动力总体内各个个体的不断替换、更新和恢复的过程得以实现。

(3)人力资源是具有时效性的资源。人力资源的形成、开发、使用都具有时间方面的制约性。从个体看,作为生物有机体的人,有其生命周期;而作为人力资源的人,能够从事劳动的自然时间又被限定在其生命周期的中间一段;从事劳动的不同年龄段的人(青年、壮年、老年),劳动能力也不尽相同。当人的劳动能力处于曲线的顶端时,要求被组织及时地开发和使用。如果组织储之不用,或没有充分地使用,那么,一方面可能导致人力资源的才能逐渐退化,甚至消失;另一方面,过了最佳的生理、心理时期,人力资源的综合素质能力就开始从顶峰下降。因此,组织就需考虑动态条件下人力资源的形成、开发、分配、使用的相对稳定性。

(4)人力资源是具有两重性的资源。人力资源既是投资的结果,同时又能创

---

① 参见赵曼主编:《公共部门人力资源管理》,清华大学出版社2005年版,第5~6页。

造财富,或者说,它既是生产者,又是消费者。由于人力资源的绝大部分是后天获得的,为了提升人力资源必须投入财力和时间,这些投入变成人力资本投资。从生产与消费的角度看,人力资本投资是一种消费行为,而且这种消费行为是必需的,是先于人力资本收益的。没有这种先前的投资,就不可能有后期的收益。另一方面,人力资源与一般资本一样具有投入产出的规律,并具有增值性。研究证明,对人力资源的投资无论是为社会还是为个人所带来的收益都要远远大于其他资源投资所产生的收益。舒尔茨(Theodore W. Schultz)用投资收益率法研究了美国 1929 年到 1957 年的经济增长贡献,结果表明,教育投资对经济增长率的贡献为 33%。

(5)人力资源是具有社会性的资源。由于每个人受自身民族文化和社会环境的影响不同,其个人的价值观也不相同。在生产经营活动、人与人交往等社会性活动中,人力资源的配置与运用不是单纯的经济资源配置与运用问题,还存在大量的价值判断、社会文化问题,不妥善解决这些问题,就不可能真正实现人力资源的最优配置。

(二)公共部门人力资源内涵与特征

公共部门人力资源是指公共部门现有的、能够作为生产性要素投入到社会公共事务中的劳动人口的数量和质量的总和。它是整个社会人力资源的重要组成部分。

公共部门人力资源的数量包括国家政权组织公职人员、事业单位人员、国有企业从业人员和民间组织从业人员等四个部分。公共部门人力资源的质量一般是指公共部门从业人员个体素质的有机集合,它通常由道德素质、身体素质与智力素质构成。

公共部门人力资源作为人力资源的重要组成部分,也具有一般人力资源的基本特征。

在我国,公共部门人力资源尤其是指在国家政府部门从事公共事务管理的人员特别是公务员。

第二节　公共部门人力资源管理的性质

一、公共部门人力资源管理的含义

公共部门人力资源管理(human resources management in public sector)是指公共部门依据法律规定对其所属的人力资源开展的战略规划、甄选录用、职业发展、开发培训、绩效评估、薪酬设计管理、法定权力保障等管理活动和过程的总和。从总体上讲,公共部门人力资源管理包括宏观管理和微观管理两部分。前者是指在整个公共部门系统中,为了保证其工作的性质与人力资源的整体结构的相互匹配以及满足发展的需要,对公共部门内外的人力资源供求状况进行宏观和中长期统计、预测、规划,制定人力资源管理的基本制度、政策、管理权限和管理标准,维持公共部门人力资源管理、流动和人才市场秩序的管理,其目的是奠定公共部门人力资源管理和发展的良好基础。微观的公共部门人力资源管理是指每个具体的公共组织依法对本组织内现实的人力资源进行开发、管理的活动和过程。宏观的公共部门人力资源管理与微观的公共部门人力资源管理不是截然分离的两个体系,而是有机地结合在一起的,它们互为条件、相互保障,共同形成公共部门人力资源管理系统。

需要指出的是,公共部门并非表现为整体性的、组织形态完全一致的一个体系。如前所述,公共部门的构成十分复杂,所以,其人力资源管理的制度、管理方式也并不是统一的一种模式,它有多样性的选择和制度安排。例如政府组织的人事管理有很多变化,但其核心部门依然较多地采用国家公务员制度;公共公司使用的则是基本上与私营企业组织一样的管理制度;而第三部门又根据各自的类型和组织目标,采用类政府管理形式,半企业化形式和企业化运行模式等。

二、公共部门人力资源管理的性质和特点[①]

作为整个社会人力资源管理的一个组成部分,公共部门人力资源管理具有各种人力资源管理的共同性,如在管理过程中有"入口"、"在职"、"出口"三大环节划分,设立了组织竞争、激励、保障、开发等管理机制,以及人事选拔、测评、考核、奖励的一些具体管理措施、方法和技术等。但是,公共部门人力资源管理除

---

①　参见吴江、胡冶岩主编:《公共部门人力资源管理》,中共中央党校出版社 2003 年版,第 27～29 页。

了具有与一般组织人力资源管理共同的特性之外,由于国家政权组织自身的性质和特点,它又具有区别于一般人力资源管理的特点。

(一)公共部门人力资源管理与一般人力资源管理的异同

1．公共部门中的人力资源管理对政治素质和道德品质的要求要高于其他部门。从政治和行政二分法的角度看,政府部门的主要职能在于执行国家制定的法律和大政方针,但是,在此过程中,行政机关拥有巨大的自由裁量权。是秉持国家方针政策的精神,根据本地区的实际情况,创造性地加以贯彻,还是形式上执行,实质上走样,取决于他们政治素质的高低,取决于他们的理论水平、政策水平、法律观念和政治品质的高低。另外,政府部门的独特性质也对行政人员的伦理道德素质提出了较高的要求。这不仅是由于考虑到行政人员在执行公共政策时所拥有的对上级的模糊指示进行解释的广阔自由空间,而且还因为行政人员直接面向作为服务对象的公众,他们的道德觉悟、对公众服务的热情、工作态度和工作作风直接关系到政府在公众中的形象,并进而影响到政府的合法性。所以掌握着公民和国家赋予的公共权力的政府部门,在其人力资源管理过程中特别强调对政治素质和道德品质的要求,因此也往往制定更多的对其工作人员的行为进行规制的法律和法规。

2．公共部门的人力资源管理具有其他部门难以比拟的复杂性。"政府部门是一个横向部门分化,纵向层级节制的庞大的组织结构体系。而这样一个体系又是按照完整统一的组织原则建立起来的,它意味着组织必须目标统一、领导指挥统一和机构设置统一。因此,合理划分职责和权力是政府管理体制的必然要求。划分人事行政管理权限,建立相关的管理制度,明确职责范围是完整统一原则的实施,是政府部门人力资源有效管理的基础。因此建立起的与政府组织体例相契合的纵横交错的人力资源主管部门,在上级机关的统一领导下,承担着不同部门、不同层级的人力资源管理职能。由此可见,其他任何形态的组织,其人事权的划分和人事管理部门的构造,都无法与政府组织人事行政机构的复杂性相比拟。"

3．公共部门人力资源管理在很大程度上缺乏像私营部门那样的动态性和预见性。现代的人力资源管理不仅仅要求即时的、被动的管理,还要求在对组织需求和人力资源供给状况进行合理预测的基础上,实现动态的、预见性的管理。在此过程中,公共部门会遇到特殊的困难。"在私人部门中,组织机构需求的预测一般是以各个单位的经理所作的销售预测和市场预测为基础的。鉴于控制一般是较内化的、分散化的和较少依赖外界的检查渠道,所以这些预测更具有现实的可能性。"公共部门的组织则不同,它们"不太能控制其未来计划,而且,其详细说明类似于市场预测的情况并且用3～5年的时间使其被人们接受的可能性也很小。"在公共部门的环境中,预见三年发展的劳动力需求或未来计划需求是一个特别困难的过程。常见的方法是力图把这种预测和预算周期联系起来,但是,公共部门预算固有的不稳定性也使这种方法难以生效。

4．公共部门产出的特点使其难以像私人部门那样实现对人力资源的绩效管理。公共部门的产出具有以下不同于私人部门产出的特点:①公共机构的产出通常是一些中间产出,充其量是最终产出的"代理",间接的非市场产出对最终产出的贡献程度是难以捉摸和难以度量的;②公共部门的产出在技术上也是难以度量的,"从委托人机构到会员机构再到政府机构,对与这些机构的资源利用效益和效率相关的产出进行度量的难度越来越大,对其进行管理和控制的难度也越来越大";③公共机构的产出和产出的最终社会效果之间存在时间上的滞后,这种滞后也增加了对其产出进行测度评价的难度;④公共部门的产出一般都是集体性的产品,个人在其中的贡献份额是难以确定的。以上这些政府部门产出的特点都形成了政府部门实现人力资源绩效管理的直接障碍,因而要求其发展出新的适合公共组织自身特点的绩效评价指标。

5．公共部门人力资源管理的法制化。由于国家政权组织自身的特性,世界各国都制定专门的法律和法规对公共部门人力资源的管理行为进行规制,对国家公职人员的考核、录用、培训、晋升等问题都以法律形式予以规定,并依法进行管理,以保证公共部门依法合理地行使管理权,保障国家公职人员的合法权益,维护公共部门的权威性与稳定性。

(二)现代公共部门人力资源管理与传统人事管理的差异

所谓人事管理,就是对人事关系的管理,其目的在于使人与事、共事的人与人之间实现最佳的关联,有效地实现组织目标。人事管理的全部内容都围绕人与事的关系展开和进行,追求最终实现事得其人、人尽其才、才尽其用、人事相宜。经过了管理制度上的发展,现代公共部门人力资源管理从传统人事行政管理那里吸收了很多经验和技术,但是,两者之间却存在着重要的区别,尤其是在管理理论和价值观上,两者具有比较明显的不同,由此使得人事行政和公共部门人力资源管理在关注的视野、工作的重心和采用的方法上都具有差异性。

1．管理理念的区别。传统人事行政管理只将组织的员工视为一种成本或生产、技术要素,是对组织资本资源的消耗,而现代人力资源管理则将人本身看作是组织的财富和资源,是组织重要的投资。而且,与其他物质资源的一次性开发、使用不同的是,人力资源可以被持续不断地开发和有效利用,它本身就能够给组织带来巨大的投资回报率和效益。

2．管理目标的区别。传统人事行政管理一般将组织的员工看成是被动的工具,认为他们的存在无非是为了满足组织工作职位性质的需要,与组织工作相比,人的地位是附属性的,因此,在人事行政管理过程中,组织比较强调管制、监控等方面的功能。而现代人力资源管理将组织中的人作为组织发展的主体,认为与工作相比,人具有广泛的能动性,他们身上形成、具有和潜在的知识和技能能够使他们主动地适应不同种类与性质的工作需要,完成组织的工作任务。因此,人力资源管理注重的是促使人力资源战略发展的能力,塑造组织人才成长的环境,尊重员工的主体地位,发展激励、保障、服务、培训等引导性、开发性的管理功能。

3. 工作重点的区别。传统人事行政管理的着眼点是组织成员的现状,它比较注重现有人员的现在使用,而不重视其素质的进一步开发;人力资源管理的着眼点则是战略发展的需要和战略框架。因此,人力资源管理强调的是人力资源的使用和开发并重,即一方面要充分发挥现有人员的智慧才能,达成人与事的协调配备;另一方面,提倡组织人力资源的使用与开发并重,讲求充分挖掘人员的潜能,使其在未来发展中具有较大的发展空间和较强的能力,这就是现代人力资源管理的"全方位拓潜"的功能。

4. 管理内容的区别。传统人事行政管理的内容比较简单,主要从事录用、考核、奖惩、工资等管理活动;而现代人力资源管理的内容则大大地丰富了,它不仅包含传统人事行政管理的基本内容,而且为适应现代社会发展和人力资源发展的需求,增加了一些全新的管理内容,如公共部门人力资源的预测与规划、员工职业生涯发展管理、人员测评与甄选、人力资源的开发培养、人力资源投资与收益分析等等,这些开发性的管理措施使人力资源管理与组织发展目标紧密地结合在一起。

表1-2 现代公共部门人力资源管理与传统公共部门人事管理的区别

项目	人力资源管理	传统人事管理
主体	多元	单一
观念	视员工为有价值的重要资源	视员工为成本负担
目的	满足员工自我发展的需要,保障组织的长远利益实现	保障组织短期目标的完成
模式	以人为中心	以事为中心
视野	广阔、远程性	狭窄、短期性
性质	战略、策略性	战术、业务性
深度	主动、注重开发	被动、注重管好

续表

项目	人力资源管理	传统人事管理
功能	系统、整合	单一、分散
内容	丰富	简单
地位	决策层	执行层
工作方式	参与、透明	控制
与其他部门的关系	和谐、合作	对立、抵触
本部门与员工的关系	帮助、服务	管理、控制
对待员工的态度	尊重、民主	命令式、独裁式
角色	挑战、变化	例行、记载
部门属性	核心部门	非核心部门

参见赵曼主编:《公共部门人力资源管理》,清华大学出版社2005年版,第11页。

第三节　公共部门人力资源管理的基本功能

一、公共部门人力资源管理的基本职能

作为公共组织管理活动的一部分,公共人力资源管理承担着重要的职能。概括地说,公共部门人力资源管理活动的主要任务一方面是要通过有效的制度安排和实施人事政策,为组织的人才成长提供广阔的空间;另一方面,努力为组织求得、使用、发展和留住优秀的或高绩效的人才,以保证组织各项工作的完成。

1. 从公共部门人力资源管理的流程或一个员工职业生涯发展历程看,人力资源管理承担着三个大方面的职能,即员工"入口"管理、员工在职管理、员工"出口"管理。"入口"管理主要是针对组织的需要进行员工的选用和招募,它包括人力资源规划、工作分析和岗位评价、职位分类、招募甄选、公开考试测评等等。在职管理是对组织内在职员工展开的各项管理活动总称,它包括员工职业生涯发展规划、绩效评估、职务晋升、工作再设计、培训开发、薪酬福利、工作轮换、交流调配、纪律惩戒、工作场所安全、劳动关系等等。"出口"管理主要针对的是员工离开组织、与组织解除工作关系以及身份权等各项管理环节,它包括退休、退职、

调离、辞职、辞退、开除等。

2. 从人力资源管理的主导机制和不同作用方面看,人力资源管理活动涉及与一些关键机制配套的管理环节。罗纳德·克林格勒和约翰·纳尔班迪认为,针对人事管理的主要机制,公共部门人力资源管理包括四方面的主要职能(参见表1-3)。从人力资源管理反映的不同机制要求看,它包括组织人力资源战略管理、人力资源的计划(人力资源规划、工作分析、职位分类、岗位评估等)、人力资源获取(招募、甄选、任用、人事测评等)、人力资源开发与发展(职业管理、管理人员开发、教育培训、工作轮换等)、人力资源激励(绩效评估、职务升降、纪律惩戒、薪酬策划等)、人力资源维持和保障(薪酬福利政策、工作场所健康安全、劳动关系、权益保障等)。

表 1-3 克林格勒和纳尔班迪有关公共部门人力资源管理的职能划分

职　　能	目　　标
人力资源规划	预算准备和人力资源计划,在员工之间划分与分配工作任务(工作分析、职位分类、工作评估),决定工作的价值是多少(工资或薪酬)
人力资源获取	招募、选录、增补员工
人力资源开发	适应、培训、激励及评估员工,提高其知识、技能与能力
纪律与惩戒	确立、保证员工与雇主之间的期望、权利与义务的关系,建立惩戒途径与雇员申诉程序,健康、安全以及员工宪法权利保障等

参见[美]罗纳德·克林格勒、约翰·纳尔班迪:《公共部门人力资源管理:系统与战略》,中国人民大学出版社2001年版,第5页。

二、公共部门人力资源管理的作用

无论我们从哪个角度界定和归纳公共部门人力资源管理的职能,它在组织管理中都力图发挥以下根本作用。

1. 识才。识才就是管理者能够识别和洞察人才基本的心理特征和发展规律,了解和认识员工的个性差异和能力优势,从而为公共组织得到优秀的人才提供认知标准,并发展人才甄别的技术手段。为此,管理者需要掌握员工心理学和职业生涯发展行为取向等相关知识,能够洞察员工的职业需求、动机、兴趣、个性等特征。识才是人力资源管理的基础和出发点,只有在此基础上,组织才能很好地发展选才、求才、用才、育才、留才等管理机制,并保证这些管理措施落在实处。

2. 选才。识才的目的是为了有效地选拔、任用组织需要的人才。选才就是组织通过一系列制度安排和技术手段,有目的地从各类人员中选择、任用、晋升优秀人才的过程。为了实现公开、公平、公正、竞争、择优的人才选用目标,公共组织一方面设计、建立了重要的制度,包括以公开考录制为特征的人才选拔制度、开放性的绩效评估制度,开辟了功绩考核、晋升唯功、适才适用的人才发展路线等,以保证选才过程的公正性;另一方面大力发展了以"客观性"、"信度"、"效度"为目标的人事测评技术、测评中心等,借助多种技术手段,发现并筛选出综合素质优秀的人才。选才是当今公共组织得到人才的基本途径。

3. 用才。公共部门对已经获得和选用的人才,按照同素异构、能级匹配等原理①,通过一定的管理措施充分、合理地对人才加以使用,努力做到用人不疑,尽量发挥公职人员的潜能,做到人尽其才。只有用好人才,组织才可能求得人才和留住人才。为此,组织应设计职位分类、职位评价、人事任用、绩效评估、职务升降、奖励惩戒等管理环节和措施。

4. 育才。公共部门在使用人力资源的同时,还要对人力资源进行不断地开发和培养,使人力资源适应社会发展与公共部门发展的需要,为组织的战略管理提供可持续发展的资源支持。公共部门育才的主要途径是人力资源的职业生涯发展管理、员工的培训和终身继续教育。

5. 留才。通过有效的管理措施,将优秀人才留在公共部门,防止出现人才大量外流给公共组织造成的人才短缺状况。为了留住优秀人才,人力资源管理需要建立、完善公职人员的保障、激励、发展机制.给优秀人才以成长、发展的空间和动力。留才是对上述几项人事管理机制和管理活动实现成效的综合评价。

第四节　公共部门人力资源管理发展的新趋势

一、公共部门人力资源管理发展的新特点②

20 世纪 80 年代后,西方国家盛行"新公共管理"理论。在该理论的指导下,西方国家相继开展了大规模的行政改革运动,并取得明显成效。这场改革的指

---

① 人力资源同素异构原理是指将人力资源这一能量要素根据组织目标和工作性质以适当的方式进行有机的组合,充分发挥其协作叠加的优势,从而带来人力资源最佳组合效益的管理思想;能级匹配原理是指根据员工能力的种类和能力的大小,科学地将其安排到相应职级的工作岗位上去,使其能力与职位要求相称,做到人尽其才的管理思想。

② 参见萧鸣政主编:《人力资源开发与管理——在公共组织中的应用》,北京大学出版社 2005 年版,第 41~42 页。

导思想是在政府管理中引入市场理念和竞争机制,引入公共责任、公共产品、行政成本等新的概念和主题,特别是将私营部门的管理方式引入公共部门,提出以企业家精神重塑政府的口号。于是,西方国家公共部门人力资源管理开始借鉴企业人力资源管理方面的先进的理念和技术做法,这使得企业人力资源管理和公共部门人力资源管理开始互相融合和借鉴。

在改革运动中,美国、英国、新西兰等国家把市场中的竞争和激励机制引入政府部门,以私人部门的管理技术取代传统的公共部门管理方法,以此打破传统公共部门的垄断地位,提高效率。结构上,采取分散政策制定和政策执行的权利,利用私人组织或半私人组织提供公共服务,将大的部门分解成若干小的机构或将职权下放给较低层的政府机关,这些机关目标单一,因而比以前的部委机关能够更快地对市场压力以及其他直接评估工作成绩的方法做出反应。同时,以市场为导向进行人事和财政的管理,把公众定位于"消费者"或"顾客"。公共管理就是要满足"消费者"或"顾客"的需求。新公共管理理论为公共部门人力资源管理和企业人力资源管理的互相融合和借鉴奠定了科学的基础。

总之,公共部门人力资源管理的发展趋势表现出以下的具体特点:

1. 管理理念现代化与人本化;
2. 管理方式企业化;
3. 管理手段现代化;
4. 管理人员资格化;
5. 管理制度规范化;
6. 管理成本简约化;
7. 管理责任明晰化;
8. 管理绩效考评化。

二、我国公共部门人力资源管理系统变革的成果和有待突破的问题[①]

1. 地位急剧提升但战略转变迟缓

2003 年党中央连续三次召开高级别会议,重点研究人才工作,提出要坚持党管人才,大力实施人才强国战略。全国各地都纷纷行动起来,高度重视人力资源管理。上海计划到 2015 年构筑世界人才高地;北京提出了"实施人才战略,建设人才之都"的口号;四川省提出要实现"从人才资源向人才资本转变"……这种

---

① 参见赵曼主编:《公共部门人力资源管理》,清华大学出版社 2005 年版,第 376～381 页。

种战略性规划的倡导者、制定者和执行者都是公共部门人力资源管理的相关部门。它们不仅对公共部门内部的人力资源管理负有责任,而且对全社会的人力资源投资与管理起着主导性的作用,由此公共部门人力资源管理的相关部门真正获得了战略性地位。

但我们也看到,虽然近年来各种微观的战略性的制度创新的措施不断出台,但几乎所有的改革还都只是局限于提高公共部门内部的效率,而在为私人部门提供战略服务和策动变革以谋求国家竞争优势这两方面的力度远远不足,这反映出公共部门人力资源管理系统在整体政治经济中的宏观战略定位没有明显的变化。我国公共部门人力资源管理体系在为私人部门服务方面存在政府行为过多,整体服务程度不高的问题;在建立人力资源国际竞争优势方面虽然提出了人才强国战略,但却鲜见有效的具体措施,而且全国没有一个整体性的筹划,各地方和各部门推出的人力资源管理措施呈现出一种杂乱无序的状况;推行各种变革耗费了大量的资源,对其效果却没有有效的评测监督体系。长此以往,公共部门在发展变革中可能会丧失战略方向感,陷入为变而变的境地。

2. 人力资源汇集机制创新突飞猛进但缺乏整体性和系统性

近年来,我国汇集和培养国际化优秀人才的力度空前加大。据统计显示,自1978年至2000年年底,我国已向世界100多个国家和地区公派出国留学人员近16万人次。从2002年开始,国务院发展研究中心、清华大学公共管理学院和美国哈佛大学肯尼迪政府学院合作举办为期5年的"公共管理高级培训班",计划每年为中国培训60名高级公务员。国家设立了外国专家局,制定了海外高层次人才回归计划,开辟了高层次留学人才回国服务的绿色通道。为吸引留学人员回国工作或以多种方式为国服务,先后设立了"霍英东青年教师基金"、"留学回国人员科研启动基金"、"长江学者奖励计划"、"春晖计划"、海外留学人才学术休假回国工作等一批项目。同时中国人民银行、证监会等部委也从留学归国人员中选聘大量人才,还从香港证监会选聘人员进入最高领导层。全国各地纷纷选送高级公务人员出国培训并积极吸引国际化人才,上海、北京和广东等地都组织了到国外招聘国际化人才的活动。据统计,我国加入世贸组织后,引进外国人才的规模已达到每年22万人次,加上来自中国港、澳、台地区的各类人才,每年引进人才的总规模已近45万人次,而且人才来自五大洲的80多个国家。近年来,留学归国人数更以平均每年20%的速度递增。引进国际化人才的工作直接由国家公共人事部门推动,同时引进的人才有很大比例在公共部门就业,为我国公共部门汇集和培育了新一代有国际视野的领导群体,使我国的公共部门全面向国际水准靠拢有了人力资源基础。

国内人才培养汇集机制也发生深层变革。国家招聘制度、政府重大决策专家咨询制度等相继出台。从 2000 年开始,青岛、郑州、武汉等城市相继引进博士人才直接担任高级行政领导职位,一系列形式新颖、机制灵活的人才培养、引进计划的实施,使公共部门人才的来源日益多元化,也增强了公共部门对优秀人才的吸引力。截至 2003 年年底,教育部直属高校目前在岗校长中,有 78% 的人有过留学经历,62% 的博士生导师是留学回国人员。事业单位工资及人事制度的改革的也不断深入,为人才的成长提供了更为宽广的舞台。

如上所述,我国公共部门近年来在人才汇集机制的市场化和多元化等方面进步迅速,但是这些改革显然还只是各个部委和地方的一些零散动作,远没有进入到整体系统改革的阶段,对公共部门主流和传统的人力资源管理体制触动不大。更值得关注的是,在公共部门人力资源管理体制改革的过程中,如果没有整体的、系统的改革方案,只是孤军突进地推进人才汇集机制的变革,由于公共部门约束机制的“软化”,公共部门人力资源汇集活动有出现“家族化”和“裙带化”的可能。所以,要真正实现公共部门人力资源管理体系的优化,必须对公共部门的整体运行机制进行变革,并且建立起长效、“与时俱进”、“优胜劣汰”的人才汇集机制。

3. 人力资源流动环境改善迅速但人力资源投资滞后

近年来我国人才流动制度创新方兴未艾,新型的人才流动方式和相应的服务机构发展迅速,改进人才流动环境的措施竞相出台。在广东和沈阳等地以充分利用闲置智力和闲余时间为依托的“星期日工程师”型、以人才市场为依托的“人才租赁”型、以知识技能互补为依托的“顾问”型人才共享方式都在迅速推广。人事部出台了《关于加快发展人才市场的意见》,出台了推进人才市场信息化建设、提高人才市场竞争活力、鼓励人才柔性流动、推进政府部门所属人才服务机构的体制改革、加大对人才市场的监测力度、实施宏观调控等一系列具体措施。2003 年 4 月,沪、苏、浙三地共 19 个城市共建“长三角”区域人才开发新机制——沪苏浙三地无用人壁垒,无政策限定,人才信息等资源共享。与此同时,山东的青岛、烟台、威海三市,安徽的马鞍山、芜湖、铜陵三市也都在不断推进区域人才开发一体化,以增强整个区域经济的实力和对外的竞争力,实现经济发展的一体化。

但在这些零星的改革亮点背后,我国人力资源投资和管理体制的根本痼疾并没有消除。我国整体人力资源投资和管理体系在前几年经过变更以后,逐渐发展成教育部门主导,中央和地方财政分层投资,各用人单位自由聘用和进行继续教育投资的格局。但是这一格局目前面临着两个难以解决的问题:一是教育投资严重依赖国家财政拨款,难以实现教育资金投入的大幅度增长;二是由于人才开发的社会一体化程度低,导致人才就业问题难以解决。而要实现人才兴国战略,其关键恰恰在于一要持续大幅度增加教育投入,二要实现人尽其才,才尽其用。要彻底解决教育资金投入的问题,必须要实现教育投资多元化;要解决人才开发一体化的问题,也必须由全社会的宏观人力资源管理部门和私人部门紧密协作共同搞好"大教育"。但由于要彻底解决这些问题,就必须实现人力资源开发投资体系从理论到体制的整体深层次变革,涉及面广,所以在以上两方面我国总是一波三折,一直难有突破。

4. 人员任用管理体制日渐规范但改革尚需深入

公共部门招录人员渠道日渐多元化和规范化。国家行政部门推行公开考录、竞争上岗的公务员考录管理制度,同时,在机关部分特殊岗位试行政府雇员制。自 2000 年 6 月中央颁发《深化干部人事制度改革纲要》以来,全国公开选拔领导干部 2 万多名,有 1.9 万多名干部通过竞争走上领导岗位。河南省公开选拔副厅级和高校校级领导干部,广州市试行对厅正职领导任职人选进行无记名投票表决。2003 年,吉林、江苏、湖北、广东等省尝试实行政府雇员制。一些省份规定符合条件的高层次人才,到机关可直接聘任中层领导职务;到事业单位工作的将不受编制限制;到企事业单位专业技术岗位工作的,可直接认定和聘任专业技术职务。

近年来,公共人事管理部门在科技、卫生、高校、中小学、文化、广播影视六个行业推行人员聘用制度;事业单位采用签约制、项目承包、聘用客座等人才智力柔性流动的方式引进和利用人才;推进深化职称制度改革,对现有专业技术职务系列进行重新评估,提出分类管理的思路和实施办法;完善专业技术职务聘任办法,强化岗位聘任,引入竞争机制,落实用人单位自主权;建立了职业资格证书制度,加快实行专业技术人员执业资格制度步伐,开展执业资格的国际互认。

但是我国公共部门人才任用制度的改革尚待深入。我国公共部门具有明显的"官本位"和"科层制"特征,公共部门职员只有通过科层阶梯实现职位的升迁,才能够实现职业生涯的最大成功(专业技术人员虽然也能够有一定的发展,但是职业生涯的发展空间相对小得多),而在公共部门能够实现职位晋升的人员只有少数,所以我国公共部门的现状是大多数职员的职业生涯是不圆满的。在难以实现人生价值的状况下,任何激励机制的作用都是有限而短暂的,公共部门职员的短期化行为就必然层出不穷,公共部门对优秀人才的吸引力就非常有限,对公共部门人才的市场化管理也难以真正推行。要改变公共部门激励资源枯竭的困境,就必须从整体上改革公共部门的管理机制,实现薪酬激励体系向价值观多元化、发展路径多元化、绩效导向化、薪酬体系灵活化转化。

5. 考核激励机制日渐科学但量化水平尚不足

我国公共部门近年来推行了以工资收入分配制度为主要内容的考核机制改

革。行政机关在保持职级工资制主体功能的同时,归并简化基本工资结构,合理拉大不同职务人员的工资差距,增强竞争激励机制;完善向关键岗位、向基层公务员等特殊人才倾斜的激励制度,逐步实施中央政府统一调控下的分级管理,合理、规范、透明的地区附加津贴制度,力图建立符合不同部门特点、重现实表现、重实绩和能力的工资收入分配制度。事业单位在推进教科文卫事业单位工资制度改革,实施艰苦边远地区特殊津贴制度,探索考试、考核与同行评议相结合的评价方法等方面都取得进展。

但是我国公共部门人员考核激励机制总体上沿用的还是"德、能、勤、绩"的模糊评价体系,竞争性、科学性和量化程度很低。"政绩工程"屡禁难止,"边腐败边升官"的现象层出不穷,公共部门机构膨胀,占用公共资源规模过大、效率过低、违规腐败严重已经成为我国公共部门的顽疾。

在我国当前公共部门人力资源管理体制改革方兴未艾,公共人力资源投资资金日渐丰沛的背景下,作为考核管理核心的公共部门人力资源管理体系推行经济化、科学化的绩效评估机制意义重大,影响深远,是肃清吏治,提高公共部门效率的关键环节。真正科学、经济化的公共部门绩效评价体系除了评价公共部门使用资金的合法性之外,还要对公共部门资金的使用效益进行跨部门和国际化的比较评价。美国从 20 世纪 30 年代就已经开始推行比较完善的财政支出绩效评价体系,而我国正在广东试验推行公共财政绩效评价改革。

6. 公共部门人力资源培训力度加强但培训效率不高

我国根据公共部门人力资源能力建设需要,公布了《2001—2005 年国家公务员培训纲要》,制定了适合不同职务特点的细化标准;组织实施了"百千万人才工程",共选拔近 2 万名中青年高层次人才;全国 4000 多万人次参加了继续教育,进站博士后研究人员累计达 24000 多人;择优资助留学回国人员科研项目400 多项,累计拨款近 2 亿元;组织了 20 多次西部活动,共 100 多名高级专家、留学人员和老专家参加;组织了"博士服务团"到西部扶贫;组织了东西部公务员的对口培训工作,培训了 5000 名左右副处级以上公务员。

但是当前我国公共部门人力资源培训投资总体不足、培训目标过于内聚、培训效果考核"软化"的情况仍十分严重,培训效率不高。按照新的公共部门人力资源管理理念,公共部门只是人力资源市场上的用户之一,在需要人才的时候通过灵活的人才汇集机制从人力资源市场上汇集所需要的人才;各类人才被吸引进公共部门之后,并不保证其职位的绝对稳定性,在很大程度上也按照企业化的机制进行管理;而在公共部门需要适应新的形势而发生变革时,就可能要结合新的形势吐故纳新,会将相当一部分原来称职的公务员淘汰出公共部门,让他们到私人部门去重新谋职,这就对公共部门工作人员的市场竞争力提出了很高要求。

但至今为止,我国公共部门人员培训的内容往往只着眼于提升公共部门内部特定岗位所需要的道德操守、知识和技能,同时培训过程内部化的程度很高,培训效果考核"软化"的现象非常严重,这就导致公共部门培训对提高职员市场竞争能力所起的作用十分有限。所以在新体制下,公共部门在进行内部人员培训时就必须充分考虑到公共部门员工个人的职业生涯发展,努力通过将公共部门建设成学习型组织,尽量提高培训活动的市场化程度,培养复合型、通用型的人才。这无论对于公共部门还是对于职员个人而言都是必须奉行的新理念,也是我国公共部门人力资源培训体系今后应该努力的方向。

7. 法律规章制度日渐完善但要落到实处还需多方努力

为了从制度上为公共部门人力资源管理工作提供保证,公共部门非常重视人力资源管理法律规章制度的建构和完善,并不断取得新的发展。近几年来,公共人事管理部门印发了《党政领导干部选拔任用工作条例》;废止了1996年发布的《人才市场管理暂行规定》,发布了新的《人才市场管理条例》;制定了有关建立人才中介资格制度和完善档案管理等政策规定,开展人才市场管理的执法检查,研究建立了监管体系问题;国家人事管理部门正在研究制定《专业技术人员执业资格条例》;《公务员法》已正式颁布并于2006年1月1日开始执行,该法规内容涵盖公务员职位分类、考试录用、考核、职务任免、奖励、辞职辞退、培训、职务升降等各个方面。

众所周知,"良法"的制定颁布只是"良治"的实现基础,"良治"之道在于法治,法治实现的关键在于整个社会要建立一种真正尊崇法治的社会文化观念,只有在崇尚法治的文化基础上,法治才能够取得最好的效果,否则,任何法律规章制度的制定和颁布对于促进"良治"的实现,意义都是有限的。现代公共部门区别于传统公共部门的关键就在于它奉行法治和服务于社会公众的信条,而我国公共部门一直都有根深蒂固的"人治"传统,在行政部门尤其严重。另外我国的传统文化和源自于西方的现代法律文明也有很大的差异,这些差异往往是我国推行法治过程中各种阻力的根源。所以,要推行法治,在制定"良法"的基础上,还必须注意从文化的角度来推进现代法治文明的传播,只有在此基础上经过长期的努力才可能实现"良治"。

8. 信息服务系统电子化和网络化发展迅速但体系尚需完善

近年来,我国公共部门人力资源管理系统的电子化和网络化发展迅速,计算机已经被广泛应用。结合国家实施的"金桥工程",公共部门人力资源管理系统实现了网上互联,并且开始了电子政务的实际运作,网上人才市场更是红红火火。人事部人事信息中心还主持开发了"中国人事信息管理系统"软件,该软件可以用于国家机关、企事业单位建立全员数据库,实施规范化工资管理,上报各类统计表。

但是公共部门人力资源管理体系的信息服务系统也存在着某些缺陷。我国至今为止都没有真正的人才统计信息系统；重视人口统计而忽视人力资源的统计导致进行宏观人力资源分析时困难重重，难以取得相关数据；同时公共部门人力资源管理体系和其他相关部门(如金融系统、审计系统、政法系统)之间信息合理地互联互通的程度过低，这严重影响公共部门人力资源管理信息服务系统的应用。显然，要克服公共部门人力资源管理信息系统的缺陷也是一个长期而艰巨的任务。

表1-4　公共部门人力资源管理体系取得的进展和面临的问题一览表

领　域	取得的进展	面临的问题	发展展望
战略地位	各种微观的战术性的制度创新和措施不断出台	局限于提高公共部门的内部效率，在作为战略伙伴为私人部门服务和触动整体社会文化变革以谋求整体的国家竞争优势两方面严重滞后	进行战略重新定位，确定新的目标体系
人力资源流动和投资环节	人才流动制度创新方兴未艾，新型的人才流动方式和相应的服务机构发展迅速，改善人才流动环境的措施层出不穷	当前整体人力资源投资和管理体制有两个困难：一是难以解决教育投资问题，二是难以解决人才就业问题	实现教育投资多元化，全社会紧密协作以共同搞好"大教育"
人力资源汇集环节	汇集和培养国际化优秀人才的力度、空间加大，国内人才培养汇集机制发生深层变革	没有进入系统改革阶段，对公共部门传统的人力资源管理体制触动不大，孤军突进推进人才汇集机制的变革存在"家族化"和"裙带化"的危险	对公共部门的整体运行机制进行变革，建立长效的人才汇集机制
人才任用管理体制	国家行政部门推行公开招录、竞争上岗的公务员招录管理制度，试行政府雇员制，在六个事业性行业推行人事制度改革	公共部门具有明显的"官本位"和"科层制"特征，导致激励机制存在根本缺陷，职员的短期化行为难以遏止，对优秀人才的吸引力有限，市场化管理难以推行	整体改革公共部门管理机制，实现向价值观多元化、发展途径多元化、绩效导向化、薪酬体系灵活化转化

21

续表

领　域	取得的进展	面临的问题	发展展望
考核激励机制	推行以工资收入分配制度为主要内容的考核激励机制改革。在事业单位推进教科文卫事业单位工资制度改革	考核激励机制总体上沿用还是模糊评价体系，竞争性、科学性和量化程度很低。"政绩工程"、"边腐败化升官"、机构膨胀、资源浪费、违规腐败等弊端严重	推行经济化、科学化的绩效评估机制，将公共部门资金的使用效益进行跨部门的国际化的比较评价
人力资源培训环节	加大了公共人力资源培训的投资力度，推动多种形式的人力资源培训项目	培训投资总体不足、培训目标过于内聚、培训效果考核"软化"的情况十分严重，培训效率堪忧	建设学习型组织，尽量提高培训活动的市场化程度，培养复合型、通用型的人才
法律规章制度	初步建构人力资源管理法律体系，并不断加以完善	我国公共部门的"人治"传统和某些传统文化是我国推行法治的各种阻力的根源	注意从文化的角度来推进现代法治文明的传播
信息服务系统	电子化和网络化发展迅速，计算机已普及应用，实现了网上互联，并且开始了电子政务的实际运作，开发出了专用软件	忽视人力资源的统计，没有真正的人才统计信息系统，与其他相关部门之间信息互联互通的程度过低	加快建设人力资源统计体系，加大系统之间人力资源相关信息互联互通的力度

引自赵曼主编：《公共部门人力资源管理》，清华大学出版社2005年版，第381～382页。

　　以上我国的公共部门人资源管理体系所取得的各项进展是对过去工作的肯定，所遇到的各种问题恰恰是变革初期的必然表现。实际上我们目前所面临的各种问题都可以归为公共部门人力资源管理体系变革初期存在的两个最突出的根本性问题：一是公共部门企业化不足导致执行力欠缺，效率意识低下；二是对公共部门市场化、企业化的"度"把握得不够准确。

　　公共部门是以提供公共产品和进行公共管理为特色的部门，和私人部门有根本的不同，这就决定了公共部门"企业化"的程度必须适度，不能片面强调"企业化"；必须坚持以实现社会公平作为第一关注的要点，不能只强调提高效率。实际上世界各国公共部门在内部推行人力资源管理"市场化"和"企业化"方面并没有一个统一的模式，在具体操作时都十分注意结合本国的社会和文化特色谨慎试验、多方论证、试图寻求"市场化"和"公共性"的完美结合。如何既突出公共性又有效借鉴企业化的管理方式,在努力维护社会公平的同时又努力提高效率,这在全世界都是一个永恒的难题,要解决这个难题,只有理论界和实务界紧密合作才可能取是最终的成功。我国在公共部门人力资源管理变革方面虽然起步较晚,但已经在短期内取得了良好的效果,而且更多的变革还正处于前期推行阶段,成果的显现尚需时日,重大的突破正在酝酿当中,我国由人力资源大国转变成人力资源强国当为期不远。

▐ 本章练习 ▐

1. 什么是人力资源?它有哪些特点?
2. 如何理解公共部门人力资源管理的内涵?
3. 现代公共部门人力资源管理和传统人事行政管理的区别是什么?
4. 公共部门人力资源管理承担着怎样的管理功能?
5. 深化我国公共部门人力资源管理系统变革的关键是什么?

▐ 案例讨论 ▐

新西兰国家部门改革:变革的十年①
——国家部门的人力资源管理

新西兰的行政改革在当代西方行政改革中占据着十分重要的地位,其延续了近20年的大刀阔斧的改革在一系列法律的有力保障下,取得了令世人瞩目的成就,被许多国家誉为行政改革的典范。新西兰在不到10年的时间里,在几乎每个有关政府行政管理方面都进行了根本性的改革。改革在实行后不久,就使一部分公共组织的服务成本降低了20%以上,并成功地将占国民生产总值9%的预算赤字扭亏为盈。本案例主要反映新西兰公共部门人力资源管理体系的变革。

新西兰实行的著名的《公共部门法》、1991年《劳动就业合同法》和劳动关系

---

① 资料来源:赵曼主编:《公共部门人力资源管理》,清华大学出版社2005年版,第23～25页。

改革,对公共部门传统的人力资源管理方式产生了深远的影响。

1. 新西兰改革前的劳动关系和人事管理状况

国家服务委员会到 1988 年以前一直都是新西兰所有国家公务员的雇主,负责制定和监督实施所有关于薪酬、福利(工作条件)和纪律方面的重要决定。主要的国家公务员工会也就是国家公务员联合会代表各类雇员和国家服务委员会共同协调确定合同条款、工作条件和雇佣的所有相关事宜,公共部门劳动关系领域高度集权并牢牢地被以上两个组织所控制。制定和颁布的人事政策包括了所有可能出现的情况,同时还通过申诉和复核机制为那些被解聘和认为擢拔不公的人提供劳动保护。国家政策通过官方手册——公共部门培训手册、职业分类手册、人员调节手册等体现出来,从而形成一个严密的公共部门人事管理体系。

2. 新西兰劳动关系新时代——实行《公共部门法》

1988 年新西兰实行《公共部门法》,开始了公共部门的全面改革。在公共部门内部推行公司化、商业化改革。国家只与部长和执行主管签订固定期合同(过去是常任制),执行主管作为雇主再雇佣其他公务人员。随着执行主管变成雇主,全行业范围的劳资谈判结束了。除了在部门薪酬、福利的决策权方面保留一些重要的职能,国家公务员委员会将大部分劳动关系和人事管理的实际责任转移给了执行主管,执行主管通过接受国家服务专员的授权实现劳资管理职能。国家服务专员依然对劳动条件负有法律责任,负责制定并监督执行雇佣方针政策。这是出于要保留一种薪酬调节手段的考虑,因为新西兰的劳动市场过于狭小,以至于任何雇佣者都可能由于某些不恰当的举措而扰乱它。但是在教育部门,国家服务专员得到了保留,而不是通过授权实现其职能。

3. 推行《劳动就业合同法》

新西兰在 1991 年推行了在公、私两个部门都适用的《劳动就业合同法》。在《劳动就业合同法》制定、颁布之前,在绝大多数新西兰公共部门和部分私营部门之中,工会会员资格是强制性的。随着工会会员的非强制化,《劳动就业合同法》通过劳动合同(不论是个人劳动合同还是集体劳动合同)对雇主设定了雇员的雇佣条件。在法案推行 5 年以后,相当数量的公务员是以个人劳动合同的形式被雇佣的,包括多个较小部门中的所有雇员;而在较大的部门里,集体劳动合同依然是优先于个人劳动合同的。

改革后的新西兰公共部门可以采用多种形式的报酬来奖励良好的绩效和较高的生产力,如以薪酬调整为代价换取额外休假这种过去不可能出现的情形,现在也变得让人十分容易接受了。劳动合同中可以包含双方协商同意的任何合法的内容,但是它必须包含一定数量的特殊预备和保护性条款——如有效劳动争议程序和中止日期等。个人劳动合同附带雇员个人责任状(或相类似的文件),

个人责任状是劳动合同双方详细列出的雇员有责任提供的产品或任务的清单，只要有可能，就应该包括质量、数量、成本或截止日期等细节。

4. 培训、教育分散化

改革之初，新西兰《公共部门法》曾经规定国家服务专员和部门负责人共同合作负责培养和建立一支高级执行人员队伍。但随着时间的推移，这一规定被证明实际上是不适应分权制的公共服务部门的需要的。比之建立一个高级精英管理集团的方案，致力于"管理发展"的做法得到了更多的认同。为了实现发展管理的目的，新西兰已经在高级主管们的集体领导下建立了"管理发展中心"，该中心被设计用来培养公共部门管理者，其目的是要扩大公共服务部门中的高级管理人员队伍的规模并提高其素质。在政府行业培训组织政策的推动下，公共部门培训集团已经建立起来，它识别和确认公共部门职业所需的关键通用技能并协调全部门范围内的培训。

5. 绩效评估和管理

正如主管应对部门绩效负责一样，严格和经常性的个人评估系统在新西兰被用来完善绩效评估系统，它主要被用于诊断确定个人的优势和劣势所在，以及哪些方面需要补救或发展。以劳动合同和个人责任状为依据的经常性的绩效督查，已经成为每个雇佣关系的整体组成部分之一。

6. 总结

在过去很短的时间内，新西兰公共部门实现了从高度集权制、高度规范制和高度官僚化的传统人力资源管理模式向新的公共部门人力资源管理模式的转换，意义深远。新西兰公共部门的管理者现在和私人部门的同行在人事管理方面的地位和责任相同。他们可以自行决定需要多少数量和何种类型的雇员，可以挑选和决定聘用雇员，也可以和雇员协商雇佣条款和条件。如有必要，他们也可以培训、提拔、奖励或惩罚他的雇员。

新西兰公共部门人力资源管理的变革大大提升了个人绩效的质量，正如其他所有旨在提升组织绩效的变革一样。新西兰的经验已经证明，过去成功的管理者不是都能够在新的环境中高效率地工作，因为新环境对能力的要求和过去的差别较大；而自由主义者相对较容易适应这种变化。总之，新的明确的高绩效责任的公共部门人力资源管理系统被证明是极具挑战性的。

讨论题：

1. 新西兰公共部门在人力资源领域实行了哪些方面的改革？
2. 分析新西兰改革经验对我国公共部门人力资源管理改革的借鉴意义。

第二章 公共部门人力资源管理的理论核心与基本原则

人本管理思想和人力资本理论在现代人力资源管理中的广泛应用使它们成为现代人力资源管理的理论核心。

第一节 人本管理思想

人本思想在我国古已有之。春秋战国时期,诸子百家已有论及与人有关的治国、为政、教育、用人、治民、选才的言论和思想,然而,这些人本思想主要是针对治国、为政的,没有进一步向管理中的人本主义转化,更没有形成一套系统的人本管理理论。真正意义上的人本管理理论是随着管理学的产生和发展,尤其是管理人性观的不断演进而逐步发展起来的。

一、人本管理思想的演进

人本管理的哲学理念来源于西方的人本主义思潮。西方古典管理理论以"经济人"假设为前提,认为人的行为的目的,是为了追求最大的利益即为了谋求私利。因此,他们把物质利益看作是激励人的唯一杠杆,并通过各种经济手段来提高员工的积极性。古典管理理论已开始重视人,并开始研究人的心理和行为规律,人本管理理论的萌芽在此时已开始出现。"经济人"假设以及建立在此基础上的对员工物质利益的关注促进了人本管理思想的发展,但其对人性的假设的不全面,导致其在管理实践中受到了不少质疑,最终使得"经济人"假设被"社会人"和"自我实现人"假设所替代。"社会人"和"自我实现人"假设分别是对应于早期行为科学(也称人际关系学)和后期行为科学的人性假设。这两种假设认为,影响人的积极性的因素除物质利益外,还有情感和心理因素。人们的工作动机不只在于经济利益,更重要的是工作中的社会关系以及自我实现需要的满足,认为这些才是激发人们工作积极性的巨大动力。在管理中注意员工的物质要求只是一个方面,这两种假设突出地强调了重视员工的心理、社会需要以及自我实现需要的重要性;主张尊重人、关心人、重视人际关系,为员工创立一个有利于发挥自己潜能和实现自身最大价值的制度和环境。建立在这两种假设基础上的行为科学理论促进了人本管理思想的快速发展。但同"经济人"假设一样,这两种人性假设有其合理的方面,却不全面,也无法适用于一切人。随着人类社会的发展和实践活动的丰富,人的特性也变得更加复杂。在 20 世纪 60 年代末 70 年代初,"复杂人"假设应运而生。该假设认为,人是复杂的,人的需要不仅多种多样,而且这种需要不是静止的,它随着人的发展和生活条件的变化而不断发展变化;管理的方法和措施不能一成不变,不能对所有员工套用"一刀切"式的管理方法,而必须权变地对待,根据不同的人、不同的情况,灵活地采取最有针对性的管理措施,即管理方式是环境的函数。除了"复杂人"假设,20 世纪六七十年代,还出现了一些对人性的不同解释和假设,但这些解释和假设与"复杂人"假设并没有根本的区别,只是对它进行一定程度的补充和完善而已。随着人性认识的不断丰富和深化,人本管理也得到了进一步发展。经过 20 世纪初至 70 年代的探索,人本管理的管理理念最终得以确立,并逐渐成为理论界的共识。"以人为本"的管理理念确立以后,随着企业管理环境的重大变化,人本管理理论得到了进一步发展。这些理论主要有非理性管理理论、学习型组织与五项修炼理论、情感智商理论等。这些理论在实践中获得了许多成果,对于公共部门人力资源管理有十分现实而重要的借鉴意义和指导作用,因此被逐步地推广、运用到公共部门的人力资源管理中。

二、人本管理的内涵、实质及其特征

1. 人本管理的内涵和实质

对于人本管理的内涵和外延,不同的学者从不同的角度进行了不同阐述。有的对人本管理进行明确定义,并分析人本管理的特点;有的从理论角度分析人本管理的理论模式和运作机制;有的从管理实践的角度探讨人本管理的具体内容。

我们认为,近些年来,虽然"以人为本"、"人本管理"经常可闻可见,但很多人并没有深究其中"人"与"本"的真正内涵,似乎人本管理就是激发职工的工作积极性,开发人力资源,重视和运用人力资本。如果对"人本管理"仅作如此理解的话,那么它不过是社会组织实现自身功利目标的一种手段,组织中的人并没有摆脱仅仅作为一种资源或人力资本存在的地位。

要理解人本管理,首先要完整地认识管理中的人,掌握人性的实质。① 虽然在西方管理研究中曾先后出现过多种人性假设,但没有一种人性假设是真正地建立在科学、全面的理论基础之上的,其根本原因是对人的需要和工作动机缺乏深入的分析和概括。综合当代心理学的动机研究和系统科学的有关研究成果,有人从系统动力论和人的生活价值与意义的角度提出了一种新的人性假设,即"目标人"假设。其基本观点是:人生活的意义在于不断实现心中的目标,并不断形成新的目标;目标是潜伏或活跃在个体内心的自我的未来状态或其他心理图式的可能运动,它们是个体在后天的社会生活中选择性地建构起来的,代表着个体潜在的理想、愿望或愿景,并规定着具体的行为策略;在一定的情景中,某些目标被激活之后成为个体行为的发动者和组织者,形成人的行为动机,而动机是改变人的心理状态和行为的内在原因。在人的心理世界中,存在三种层次的目标,即与生存有关的目标、与社会关系有关的目标和与自我发展有关的目标,三者之间相互联系、相互作用,构成一个有机的功能整体,即目标结构,不同的个体之间在其个性特征(包括能力、气质和性格)和目标结构上存在广泛的差异。进一步说,人有着一种固有的全面实现自身目标并形成新目标的内在动力,人生的价值与意义在于不断实现心中的目标,人工作的意义也正在于不断形成和实现心中的目标,从而不断促进自我的发展。当然,正如马克思所言,"人的本质并不是单个人所具有的抽象物,实际上,它是一切社会关系的总和",②个体的自我概念具有社会性,其自我概念的发展既是社会发展的一个重要方面,也是社会发展的一个重要源泉。

其次,要理解人本管理,还要把握什么是"人本"。③ 众所周知,早期的企业都是以资本为中心建立起来的,资本积累和扩大再生产是企业谋取更多的剩余价值的最主要手段。因此,这一时期的管理是以"资"为"本"的。然而随着资本

---

① 参见:《人本管理:一个需要澄清的理念》,来源于 http://www.myyuwen.com/show.aspx? id＝1883&cid＝63。

② 马克思:《马克思、恩格斯选集》(第一卷),人民出版社 1972 年版,第 18 页。

③ 参见:《人本管理:一个需要澄清的理念》,来源于 http://www.myyuwen.com/show.aspx? id＝1883&cid＝63。

主义生产方式的进步,尤其是 20 世纪 50 年代以后,人对企业生产率的贡献越来越大,从而将企业中的人提升到一种比物质资本更为重要的地位。于是,"人本主义"就逐渐地取代了"资本主义"在企业中所占的主导地位,以人为本的管理方式也就应运而生。现代企业人本管理的核心是:对企业中的人应当视为人本身来看待,而不仅仅是将他们看作一种生产要素或资源。因此,在严格意义上讲,以人为本之中的"本"实际上是一种哲学意义上的"本位"、"根本"、"目的"之意,它是一种从哲学意义上产生的对组织管理本质的新认识。著名管理学家陈怡安教授把人本管理提炼为三句话:点亮人性的光辉,回归生命的价值,共创繁荣和幸福。根据上述分析,我们认为,人本管理在本质上是以促进人自身自由、全面发展为根本目的的管理理念与管理模式,而人自身自由、全面发展的核心内容是个体心理目标结构的发展与个性的完善。人本管理就是要求管理者按照人性的基本状况进行管理,尊重人的内心需求和感受,把组织的目标同个人的目标紧密结合,把人潜在的动力转变为组织发展的动力。

人本管理把人的因素当作管理中的首要因素和本质因素,组织通过以人为本的管理活动锻炼人的意志、智力和体力,完善人的意志和品格,提高人的智力,增强人的体力,使人获得超越生存需要的更为全面的自由发展。与传统的科学管理相比,人本管理在管理的中心、方式等方面都发生了显著的变化。具体来讲,它是把人作为管理活动的核心和组织中最重要的资源,把组织全体成员视为管理的主体,围绕着如何充分利用和开发组织的人力资源,服务于组织内外的利益关联者,从而实现组织目标和组织成员的个人目标。人本管理的内涵有广义和狭义之分,狭义的人本管理主要是指对组织内部成员的关怀和重视;广义的人本管理则不仅考虑内部成员的利益,还十分重视对组织外部主体的人文关怀。在管理的实践活动过程中,狭义的人本管理正日益被广义的人本管理所取代。这不仅反映了人本管理自身的发展,也反映了人们对人本管理的认识的不断深化。

2. 人本管理的基本特征

以上对人本管理的内涵和实质的阐述可以反映出人本管理的几个基本特征:

第一,人本管理是以人为核心的管理,它把人看作组织中最重要的的资源。[①] 人本管理思想认为,组织是由人组成的集合体,没有人就没有这个集体。人的创造潜能是无限的,创造潜能的发挥要靠主观能动性,即主动地发挥而不是

---

① 刘沂、赵同文等编著:《公共部门人力资源管理概论》,华东理工大学出版社 2002 年版,第 61 页。

被动地发挥。有效的管理就是使每个人正确认识他在组织中应完成的任务和担负的责任,体会到工作的价值,从而最大限度地发挥自己的能力。因此,在组织管理中首先应以人为中心,把人置于组织中最重要资源的地位。这是人本管理与以"物"为中心的传统管理的最大区别,它意味着组织的一切管理活动都围绕着如何识人、选人、用人、育人、留人而展开,科学地安排最适合的工作,并通过科学的管理方法充分调动员工的积极性和创造性,以充分挖掘员工的潜力。

第二,人本管理的主体是组织的全体员工。人本管理视全体员工为管理主体,管理人员与普通员工之间是一种分工合作关系。它认为有效管理的关键是实现全体员工的参与,让全体员工充分了解本组织的情况,鼓励全体员工思考和关心组织在生存发展中存在的问题,提出科学合理的意见和建议,形成自上而下与自下而上相结合的自主工作秩序。

第三,人本管理的目的是使组织的目标与组织成员的个人目标都得以现实,并力争使人性得到最完美的发展。[①] 人本管理把"目标人"和"手段人"统一起来。一方面,人本管理首先是某个组织内部的管理,任何组织的存在都是为了实现某一特定的目标,人本管理实现组织目标的主要方式是利用和开发组织的人力资源,组织成员都是实现组织目标的手段;另一方面,人本管理又不同于传统的"以物为中心"的管理,它并不是仅把人作为实现目标的手段,而是在追求组织目标的同时,更加关注组织成员的各种需求,并通过有意识的管理活动使员工的个人目标得以实现,使人性更加完美。将组织的目标与组织成员的个人目标有效地结合起来,大大地增强了组织的凝聚力,有利于充分发挥全体员工的主动性、积极性和创造性,有助于组织获得长久的发展。

第四,人本管理是一种思想理论体系和管理实践活动的综合概念。人本管理首先是一种思想理论体系,它是一系列关于识人、选人、用人、留人、育人的思想理论的综合。其次,它具有很强的实践性,与实践活动结合得十分紧密。人们在人本管理在理论的指导下开展各种管理实践活动,同时又通过实践来推动理论的发展和深化,使理论更加丰富。

三、人本管理的基本要素

全面地了解人本管理的基本要素,是科学地分析人本管理的理论框架的前提。所谓人本管理的基本要素指的是组织在开展人本管理活动过程中所要涉及的一些客观行为主体、行为客体和客观存在的外部条件,通常主要包含管理主客

---

① 刘沂、赵同文等编著:《公共部门人力资源管理概论》,华东理工大学出版社 2002 年版,第 62 页。

体、管理环境、文化背景及价值观等四项基本要素。

（一）管理主客体

在管理活动中，人既是管理活动的主体，也是管理活动的客体。在管理的主体和客体之间有着人、财、物、信息等管理活动和管理联系，正是这些活动使管理的主体与客体发生着紧密依存、相互联系的管理关系。

1. 管理主体。作为管理主体，人必须要有管理能力，并拥有将管理知识、技能和能力付诸管理实践的权威和权力。管理能力包括管理主体对组织问题的观察、判断、分析、决策的特质，具体包括对组织的人的尊重和善于调节组织的人际关系，十分清楚组织的发展目标和方向，具有较强的组织力，对组织内的人、财、物、信息及与组织生存和发展相关的诸多复杂因素具有综合的应对和把握能力。不同层面的管理主体对上述能力的要求各有不同。此外，管理主体还必须具备从事管理活动的权威和权力，只有这样才能成为直接管理主体，得到下属的支持（其他的员工只是作为参与管理的主体）。管理权力主要来自上层管理主体在界定其职责时的授予，管理权威则不完全是由管理权力带来的，更多的是来自管理主体的行为方式和工作效率。

2. 管理客体。管理客体是管理主体施展管理活动的对象和不可缺少的因素。管理客体可分为人与物两类。由于接受管理指令的第一对象是人，因此人是第一管理客体。人是社会关系的产物，是一切社会财富的创造者，是整个管理活动中最能动、最活跃的因素，因此作为管理客体，人具有客观性、能动性的特征。作为管理客体，其客观性除了作为生物体而客观存在之外，其知识、技能、欲望、价值倾向、思维定式等因素，相对于管理主体而言，是一种客观存在物。同时，人作为管理客体，从来不是消极地领受管理主体的作用、影响和管理指令，而是表现出主动或被动、全部或部分地遵从管理主体的要求，甚至可以漠视或抵制管理主体的管理指令。再者，管理主体与管理客体作为生物体的同质性，决定了管理客体与管理主体的相关性。这种相关性可能有助于客体人理解、协助主体人的管理工作，也可能使客体人抵制主体人的指令，尤其是当客体人有自己的主见、有非正式的组织目标和设想中的管理主体时，更是如此。由于直接管理主体主导着管理关系，他们对人的价值和效用的判定及其领导方式，将极大地影响主体人和客体人双方；同时考虑到客体人是管理体系中最重要的因素，在现代社会中，客体人还可以运用民主管理形式，如在职工代表大会上提出自己的意见、参与管理，从而对管理主体的管理成效起着极大的影响作用，所以，首要的管理是对人、对人的行为的管理。

3. 管理关系。由管理主体和客体的相关性得出管理中的首要问题是对人的管理、对人的行为的管理。这是确立人本管理基本架构的必要前提，也是对人本管理诸要素的认识最基本、最核心的要求。从客观上分析,这种相关性具有一定的客观性,反映着管理过程中人与人的关系。

(二)管理环境

任何管理活动都是在一定环境中进行的。环境因素对人的心理、情绪、工作都直接产生影响,因此,环境也是人本管理的一个基本要素。

1. 环境的类型。根据划分原则的不同,人本管理的环境可以划分为自然环境与社会环境、直接环境与间接环境、静态环境与动态环境等多种类型。但无论根据何种原则划分,管理环境最基本可以分为物质环境与人文环境两类。前者包括一些客观的自然因素,可以使组织人的能力得以发挥,也可能会限制其发挥作用,影响组织人从事生产经营管理工作的情绪、能力与动机;后者则包括社会环境因素等。从环境因素对组织人行为影响的相关性分析,可以将与组织人行为变化较密切的物质环境与人文环境,视为直接环境;而将国家政策、法律法规等因素,视为间接环境。静态环境与动态环境的划分,依据的是环境因素自身的稳定性与变化程度,把相对变化频率较高的社会环境因素称作动态环境,较为稳定的物质环境因素则可以称为静态环境。

2. 环境因素的作用。工作环境会对人的心理、情绪产生一定的影响,而心理状态决定着工作的状态,并会直接影响到工作效率。因此,在管理工作中,创造一个良好的工作环境是提高工作效率的必然前提。一个良好的管理环境则需要:①合理的照明,要根据工作的性质选择最佳的照明度,在工作场所的照明要均匀,以防眩目。②巧用颜色,不同的颜色会产生不同的心理效果,从心理学角度看,办公室适用冷色,以给人宁静的感觉,同时工作场所不宜过于明亮,也不要把墙壁刷成白色。③要消除噪音,噪音是我国城市的第二大公害,它会妨碍人们的学习、工作和休息,因此要尽量减少噪音的产生。此外,要利用背景音乐产生一定的心理作用,从而影响人的行为,但是在从事复杂的智力工作时则不能使用。④风景化办公室,即把一间间办公室组成一个大厅,使组织的各级职员都在一起办公,使各种办公家具组成一道亮丽的风景线。这种办公室,价低易修,有利于交际和工作流转、增强工作的透明度、提高工作效率,缺点是干扰太大、太多。⑤要注意温度的影响,办公室和工作场所的温度要考虑人的承受能力,要使人们舒适,否则就会对人的心理产生不良的影响。

3. 组织内部的公共关系环境及其影响。组织是由形形色色的人组成。要使这些不同个性的个体团结在一起,为组织的目标共同奋斗,不重视组织内部的公共关系是行不通的。通常,组织内部的公共关系有如下影响:首先是对团结的影响,组织内部员工能否团结一致、精诚合作,组织的内部关系是否和谐是衡量一个组织素质高低的重要指标之一,也是一个组织能否取得成功的首要条件。

事在人为,只有团结合作的组织才能事业兴旺,才会焕发出勃勃生机,实现蒸蒸日上的发展,否则反之。其次,对工作效率的影响很大,工作成绩跟人数并不成正比关系。每个人仅凭个人的才能,仅靠单打独斗是无法保证事业的成功的,因此组织内部人际关系的协调跟工作绩效的关系极为密切。为了以最小的能耗获取最大的工作效果,组织应重视培养全体成员的集体主义思想,调动全体员工的积极性和创造性,以增强组织发展的动力。改善组织内部公共关系的主要途径有:努力培育组织成员的共同目标意识,创造条件增强集体的"向心力",协调领导与下属的关系,实现上级和下级之间关系的和谐,实现组织与成员的共同发展和共同成就,形成上下一致的精神意志,积极倡导互助互爱的精神,以形成互相关心、互相爱护的风气,帮助建立健全各项规章制度以规范和保证组织的正常运行,同时还要借助开展健康的文体娱乐活动等形式,积极培养和弘扬先进的意识,加强组织内部的感情沟通和交流,以增进全体成员的感情,协调好组织内部的人际关系,提高组织的战斗力。

(三)文化背景

在人本管理的基本要素中,文化及文化背景也是一个重要的要素。人之所以区别于动物和物质因素,是因为人具有以语言和文字来交流思想和感情的文化特质。文化有不同的层次,如世界文化、洲际文化、民族文化、组织文化等等,虽然这些文化对管理会产生不同程度的影响,但由于在管理中民族文化和组织文化具有十分特殊的功能,因而它们被视为人本管理的文化背景。民族文化是指根植于一个民族内心深处的,具有很强的传承性的,深刻地影响着整个民族的价值观、人文理念、思维方式等及其物质形态。组织文化,是指在一定的社会历史条件下,在组织追求自身目标的过程中形成的、得到大多数组织成员认同的、具有自身特色的精神财富及其物质形态,它包括文化观念、价值观念、组织精神、道德规范、行为准则、组织制度等等。组织文化作为组织全体成员的群体意识,它和民族文化一起对组织整体和组织每个成员的目标取向及行为取向起引导作用,对每个成员的思想、心理和行为有约束和规范作用,并能从各个方面把组织成员团结起来,产生巨大的向心力,使组织成员从内心产生一种高昂的情绪和奋发进取的精神效应,发挥自己的聪明才智,为组织作出自己的贡献。

(四)价值观

价值观是关于事物的价值关系及其变化规律的观念体系,它是人类意识的重要形式,用以指导人们的行为和思想,使之按照自己的客观需要对不同的事物采取不同的原则、立场和行为取向。人的一切行为是在价值观指导下完成的,许多社会事物的运动与变化都以特定的价值观作为驱动力,并且价值观具有很强的时代特征,一定的社会历史条件下,社会观念和时代风尚必然会深深地影响着组织的价值观,使其带有很深的时代烙印。它对于组织人的影响有着多种多样的具体表现,具体到组织人的个体身上则表现为不同类型的行为方式,例如个人主义行为、乐于助人的合作行为、试图超越他人的竞争行为等等。价值观是组织人在管理活动中相互理解和协作的思想基础,也是组织人实施管理、领受管理、实现组织目标的前提和保障,因此应着眼于组织人的价值观倾向的变化和行为方式的状态和变化的相关性,努力营造适合本组织发展目标的价值观体系,使其充分发挥内化、整合、感召、凝聚、规范、激励等作用。

四、人本管理的理论模式与运行机制

(一)建立人本管理理论模式的依据

人本管理理论模式的基本依据是:(1)组织人是一个完整意义上的人,具有社会人的角色。人本管理应该始终坚持把组织人本身不断的、全面的发展和完善作为最高目标,为个人的发展和更好地完成其社会角色提供选择的自由。(2)组织人的心理、动机、能力和行为都是可以塑造、影响和改变的,社会和企业的环境、文化及价值观的变化同样可以影响企业人的心理和行为方式。(3)作为管理主体和客体的人之间具有相关性,其目标是可协调的。

分析和研究人本管理基本要素的不同层次和侧面,并结合人本管理的定义,可以得出人本管理的理论框架和模式。人本管理的理论模式主要是指:管理主客体及组织与成员的目标协调—激励—权变领导—管理培训—塑造环境—文化整合—完成社会角色实现组织与成员的共同发展。[①] 这个理论模式把对组织和成员的正确认识作为管理活动的基础,因为只有这样,组织才能选择自己需要的人,并能主动考虑成员的需要;个体才能选择自己更想加入的组织,并主动为组织目标的实现做出自己的努力。

1. 主客体以及组织与成员的目标协调。由于管理主客体的人以及组织与成员的目标通常并不完全一致,有时甚至相互冲突,但无论管理主客体各自实现利益的目标是何等客观和主观,总存在着由于关系协调使双方目标趋于一致的协调空间,因此必须对其进行协调,使组织人的目标趋于一致,即管理主客体以及组织与成员目标协调,以确保在各自利益不招致较大损害的前提下,开展非零和协作,使人本管理在实施管理和领受管理的双方之间达成共识。当实现目标协调以后,管理活动的主要内容就是实现协调以后的目标,这一目标实际上是已经包含了组织目标和员工个人目标在内的人本管理目标,于是就开始了人本管

---

① 刘沂、赵同文等编著:《公共部门人力资源管理概论》,华东理工大学出版社 2002 年版,第 64 页。

理。

2. 激励。即组织人为实施管理、领受管理、完成人本管理目标而制定的激发组织人工作动机、增强努力程度并保障管理实效的各项措施,这些措施基本上分为物质与精神两大类,目的是使组织员工发挥最大的主动性、积极性、创造性等潜能。

3. 权变领导。即组织管理者以影响管理的各种因素为依据,抓住以人为本的前提,采取有利于自己的领导的管理方式和手段。实施这种领导方法是一种分析研究管理过程中各种矛盾和矛盾的各个方面从而有的放矢地进行灵活有效管理的方法。

4. 管理培训。人本管理的过程,也就是培训员工,教会他们完成组织人的职能和义务,传授他们作为社会角色进行活动的专长、技能。更重要的是,通过管理培训,员工把完成自己担当的组织人和社会角色任务,看作是自己的理想和追求,从而尽其所能为实现个人和组织的目标而奋斗。

5. 塑造环境。环境塑造是指在组织和社会范围内塑造有助于人的主动性、积极性、创造性的充分发挥和人的自由全面发展的环境氛围,以建立组织人的绩效与获得相称的生活资料、物质和精神奖励相联系的有效机制,使个人感觉到自己的付出为组织和社会所承认。

6. 文化整合。文化整合是指文化,尤其是指组织文化对组织人的心理、需要和个人行为方式的形成和发展,起着引导、规范、激励等制约和影响作用。人本管理正是要利用文化整合功能,培育和塑造组织人的文化特质,使其受到有利于个人发展和组织目标实现的积极的文化熏陶。因此文化整合功能的确立与完善,对于有效实施人本管理是至关重要的。

7. 完成社会角色及实现组织与成员的共同发展。主要指组织人在担任组织角色的同时也要完成其所扮演的社会角色。这是由组织人工作的社会性质和社会需要所决定的。组织实施人本管理,从根本意义上说,是确立人在管理过程中的主导地位,以调动组织人的主动性、积极性和创造性,也就是要帮助组织成员出色地掌握和完成自己的社会角色,以此促进组织、社会和个人发展目标的实现,也就是实现组织和成员的共同发展。

从上面的分析我们可以看出,人本管理的理论模式,是一个关注人本管理基本要素各个层面和侧面的理论体系,而不是一个零碎的、顾此失彼且脱离实际的理论抽象。这个理论模式以人本管理为核心,抓住人本管理的诸环节并进行体系化、系统化,力求使之能在组织的管理实践中加以应用。人本管理涉及人的培育和成长、人的选聘和任用、团队建设等诸多影响因素,是一项多目标、多因素、多功能的复杂的系统工程。

（二）人本管理的运行机制

有效地进行人本管理,关键在于建立一整套完善的管理机制和环境,使组织成员处于自动运转的主动状态,激励成员奋发向上、励精图治。完善而有效的人本管理机制主要包含以下几个方面:

1. 动力机制(激励机制)。主要包括物质动力和精神动力,即利益激励机制和精神激励机制,二者相辅相成,形成一个整体,不可过分强调一个方面而忽视另一个方面。动力机制或激励机制的宗旨是激发成员内在的追求潜能和强大动力,这是人本管理最主要的机制。

2. 压力机制。包括竞争的压力和目标责任压力。竞争的作用在于使人们有紧迫感、有危机感,从而使人产生一种拼搏向上、力争上游的力量;而目标责任制的作用在于使人们有明确的奋斗方向和承担的责任,迫使人们努力去履行自己的职责,勇于承担责任。

3. 约束机制。包括制度规范等强制性约束以及伦理道德规范、组织文化等非强制性的自我约束和社会舆论约束。前者是组织的法规,是一种有形的强制约束,而后者主要是自我约束和社会舆论约束,是一种无形的约束。约束机制的作用在于规范组织成员的行为。

4. 保障机制。主要指法律的保护和社会保障体系的保证。前者主要是保证组织成员的基本权利不受侵害,如利益、名誉、人格等;而后者则是保证人的基本生活,使组织成员的正常生活得以进行。

5. 选择机制。主要是指组织成员有自由选择职业的权利,有应聘和辞职、选择新职业的权利,创造一种良好的竞争机制,从而有利于人才的脱颖而出和优化组合,以建立组织结构合理、素质优良的人才群体,实现人才的合理流动。

6. 环境影响机制。人的积极性、创造性的发挥,受环境因素的影响。通常,环境因素由两个方面组成:一是和谐、友善、融洽的人际关系,另一个则是令人舒心、愉快的工作条件和环境。

上述六种机制之间不是各自独立的,而是相互联系、相互作用,共同构成完善的人才管理机制。这些机制能否正常发挥作用,直接关系到人本管理能否有效地实施。

五、人本管理与人力资源管理

人力资源管理的产生与人本管理思想的出现密切相关。现代人力资源管理源于英国的劳工管理,经由美国的人事管理演变而来。20 世纪 70 年代以后,人力资源在组织中所起的作用越来越大,传统的人事管理已经无法适应新的发展需要,并逐步地为人力资源管理所替代。70 年代末 80 年代初,随着西方人本管理理念和模式的确立与发展,现代人力资源管理便应运而生。

人本管理是人力资源管理最根本的特点,是现代人力资源管理的精髓。现代人力资源管理把"以人为本"作为指导思想,将"人本管理"作为最重要的原理和原则贯穿于各项人力资源管理活动中,重视对人力资源的开发与管理。现代人力资源管理不再把人当成一种成本看待,而是把人视为组织中最宝贵的、可增值的资源,并进行有效地开发、利用和科学管理。

人力资源管理是对人的管理,自然要研究人性,即人的本性。人本管理是随着管理界对人性的认识的不断深入而逐步发展和完善的。不同的学者和管理者对前面所涉及的几种人性假设理论的看法虽不尽相同,但每种人性假设及其提出的管理主张和管理措施的科学成分在今天仍有很强的借鉴意义。现代人力资源管理追求作为"目的人"和"手段人"的统一,除了关注功利目标,还关注人文目标。为了能兼顾这两个目标,就必须对丰富的人性予以全面的尊重。人性是一个矛盾而且日益丰富完善的结构,人性的具体表现千差万别,必须防止将人性单一化、片面化,这同马克思关于人的本质的论述是一致的。马克思认为人具有两个属性:一个是自然属性,是自然的人;另一个是社会属性,是社会的人,是社会关系的总和。结合人本主义的理念,马克思的观点可以具体细化为:人是最高目的,人的一切活动都应服务、归属于自身,是否有利于人的存在和发展是衡量一切的价值尺度;另一方面,作为目的的人是现实生活中活生生的、是有着各种需求和欲望的人,外部世界不会自动满足人的需要,人又必须充当手段,以自身的活动满足自己的需要。为此,应在以人为本的基础上,把作为目的和手段的人统一起来,统一的出发点和归宿在于实现人的自我发展。应该明确人作为目的是最终价值,人充当手段是这一终极价值的派生物。在现代人力资源管理中只有明确这一点才是真正地坚持以人为本。

因此,人力资源管理应承认人的各种需要的合理性,千方百计创造条件予以满足,促进人的健康全面发展。围绕着解决人与工作相适应这一人力资源管理的核心问题,应该把管理的视角由工作向人转移,工作的设计、规章制度的制定以及组织结构、管理方式的变革,要更多地考虑人的因素,以使与人性有关的人为目标得以实现。

第二节　人力资本理论

人力资本这一概念没有统一的定义,比较流行的定义有两个。一是辞典的定义:"所谓人力资本,指的是蕴涵于人自身中的各种生产知识与技能的存量总和。"①二是流行教科书的定义:"人力资本表示以教育和训练的形式,为改进工作者的质量而作的时间和货币投资。"②尽管人力资本的定义很多,但有一点是共同的,这就是都着眼于人力资源的质量或劳动者的素质。人力资本理论的主要研究对象是人力资本生成与发展过程及其对经济运行的影响。③

从经济学理论诞生之日起,经典作家们就已经对人口质量与经济增长的关系有所认识了。亚当·斯密、穆勒、西斯蒙第、李斯特、马克思甚至马歇尔、费雪等经济学家都曾以不同的方式阐述了教育对提高劳动生产率的价值,有的直接就把教育称作对人的投资,认为人所具有的知识和技能也是资本。例如亚当·斯密把资本分为固定资本和流动资本,认为固定资本不仅包括机器、工具、建筑物、改良的土地,而且还包括"社会上一切人民学到的有用才能","学习一种才能,须做学徒。这样费去的资本,好像已经实现并固定在学习者身上。这些才能,对于他个人自然是财产的一部分,对于他所属的社会,也是财产的一部分。工人增进的熟练程度,可和便利劳动、节省劳动的机器和工具同样被看作社会上的固定资本。学习的时候,固然要花一笔费用,但可以得到偿还,赚取利润"。④西尼尔也认为,律师或医生的收入中只有极小的一个部分可以叫做工资,他们的知识和以前学习的花费都是资本的一部分。除此之外,他甚至明确指出,随着业务的发展,收入中利润所占的成分会越来越高,工资所占的成分会越来越低;大部分的国民收入是利润,而利润中单是属于有形资本的利息的那个部分大概不到1/3,其余是个人资本(也就是教育)的成果;决定国家财富的,并不是土壤或气候的偶然性,也不是生产有形手段的现有积累,而是这种有形资本的量及其普遍程度。但人力资本理论的最终确立却是在人本管理理论和实践有了较大发展的20世纪50年代。可以说,人本管理理论与实践的发展,不但推动了人力资本理论的发展,而且使得人力资本投资成为人本管理的一项重要内容,确切地说应该是人本管理的较高层次的内容。因为较高层次的人本管理已不再把人单纯当作"手段人"或"工具人"看待,而是将"目的人"和"价值人"与"手段人"和"工具

① John Eatwell,Murray Milgate,Peter Newman,*The New Palgrave:A Dictionary of Economics*,Vol.2,The Macmillan Press Limited,1987,p.682.
② [美]保罗·萨缪尔森、威廉·诺德豪斯著,胡代光等译:《经济学》(第14版),北京经济学院出版社1996年版,第666页。
③ 刘沂、赵同文等编著:《公共部门人力资源管理概论》,华东理工大学出版社2002年版,第92页。
④ 引自[英]亚当·斯密:《国民财富的性质和原因的研究》上卷,商务印书馆1972年版,第257～258页。

人"内在地统一起来,开始重视人的全面发展,重视人力资源的开发、投入和维持。人力资本理论由此获得了较快的发展,同时也推动了人本管理理论的发展,促进了以人为本的人力资源管理。这些思想就是现代人力资本理论产生的理论渊源。当然理论的产生不可能离开社会的经济背景,社会存在决定着社会意识的产生和发展,社会意识反过来也作用于社会存在。经济、社会发展的实际需要是人力资本理论产生的土壤,也是其得到重视和广泛传播的根本原因。

一、现代人力资本理论产生的背景

经典的、正统的西方经济学家虽然已经意识到人的能力的重要性,并有意识地将人力资本与物质资本对应起来,通过他们的经济学说确立了人的劳动在财富创造中的决定性的作用,从而确立了人力资源在经济活动中的地位。但他们一直没有把人力资源看成是一种资本,在人、土地和资本这三项基本因素中,他们把人这个生产要素看成是"非资本"的。直到20世纪,这一局面才被打破,现代人力资本理论才真正地产生。1960年,西奥多·W.舒尔茨宣告了人力资本理论的诞生。1962年,《政治经济学杂志》发表了他的题为《对人的投资》的论文。1963年舒尔茨的著作《教育的经济价值》出版。舒尔茨对人力资本理论作出了开创性的贡献,被公认为人力资本理论之父。舒尔茨对人力资本的探索起源于对"增长剩余"的思考,对发展中国家经济、社会发展问题的观察经验和实证研究是其思想的重要来源,他认为发展中国家要实现经济高速发展的关键不在于物质资本的形成,而在于人的生产技能的提高,在于对教育的投资、人口质量的提高等。1964年,加里·贝克尔的专题文章《人力资本》发表。1970—1973年,西方经济学界连续出版了七部人力资本及有关问题的优秀文章选集。到今天,对人力资本的研究更加深入,而且也更加的注重其实践性。是什么原因使人力资本的理论会得到如此的重视?是什么力量促使其超越纯学术的范畴成为一种革命性的力量,而进入和深深地影响大众世界?通过对社会经济背景、技术背景和理论背景三个方面的阐述,我们可以对这些问题进行较清楚的说明。

1. 社会经济背景

在舒尔茨看来,人的经济价值的上升是人力资本产生的根本原因。以服务业、高技术产业为主导的知识经济模式的确立,必然引起人的价值的上升;消费结构进入了精神消费的层次,精神消费对应的生产是以人的创造力为主要源泉的生产模式,这意味着人在生产中的重要性的上升;人的经济价值的提高最直接的反映是生产关系的变化——越来越多的工人加入到利润分享者的队伍。

2. 技术背景

20世纪后期以来,以电子计算机为代表的微电子技术,以及光导纤维、生物工程、新材料、新能源、空间技术、海洋技术等技术群的产生与发展,开创了新的经济时代——知识经济时代。随着新技术和现代管理方法的大量应用,人们普遍认为人在管理活动中的作用将会下降,但竞争的现实使人们认识到,任何时候都不能忽视生产产品和提供服务的人。

3. 理论背景

人力资本的研究与经济理论的发展有着十分紧密的联系。经济学理论中主要有两个方面的问题对人力资源的研究产生了较大的影响,比如在对经济增长的因素进行分析时,许多经济学家试图把李洛的经济增长模型中完全外生的技术进步逐渐内生化、具体化。在这个过程中,把人的质量因素考虑进去是必然的。

二、人力资本的概念与特征

对人力资本概念的界定是人力资本投资理论的逻辑起点,为此,各专家学者都从不同的角度对人力资本的含义进行了探讨。

(一)人力资本的含义

古典政治经济学的创始人之一——威廉·配第是首次严肃地运用人力资本概念的学者。他在 1676 年把战争中军队、武器和其他军械的损失与人类生命的损失进行了比较,提出了"土地是财富之母,劳动是财富之父"的著名论断,这实际上已经确立了人力资本理论的初步思想。

古典政治经济学的另一代表——亚当·斯密将上述思想推到了那个时代的最高点,他最早大胆、明确地把人或人的能力划归为固定资本。他在自己的名著《国富论》中提到,一国国民所有后天所获得的有用能力是资本的重要组成部分。因为获得这种能力需要花费一定的费用,所以,它可以被看成是在每个人身上固定的、已经实现的资本。当这种能力成为个人能力的一部分时,它也就成为社会财富的一部分。一个工人技能的提高,可以节约劳动时间,提高劳动效率。虽然提高工人的技能需要投入相当多的费用,但却能创造出更多的利润,足以补偿费用的支出。

在斯密之后,许多经济学家都接受了他的关于人的技能和能力属于资本范畴的观点。例如,J. B. 萨伊指出,由于人的技艺和能力的形成需要花费成本,并可以提高劳动生产率,因此,可以将其视为资本。马歇尔在其代表作《经济学原理》中提到要加强对人的投资,并研究了这种投资对个人收入的影响。此外,还有一些经济学家进一步认为,人的健康也应当同知识、技艺、能力一样同属于资本。

19 世纪末 20 世纪初,美国一些经济学家将资本重新定义并扩展,提出任何可以带来收入的财产都是资本的观点。欧文·费雪则在 1906 年出版的《资本和收入的性质》一书中,进一步提出和阐述了人力资本的概念。

舒尔茨在吸收前人研究成果的基础上,对人力资本进行了较为完整和全面的阐述。他在其人力资本理论方面的著作中提出了包括物质资本和人力资本在内的广义资本的概念,对人力资本的基本含义进行了多方面的界定。他指出,人力资本需要各种各样的投资才能形成,包括医疗保健投资、教育培训投资、劳动迁徙投资等等。他同时又论证了人力资本是经济增长的主要源泉,在经济发展过程中人力资本的投资收益率要高于物质资本的投资收益率。目前我们对人力资本的理解,仍主要依据舒尔茨对人力资本的界定。

通过对人力资本逐步深入的认识可以看到,人们是在对传统的资本进行重新定义并扩展的基础上,提出任何可以带来收入的财产,包括资金、设备、厂房、知识、技能等都是资本的观点,这样资本就有了两种存在形式,即物质资本和人力资本。体现在物质形式方面的资本(即投入生产过程的厂房、机器、设备、资金等各种物质生产要素的数量和质量)为物质资本,体现在劳动者身上的资本(如劳动者的知识、技能、体力、健康状况、劳动者数量等)为人力资本。具体而言,人力资本是指人们花费在人力保健、教育、培训等方面的开支所形成的资本。这种资本,就其实体形态来说,是活的人体所拥有的体力、健康、经验、知识和技能及其他精神存量的总称,它可以在未来的特定经济活动中为有关经济行为主体带来剩余价值或利润收益。

(二)人力资本的特征

与物质资本相比,人力资本有独特之处。

首先,这种资本是体现、凝结和贮存在特定的人身上,与作为其载体和天然所有者的个人须臾不可分离,并经由这个人形成、支配和使用才能发挥职能,其他任何个人、经济组织或政府对人力的支配和使用并从中获得收益,都不能无视和超越它的载体、归属体和直接拥有者——个人而为之。

其次,人力资本是一切资本中最重要、最宝贵且最具能动性的资本,具有无限的潜在创造性,它是为在未来获得预期收益而在目前投资而形成的人力,是资本化了的人力资产,可以进行货币计量和会计核算。人力资本的投资收益率往往高于物质资本的收益率。

最后,人力资本具有时效性。人力资本的形成、使用都有时间上的限制,这是由实物基础决定的。

三、人力资本理论的主要内容

人力资本理论经历了漫长的历史发展进程。一般认为,人力资本概念是由美国芝加哥大学西奥多·舒尔茨教授于 1960 年在美国经济学会年会的演讲中正式提出的。

（一）舒尔茨的人力资本理论

1. 资本既包含物质资本，也包含人力资本。

2. 人力资本对经济增长起着重要作用。

3. 人力资本投资的内容或范围。

(1)医疗和保健的支出。

(2)用于培训在职人员的教育支出。

(3)用于正规的学校教育的支出。

(4)用于社会培训项目的支出。

(5)用于人力资源迁移的支出。

4. 教育投资是人力资本投资的主要部分。

5. 提出人力资本的投资标准。

6. 人力资本投资的增长水平决定人类经济和社会发展的未来。

7. 摆脱一国贫困状况的关键是致力于人力资本投资，提高人口质量。

（二）贝克尔的人力资本理论

贝克尔认为，人力资本是今后收益的源泉，因此，教育就是人力资本的投资。贝克尔注重分析微观的人力资源活动。例如家庭在孩子的生育、培养方面的经济决策与成本—收益分析，家庭的时间价值与时间配置分析及家庭的市场与非市场活动等，并且运用经济数学方法对其中的经济变量与关系进行了分析，颇有新意。

（三）丹尼森的人力资本理论

丹尼森对人力资本的经济作用进行了计算和分析，他的分析和计算方法得到了许多国家的认同，并在许多国家得到了应用。丹尼森的分析被称为"余数"分析。他认为，传统经济分析在估算劳动和资本这两个要素对国民收入增长所作出的贡献时，还有大量的"余数"，这个"余数"既不是劳动的作用，也不是资本的作用，而是来自人力资本投资或教育的贡献。在此基础上，丹尼森运用定量分析的方法对美国的经济增长的要素贡献率进行了计算，得出：在 1929—1957 年美国经济增长的诸多要素贡献中，有 23％的份额来自美国教育的发展。

四、人力资源与人力资本的关系

人力资源、人力投资是与自然资源、物质投资相对而言的。随着市场经济的发展，人类社会即将迈入知识经济时代，人力资源与人力投资在经济生活中的地位将显得越来越重要，认真研究人力资源与人力投资对于优化我国人力资源的配置,加快我国社会主义现代化建设具有极其重要的意义。从人力资本到人力资源是一个简短的智力加工过程,是人力资本内涵的继承、延伸和深化。现代人力资源理论是以人力资本理论为根据的,人力资本理论是人力资源理论的重点内容和基础部分,人力资源经济活动及其收益的核算是基于人力资本理论之上的,两者都是在研究人力作为生产要素在经济增长和经济发展中的重要作用时产生的。

1. 两者说明问题的角度有区别。人力资源广义上指一定区域的人口总量;狭义上指劳动力资源,即一定时间、一定地域内有劳动能力的适龄劳动人口及实际参加社会劳动的劳动年龄以外的人口总和,其计算公式为:人力资源＝适龄劳动人口－劳动年龄内丧失劳动能力的人口＋不足劳动年龄及超过劳动年龄的实际参加社会劳动的人口。人力投资是 20 世纪 60 年代出现的一个人力资源的分支概念。资源和资本在使用上考虑的角度完全不同,如果作为资源,人人就都想要最好的,钱越多越好,技术越先进越好,人越能干越好,但作为资本,人们就会更多地考虑投入与产出的关系,会在乎成本,会考虑利润。提到资源人们多考虑寻求与拥有,而提到资本人们会更多地考虑如何使其增值生利。资源是未经开发的资本,资本是开发利用了的资源。

2. 两者分析问题的内容有所区别。人力资源管理把人视为组织中最宝贵的资源,认为充分有效地开发利用组织人力资源是决定组织生存和发展成功的关键,也就是说人力资源关注的是对人力资源的开发和利用。人力资本理论认为,人力资本的形成需要不断投资,既然是投资,就要求做投资可行性分析,就要考虑投资回报率和投资回报期等问题。人力资本理论在内容上关注的是投资,注重的是能否获得投资收益。

3. 作为人力资本理论,它揭示由人力投资所形成的资本的再生、增值能力,可进行人力开发的经济分析和人力投入产出研究,如果从会计学角度看,进行经济核算的意义十分明确;而人力资源理论,不仅包括了对人力投资的效益分析,而且作为生产要素,其经济学内容更为广泛和丰富。

五、人力资本理论的发展前景和争论的问题

(一)人力资本理论的地位和作用

人力资本理论自 20 世纪中叶创立以来,经过半个多世纪的发展演变和传播,现在已经成为"经济学中应用最多的理论之一",被推广应用于各个应用学科和研究领域。正是有了人力资本理论,才使教育经济学成为一门独立应用的学科,使卫生经济学研究有了支柱性基础,使人力资源会计学迅速成长和发展起来,使家庭经济学被赋予了崭新的内容,使经济增长理论获得了"新生",它还使

人口经济学和劳动经济学有了重要的、实质性的内容,使发展和制度经济学的研究也有了新的思路等。

人力资本理论不仅促进和带动了相关学科的发展,而且在各国经济与管理实践中也日益发挥着重要的作用。在西方发达国家,如美国,人力资本理论无论在理论研究上还是在社会影响和实际行动上,都相当成熟和深入,关于人力资本的形成和运营问题已经成为总统竞选、政府决策和国际经济事务中公开关注和讨论的焦点。同样,在发展中国家,越来越多的官员和学者认识到提高人力资本投资是经济、社会发展的根本问题,并将人力资本理论作为战略选择和政府决策的重要依据,实施于发展实践中。

随着以人为本的人力资源管理理论的产生与发展,人力资本理论在人力资源管理实践中得到了广泛应用。现代人力资源管理理论最早在企业产生和得以应用,人力资本理论也在企业人力资源管理方面得到了十分广泛的应用。相比之下,人力资本理论在公共部门尚未得到广泛应用。但随着企业及社会变革对公共服务要求的日益提高,公共部门也面临着外在的巨大压力,只有认识到公共人力资源的重要性,重视对人力资本的投资,才能应对挑战,提高工作效率。公共部门人力资源管理理论与实践的发展,尤其是公共部门人力资源培训与开发活动的日益展开,使得人力资本理论在公共部门中的作用和地位更为重要。

(二)关于人力资本理论的若干争论

1. 人力资本理论认为,教育和培训增加个人的人力资本储备,从而提高个人的生产潜力,同时能获得较高的工资。与该理论争论的理由是:(1)教育传授给人的知识总量难以定量比较和衡量。(2)由于在职培训的非正规性,很难区分谁受过训练以及培训的质量。(3)个人生产率的提高很难证明与知识、培训的多少成正比,同时由于职务的不同,也使生产效率成为一件难以定量确定的事情,例如什么是汽车制造厂总经理的生产效率,什么是大学教师的生产效率等。(4)生产效率高的人未必比生产效率低的人报酬更高,由于生产效率的资料极不充分,这种对比分析是很难进行的。

2. 双重劳动市场理论与人力资本理论的争论。双重劳动市场理论认为,在城市内部的劳动市场上,人力资本理论所预期的教育和收入之间的正向关系极不明显,在非白人工人和少数民族聚居的地区更是如此,因此双重劳动市场理论把传统组织使用的劳动市场和非传统组织使用的劳动市场加以严格区分,他们认为,提高教育和培训水平,只是完成这两个市场的过渡而已。

3. 人力资本理论认为,改变贫困最重要的方法是增加对人力资本的投资,只有经过教育和培训,才能期望在将来获得更高的工资。对这一理论提出怀疑的论点为:(1)教育年限和父母收入之间是一种正向关系,低收入的家庭、贫困的家庭实际上支付不了这一笔教育费用。(2)教育制度不可能是一种排除收入不足和收入不平等现象的有效手段。(3)教育和培训计划至多只是提高低收入者的地位的必要手段,而绝不是充分手段。

(三)尚待突破的难点

从人力资源开发和人力资本理论研究的现状看,一些难点有待突破:

1. 从方法上看,由于人力资本投入的产出效益往往不直接表现为实物产值的增加,而总是表现为人的健康、知识和技能的增加,因此只有当体现这些人力资本的劳动者投入到生产中,才能间接地看出人力资本对经济活动的实际影响。这在方法上就存在难以精确估量的问题,因而在宏观层次上衡量人力资本投资对实现社会目标的作用程度更为困难。

2. 方法上的困难随着时间的推移虽然会被不断出现的新的方法所突破,然而理论上的难点是,单纯的人力资本投入在任何时候都不能单独形成生产能力,人类的生产活动是由人力资本与非人力资本综合产生的,是两者结合的过程。因此,人们实际上很难把人力资本的作用和物质资本的作用单独分解出来。可见,舒尔茨、丹尼森等人的研究业绩尽管是这方面的杰出成果,但也带有某些片面性。

3. 人力资本与其他任何资本的区别在于,其承担者是人,而不是物。人则有思想,有意识,有个性,有情感,有社会交往和个体经验等。因此,作为生产要素的人,其生产能力的发挥不可能不受个人的思想、感情、经历和环境的影响,有时,这种影响甚至可能是决定性的。

4. 在一定的经济体制条件下,政策、体制运转对人力资源的影响不可忽视。不考虑以上这些因素,理想化地套用人力资本理论,是很难与经济发展的实际相吻合的。

但无论如何,人力资本理论至少对人类作出了一个重大贡献,即提出了一个重要观点:①人的知识、能力、健康等人力资本的提高对经济增长的贡献远比物质资本的贡献大得多。

---

① 刘沂、赵同文等编著:《公共部门人力资源管理概论》,华东理工大学出版社2002年版,第92页。

第三节 公共部门人力资源管理的基本原则

一、以人为本的原则

以人为本原则即人本原则,是指人是管理的出发点和归宿,一切管理活动都必须以调动人的积极性和创造性为根本。要改革传统的人力资源管理把人当作被动的管理对象的做法,坚持"尊重知识,尊重人才"的方针,把人看作是最宝贵的资源,充分调动公共人力资源的积极性、主动性和创造性。人员的积极性、主动性和创造性的发挥,是公共部门管理活动绩效提升的根本保证。因此,要注重对人力资源的投入、开发、管理和维持,积极创造有利于人力资源发展的良好环境,建立能充分调动人员积极性的管理和运作机制,并实现管理的科学化、制度化和规范化。

二、德才兼备原则

德才兼备原则,又叫选贤任能原则,也叫择优录用原则,即在选任公共部门工作人员时必须摒弃封建传统的任人唯亲的方式和裙带关系的作风,严格按照岗位要求考查人员素质,以贤能为标准,凡符合德才兼备条件者方给予择优录用。

贤能的标准是对人员素质和能力的要求,为确保选贤任能原则的顺利实施,我们必须严格遵循能级原理。所谓能,本属物理学的概念,意指做功的本领,在现代管理学中被借鉴引用。任何机构和个人都存在一个能量大小的问题,按照一定的标准和规范,有秩序地把大小不等的能量排列起来就形成了能级。能级相称原理就是根据人的能力和特长,安排适当的岗位和任务,从事适当的工作。

坚持选贤任能原则是确定公共部门人力资源整体状况的"进口关",其工作方法和技术得当与否直接影响到公共部门各个环节的正常有效运行。必须指出,在公共部门人事选拔任用方式中,有许多具体的技术和做法,或进行民主评议,或进行统一笔试,或进行单独口试,或进行当场操作,或进行心理测试……但不论采取哪一种方式或做法,都必须对选拔任用的对象进行知识水平、个人素质和实际操作能力等多方面的考察和检测,只有这样才能确保选贤任能原则的真正顺利实现。

三、岗位责任原则

早期的传统人事管理,大多根据人员的身份、地位、品位、背景等进行分类建设和管理。例如中国古代的九品中正制,民国时期的特、简、荐、委任制度,以及西方国家的政党分赃制。虽然这些制度方法在特定时期起过积极作用,但终因其无法克服的弊端而衰落。19 世纪末,在西方发达国家,一方面,政府行政管理的范围加大,专业化程度提高,原有的人事分类方法不能适应对政府工作人员的管理;另一方面,工厂企业因推行泰罗的"时间和动作研究"、"工作分析"、"工作评价"等科学管理方法而取得显著效果,因此指定合理实用的职位分类便成为重要的核心问题,坚持岗位责任成为人事管理的首要原则。这对我们的现代公共部门人力资源管理依然适用。

所谓岗位责任制,是指根据公共部门的工作特点,在明确各个部门的职责范围的基础上,用行政立法的手段,确定每一个工作岗位和公职人员应该履行的职责、必须担负的责任、可以行使的权限和完成任务的标准,并按照规定的内容和标准,对公职人员进行考核和给予相应奖励的一种行政管理制度。[①] 岗位责任制的实现与职位分类的建立是密切联系在一起的。从我国目前的实践考察,岗位责任制无论是对于国家公务员制度的实施,还是对于企业人力资源的管理,都起到了科学化、法治化的重要意义和作用。

就公共部门而言,只要在确立了科学、合理的职位分类的基础上实行岗位责任制,以规范性文字的形式颁布和实施各类人员的职责范围和工作权限,就可使公职人员在工作中有章可循,做到职责分明、完成工作要求、赶上科学技术和社会发展的步伐而不被淘汰,使公职人员自觉加强业务学习、努力参加各种相关的专业培训,从而可以普遍提高公职人员的个人素质和业务水平。

四、竞争激励原则

竞争是公共部门人力资源管理必须遵循的又一重要准则,它可以使组织与工作的运行,始终处于动态优势之中,充满活力。而要保证和维持竞争公平有序地展开,建立合理的激励机制则是主要的手段和方法。

为了促使公共部门获得优秀人才,激发公职人员的进取和创新精神,引进竞争机制是真正解决用非所长、责权利不统一、人员结构不合理、各类专业人才比例失调等人才矛盾的途径,也是社会主义市场法则在公共部门人力资源管理中

---

① 刘沂、赵同文等编著:《公共部门人力资源管理概论》,华东理工大学出版社 2002 年版,第 111 页。

的应用,它造就了一个人才优胜劣汰、竞争发展的环境,从而促进人才流动,实现公共部门人力资源管理系统的动态优势。竞争机制可以被广泛运用于公共部门人力资源管理的各个环节,例如公开考试、择优录用、考试考核、功绩晋升、适才适用、同工同酬、劳酬相符等等,不过最终或者说最为突出的,则是体现在人员的流动问题上。

一个激励的过程,实际上是满足人的需求的过程,它从未能得到满足的需求开始,以得到满足的需求告终。由于人的需求是多种多样、无穷无尽的,所以激励的过程也是循环往复、持续不断的,当人的一种需求得到满足之后,新的需求又将反馈到下一个激励过程中去。但对于人事激励而言,它应该表现出对人的需求欲望予以适当满足或者限制这样两个方面,它反映的是人在追求某种既定目标时的愿意程度。

人事激励具有鲜明的特点,它的本质是人的内部心理状态,即激发人的自身动机,以期其将组织目标转化为个人目标,使得个人在外界推动下产生自动力,由消极的"要我做"转化为积极的"我要做"。同时,人事激励的作用具有相当大的弹性,由外界推动力所激发的自动力与个人行为的积极程度成正比,自动力的大小离不开个人自身素质的影响。此外,人事激励的效果是通过个人行为在激励前后的变化或者在相同的前提下不同人员的工作效率的高低来判断的,因为由激励所激发的自动力是一个内在的心理变量,不能用精确的数学计算来预测、控制与调节。

五、系统保障原则

随着社会的发展,人力资源管理在现代政治、经济活动中的重要性愈加突显,并且已不是作为单一环节为人们所认识,其各种要素的协调与综合至关重要。在一个互相联系、互相作用的人力资源管理系统中,如何选人、进人、用人、培养人是工作的重点。同样,如何送人、安置人、保护人也是应该重视的环节,只有建立和维持最佳的群体结构,充分发挥系统内各要素的作用,保障其利益不受侵害,才能最大限度地实现系统的整体效益,这便是系统保障原则。①

随着社会主义市场经济体制的不断健全与完善,体现系统保障原则的人员保护、福利待遇以及社会保障等人事保障工作已不仅仅是单纯的人力资源管理环节,它直接关系着系统效益的实现,并已被纳入现代国家安全制度之中。

---

① 刘沂、赵同文等编著:《公共部门人力资源管理概论》,华东理工大学出版社 2002 年版,第 112 页。

六、民主法治原则

民主与法治是我们的时代精神,是现代科学管理的精髓,对于公共部门人力资源管理工作而言,同样是基本的管理原则。

由于多年计划经济模式和单一行政命令模式的影响制约,我们国家的人事管理工作长期以来似乎都是十分神秘和威风的,无形中掌握着每一个单位工作人员的"生杀"大权,只有上对下的指挥,没有民对官的监督。事实上,科学的人力资源管理并不等同于政治活动,以录用环节为例,其基本原则便是标准明确、公开考试、平等竞争、择优录用。人力资源管理工作的好坏取决于是否具有先进的管理理念、科学的管理原则、严格的管理制度,也取决于是否能够坚持广泛公开的民主监督,因为广泛公开的民主管理可以充分调动人的工作积极性,提高和发挥人的主人参与意识。

严格地依法管理是公共部门人力资源管理法治化的核心,它要求确立法律法规在人事行政管理过程中的权威,强调在法律规定的范围内行事,不得超越法律。法律的权威必须高于领导者的个人利益和部门的局部利益,这是公共部门人力资源管理法治化的内在实质。同时,对公共部门人力资源管理中的违法行为(如公职人员在行政执法中违反其必须遵守的法定义务和纪律、触犯刑律,或者管理机关因不当和违法的管理行为造成公职人员合法权益的损失等),应该根据具体情节,通过监督检察机构、人事行政机构甚至司法机构进行严肃认真的查处。

本章练习

1.人本管理的实质是什么?

2.人本管理思想的主要内容包括哪几个方面?

3.人本管理思想对人力资源管理有什么影响?

4.人力资源与人力资本之间有什么关系?

5.公共部门人力资源管理必须遵循哪些基本原则?

6.根据本章内容谈谈你对人本管理思想在公共部门人力资源管理中的实际作用效果的认识。

第三章 公共部门工作分析和职位评价

★工作分析与职位评价的含义、作用
★工作分析的内容、程序及方法
★职位评价特点、步骤及方法

工作分析和职位评价是公共部门实现科学管理的基础性工作,也是公共部门人力资源管理机制建立的平台。没有周密、细致的工作分析和职位评价,公共部门任职人员的招聘、录用、职位调配、考核评价、薪酬激励等工作就会流于人治与恩赐的随意性中,公共部门人力资源管理的科学性就无从谈起。

第一节 工作分析与职位评价概述

一、工作分析与职位评价的含义

工作分析(Job Analysis)又称职位分析(Post Analysis),是指根据组织的目标,设置实现组织目标所需的岗位(职位),对各岗位特定工作的性质、内容、任务和责任做出明确规定,同时对承担该类工作的人员所应具备的素质与能力做出明确规定的系统过程。它是公共部门人力资源管理的基础工作,是公共部门实行科学管理的重要手段之一。

职位评价(Post Evaluation)也称工作评价(Job Evaluation),是指在工作分析的基础上,通过专门的技术和程序,根据同一客观的标准,对职位进行系统的比较,从而确定职位在组织中的相对价值或次序的过程。它是以工作分析的结果为依据,在对所有职位进行科学分析之后,按一定的客观标准,采用科学的评价手段,对岗位的工作任务的重要程度、责任范围及大小、繁简程度、环境条件、沟通技巧、监督管理及任职资格等进行系统评比与估价的过程。很显然,它的评价对象是职位,而非任职者,这就是大家通常所说的"对岗不对人"原则。而且,它反映的只是相对价值,而不是职位的绝对价值。职位评价的结果将直接应用于薪酬体系的建立。它是划分薪酬等级的依据,是建立内部公平合理的薪酬结构的基础和关键环节。

工作分析是描述性的,而职位评价是价值判断性的。细致、完备的工作分析是职位评价获得准确性的前提。从制度建立的过程看,职位评价是介于工作分析和薪酬制度设计之间的一个环节。它把工作分析的结果作为评价的事实依据,同时,职位评价的结果——薪点,又是科学的薪酬制度设计的理论依据。

二、工作分析与职位评价的相关术语

1. 工作要素

工作要素是指工作中不能再继续分解的最小动作单位,例如削铅笔、从抽屉中拿文件、速记人员写各种速记符号等。

2. 任务

任务是为达到某一特定的目的所进行的一系列活动。它可以由一个或多个工作要素组成,如打印一份文件就是具体而明确的任务。人们通常所说的某人正在做某项工作,实际上就是在完成某项任务。所以通常可以把任务理解为工作的具体化、目标化。

3. 职责

职责是指由一个人担负的一项或多项任务组成的活动。它可以由一至多个任务组成,有时也被称为责任。例如打字员的职责包括打字、校对、简单的机器维修等一系列任务。职责或责任是指实实在在的任务,与通常所说的责任感是相互区别的,责任感强调的是一种心理上的感觉。

4. 职位

职位是指在一定时期内,组织为每一个个体所规定的任务和相应的职责,如人力资源处处长就是一个职位。职位是任务与责任的集合,是人与事有机结合的基本单位,在一个特定的组织里,职位的数量是有限的,职位与人是一一匹配的,组织有多少职位,就有多少人。职位与岗位所指的内容是相同的,只不过,"职位"一词多见于机关、团体、事业单位的人事管理中,而在企业的劳动人事管理中,多使用"岗位"一词。

5. 职务

职务由一系列性质相同或近似的职位构成。例如某高校设三个副校长,一个分管教学,一个分管科研,一个分管后勤。根据组织规模的大小和工作性质,一项职务可能涉及的职位数量不尽相同,有的职务可能只涉及一个职位,有的则可能有多个职位。

6. 工作

工作有三种含义:①泛指体力和脑力劳动。②指职业。③特指若干项专门任务。在此,工作是由一组相近似的任务组成。

7. 工作族

工作族又称工作类型,是指两个或两个以上的工作任务相似或要求的工作人员特征相似的一组工作。例如生产工作和销售工作就是两个工作族。

8. 职业

职业是对不同组织、不同时间,从事相似活动的一系列工作总称。例如,教师、工人、农民等等都是职业。从一般意义上看,"工作"和"职业"的主要区别在于其范围不同,"工作"这个概念较窄,一般对组织而言,而"职业"的范围较宽,是跨组织的,一般对整个行业而言。

9. 职业生涯

职业生涯是指一个人在其工作生活中所经历的一系列职位、工作或职业。例如一名大学教师的职业生涯很可能是从助教开始、然后再担任讲师、副教授和教授。

10. 职系

职系是指由工作性质和特征相同或充分相似,而责任轻重和繁简难易程度却不同的一系列职位构成的系列或群体。职系是最基本的职位业务分类,一个职系就相当于一种专门职业。职系又可称为岗系。

11. 职组

职组是由工作性质相似的若干职系构成的群体。例如大学教师就是一个职系,而教师就是一个职组。职组又可称为岗组。

12. 职门

职门是指若干工作性质和特征近似的职组归结在一起所形成的集合。凡是属于不同职门的职位,它们的工作性质完全不同。

13. 职级

职级是指同一职系中工作性质、繁简难易程度、责任轻重程度以及所需资格高低程度相同或充分相似的职位。例如中学教师是一个职系,而其中的一级教师、二级教师等等则是按照上述因素进行分类的,分别是这一职系中的两个职级。在同一职系中划分不同的职级,对管理工作有着非常重要的意义,它能划分出不同岗位在工作要求上的差异,使从事相同业务但能力不同的员工拥有适合的工作岗位,从而更好地发挥自己的能力。同时,职级的划分也是确定员工劳动报酬、促进员工业务发展的重要手段。同级同薪、提级提薪的原则,体现了劳动贡献与劳动报酬之间的内在联系。职级是职位划分中最重要的概念。职级又可称为岗级。

14. 职等

职等是指工作性质不同,但工作繁简、难易、责任大小以及所需资格条件等因素相当的职位归类。职等与职级的区别在于,职等不是同一职系内不同岗位之间的等级划分,而是不同职系之间的相似岗位的等级比较和平衡。例如对中学教师职系中的二级教师与机械操作职系中的五级车工进行比较,虽然他们的工作业务和工作性质存在很大差别,但撇开这种不同岗位之间的业务差别,如果他们在工作水平上存在相似性,就可以将其划为同一职等。

上述术语中的"职位"一词,在英语中有两种表达方式:即 job 和 position。在美国,job 一词于 1557 年开始使用,意为一项工作;1660 年以后指雇主使员工担任并完成的一项工作,从抽象工作进而涉及人;到 1694 年解释为"一人所承担之事",被赋予了"责任"这一新含义。Position 一词含有工作岗位和职位之意,在 1890 年以后,多指公务员职位。目前在美国这两个词已经混用。人们习惯上把职位分析(position analysis)、职位评价(position evaluation)和职位分类(position classification)用于政府公务员,而工作分析(job analysis)、工作评价(job evaluation)和岗位分级(job classification)则专指工商企业中的同类活动,但这只是一种习惯问题,并不具有绝对意义,特别是随着人力资源管理理论和管理实践的发展,人们发现工作分析与职位评价在公共部门人力资源管理中的作用十分重要,可以也应该把两者结合起来并应用于公共部门的人力资源管理理论中,以促进实践和理论的发展。

三、工作分析与职位评价的作用

工作分析与职位评价是现代公共部门人力资源管理的一块基石,也是人力资源管理的一个关键环节,其在人力资源管理中的作用体现在以下几个方面:

1. 工作分析与职位评价有利于人力资源规划,为人力资源规划奠定了良好的基础。工作分析与职位评价可以为人力资源管理获取必要的信息,根据这些信息制定职务说明和职务要求细则,从而使人们明确在什么职位上要做什么事情,在什么地方做,该怎么做,什么样的工作效果才能符合标准,以及要承担某份职务需要什么类型和程度的知识、技能和能力,如受教育的水平、工作能力、个人能力、素质等;能够把"事"与"人"有机结合起来进行科学管理,实现人力资源管理的科学化。

2. 工作分析与职位评价是人员获取、任用、晋升的前提。工作分析清楚地提供了每一个职位的工作内容和任职资格条件,对工作的性质、特征,以及担任此工作所需要的资格、条件等,都作了详尽而具体的说明和规定,确定了每一个组织的职位数量,这就使人事管理人员明确了招收的对象和标准,为组织招募合适的人才提供了依据,有效地限制了政治选任官及委任官随意为其追随者设置职位和安排工作,约束了政治恩赐。

3. 工作分析与职位评价是组织机构能否达到精简、统一、高效目的先决条件。工作分析与职位评价为组织确定了所需要的职位数量和实际所需的人数总量,为定编定员奠定了基础,有利于实现人与事的最佳组合。所谓定编,就是按照一定的程序,采用科学的方法,合理确定组织的机构、形式和规模,以及人员数额。所谓定员,就是在定编的基础上,严格按编制名额和职位的质量要求,为每个岗位配备合格而适当的人员。

4. 工作分析与职位评价为人员教育、培训、开发提供客观依据。从员工的职前教育、在职培训来看,员工在接受教育和培训中学到的应该是在将来的工作中能用得上的,也就是要求培训应有很强的针对性。通过工作分析与职位评价,组织可以明确从事某项工作的人员应具备的技能、知识、技巧和其他各种素质条件,这样就可以根据工作分析与职位评价的结果和要求,参照员工的实际工作绩效,评估培训的需要,设计和制定出合适的培养训练计划与方案,选择培训的方式,有区别、有针对性地安排培训的内容,以克服培训与实际工作脱节的或只是进行泛泛的理论训练的缺陷,以真正实现预期的目的,提高公职人员的工作技能,进而提高工作效率。

5. 工作分析与职位评价是实现绩效评估科学化的前提。工作分析与职位评价的进行,明确了每项工作的职责、权限,以及承担该工作必备的资格和条件,而绩效评估是以员工为对象,通过对员工的德、能、勤、绩等方面的综合评价,判断他们是否称职,并以此作为任免、培训、奖惩、薪酬的依据。从工作程序上看,工作分析和职位评价是绩效评估的前提,是人员评估的准则,为绩效评估提供了客观的依据。

6. 工作分析与职位评价为合理确定薪酬提供了客观依据。在通常情况下,大多数组织都要以每项工作对组织的价值或重要性作为报酬比例的基础。为了估计每一种工作的价值以及对它们支付什么报酬比较合适,需要事先对每一种工作所包含的任务及其工作环境进行了解,也就是说工作分析与职位评价可以明确工作的主要内容、资格条件、职责和责任的权重,确定职位在薪酬等级中的位置。这就可以对难度较大的工作给予较大权重,从而给予更高的工资,而对难度较小的工作给予较少的报酬。一般来说,员工所从事的工作难度越大,报酬就应当越高,依据工作分析与职位评价而确定的薪酬内部结构才能合理,薪酬内部的一致性才会较高,才能真正体现按劳付酬。

7. 工作分析与职位评价可以有效地激励员工。工作分析和职位评价可以在培训开发、薪酬福利、人际关系、工作安全、员工咨询等方面提供建设性意见，使员工明确自己的职责，以及今后努力的方向，激发自己的积极性、主动性和创造性，进一步搞好自我开发，达到自我的不断完善。同时，组织可以在工作分析和职位评价的基础上了解到员工的各种信息，以便全方位地激励员工。

8. 工作分析与职位评价有助于实现员工的职业生涯规划。工作分析与职位评价确定了各项职务应包含的工作事项和任职资格条件，这使有关负责人可以准确地向求职者和新员工进行任务介绍。尤其是工作分析为员工提供了明确的晋升路线选择和个人在组织中的职业发展阶梯。一个组织如果进行科学的工作分析，拥有明确的工作发展和工作晋升阶梯，那么员工在进入组织的时候，就能非常清晰地了解这种情况，并结合自身的条件、素质、兴趣等，有目的、有计划地选择一条职业发展道路，及时发现自身的长处与不足，有针对性地提高自己。现代组织越来越多地采用各种人力资源开发手段，如员工个人的职业生涯规划去管理员工，工作分析正是为这些活动提供了基础。

第二节　工作分析的内容、程序及方法

一、工作分析的内容

工作分析的基本任务是通过对组织内构成某一工作的必要条件及其关键因素进行分析和归纳，对工作进行系统的概括说明，把握其本质，从而实现任职者与工作的合理配置，提高组织人力资源管理的效益。工作分析的目的决定了其基本内容包括工作内涵和工作对员工的要求两大部分：(1)工作内涵主要是对工作本身性质与特征的揭示与概括，即对特定工作的名称的选择与表达；对工作任务、工作职责、工作关系、工作强度、工作材料、工作对象与工作环境等基本状态进行分析与客观描述。(2)工作对工作者的要求即是确立工作任职资格与规范，包括从事该工作的人员应具备的教育程度、知识水平、经验与技能、职业道德、身体条件、心理素质等要素。工作分析的结果是制定涵盖工作特征和任职资格两个方面内容的职位说明书，以此作为组织进行职位评价、职位分类及其他人力资源管理活动的前提和基础。具体而言，工作分析的基本要素包括工作描述和工作规范两个方面。

(一)工作描述(job description)

工作描述又称职位描述，是对工作本身一些重要因素的内涵和外延加以描

述和规范,并形成相关规范的过程,其中包括工作目的、职责、任务、权限、绩效标准、工作关系和工作环境等。

（二）工作规范(job requirement)

工作规范又称任职资格,是指任职者要胜任某一项工作所必须具备的资格与条件,其内容包括知识、教育程度、能力、技能、态度(价值观)、工作经验等。

进行工作分析首先需要准备好一份标准的工作分析表,以确保组织能够系统收集职位的全部详细资料。工作分析表中的问题需经过精心选择,一般应包括下列有关基本要素的提问:

关于职位:

1. 谁从事此项工作? 职位的名称是什么?

2. 职位的基本任务是什么?

3. 如何完成这些任务? 使用什么设备?

4. 此项任务的目的是什么? 此职位的任务和其他职位任务的关系是什么?

5. 执行者对科室和机器的责任是什么?

6. 工作条件(工作时间、温度、噪音、光线等)如何?

关于工作者圆满完成任务所需的条件:

1. 知识;

2. 技术;

3. 受教育程度;

4. 体力状况;

5. 智力状况;

6. 适应性(主动性、灵活性等)。

也有人把工作分析的内容概括为以下四个方面:(1)做何事;(2)如何做;(3)为何做;(4)所需技术与经验。其中前三项是对工作性质与范围的书面概括,称为职务说明,而第四项属于职位规范的内容主体。也就是说,职务说明和职位规范组成了工作分析,或者称为职位分析。

二、工作分析的程序

工作分析既是有组织有领导地进行的一项政策性很强的工作,又是一个全面的技术性很强的评价过程。因此,在进行工作分析时,必须遵守一定的程序,以避免因资料收集的错误而影响整个人力资源管理的运作效果。一般来讲,工作分析的程序分以下几个步骤:

1. 成立工作分析的工作组。一般包括数名人力资源专家、管理层人员和多名工作人员,它是进行工作分析的组织保证。工作组首先需要对工作人员进行工作分析技术的培训,制订工作计划,明确工作分析的范围和主要任务。同时,配合组织做好员工的思想工作,说明分析的目的和意义,建立友好的合作关系,使员工对工作分析有良好的心理准备。其次,工作组还需要确定工作分析的目标和设计职位调查方案。在一开始就必须先确定工作分析所获取的信息的使用目的。信息的用途直接决定了需要收集哪些类型的信息,以及使用哪些方法来收集这些信息。在此基础上,工作组对信息调查方案进行设计,不同的组织有其特定的具体情况,可以采用不同的调查方案和方法。当然,如果能够把工作分析的任务和程序分解为若干工作单元和环节,那就更有利于工作分析的完成。

2. 选择有代表性的职位来进行分析。一般来讲,相类似的工作很多,假若对每个职位都进行一一分析,从时间和成本上来看是不可能的,也是不现实的,因此就需要选择其中若干具有代表性的工作来进行分析,然后进行类推。

3. 收集与工作相关的背景信息。工作分析一般应该得到的资料包括:劳动组织和生产组织的状况、企业组织机构和管理系统图、各部门工作流程图、各个岗位办事细则、岗位经济责任制度等等。

4. 收集工作分析的信息。职位调查是调查、收集和工作相关的资料,为正确地编写职位说明书提供依据。这个阶段的任务是根据调查方案,对组织的各个职位进行全方面的了解,收集有关工作活动、职责、工作特征、环境和任职要求等方面的信息。在信息收集中,一般可灵活地运用访谈、问卷、实地观察等方法来得到有关职位工作的各种数据和资料。职位调查是工作分析中十分必要的准备工作,它的真实程度以及准确性,直接关系到工作分析的质量。

5. 让任职者及其直接上司认可所收集的资料。在资料收集过程中,由于某种原因,有些重要的资料可能被遗漏,让任职者和其直接上司认可,能使资料更完备,也可使他们更易于接受所收集到的活动资料。

6. 编写工作说明书和工作规范。在资料整理和分析的基础上,编写出工作说明书和工作规范,这是工作分析成果的体现。工作说明书以书面的形式描述了工作中的活动、职责以及与工作有关的重要因素及信息,工作规范则着重指出任职者所需的资格条件。

工作分析并不是简单机械地积累工作的信息,而是对各职位的特征和要求做出全面说明,在深入分析和认真总结的基础上,创造性地揭示出各职位的主要内容和关键因素。

三、工作分析的方法

工作分析是一项技术性很强的工作,方法也有很多种,较常用的方法有以下几种:

1. 面谈法。面谈法是与担任有关工作职务的人员一起讨论工作的特点和要求,从而取得有关信息的调查研究方法。它有三种重要形式:个别员工面谈法、集体面谈法、主管领导面谈法。

在工作分析时,我们可以先查阅和整理有关工作职责的现有资料。在大致了解职务情况的基础上,访问担任这些工作职务的人员,一起讨论工作的特点和要求。同时,也可以访问有关的管理者和从事相应培训工作的教员。由于参与的对象是那些最熟悉这项工作的人,因此,认真地面谈可以获得很详细的工作分析资料。面谈法也给任职者提供了一个了解工作分析重要性的机会,使他们更容易接受工作分析的结果。面谈中的一些怨言,也可使管理者发觉原来未曾注意到的事项。同时,要使参与者充分了解面谈的缘由,不致使他们有被考核的感觉,以保证所收集资料的准确性。

面谈时还要注意修正偏差。这是因为,工作分析常常是职位评价、薪酬调整的前奏。因此,有时参与者会有意无意地歪曲其职位情况,比如把一件容易的工作说得很难或把一件难的工作说得比较容易。这要靠和多个同职者面谈所搜集的资料对比加以校正。

2. 问卷法。问卷法是让有关人员以书面形式回答有关职务问题的调查方法。运用问卷法,首先要确定问卷的结构性程度。结构性程度在这里是指问卷内容的细化程度。在结构性程度很高的问卷里,工作职责被细化为上百个细小的职责,连完成每项职责所需的时间都要填上。与此相反,结构性程度低的问卷所设计的问题大都比较笼统开放,由任职人员根据自己的判断来填写。这是两种极端化的问卷形式。而在实践操作中,多是两种形式结合,既有结构性较强的问题又有开放性的问题。其次,问卷法的关键还在于确定问卷应包含的问题。问题设计得如何,直接牵涉所收集的资料、信息质量,进而影响工作分析的效果。通常,问卷的内容是由工作分析人员编制的问题或陈述,这些问题和陈述涉及实际的行为和心理素质,要求被调查者对这些行为和心理素质按它们在工作中的重要性和频次(经常性)与给定的方法作答。一般而言,答案应具备三个层次:

(1)各种特殊品质的需要性:必须具备,需具备,不需具备。

(2)各种特殊品质在某种工作中应用的时间次数:常常应用到的,有时应用到的,从未应用到的。

(3)各种特殊品质如加以训练可否收到效果:可大为进步,稍可进步,未必得到进步。

问卷法可以分成职务定向和人员定向两种。职务定向问卷比较强调工作本身的条件和结果;人员定向问卷则集中于了解工作人员的工作行为。

问卷法的最大优点是比较规范化、数量化,适合用计算机对结果进行统计分析。但它的设计比较费工,也不像访谈那样可以面对面地交流信息,因此,不容易了解被调查对象的态度和动机等较深层次的信息。问卷法还有三个缺陷:一是不易唤起被调查对象的兴趣;二是除非问卷很长,否则就不能获得足够详细的信息;三是不同的任职者对问卷中同样的问题可能理解得不一致,这样所收集到的资料信息就可能偏离工作分析的主旨。由于这些原因,问卷法一般不单独使用,它同其他方法结合使用效果会更佳。

3. 核对法。这种方法是让员工在工作任务清单中找出与自己工作有关的项目,以便确定某一工作的特性。

4. 观察法。观察法是指工作分析者通过感官或利用其他工具现场观察和记录工作者的实际工作情况,以收集工作信息的一种方法。问卷法、面谈法和核对法等工作分析方法都可以有效地采集工作职务方面的信息,但它们都有某些弱点。其中有一个较大的问题,即有经验的员工并不总是很了解自己完成工作的方式。许多工作行为已成习惯,干起工作来并未意识到工作程序的细节。因此,研究者们主张采用观察法对工作人员的工作过程进行观察,记录工作行为的各方面特点;同时,了解工作中所使用的工具、设备;了解工作程序、工作环境和体力消耗。观察时,可以用笔录;也可以用事先预备好的观察项目表,一边观察,一边核对。在运用观察项目表时,须事先对该工作有所了解,这样,制定的观察项目表才比较实用。

观察前先进行访谈将有利于观察工作的进行。一方面,它有利于把握观察的大体框架;另一方面它使双方相互有所了解,建立一定的合作关系。这样,随后的观察就能更加自然、顺利地进行。但对于无从衡量的脑力劳动占主要成分的职位来讲,现场观察法很难奏效。另外对于处理突发事件的职位来说,运用观察法也比较困难,因为这些条件只是偶尔才会发生,并非在平时就可以观察到的,因此,运用观察法不可能得到全部所需的资料,必须辅之以其他方法才可能尽善尽美。

5. 实验法。实验法是指工作分析者控制一些变量,用由此引起的其他变量的变化来收集工作信息的方法。实验分为两种,即实验室实验法和现场实验法,二者的区别在于实验场地的不同。

6. 工作日志法。工作日志是对一天中工作活动的记录。这种方法要求员工在一段时间内对自己工作中所做的一切进行系统的活动记录,然后由工作分析人员根据工作日志的内容对工作进行分析。该法的基本依据是:从事某项工作的人最了解该项工作的情况和要求。这又称为工作日写实法、工作者自我分析记录法。

这种方法所收集的材料一般较真实可靠,同时可以检测面谈法等所收集的资料信息的真实程度。如果这种记录记得很详细,那么经常会揭示一些其他方法无法获得或者观察不到的细节．它对于高水平与复杂工作的分析,显得比较经济和有实效。但该法的缺点主要是工作者也许不能真实记录工作活动,因此,必须由该工作的上级主管对记录的内容进行必要的检查和矫正。

7. 工作参与法。这种方法是由工作分析人员亲自参加要分析的工作活动,体验工作的整个过程,从中获得工作分析的资料。这又称工作实践法。要想对某一工作有一个深入的了解,最好的方法就是亲自去实践。通过实地考察,可以细致、深入地体验、了解和分析某种工作的心理因素及工作所需的各种心理品质和行为模式。所以,从获得工作分析资料的质量方面讲,这种方法比前几种方法的效果好。

另外,工作参与法还有两个优点:一是可以克服有些员工不善于表达的缺点,同时也可以克服即使是有经验的员工也不总是很了解自己工作的缺点;二是可以补充一些平时难以观察到的内容。但这种方法的缺点也很明显,因为现代组织中的许多工作高度专业化,分析者往往不具备从事该项工作的知识和技能,因此就无法参与;对于一些危险性工作的分析,也不适合使用该法。

8. 关键事件法。关键事件是指使工作成功或者失败的行为特征或事件。关键事件法是指通过对关键事件的收集、归纳、分析,从而达到对整个工作进行分析的目的的方法。关键事件法也称为典型事例法。

一般而言,工作分析的方法可以分为职务定向方法和行为定向方法。前者相对静态地描述和分析职务的特征,收集各种有关"工作描述"一类的材料;后者集中于与"工作要求"相适应的工作行为,属于相对动态的分析。关键事件法就是一种常用的行为定向方法。这种方法要求管理人员、员工以及其他熟悉工作职务的人员记录工作行为中的"关键事件"——使工作成功或者失败的行为特征或事件。在大量收集关键事件以后,可以对它们作出分析,并总结出职务的关键特征和行为要求。关键事件法既能获得有关职务的静态信息,也可以了解职务的动态特点。

关键事件法的优点是能直接描述人们在工作中的具体活动,可以揭示工作的动态性,所以,这种方法所收集的资料适用于大多数的工作分析。但该方法也有明显的缺点:一是收集、归纳、分类要耗费大量的时间;二是关键事件所描述的是特别有效或无效的行为,很难对一般的工作行为形成总的概念,而这一点对于工作分析来说十分重要,因为它是工作分析的主要目的。

由上可见,工作分析的方法是很多的,它们各有优劣,没有一种方法是万能的。只有根据实际情况,将各种方法结合起来使用,才能对任职者的要求有一个详细、全面、准确的了解。当然,这些方法对于一个已运行多年的组织而言是有效的,但对于一个新建的组织而言,则需要先选择一些主要部门、关键岗位来进行工作分析,做出一些"雏形"、取得一些经验后再逐渐发展。

四、工作分析的结果——工作说明书

工作说明书(job description)也称为职位说明书,在组织管理中的作用非常重要,不但可以帮助任职人员了解其工作,明确其责任范围,还可为管理者的决策提供参考。一般而言,工作说明书由工作说明和工作规范两部分组成。工作说明是对有关工作职责、工作内容、工作条件以及工作环境等工作自身特性方面进行的书面描述。而工作规范则描述了工作对人的知识、能力、品格、教育背景和工作经历等方面的要求。当然,工作说明和工作规范也可以分成两个文件来写。

工作说明书的编写要求是:简洁、准确、规范、清晰,也就是要用普通人能够理解的、最简练的语言完整地描述与工作有关的重要信息资料。工作说明书是在工作分析的基础上,经过对工作分析所收集的资料信息进行精心筛选而形成的。在编写之前,还需要明确工作说明书的规范用语、版面格式要求和各个栏目的具体内容要求。一般来说,工作说明书一般包括以下十项内容:

1. 工作认定(job identification)。包括工作职位的名称或职务、所在部门、直接上级、定员、部门编码、职位编码,以及编写人、编写日期、审批人等。

2. 工作目标与职责权限。重点描述从事该职位的工作者所要完成或达到的工作目标,以及该职位的主要职责权限,包括决策权限、用人权限、财物支配权限、监督权限等。一般应分条记载并略加说明,标准词汇应是:负责、确保、保证等。

3. 工作内容。这是最主要的内容,此栏详细描述该职位所从事的具体的工作,应全面地、详尽地写出完成工作目标所要做的每一项工作,切忌泛泛概括。

4. 工作关系(job relationship)。工作关系是指该职位工作者与组织内外其他人及部门、机构之间的关系,主要描述该职位与组织内上级、下级、同事的关系,与组织内其他部门的工作配合关系,与机构外部人员的合作关系。

5. 绩效标准。对工作的最低绩效标准进行描述,包括最低工作量、完成某项服务的时间限制、工作质量、顾客满意度等。此项反映该职位完成的工作标准,以及如何根据工作完成情况进行考核,具体内容通常与该组织的考核制度结合起来。

6. 任职资格。任职资格是指从事本职工作所需要的资历条件,亦称工作规范。此项反映在从事某一职位之前,应具有的最起码的工作经验要求,一般包括两方面:一是专业经历要求,即相关的知识经验背景;另一个可能需要的是本组

织内部的工作经历要求,尤其针对组织中的一些中、高层管理职位。在担任这些管理职位之前,通常要求员工在组织其他职位上工作过或对其他职位的工作有一定的了解。

7. 专门培训。此栏反映在从事该职位前,应进行的基本的专业培训,否则将不允许上任或不能很好地胜任工作。具体是指员工在具备了教育水平、工作经历、技能要求之后,还必须经过哪些培训(不包括专业技能与其他能力所列出的内容)。

8. 工作条件(working condition)。工作条件是指与工作有关的特殊环境条件,亦称工作环境,包括噪音、粉尘、辐射等方面的情况。

9. 工作时间。工作时间包含班制设计和工作时间长度界定两个方面。常见的班制有长白班、三班倒、两班倒、四班倒、四班三运转、四六班制和四八班制等。工作时间长度有周标准工时、月标准工时和年标准工时等指标。

10. 体能要求。对于体力劳动型的工作而言,这项非常重要。

以上十项是工作说明书的主要内容,至于工作说明书的编写格式则没有明确的规定,可依据组织的具体情况自行设定。

第三节　职位评价的特点、步骤和方法

在完成工作分析并编写好工作说明之后,下一步工作就是职位评价。在人力资源管理领域中,工作分析和职位评价经常被看作是两种独立的活动。类似寻求解决工作的职责是什么、权限是什么、对工作者任职资格是什么等问题的活动,一般被看作工作分析;而类似寻求解决工作职责大小、工作的重要程度如何等问题的活动,一般被看作职位评价。显然,这两种活动的目的与要求都不尽相同,可以对它们进行独立研究和操作。然而从整个过程来看,它们又是紧密相连的。工作分析是在一定的价值观的指引下进行分析活动的,而职位评价是针对一定事实的评价,离不开工作分析这一基础。综合上述分析,我们可以得出这么一个结论:职位评价是在工作分析的基础上,依据工作分析所收集的资料信息,对职位的"相对价值"进行分等排序的过程。因此职位评价必然有自己的一些特点,有自身必须遵守的操作程序以及相应的评价方法。

一、职位评价的特点

1. 职位评价针对的是工作的职位,针对的是客观存在的"事",而不是目前在这个职位上工作的人。以"人"为对象的评比、衡量、评估,属于评估、测评的范畴,而职位评价虽然也会涉及任职者,但它是以工作职位为对象,即以工作者所负担的工作任务为对象进行的客观评比和估价。

2. 所有的职位必须通过同一套评价标准进行评价,不可实行双重或多重标准,否则就无法进行比较。

3. 职位评价是衡量组织内各类工作岗位的相对价值的过程。在职位评价过程中,根据预先确定的评价标准,对工作的主要因素进行逐一评比、估价,由此得出各个岗位的量值。

4. 评分因素都需结合组织实际,项目组与专家根据该组织的实际情况,选择与相关职位关联紧密的因素进行有针对性的评价。

5. 由于薪酬设计的极度敏感性,职位评价的工作程序及评价结果在一定的时间内应该处于保密状态。当然,在完成整个薪酬制度的设计之后,职位的分布应该公开,使全体员工都了解到自己的职位在公司的位置。

6. 职位评价是对工作性质基本相同的工作岗位进行评判,最后按评定结果,划分出不同的等级。

二、职位评价的步骤

职位评价的进行大体要经历四个阶段。四个阶段的进程及各个子阶段的具体进程如图 3-1 所示。

这个图表所反映的职位评价的步骤,可用文字详细而具体地加以阐述:

1. 按工作性质对组织的职位进行划分,职位类别层次的多少应视组织的具体情况而定。

2. 收集有关职位的各种信息,包括职位过去的信息和现在的信息,也包括现有的文字资料和现时的活的资料。

3. 建立专门的组织机构,培训专门人员系统掌握职位评价的基本理论,以及具体的实施办法。组建的职位评价委员会的成员虽然很了解各个职位,但所有的委员都没有职位评价的相关知识与经验,因此,在打分前,需要对所有的评价委员会成员进行一次职位评价培训并在培训后进行试打分以发现问题,进行前馈控制。职位评价培训主要介绍职位评价的必要性、职位评价的方法、职位评价的流程,职位评价常出现的问题及解决方法和职位评价的结果与薪资结构的关系。在培训时,培训者要反复强调职位评价针对的是职位而不是人,其目的是为了破除专家头脑中思维定式:一是在给某一职位打分时,依据对这个职位上某个人的印象,而不是根据职位本身的客观情况来打分;二是专家认为职位评价的分数就是职位的收入,从而在打分时倾向于某些职位。这两种思维定式都会影响职位评价的客观性。培训结束后,通过对样本职位进行试打分,使评价委员会

准
备
阶
段

列出职位名称目录

完成职位说明书

组建职位评价委员会

评价前各项准备工作

培
训
阶
段

对职位评价委员会成员进行培训，确认评价方案

与职位评价委员会成员讨论样本职位的选择

对样本职位进行试评价

与职位评价委员会成员共同确定对结果的评判标准

评
价
阶
段

以部门为单位依次对各部门内的职位进行评价

对部门的职位进行评价

对已经进行评价的职位的结果进行讨论

进行下一部门的评价

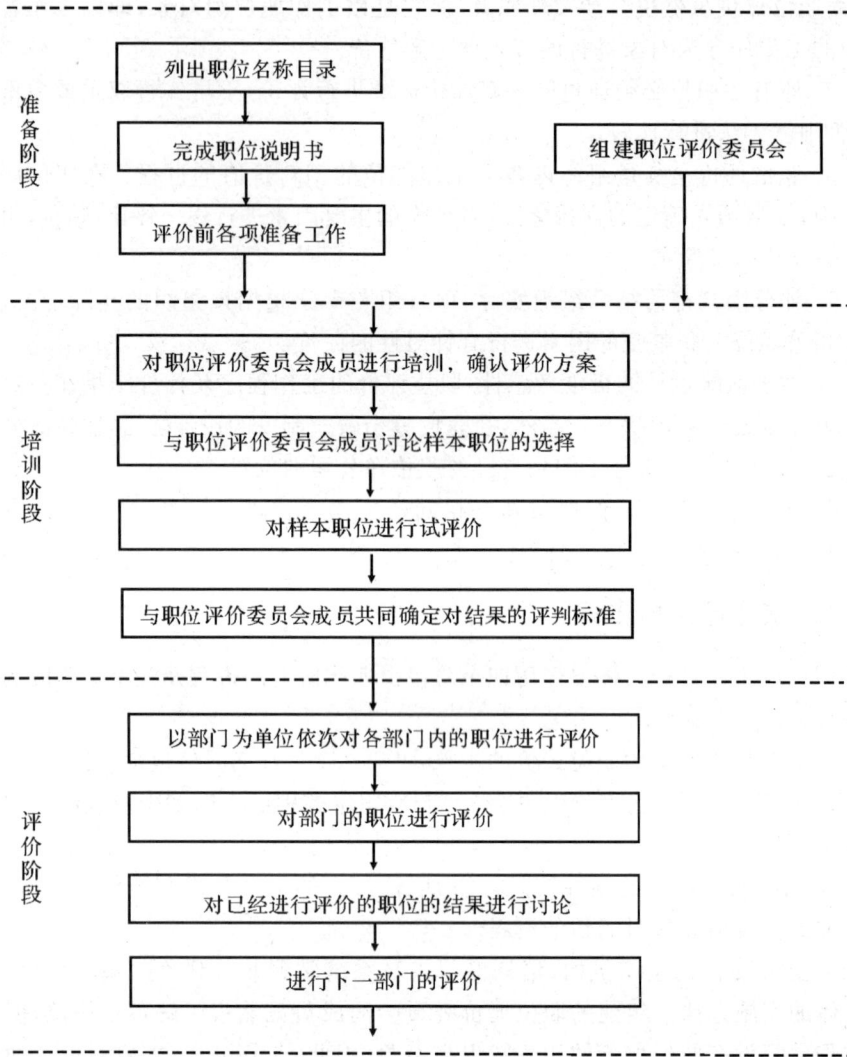

图 3-1   职位评价的步骤

注：引自中国管理传播网，作者：王焕宁，http://manage.org.cn，访问时间：2004 年 3 月 26 日。

成员掌握职位评价的流程与方法。

4. 制定具体的工作计划，确定详细的实施方案。

5. 在收集资料的基础上，找出与职位有直接联系、密切相关的各种主要因素。需要挑选并仔细定义影响职位价值的共同因素，比如该职位对组织的影响、

责任范围、工作难度(包括解决问题的复杂性、创造性)、对任职人的要求(包括专业技术要求、能力要求、生理要求等)、工作条件等。在国内,许多组织的职位测评常用的四大评价要素是职位责任、职位要求技能、劳动强度、劳动条件。在外国,则主要偏重于组织的影响力、责任范围、沟通技巧、任职资格、解决问题的难度、工作条件等因素。对每个评价因素给予不同的分数(点值),分数的大小视这个因素在全部的付酬因素中所占的重要性而定,换句话说,每个因素的权重是不同的。然后,对每一因素进行分级(比如分成5档),给出每级所对应的分数。当然,对每个等级还要给出具体的定义。注意,每一相邻等级必须是清晰可辨的。

6. 制定统一的评价标准,设计相关的问卷和表格。

7. 先对几个重要的岗位进行试点评价,以便总结经验,发现问题,采取对策,及时纠正。在职位评价过程中,人们对各个职位的各项指标的理解肯定是不同的,因此差异的存在是必然的。为了确保职位评价的科学性和一致性,需要制定一个标准,符合这个标准的数据被认为可以通过,不符合的则需要重新打分。重打分的对象是总分排序明显不合理的职位和专家们意见明显不一致的因素。每一阶段结束后,评价小组将需要重打分的职位反馈给评价委员会,评价委员会在充分讨论的基础上对这些职位进行重新评估。

8. 全面实施职位评价的各项具体操作。将经过试点评价,并最终确定下来的职位评价方案推广到组织的所有职位,对所有的职位进行评价。

9. 撰写各个职位的评价报告书。

10. 对职位评价工作进行全面总结。

三、职位评价的方法

职位评价的方法有很多,较常用的有排列法、分等法、评分法、因素比较法。人们通常将排序法和分等法归为非量化分析方法或非解析法,将评分法和因素比较法归为量化分析方法或解析法。

(一)排列法

排列法(job ranking)是将组织内所有职位按责任轻重、复杂程度等因素,由高到低排列出来进行评价的方法。它是由员工凭着自己的判断,将组织内所有职位,按其相对价值,由高到低排列出来进行评价的方法,又称排序法、序列法。各职位的薪酬水平按照排列次序来决定。

排列法的一个很重要的前提是选择训练有素的评估人员。因为排列法中对职位的评估主要依靠分析人员的主观判断,因此,只有十分熟悉被评估的职位,了解每个职位所要求的技术和技能的分析员才能作出比较公正客观的判断。有了高素质的评估人员,正式的职位评价就可以开始了。排列法的主要程序为:

1. 确定标杆职位。在工作分析的资料收集齐备后，一般要选择若干标杆职位作为参照系，这是排列法程序中的关键。因为其他的职位都要依据标杆职位进行排列。标杆职位首先必须要有代表性，能够涵盖该组织职位的主要职能和特性。其次，标杆职位需要处在职位之间的恰当位置上，并合理地分散在现有的职位结构中。

至于标杆职位的多寡，没有什么通行的标准，一般选取职位总数的10％～15％作为标杆职位。

在全面地调查分析之后，首先由基层科（处）室排列标杆职位，然后再由分析人员进行全盘考虑，确定最后的标杆职位。选择和排列标杆职位是为了形成一个用以排列其他职位的结构框架，组织内的其他职位可以通过与一个或两个标杆职位的比较进行排列。

2. 排列其余职位。确定了标杆职位框架后，我们就可以通过对每个职位的全面评估来对其余职位进行排列了。也就是通过鉴别标杆职位与组织中其他职位的相对位置，分析它是比某个标杆职位更重要，还是不如标杆职位重要，或者与标杆职位重要程度相当，并依此进行排列。在具体排列过程中，也可以将某一职位与已经排好的职位进行比较来确定其恰当的位置，最后形成职位按重要性由高到低排列序列。

职位排列科学与否主要取决于分析人员对职位的熟悉程度。对于相类似的职位来讲，用排列法排列相对容易；而对于不相似或相互无关的职位来讲，用排列法排列就比较困难，比如司机和打字员，究竟哪个职位更重要，有时很难确定。

3. 职位分级。形成职位重要性序列之后，就需要将这些职位划分出等级，以适应薪酬体系的要求。排列法实际上无法为这种等级划分提供精确客观的依据。这种等级的区分往往是从管理的角度出发，将职位分为若干个小组，对不同的小组确定出不同的工资等级，在每个等级内再制定出由低到高的工资序列。

排列法的优点在于操作简单、省时；缺点在于缺乏测量尺度，无法提供等级之间差别的客观依据，并过分依赖分析人员的素质及其对职位的熟悉程度，缺乏严格的、详细的评价标准，从而严重影响评价结果的准确性。因此，排列法只适用于规模较小的组织，对拥有成百上千个职位的大规模组织就很难奏效。

（二）分等法

分等法（job grading）是将职位分成若干等级，然后在每一等级内选出一至两个关键职位，并附上工作说明和规范，接着评估每一职位，逐一与各级的关键职位进行比较，相似的编为同一等级，最后排列出各等级的高低，亦称分类法。分等法的具体程序为：

1. 按职位内容进行分类。指在工作分析的基础上，对组织内的职位进行分类,如可分为专业技术类、管理类等。这样,职位的分等就可在同类职位内进行,分等工作就变得简单易行。

2. 确定等级数量及等级定义。第一,依据组织规模、工作性质、人力资源管理策略确定等级的数量。第二,确定用来评价职位重要程度的基本因素。不同性质的组织,影响其职位重要程度的因素也不同。美国联邦政府就以下面八大因素来评估职位的重要程度:一是工作的难度与多样性,二是监督他人和被监督的程度,三是判断力的运用程度,四是需要创造力的程度,五是工作关系类型,六是职责,七是经验,八是所需知识。第三,明确等级定义,即对所分的等级进行概念性的明确描述。这是一项艰苦复杂的工作。第四,评价和分等。这是分等法的最后阶段,即分析人员根据工作分析对每个职位的内容说明,与等级定义相比较,得出每一职位的评价结果,将职位归入相应等级。在归等过程中,为了使划等更简单,一般依据每个等级的特定要求,在每一等级中确定一个标杆职位作为参照物,然后再进行分别归等。

分等法实际上是排列法的改进,只不过比排列法多了一份等级说明而已。此外,分等法在进行等级定义时,参考了指定的工作因素,因此比排列法更准确、客观。由于分等法相对简单,故所需费用也相对较少。分等法比较适用于职位内容变化不大的组织,特别流行于公共部门。美国、加拿大等国的政府公共部门的职位评价用的就是分等法。但是,分等法程序中的等级定义是一项高难度的工作,对职位内容变化较大的经济实体来讲,使用时就会遇到诸多困难。

(三)评分法

评分法(point system)是一种量化的评价方法,首先依据工作内容的特点确定出所有职位共同的评价因素,然后度量出每个因素对于被评价职位的重要程度和价值,并以分数形式记录下来,以便计算总值和相互比较。对影响工作的主要因素进行排列和评分,采用一定点数(分值)表示每一因素,经过加权求和,最后得到各项工作的总点数。每一职位的总分数就是该职位的价值指标,以此作为核定薪酬的标准。评分的程序一般为:

1. 职位群的确定。因为每个处室的工作各异,不可能对整个组织的所有职位都进行评估,所以,第一步需要将相似职位归入同一职位群,例如文书性职位群、采购性职位群等,然后,评价委员再为每一职位群分别拟定评分计划。

2. 评价因素的选择和界定。第一,选择出影响职位评价的主要因素,如工作复杂程度、创新性、决策、受教育程度、经验、工作独立程度、技术、人际交往、工作环境等。评价因素的选择没有什么定式,可根据本单位职位内容的需要,参考相类似的组织成功的职位评价经验来确定,但所选择的评价因素必须是大多数职位都要考虑的,能够表现出共性。英国的银行在进行职位评价时通常考虑六个因素,即经验、复杂性、独立性和进取心、工作人员的监督、对避免银行损失承担的责任、私人联系等。第二,在评价因素确定之后,就需要给这些因素一个明确的界定。这样就可以避免不同因素之间的内容重叠。同时,也可以给一些抽象因素,如独立性、决策等以准确的说明。所选择的因素的数量越多,评价所需的时间就越长,难度也越大,因此,所选择的因素一般以4～12个为宜。

3. 因素分等。把每一个评价因素再分成等级,以便操作。通常因素的等级不超过6个,以能区别职位为原则。等级过多评价工作会很繁琐,过少则不能清楚区分职位。例如工作复杂性这个因素就可分为四个评价等级:

一等:低度复杂性的标准化的工作职位。很少需要抉择采取何种行为,包括不需要严密监控的重复性工作。

二等:偏低度复杂性工作职位。按照详细的说明和标准进行操作。所作决策有限,只是在原有的操作程序中作出选择。

三等:中等有一定复杂性的工作职位。虽是按照详细的说明和标准进行操作,但所作的决策需要运用某种判断力,或需要对原有的操作程序进行调整。

四等:高度复杂性工作职位。按照一般性的说明和标准进行操作,必须运用判断力和创造力来选择方案,并以机智或判断来处理所遇到的问题。

4. 权衡因素之间的相对价值。不同的评价因素对职位来讲,其重要性不同。在不同的职位群中,涉及的同一因素的重要性也不相同,甚至相反。比如智力条件和生理条件两个因素,对管理类职位群和体力劳动较多的操作性职位群来讲,其重要程度就正好相反。因此,工作评价委员就需要仔细研究因素定义,确定出因素的相对价值权数。目前,权衡因素一般采用百分比的方法。

第一,将评价因素按重要程度由高到低排列,设定最重要的因素价值为100％,然后对其他因素进行评价。如决策能力100％、受教育程度60％、人际关系35％。

第二,把评价因素百分率相加(100％＋60％＋35％＝195％)并加以转换。

决策能力:100÷195＝0.51＝51％

受教育程度:60÷195＝0.31＝31％

人际关系:35÷195＝0.18＝18％

5. 确定每个因素等级的分数。评价因素的价值权数明确之后,就需要确定每个因素等级的分数,也就是给等级打分。

第一,要确定分数的总值,总值的大小要考虑到方便与否,最好用大数字,可以正好是整数500或5000,以避免出现小数点,并能更好地表现等级之间的差别。

第二,根据评价因素的权数即百分比,换算出该因素的分数。例如假定总值为 500 分,该因素的权数为 51%,得出该因素的分数为 500×51% 即 255 分。

第三,依据因素的总分值,评出该因素各个等级的分数。等级分数的评定可运用算术级数、几何级数或不规则级数中的任何一种规则。运用算术级数,容易被职员接受,等级间差别不大,适合体力劳动占主要成分的职位,而几何级数的等级差别较大,适合脑力劳动占主要成分的职位。下面的例子按算术级数给等级打分的结果就是:(见表 3-1)

表 3-1　总分为 500 分,按等比算术级数算出的等级分

	一级	二级	三级	四级	五级
决策能力	51	102	153	204	255
受教育程度	31	62	93	124	155
人际关系	18	36	54	72	90

6. 编写职位评价手册。在编写职位评价手册之前,要先对因素评价方案进行验证,发现问题应及时修正,直至得到满意结果。

职位评价手册主要是说明职位评价的程序,阐述评价因素,诠释要素及要素等级分数,并要求分发到职位评价所涉及的所有人员手中。

7. 实施评价。职位评价委员会要按照职位评价手册的要求进行评价工作,每个职位均须依据工作说明书和工作规范来确定各个因素的得分,然后相加,即得到该职位的总分。最后按分数的多少排列出来,形成一个职位等级结构。若需要得出工资结构,可以用货币数直接代替分数,即形成薪酬的等级系列。

评分法是一种应用很广泛的职位评价方法,其优点在于:一是通过清楚明确的因素界定来进行系统的比较,减少了主观决定的成分,评价结果更加客观,易被员工接受;二是评分法具有广泛的适应性,适用于任何职位。其缺点在于:评分方案的制订费时、费力,而且定义和权衡要素的技术要求很高,因此,对规模较小的组织来讲,评分法不一定是最佳的选择方案。

(四)因素比较法

因素比较法(factor comparison)是在排列法基础上改良而成的一种量化评价方法。排列法是以某一个因素来比较各个职位的,而因素比较法是以多个因素为参照系,依次以每个因素为基础进行多次比较,形成职位评价结果,然后将评价结果数值化,得出每一职位的总分。因素比较法常用的因素有:智力条件、生理条件、技能条件、职责、工作环境五种。具体评价程序为:

1. 选择标杆职位。标杆职位的选择在所有职位评价方法中都是一件细致

而重要的工作,在因素比较法中尤其如此。因为评价结果的好坏,在很大程度上依赖于标杆职位选择的恰当与否。因此,必须要求标杆职位将所确定的因素清楚地描述和分析出来。同时,标杆职位本身要能代表不同的等级,并充分显示出每个因素的不同重要程度。在实际操作中,所选择的标杆职位数量一般为15～30个,数量过多会导致排列因素所需时间过长,过少则易产生误差。

2. 按因素排列标杆职位。标杆职位的排列,首先要由评价委员会的成员各自单独作出,然后再集中、统一意见,得出标杆的最后排列。如表 3-2 所示:

表 3-2　按因素排列的标杆职位

职　　位	智力条件	生理条件	技能条件	职　　责	工作环境
部门主管	1	3	1	1	4
秘　　书	2	2	3	2	3
打字员	3	4	2	4	2
门　　卫	4	1	4	3	1

注:1 表示高,4 表示低。

3. 为各因素分配薪资待遇。标杆职位排列完成之后,就需要将标杆职位的工资率,按比例分配给各因素。这是因素比较法与其他方法相比比较复杂的地方。

假设目前部门主管的工资标准是1000个货币单位,那么,各因素在其工资标准中所占的比例可能为:智力条件占30%、生理条件占10%、技能条件占20%、职责占35%、工作环境占5%。按此方法,将所有标杆职位的工资标准都按因素进行分配,这样,标杆职位就可按每个因素所分配到的工资比例重新排列,将表 3-2 中的四个职位重新排列后,结果就可能为表 3-3。

表 3-3　按薪资待遇排列的标杆职位

职　　位	工资标准	智力条件	生理条件	技能条件	职　　责	工作环境
部门主管	￥1000	300(1)	100(3)	200(1)	350(1)	50(4)
秘　　书	￥830	200(2)	120(2)	150(3)	300(2)	60(3)
打字员	￥550	150(3)	50(4)	180(2)	100(4)	70(2)
门　　卫	￥530	50(4)	150(1)	100(4)	150(3)	80(1)

注:1 表示高,4 表示低。

需要注意的是,不同的评价委员可能会对每个因素在职位中的价值作出不一致的评价,这就需要评价委员进行协调,以达成共识。

4. 比较上面两次排列的结果,删掉不理想的标杆职位,将按因素排列的结果与按照因素的薪资待遇排列的结果进行比较,得出表3-4。

表3-4　比较两次排列结果

职　　位	智力条件		生理条件		技能条件		职　　责		工作环境	
	A	¥	A	¥	A	¥	A	¥	A	¥
部门主管	1	1	3	3	1	1	1	1	4	4
秘　　书	2	2	2	2	3	3	2	2	3	3
打 字 员	3	3	4	4	2	2	4	4	2	2
门　　卫	4	4	1	1	4	4	3	3	1	1

注:A代表按因素排列的高低,¥代表按因素薪资排列的高低。

在两次排列结果的比较中,查看有无两次结果不一致的职位(上表中的结果是一致的),若有,就需通过调整不同因素的薪资的比例来消除差异。若无法消除,就必须将这一职位从标杆职位中删除。

5. 排列其他职位

在所有标杆职位排列确定之后,组织内的其他职位就可以通过与标杆职位相比较确定出自己的位置和工资水平。例如财会人员对技术的要求可能介于打字员和部门主管之间,因此财务职位技术因素对应的工资也应为180～200个货币单位,其他因素依此类推。

在最后进行职位排列时,因素比较法还常常使用工作比较尺度表(job comparison scale),也就是将职位评价因素分为0～100个不同等级度,然后确定每个职位各个因素得分的总和,并换算为工资。如表3-5所示。

因素比较法也是被广泛使用的职位评价方法,原因在于其大部分职位的排列是通过同标杆职位相比较得出的,是一种准确、系统的量化评价方法。此外,因素比较法赋予了各因素货币值,薪酬结构可以在评价中自然形成,减少了工作量。运作程序的复杂性是因素比较法的主要缺点,且各评价因素的相对价值在总价值中所占的百分比完全靠评价人员的判断确定,这必然会影响评价工作的

71

精确度。此外,因素比较法中的五因素不一定对组织中所有的工作都适用。

以上介绍的排列法、分等法、评分法、因素比较法是职位评价的四种基本方法。随着职位评价技术的发展和计算机技术的广泛应用,一些专业的人力资源管理顾问公司设计出了一系列更精确的评价方法,并秘不外传,但大都是这四种方法的结合与演变。

表 3-5[①] 工作比较尺度表

智力 条件	生理 条件	技能 条件	职责	工作 环境

```
—100
  ┊
  ┊
— 55
— 50
— 45
— 40
— 35·····················································部门主管
— 30···部门主管
— 25
— 20·······················部门主管
— 15
— 10·············部门主管
—  5·················································································部门主管
```

本章练习

1. 什么是工作分析?

2. 什么是职位评价? 职位评价有哪些特点?

3. 工作分析和职位评价的作用是什么?

4. 试比较职位评价不同方法的优点与不足。

5. 结合实际,谈谈在现实操作过程中应如何扬长避短地使用工作分析与职位评价的方法。

6. 根据你当前所从事的工作拟一份工作说明书。

---

① 表 3-1、表 3-2、表 3-3、表 3-4、表 3-5 分别引自孙柏瑛、祁光华编著:《公共部门人力资源开发与管理》,中国人民大学出版社 2004 年版,第 148~150 页。

A 基金会的职位评价①

　　A 基金会是我国东部沿海某大城市的一家非营利慈善组织。近年来,随着当地经济的迅速增长和国家对慈善事业的支持不断加强,基金会有了飞速的发展,规模持续扩大,逐步发展为一家大型非营利组织。随着基金会的发展和壮大,员工人数大量增加,众多的组织和人力资源管理问题逐步凸显出来。

　　基金会现有的组织机构,是基于创业时的基金会规划,随着业务扩张的需要逐渐扩充而形成的。但在运行的过程中,组织与业务上的矛盾逐步凸显出来。部门之间、职位之间的职责与权限缺乏明确的界定,推诿扯皮的现象不断发生;有的部门抱怨事情太多,人手不够,任务不能按时、按质、按量完成;有的部门又觉得人员冗杂,人浮于事,效率低下。

　　在人员招聘方面,用人部门给出的招聘标准往往含糊不清,招聘主管往往无法准确地加以理解,使得招来的人大多差强人意。同时,目前的许多岗位往往不能做到人事匹配,员工的能力不能得以充分发挥,严重挫伤了员工的士气并影响了工作的绩效。基金会员工的晋升以前直接由理事长决策。现在基金会规模大了,理事长已经几乎没有时间来与基层员工和部门主管打交道,基层员工和部门主管的晋升只能根据部门领导的意见来决策。而在晋升中,上级和下属之间的私人感情成为决定性因素,有才干的人往往并不能获得提升。因此,许多优秀员工由于看不到自己未来的前途而另谋高就。在激励机制方面,基金会缺乏科学的绩效考核机制和薪酬分配制度。绩效考核中的主观性和随意性严重,员工的报酬不能体现其价值与能力,人力资源部经常可以听到员工对薪酬的抱怨和不满,这是人才流失的重要原因。

　　面对这样严峻的形势,人力资源部开始着手改革人力资源管理制度。首先从进行职位分析、确定职位价值开始。职位分析、职位评价究竟如何开展,如何抓住职位分析、职位评价过程中的关键点,为基金会本次组织变革提供有效的信

①　引自倪星:《公共部门人力资源管理》,东北财经大学出版社 2008 年版,第 63～65 页。

息支持和基础保证,是摆在 A 基金会面前的重要课题。

首先,他们开始寻找进行职位分析的工具与技术。在阅读了国内目前流行的职位分析书籍之后,他们从其中选取了一份职位分析问卷,作为搜集职位信息的工具。然后,人力资源部将问卷发放到了各个部门领导手中,同时他们还在基金会的内部网上也发了一份关于职位评价问卷调查的通知,要求各部门积极配合。

据反映,问卷在下发到各部门之后,却一直搁置在各部门领导手中。很多部门是直到人力资源部开始催收时才把问卷发放到每位员工手中。同时,由于工作较忙,很多人在拿到问卷之后,都没有时间仔细思考,草草填写完事。还有很多人在外地出差,或者任务缠身,自己无法填写,而由同事代笔。此外,据一些较为重视这次调查的员工反映,大家都不了解这次问卷调查的意图,也不理解问卷中那些陌生的管理术语,何为职责,何为工作目的,许多人对此并不理解。很多人想就疑难问题向人力资源部询问,可是也不知道应该如何咨询。因此,在回答问卷时,员工们只能凭借个人的主观理解填写,无法把握填写的标准。

一个星期之后,人力资源部收回了问卷。他们发现,问卷填写的效果不太理想,有一部分问卷填写不全,一部分问卷答非所问,还有一部分问卷根本没有收上来。辛苦调查的结果却没有发挥它应有的价值。

与此同时,人力资源部也着手选取一些职位进行访谈。但在试谈了几个职位之后,发现访谈效果并不好。因为,在人力资源部,能够对部门领导访谈的人只有人力资源部部长一人,主管和一般员工都无法与其他部门领导进行沟通。同时,由于各部门领导都很忙,要把双方的时间凑到一块儿,实在不容易。因此,两个星期过去之后,只访谈了两个部门领导。人力资源部的几位主管负责对部长级以下的人员进行访谈。在访谈中,出现的情况出乎意料。大部分时间都是被访谈的人在发牢骚,指责基金会的管理问题,抱怨自己的待遇不公等。而在谈到与职位分析相关的内容时,被访谈人往往又言辞闪烁,顾左右而言他,似乎对人力资源部这次访谈不大信任。访谈结束之后被访谈人都反映对该职位的认识还是停留在模糊的阶段。这样持续了两个星期,访谈了大概 1/3 的职位。王部长认为时间不能拖延下去了,因此,人力资源部决定开始进入项目的下一个阶段——撰写职位说明书。可这时,各职位的信息搜集却还不完全。人力资源部在无奈之中,不得不另觅它途。于是,他们通过各种途径从其他基金会中搜集了许多职位说明书,试图以此为参照,结合问卷和访谈搜集到一些信息来撰写职位说明书。

在撰写阶段,人力资源部还成立了几个小组,每个小组专门负责起草某一部门的职位说明,并且还要求各小组在两个星期内完成任务。在起草职位说明书的过程中,人力资源部的员工都颇感为难,一方面,不了解别的部门的工作,问卷和访谈提供的信息又不准确;另一方面,大家又缺乏写职位说明书的经验,因此,写起来都感觉很费劲。规定的时间快到了,很多人为了交稿,不得不急忙东拼西凑了一些材料,再结合自己的判断,最后成稿。

最后,职位说明书终于出台了。然后,人力资源部将成稿的职位说明书下发到了各部门,同时,还下发了一份文件,要求各部门按照新的职位说明书来界定工作范围,并按照其中规定的任职条件来进行人员的招聘、选拔和任用。但这却引起了其他部门的强烈反对,很多直线部门的管理人员甚至公开指责人力资源部,说人力资源部的职位说明书是一堆垃圾文件,完全不符合实际情况。

于是,人力资源部专门与相关部门召开了一次会议来推动职位说明书的应用。人力资源部本来想通过这次会议来说服各部门支持这个项目。但事与愿违,在会上,人力资源部遭到了各部门的批评。同时,人力资源部由于对其他部门不了解,对于其他部门所提的很多问题也无法进行解释和反驳。因此,会议的最终结论是,让人力资源部重新编写职位说明。后来,经过多次重写与修改,职位说明书始终无法令人满意。最后,职位分析项目不了了之。

人力资源部的员工在经历了这个失败的项目后,对职位分析彻底丧失了信心。他们开始认为职位分析只不过是"雾里看花,水中望月"的东西,说起来挺好,实际上却没有什么大用。而且认为职位分析只能针对西方国家那些管理先进的大公司,拿到中国的公共部门尤其是非营利组织来,根本就行不通。原来雄心勃勃的人力资源部部长也变得灰心丧气,但他一直对这次失败耿耿于怀,对项目失败的原因也是百思不得其解。

那么,职位分析真的是如他们所说的"雾里看花,水中望月"吗?该基金会的职位分析为什么会失败呢?

讨论题:

1. 试分析基金会为什么决定从职位分析入手来实施变革,这种做法合理吗?

2. 在职位分析项目的整个组织与实施过程中,该基金会存在哪些问题?

3. 如何完善基金会的职位评价机制和绩效考核制度?

第四章 公共部门人力资源的分类管理

★公共部门人员分类及其意义
★品位分类的内涵、特征和基本评价
★职位分类的内涵、特征与基本评价
★我国公务员分类的基本原则
★我国公务员分类制度的主要内容

公共部门人员分类是公共部门人力资源管理的一项基础性工作。公共部门公职人员是一支庞大的队伍,只有按照一定的标准将其划分为的不同的类别,构建起一个科学的人员分类框架,才能为公共部门人员的各个管理环节提供良好的基础和条件。

第一节 人员分类管理概述

一、公共部门人员分类及其基础

公共部门的人员分类是指根据公共部门公职人员的主体性质(如资历和学历),或根据工作职位的相关因素(如工作性质、责任轻重、资历条件及工作环境等因素),将人员或职位分门别类,设定等级,形成一定官职序列的基本管理制度,其目的是为人力资源管理的其他环节提供相应管理依据。对工作人员进行分类管理,是各个国家公职人员管理的通例。

公共部门人员分类管理是建立在工作分析和职位评价的前提和基础之上的。根据上述公共部门人员分类管理的定义可知,人员分类依据的是工作性质、责任轻重、资历条件及工作环境等因素,而这些因素的确定是建立在工作分析、工作说明书、工作规范基础上的。没有科学的工作分析和职位评价,公共部门的人员分类管理将成为无根之木、无本之草。

目前,世界上有两种比较典型的分类制度,一是以"人"为对象进行分类,即品位分类,其分类的依据主要是公务员个人所具备的条件(如资历、学历)和身份(如官职的高低、所的薪俸的多少);二是以"事"为对象的分类,即职位分类,其分类的依据主要是职位的工作性质、难易程度、责任轻重及所需资格条件。前者以英国为典型国家,后者则以美国为典型国家。

二、公共部门人员分类管理的意义

随着经济与社会的发展,公共部门机构不断膨胀。由此,公共部门承担的公共事务管理职能无论从深度还是从广度上看都呈现不断扩张的趋势,公共部门人员和职位日趋增多。面对庞大的公职人员队伍和包罗万象的职位群,如果没有一套标准化的管理方法,则很难保证公共部门的有序和有效运行。因此,为了保证公共部门健康、有序、高效地运行,必须对公职人员进行科学的分类管理。

实践证明,人员分类管理是公共部门人力资源管理现代化的基础,具有十分重大的现实意义。

(一)公职人员分类管理有助于公共部门人力资源管理的规范化

实行分类管理,无论是品位分类,还是职位分类,抑或是品位和职位的混合分类,都有相应的分类标准。每个职等和职级都是建立在客观的评价基础之上;同时,工作本身又有工作说明书和工作规范。这就为公共部门人力资源管理的录用、选拔、考核、奖惩、升降及薪酬等管理工作提供了客观依据,使公共部门人力资源管理有章可循,从而实现公职人员管理的规范化和制度化。

(二)公职人员分类管理有助于公共部门人力资源管理的人本化

我国公务员队伍规模庞大,对公务员进行分类,根据不同类型的公务员群体的发展、成长的规律,实行不同的管理制度,这有利于充分体现"以人为本"的理念,满足公务员职业发展的需要;有利于推进公务员队伍管理的科学化,提高管理的针对性和有效性,建设高素质、专业化的公务员队伍。

(三)公职人员分类管理有助于公共部门人力资源管理的简明化、高效化

公共部门人员繁多,工作庞杂,没有一定的分类就无法实现管理的目标。从某种意义上说,没有科学的分类管理,就没有科学有效的公共管理。对公职人员按照一定的标准进行科学分类,可以使繁杂的人力资源管理工作简明化和标准化,使国家的公共部门人力资源管理做到有的放矢,从而实现公共部门人力资源管理的高效化。

(四)公职人员分类管理有助于公共部门人力资源的自我激励

人员分类管理有助于公共部门人员自我价值的实现。分类管理明确划分了

公职人员的等级,这使公职人员了解到自己所处的等级,从而明确了个人前进的目标和方向。这样一方面可以激励其圆满完成现任工作;另一方面,也激励其为将来升迁后可能从事的工作做好知识、技能上的准备,进一步搞好自我开发,实现自身的不断完善。

第二节　品位分类管理

一、公共部门品位管理的发展历程

在我国,品位分类有着悠久的历史。事实上,品位分类在封建社会就已存在。自魏晋以来,官阶就称品,朝廷官吏分为"九品十八级",以后各代逐步完善,品级也逐步增多,且品级同俸禄挂钩。在西方有些国家,特别是英国,也存在着对官员进行分类管理的品位制度。只不过当时的品位分类制度,主要是封建官员的特权与身份的象征,同现代意义上的品位分类有着本质上的区别。

1870 年,随着公务员制度的建立,英国对封建社会的品位分类制度进行了修正和改革,使品位分类制度不断完善和成熟,具备了现代意义,其主要表现在:由封建社会的注重特权和身份转变为现代社会的注重任职资历条件;由封建社会的注重人治转变为现代社会的注重法治。1971 年,英国又对品位分类制度进行了完善,在品位分类中引进了职位分类的因素,把所有部门公务员的职务分为十大类,即综合类、科学类、警察类、资料处理类、调查研究类、法律类、秘书类、社会保险类、专业技术类、培训类。其中,每一大类又分为若干职级。另外,其他实行品位分类的国家还有法国、意大利、德国等。

二、品位分类的内涵和特征

品位分类是指以国家公共部门工作人员的职务或等级高低为依据的人员分类管理制度。在这当中,"品"指官阶,"品位"指按官阶高低、职务大小排列成的等级。品位分类是以人为中心的分类方法,公职人员的个人资历是其分类的标准与依据。文官既有官阶又有品位,官阶标志品位等级,即级别,这种级别代表了地位的高低、资格的深浅、报酬的多寡。品位标志着权力等级,即职务,它代表着职责的轻重、任务的繁简。品位等级与担任职务可以不相一致,既可以官阶高而职务低,也可以职务高而官阶低,甚至还可以有官阶而无职务。

品位分类作为人员分类的两大制度之一,具有其鲜明的特征:

1. 品位分类是以"人"为中心的分类体系。品位分类的对象是人以及人格化的职务等级以及人所具有的其他资格条件。具体而言,在人员运用方面十分重视公职人员的学历、资历、经验和能力,个人的背景条件在公职人员的招募、录用和升迁中起着至关重要的作用,其中,任职年限、德才表现尤为重要。由此可见,品位分类是人在事前。

2. 品位分类强调人员的综合管理能力。品位分类注重"通才",而不注重人员某一方面的特殊知识和技能。在公职人员的晋升、交流、调动方面重视他们自身所具备的德才表现、所做贡献、能力水平、任职年限等通用的资格条件,一般不受所学专业和以往工作性质的限制。

3. 品位分类的分类与分等相互交织。在品位分类中,分类实际上同职务、级别的分等同时进行。品位分类通常采用先纵后横的实施办法,也就是先确定等级,然后再划分类别。

4. 官位等级与职位可以分离。在采用品位分类制的国家,官等是任职者的固有身份,具有永久的个人属性,可以随人走,官等和所在职位不强求一致,薪酬取决于官等而不是取决于所从事的工作。

三、品位分类制的基本评价

品位分类的特点直接决定了它所具有的优势及缺陷。

1. 优势。品位分类制的优势主要表现在:

(1)这种分类方法没有严格的分类程序和依据,方法简单易行,结构充满弹性。

(2)品位分类注重公务员的学识水平、经验、能力等基本条件,不强调其必须具备某种专门知识和技能,有利于"通才"的培养,便于人员培训。

(3)品位分类强调年资、官职相对分离,不使公务员因职位变动而引起地位、待遇的变化,有利于公务员队伍的稳定。

(4)品位分类注意按行政首长和上级主管部门的意图实施人事管理,有利于实施集中统一领导,树立行政权威,提高行政效率。

(5)品位分类注重学历背景,有利于吸收高学历的优秀人才,提高公共部门人力资源的整体素质。

2. 缺点。品位分类制的缺陷主要表现在:

(1)人在事先,易出现因人设岗、机构臃肿现象。

(2)分类不系统、不规范,不利于公职人员的科学管理。

(3)忽视专才人员培养,不利于部门整体效率的提高。

(4)强调年资,加剧了官员的保守性,容易形成官本位倾向。

(5)过于注重公务员的学历、资历、身份、地位等条件,不利于学历低、能力强的人发展。

(6)公职人员等级分明,容易滋生上下隔阂、彼此歧视的心理,服务意识、团队合作精神差。

(7)以官阶定待遇,容易导致同工不同酬的现象,不利于对公职人员的激励。

第三节 职位分类管理

一、公共部门职位管理的发展历程

职位对公共部门来说是一种重要而稀缺的资源,随着政治体制和公共部门人力资源管理价值的变迁,其管理和分配方式也经历了一个发展过程。

(一)政治恩赐制下的职位管理

在政治恩赐制度下,公共职位是统治权争夺中胜利者的战利品,对工作职位从未进行过分析与分类。任何人都可以胜任所有的职位,政治上的忠诚是任职资格的首要内容。雇员之所以被委任到某一公共职位上,仅仅是因为他们曾经给予某一竞选成功的候选人以政治支持,而不管其资历和能力是否符合这一职位的要求。因此,公共职位主要是作为它们"政治分赃"的需要,而不是为了完成公共福利。

(二)公务员制下的职位管理

政治恩赐制下的职位管理,仅仅是为满足统治者争夺权力斗争需要的产物,带有太多统治者的主观意图,而不是为公共利益着想。随着社会的发展和公众民权意识的增强,政治领袖们越来越认识到,要想使自己或自己的集团长期掌握统治权力,就必须为社会的公共利益着想,为民众服务,在这种形势下,显然,占据公共职位的员工就必须要有为公众服务的能力。因此,一部分的公共职位就必须强调对任职者资历和能力的要求,也就有了最初的关于工作分析和职位分类的需求。

由此,在工作分析和职位分类基础上,现代意义上的公务员制度在西方开始形成和发展。通过工作分析,确定每个公共机构的职位数量,并以法律的形式固定下来;同时通过工作分析,明确各个公共职位的任职者应具备的能力与资格条件,这也在一定程度上了消解了政治恩赐制下公共人员招募的主观随意性。这一时期的主要做法是将公共部门的职位分为文职类官员和政治类官员两大类。文职官员的录用严格按照职位规范操作,通常是职务常任,地位不随政党的更迭而发生变动,以保障公务员队伍的稳定,而政治类官员的任用仍是"政治分赃"的结果。

（三）现代人力资源管理制下的职位管理

公务员制度是对公共系统职位法治化管理的体现，在一定程度上淡化了公共组织的政治色彩。但这一制度，如同其所依附的官僚体制一般，随着其过度的发展，慢慢地显现出其负面的效应。日益精细的法律条文不仅束缚了公职人员的工作热情和创新精神，更让公共员工习惯于对法律条文的依赖，效率低下。而原先预设的优良制度，随着实践的发展也出现了意想不到的结果，如公务员的职位常任制，原先是为了维护公务员队伍的稳定，限制政治类官员对文官职位的干涉，以保持文官的"政治中立"，然而现在却成了滋生腐败的土壤，成了包庇懒惰、不称职官员的代名词，显然违背了此项制度建立的初衷。

事实上，无论是恩赐制还是公务员制度下的法治，二者都秉承着同一个目的，即为了实现对公共部门的控制。因此，从二者的运行模式中，我们不难发现，它们都忽视了对人的价值的关注和对人的发展的考虑，由此，所谓的控制必然是低成效的，只有发展才能更好地控制。我们需要一种新的管理模式。现代人力资源管理从人的价值出发，强调从人的发展的角度实现对人的科学管理，从而大大提升了管理效能，也成了公共部门人员管理的新模式。因此，从现代人力资源管理的角度对职位进行管理就成为公共部门职位管理的发展趋势，它体现在：对职位的分类相对宽带化、在不影响公共员工职业能力条件下的合理流动、对公共员工雇佣关系的灵活性的强调，增加公共员工雇佣中的竞争、对公共员工进行绩效激励、提高其工作效率等。这些都要求工作分析、职位分类的指导理念转向人本化管理方向。

二、职位分类的内涵与特征

所谓职位分类，指的是在工作分析的基础上，将职位依据工作性质、繁简程度、责任轻重和所需资格条件，区分为若干具有共同特色的职位，加以分类。职位分类管理是相对于品位分类管理的、公共部门人力资源分类中另一种重要的管理制度。这种分类管理方法有两种基本形式：一是纵向分类，根据不同的工作性质划分为若干职门、职组、职系；二是横向分类，根据职位的责任轻重、工作繁简、难易程度、任职资格条件等因素划分为若干职级、职等。

职位分类具有以下特征：

1. 职位分类是以"事"为中心的分类体系。职位分类首先重视职位工作的性质、责任大小、繁简难易程度，其次才是人所具备的资格条件。职位分类是事在人先。

2. 职位的划分规范化。职位分类有一套严格的程序。职位的数量和名称严格按照工作任务、工作性质来确定,职位的横向、纵向划分严格按照职位的工作性质、繁简难易、责任轻重及所需资格条件四项分类标准进行。

3. 注重"专才",即注重人员的专业知识和技能,人员的任职调动、交流与晋升,一般在同一职组范围内进行,跨职系、跨行业的流动和升迁极少。

4. 官等和职能相重合。在职位分类中,官位与职位相连,不随人走,严格实行以职位定薪酬的规则,追求同工同酬。职位变了,官等、薪酬均取决于新职位的工作性质。

5. 实行严格的功绩制。在职位分类制度中,功绩是人员升迁和薪酬增加的唯一标准。如美国一般职务类(GS)人员,薪酬的增加有两种方式:一是工作年限增长自动提升等级,表现突出奖励提升一级;二是职务提升,薪酬相应提高,并且规定,一个人每年只能提一级,且必须有几个人同时竞争才能最终选出一人提升。

三、职位分类的程序

一般来说,职位分类的程序有四个步骤:

1. 职位调查。也就是工作分析,这是实施职位分类的第一步。对适用职位分类的每一职位进行详细的调查,了解其工作性质、任务、责任等。

2. 职位横向划分,即区分职系。职位分类的横向结构由职系、职组、职门组成。所谓职系,就是在调查的基础上,依照工作性质的异同,将各种职位划分归并为若干类别。职系是工作性质相同的职位的汇集,一个职系包括若干个职位,一个职系就是一种专门职业。若干工作性质相似的职系集合成类就是职组。将若干工作性质大致相似的职组集合成类就是职门。

3. 职位纵向划分,即对各职系的职位进行纵向的职级、职等的认定。职级是指同一职系内工作性质、繁简难易、责任轻重及资格条件充分相似的职位的集合;职等则是指工作性质不同、但工作难易繁简、责任轻重及所需资格条件程度相当的各职级的集合。职等是职系不同而职级程度相同的职位分类。同一职等的所有职位,不管它们居于哪个职系的哪个职级,它们的薪金报酬都相同。

4. 制定职级规范。在以上分类的基础上,最后制定出各种相关的规范性文件,如职位说明书、职系说明书、职级规范、职等标准等。职级规范是人员录用、监督、考核的依据。

四、职位分类制的基本评价

1. 优点。职位分类是现代人力资源管理的一种科学方法,它对公共部门机构中的众多繁杂的职位作了系统的、逻辑的考量和分类,使人力资源管理做到简

化、公平、客观,从而有着其特有的功能与作用,它的优点具体表现在:

(1)职位分类管理的规范化。建立在精细的工作分析和职位评价基础上的职位分类,明确规定了每个职位的职责任务和工作标准,从而为公务员的录用、考核、奖惩、职务升迁等提供了客观标准,有利于人力资源管理的规范化。

(2)职位分类管理的科学化。职位分类是将公职人员的工作职位按其性质、难易程度、职责轻重、任职资格等加以分门别类,使职位状况一目了然,有利于人事管理的科学化。

(3)职位分类管理的专业化。职位分类因事设职,每个职位都有其独特的要求,任职者必须具备一定的专业知识和专业技能方能胜任,因而有利于贯彻专业化原则。同时,这种专业化分工也有利于公职人员的培训和适才适用。由于每个职位都有详细的工作规范和与之相适应的知识、技能等方面的要求,因此,人力资源管理部门便可以根据工作的具体要求为每一个公职人员设定相对应的培训和开发,从而有计划地提升公职人员的知识水平和工作技能。

(4)职位分类管理的高效化。每一个职位都是建立在精细的工作分析和职位评价基础上的,有一套完整、严谨、客观、准确的法规文件,如职位说明书、职系说明书、职级规范、职等标准等,从而使每个职位的权限、职责、要求等都有明确的说明和规定,这就便于公职人员明确自己的职责,在工作中做到责、权、利的统一,提高工作效率。

(5)职位分类管理的合理化。职位分类是按照职位的工作种类的不同、工作的繁简难易程度的不同、责任轻重的不同及所需人员资格条件的不同来区分职级并划分为不同职等。由于官等与责任、报酬相联系,同一职等的人,无论其属于何种职系,都享用同一标准的薪酬待遇,这有利于促进公职人员同工同酬,使薪酬制度趋于合理化。

2. 缺点。职位分类有其固有的优点,但同时,我们也必须看到,这一制度本身仍有其无法回避的缺点,主要体现在:

(1)职位分类管理的高成本。职位分类是一项庞大、复杂的系统工程,从计划、组织筹办到具体实施、完成工作,这期间需要花费大量的人力,物力、财力和时间。因此,职位分类成本高、操作烦琐、不易推行,同时静态的分类难以适应职位结构的不断变化。

(2)职位分类管理的非人本化。职位分类管理是以事为中心的,因事设职、因职择人。职位分类是根据职位的工作性质、工作的繁简难易程度、责任的轻重大小以及所需人员资格条件的高低来划分职位等级,因此职位分类管理过分注重职位本身,而忽视了"人"的因素,从而不利于公职人员个人积极性、主动性和创造性的发挥,影响了人的全面发展。随着人本思想在现代人力资源管理中日趋得到重视,这一非人本化的管理方法必然受到冲击。

(3)职位分类管理的弱激励性。在职位分类管理中,官等、工资随人的变动而变动,从而使其激励性减弱。

(4)职位分类管理过分强调量化,缺乏弹性。职位分类较适合专业性、机械性、事务性较强,易于规范化的职位,而对于责任大、需要高度发挥个人主动性和积极性的职位,以及职责范围不易确定的职位来说,则不太适合。

(5)职位分类管理不利于“通才”培养。由于职位分类中职系区分过细,职级设置过死,公职人员的升迁、调动缺乏弹性,非特殊情况一般不进行跨职系调动,导致人员流动不畅,不利于通用性人才的成长。

第四节 人员分类管理制度的发展趋势与我国公共部门的人员分类管理制度

一、人员分类管理制度的发展趋势

为了适应政治、经济环境不断变化的现实,人员分类管理制度也处于不断地变革发展中。纵观世界人员分类管理制度的发展,主要呈现出以下三大趋势:

(一)品位分类与职位分类出现不断融合、互补的趋势

西方各国在公务员制度改革中,出现了不同的公务员制度与模式相互融合、辩证互补的趋势,主要体现在:职位分类制度与品位分类制度交叉融合,功绩工资制与年资工资制互相补充,通才模式与专才模式取长补短等方面。西方各国模式互补,公务员制度日渐趋同,形成了折中式的分类制度。

品位分类和职位分类有其固有的优点,但也都具有明显的缺点,并严重影响了其优势的发挥,同时人们发现品位分类和职位分类具有很强的互补性。因此,在人员分类管理制度的实践过程中,一个必然的趋势便是将二者融合、互补,取对方之长以弥补自身所短,即以职位分类之长弥补品位分类管理所短,以品位分类之长弥补职位分类所短。

以英国为典型的通才型公务员模式和以美国为典型的专才型公务员模式有各自的优缺点。当科技发展日益精密化、专门化时,行政管理的专业性增强,英国的通才模式暴露出严重的弊端。然而,当科技发展出现交叉、整合的趋势时,美国的专才型模式也显露出其缺陷。为了与科技发展的专业化、整合化两种趋势相适应,以英、美两国为典型的两种公务员模式正沿着互补化方向发展。

如上所述,随着专业化分工的不断发展,许多专业性、技术性工作进入政府

领域,品位分类这种注重通才的粗犷型分类方法已经不适应现代社会的需求。因此,原来实行品位分类的国家纷纷吸收职位分类的先进方法,使分类管理更加系统化、规范化。就英国来说,早在20世纪70年代就对原来的公务员分类制度进行了部分改革,改革的核心在于引入职位分类的方法,以职务为基础,对公务员的类别等级作了重新划分,共划分为10个职类、26个职组、84个职系,提高了分类的科学化程度。新的分类的一个重要趋势就在于向专业分工和职务分类方向发展,主要表现为:增加职类,简化职级,重视各类人员的能力。日本也于20世纪50年代对原来的品位分类制度进行了一些改革,实行了介于职位分类和品位分类之间的名义上的职位分类,人们称之为"工资分类"。

此外,职位分类不利于通才培养、不利于人员流动的缺点随着经济发展也变得日益明显。因此,在实行品位分类制度的国家纷纷向美国等实行职位分类的国家学习的同时,美国等实行职位分类制度的国家也开始改革和完善自身的分类管理制度,其基本的做法便是引进品位分类管理。美国对其职位分类制度进行改革的一个重要举措就是,将一般职务类(GS)中的GS15至GS18职等改为品位分类,取消了职等,只设工资级别,实行级随人走,以便于高层官员的职位流动。同时,改变了原来人员流动只能在系统内进行的状况,允许公务人员像品位分类那样跨职系流动,竞争上岗。

(二)人员分类管理制度呈逐步简化的趋势

高效率一直以来都是政府行政追求的目标之一。由于职位分类过于繁杂,这大大影响了公共部门人力资源管理与开发的效率,因此,许多国家都致力于简化人员分类制度,以提高公共部门人力资源的管理效率。原先实行职位分类的国家越来越致力于简化职位分类,使得职位分类的结构趋于简单化,职系的数目和职级、职等的层次也在缩减。如加拿大的公务系统原有72个职组、102个分组,每个职组都有一套分类标准和工资标准,操作起来相当烦琐,无法适应现代社会发展的需求。因此,加拿大政府本着通用、简化的原则对职位分类制度进行了改革,废除了原有的72套分类标准,代之以一种能够适应所有公共部门工作特征的评价体系,使人员分类更加简便,具有灵活性,大大降低了成本,提高了公共部门人力资源的管理效率。

作为职位分类制度典型代表的国家——美国,近年来也在为人员分类管理制度的简化而不懈努力。如高级政治职位、机密性职位等不再列入职位分类的范围;20世纪90年代,克林顿政府更是致力于"简化职位分类",主要就是对原来过细的职位设置、狭窄的职位定义、烦琐的分类程序进行简化。但在当时,联邦政府对职位分类制度的改革受到了联邦公务员法律的限制,因而只能在小范围内进行试点,改革进展缓慢。然而,在一些试点地方,改革的力度还是相当大的,如南卡罗来纳州取消了70%的职位,纽约州把职位总数由原先的7200多个缩减到了5400多个,而佐治亚州更是取消了职位分类。这样既减少了职位,降低了成本,又方便了职位的交流和人员的变动,增强了机构的活力。

(三)积极探索新的改进措施

为了适应政治经济快速发展的需要,公共部门人力资源管理机构必须与时俱进,不断探索和改进新的人员分类管理措施。美国文官委员会成立的"工作评价和工资检查特别工作组"在对联邦职位分类的做法进行了一次全面检查和分析后,于1972年发表了《奥利弗报告》(该报告以工作组组长的名字命名)。该报告表明,联邦政府的职位分类和等级评价已经过时。工作组建议成立一个新的工作评价系统。文官委员会对该系统进行了实地测试和修正,最后批准在5年内实施用于非监督职位的因素评价系统。

因素评价系统的基本原理是,一旦确定了职位因素,就可以对它们进行分等,即将某一职位的因素与另一职位的因素进行比较。比较的结果有三种,因素高于、等于或低于另一职位的因素。当根据因素对职位进行分等时,可对某一职位的所有因素进行这种比较,从而定出全面的职位等级。因素评价系统的基础是因素,虽然不同的工作有各自不同的因素,但归纳起来,主要有以下几种:(1)工作所需要的知识和能力;(2)工作难度;(3)工作职责;(4)人际关系;(5)其他因素,如工作条件、责任心和所领导的工作人员数等。目前,美国联邦政府运用的因素评价系统有以下九种因素:(1)职位所需要的知识;(2)监督控制的措施;(3)指导准则;(4)复杂性;(5)范围和影响;(6)个人交往;(7)交往目的;(8)身体条件;(9)工作环境。

除了美国,其他国家也在结合本国国情的基础上对人员的分类管理进行深入的探索和不断的改革。这一连串职位改革的共同目的在于:简化职位分类程序,改变过去由政府统一进行职位划分的做法,由更了解自己组织状况的用人单位自己进行职位划分和分类。

二、我国公共部门的人员分类管理制度

(一)我国公共部门人员分类制度的历史变迁

从历史上看,我国长期以来实行的是以品位分类为主的人员分类制度。从魏晋开始,当时推行的是"九品中正制",分为18个等级。到了隋唐以后,变为九品三十级,四品以上分两个品级,四品以下分四个品级,除正品和从品外,每品还分上品和下品。当时官位人选的选择主要参照两个依据:一是个人身份和家庭背景;二是科举考试的成绩。

新中国成立以来,直到20世纪80年代之前,我国人力资源管理体制一直都

是与计划经济相适应的集中统一的管理体制。人员分类制度也表现出集中统一的特征。党政不分、政企不分、政事不分,不管是党的机关、政府机关、权力机关、司法机关的工作人员,还是事业单位、企业单位、群众组织的工作人员都被统称为"干部"。因此,当时的人事管理制度是很不规范的,人员的等级划分主要依据职务职级、资历深浅、学历高低和工资多寡等。实际上,我国的人员分类制度是一种特殊的"品位分类",这种人员分类制度必然导致的直接后果是"官本位"盛行与行政效率低下。其不足显而易见:(1)分类以人为中心(所任职务、所有学历和资历等),而且划分过粗,很难体现千差万别的各类工作的性质、繁简难易等方面的差异,易造成人事脱节。如改革以前,各类国家机关工作人员、企业经理,包括教师、会计、演员等在内的专业人员,都被统称为"国家干部",而且都按一个模式进行管理,导致分类与工作脱节,管理难以深化。(2)品位分类带有浓厚的"身份"色彩,各类之间都有由出身、学历等组成的隔离带,低层人员很难跨越这些隔离带向更高层次晋升,不利于低层人员的发展。(3)人员既有职务,又有品级,职务与品级在很多情况下都不一致,从而造成职级不符、劳酬不符。此外,品位分类还容易产生因人设事、人浮于事、干部能上不能下、领导职务终身制等弊端。

如果说这种特殊的"品位分类"制度在当时计划经济的时代背景下还有一定合理性的话,那么,随着我国改革开放和市场经济的发展,原来的分类体制已明显不能再适应我国现代管理的需要。因此,我国于1993年8月颁布了《国家公务员暂行条例》,该条例明确规定国家行政机关实行职位分类制度。在确定职能、机构、编制的基础上,进行职位设置,规定职位说明书,确定每个职位的职责和任职资格条件,以作为国家公务员的录用、考核、培训、晋升等的依据。此后,党的机关也参照政府公务员的分类办法实行了职位分类。检察、审判机关、公安系统也都实行了各具特色的分类方案。目前,我国人员分类的宏观结构已大致形成。原来的"国家干部"被分成:

(1)行政机关工作人员(公务员);

(2)党务机关工作人员;

(3)国家权力机关工作人员;

(4)国家审判机关工作人员;

(5)国家检察机关工作人员;

(6)国有企业单位管理人员;

(7)人民团体工作人员;

(8)事业单位工作人员。

此外,我国还进一步完善了专业技术职称系列(见本章附录),使人员分类制度更加全面。

《国家公务员暂行条例》虽然大大完善了我国公务员的分类管理制度,但在这一条例中我们看不到真正意义上的职位分类制度,暂行条例也还只是一种规范性条例,其法律效力还有待提升。因此,我国于 2005 年 4 月 27 日颁布了《中华人民共和国公务员法》,该法第一章(《总则》)第 8 条明确规定:"国家对公务员实行分类管理,提高管理效能和科学化水平。"由此,确立了我国公务员管理的一项基本原则。至此,我国公务员有了真正意义上的科学、明确分类管理的法律规定,这不仅确立了我国公务员分类管理的法律地位,更创新和完善了我国公务员的分类管理制度。

(二)我国公务员分类的基本原则

我国公务员分类是在吸收和借鉴国外品位分类和职位分类的基础上建立起来的,但我国的公务员分类又必须充分考虑我国人事分类的传统和我国的现实国情。我国的公务员分类制度应遵循以下原则:

1. 兼顾原则

所谓兼顾原则,是指我国的公务员分类制度必须兼顾品位分类和职位分类各自的因素,注意吸收二者的长处和优点,把职位分类与品位分类有机结合起来,实行以职位分类为主,兼顾品位因素。职位分类以事为中心,因事设职,因职择人,具有突出的优点和长处,是我们进行职位分类时必须要遵循的重要原则之一。但同时我们也看到这种分类忽视了"人"的因素,与以人为本的现代管理理念是不相符的。因此,我国的分类制度不能一味地强调以事为中心,也应考虑人的因素。在强调以事为中心的基础上,要兼顾品位因素,吸收品位分类强调以人为中心的合理成分。具体来说,兼顾原则主要体现在"人事结合,分步评价"上,即将职位分类不重视人的因素,仅仅根据职位的工作性质、繁简难易程度、责任大小来决定每一职位上任职人员的归级列等的做法加以改进,即对职位进行评价时,除了对职位分类强调的因素进行重点评价外,还要对职位上的任职人员的品位因素(如资历、经历、经验等因素)进行评价,在综合以上两种评价结果的基础上最后确定每一职位任职人员的归级列等。这个原则既顺应了国际上公务员分类的趋势,也照顾到了我国品位分类的传统和我国人员分类的现实需要。

2. 可行性原则

要建设有中国特色的以职位分类为主、兼有品位分类特色的公务员分类制度,必须从我国实际出发,做到既坚持原则,又简便易行、方便操作。在由传统的人力资源管理制度向新的人力资源管理制度的转变过程中,既要正确处理旧的管理制度遗留的问题,又要及时、恰当地解决新的管理制度面临的新矛盾、新问题。这就要求我国的公务员分类制度不但要分类科学、不降低标准,而且要考虑到我国公务员制度实施的外部环境,使其具有一定的可行性。

3. 渐进原则

我国的国情特点决定了我国的公务员分类制度不能完全照搬国外某些国家完全以"事"为中心的职位分类模式。公务员分类制度的建立和推行是一个复杂的系统工程,加上我国幅员辽阔,各地区社会、经济发展不平衡,干部队伍的素质也参差不齐,因此,要建立我国科学的公务员分类制度绝不能急躁冒进,必须循序渐进,谨慎推行,由粗到细,由简单到复杂,逐步完善。

4. 最低职位数量原则

公共部门追求的是廉价高效的管理,为了使一个机构能以最少的经费获取较大的效益,其职位的设置必须根据"最低职位数量原则"进行确定,即在职位分类时,各个职位的数量是有限的,要根据职位的工作繁简、责任大小、所需资格条件对职位的数量设置最高值,任何机关不能突破职位数量的最高限制,鼓励政府各部门在最高限制之内使职位数量最小化,把该机构的职位数量限制在为有效完成工作所需职位的最低数,以实现"廉价高效"的行政目标。

5. 法制原则

有关公务员分类的规范性文件应逐步形成正式法规,由国家统一颁布,从而依法对职位及其分类进行法制化管理。我国《公务员法》的颁布、实施正是这一原则的现实要求,它也为我国公务员分类管理的法制化提供了最可靠的法律保障。

(三)我国公务员分类制度的主要内容

1. 职位设置的基本步骤

《公务员法》第18条规定:各机关依照确定的职能、规格、编制限额、职数以及结构比例,设置本机关公务员的具体职位,并确定各职位的工作职责和任职资格条件。其基本步骤包括职能分解、职位调查、职位评价、设置职位和拟定职位说明书。

(1)定职能、定规格、定编制数额、定职数、定结构比例。我国公务员职位分类的前提条件是结构改革,即职位分类制度确立在定职能、定规格、定编制数额、定职数、定结构比例的基础上。国家行政机关的职位分类,必须在单位机构改革方案已经获得批准,职能、规格、编制限额、职数以及结构比例正式确定后才能进行。各级国家行政机关职能的确定,机构设置以及编制设置,应当符合国家有关法律和法规,行政机关的职能不能随意扩大;行政机关机构的设置、调整和撤销,必须遵守《国务院组织法》、《中华人民共和国地方各级人民代表大会和地方各级人民政府组织法》等法规规定的设置条件、设置权限和审批条件以及全国人大通过的国务院机构改革方案等;行政机关的编制应严格遵守国家规定的编制数额,不得擅自超编增加人员,行政机关在编制内配置人员要按照各类人员的职数配置。

（2）职能分解。所谓职能分解是指在已实行机构改革并明确了机构职能的基础上，从上而下地明确本机关内部各个工作部门的工作性质、职责权限，并层层进行分解，最后明确每个具体职位的职责任务。因此，职位分解是职能设置的基础性环节。职能分解以结构改革后各级部委所确定的各机构的职能为依据，以转变政府职能、巩固机构改革成果为首要任务，以理顺关系为工作重点，做到基础坚实、目标明确、方法科学、程序严谨，并具有一定的创造性。

（3）职位调查。职能分解后的下一个步骤就是职位调查，它是在职能分解的基础上，通过实地或书面调查，了解职位的现状，进行有关职位资料收集的过程。职位调查是职位分析和评价的前提，调查的内容和方法直接关系到职位分类的质量。职位调查的对象是现有职位和职位上的任职人员。职位调查的基本方法是要求调查对象按一定的要求填写职位调查表。职位调查表的主要内容包括：①调查对象的基本情况；②本职位的具体工作任务；③完成本职位工作任务的步骤和方法；④处理本职位工作的依据；⑤本职位工作经常遇到的困难；⑥处理本职位工作时，经常接触的人员；⑦在工作中，接触人员的直接目的；⑧处理本职位工作所需的知识范围；⑨本职位的工作情况；⑩本职位在工作范围内具有的权力；⑪本职位的工作结果直接影响的范围；⑫本职位所受的直接主管领导的指导方式；⑬本职位指导下属工作人员的主要方式等。

通过职位调查，要达到的目的是：通过对现有职位的工作性质、工作内容、工作程序和职责任务等全面客观的了解，理清各职位之间的关系，为职位评价和职位设置提供事实基础。

（4）职位评价。职位评价是在调查结果的基础上，对调查结果进行数据统计分析和理论分析，对职位设置的必要性、合理性和职位的职责是否明确、是否交叉重叠进行分析判断的过程。先对结果进行统计分析，即分析职位的数量、类别，再对结果进行理论分析。主要有三个步骤：一是对职位设置的必要性、合理性进行评价；二是对《职位调查表》所填内容进行逐项分析、审核以及认定；三是将审核结果汇总后由计算机进行统一处理。

（5）设置职位和拟定职位说明书。职位设置的最后一个步骤是在职位调查和职位分析的基础上，确定每个具体的职位设置。同时，要按照应设置职位的各项要求撰写职位说明书。职位说明书是对每个职位的工作内容、职责、工作标准及升迁范围等有关事项的说明，一般包括以下 7 项内容：①职位名称，即指每一职位范围的称谓；②职位代码，即指每一职位的代表号码；③工作项目，即根据本单位的职能，列举本职位应承担的全部工作职责，包括临时交办的事项；④工作概述，即按前项工作项目的顺序简要说明每一项工作的内容、程序及权限；⑤工作所需的知识和能力,即担任本职位工作所需的学识、技术、经验以及其他各种技能;⑥升迁范围,即本职位按照有关规定升迁的等级和范围;⑦工作标准,即每一项工作项目应达到的最低质量标准和数量要求。

2. 我国公务员职位设置与职务序列设置

在典型的公务员职位分类中,没有职务之说,职务与职位是统一的。但在我国,由于建国后在我国干部管理中一直沿用"职务"概念这一现状,为了保证新旧体制的衔接,实行职位分类后便于操作,便保留了"职务"的概念,实行了特有的职位、职务双轨制。《公务员法》第 14 条明确规定:国家实行公务员职位分类制度。同时,第 15 条规定:国家根据公务员职位类别设置公务员职务序列。

(1)从管理层面上,《公务员法》区分了公务员职位类别。《公务员法》第 14 条明确规定:国家实行公务员职位分类制度。规定公务员职位类别按照公务员职位的性质、特点和管理需要,划分为综合管理类、专业技术类和行政执法类等类别。国务院根据本法,对于具有职位特殊性、需要单独管理的,可以增设其他职位类别。各职位类别的适用范围由国家另行规定。长期以来,我国实行的是以"品级分类"为特征的干部制度。虽然自 1993 年以来,我们将公务员职务分为领导职务和非领导职务两大类,领导职务从总理到副科长共 10 级,非领导职务从巡视员到办事员共 8 级,但实际上这是一种没有职位类别区分的职务分类,公务员职业发展渠道过于单一,基层公务员晋级空间很小,不利于专业人才成长和队伍稳定。《公务员法》规定,在非领导职务中增加"行政执法职务"和"专业技术职务",单设法官、检察官职务等。这实际上是在划分职位类别的基础上,重新设置公务员的职务。行政执法职务是针对在行政执法类职位上履行职责的公务员设立的;专业技术职务是针对在专业技术类职位上履行职责的公务员设立的;法官、检察官职务是针对在法官、检察官职位上履行职责的公务员设立的。将行政执法类职位区分出来,一是有利于更好地激励和约束一线行政执法人员,更好地提高一线行政执法队伍的专业化水平。在行政机关中的一线执法人员中,"激励不够"与"约束不够"的问题同时并存。机构规格低、人数多、职数少,属于激励不够;进口把关不严,"近亲繁殖"比较明显,执法犯法现象不鲜,属于约束不够。二是利于适应决策、执行、监督相协调的改革趋势,更好地落实执法责任追究制。设立专业技术类职位,有利于提高决策的科学性与执行的准确性,特别是有利于稳定和吸引科技人才,培育一支"少而精"的政府专家队伍,更好地适应我国加入WTO 之后的新形势。政府部门中客观存在着专业技术类职位,如公安部门的法医与技侦职位。加入 WTO 后,保护民族经济利益的手段将逐步以"技术壁垒"代替关税壁垒,对专业技术类职位设置的客观需要已是迫在眉睫。这样,我国就形成了比较完善的公务员职位分类制度。

公务员职位分类管理是公务员管理的基础,所以公务员的职位分类必然影响并体现在公务员管理的其他环节上。具体来说,基于职位分类基础上的公务员分类管理在公务员管理中的具体表现就有:

一是职务分类,"国家根据公务员职位类别设置公务员职务序列"。

二是录用考试内容分类,"公务员录用考试采取笔试和面试的方式进行,考试内容根据公务员应当具备的基本能力和不同职位类别分别设置"。

三是培训分类,机关"对公务员进行分级分类培训","对全体公务员应当进行更新知识、提高工作能力的在职培训,其中对担任专业技术职务的公务员,应当按照专业技术人员继续教育的要求,进行专业技术培训"。

四是工资制度分类,"公务员实行国家统一的职务与级别相结合的工资制度","国家根据公务员职位类别设置公务员职务序列"。

(2)从政治层面上,《公务员法》区分了公务员的职务类别。《公务员法》中还有一种从特定角度进行的分类,即把公务员职务分为"领导职务"与"非领导职务",这种分类可以说是在政治层面上进行的分类。

《公务员法》第15条规定:国家根据公务员职位类别设置公务员职务序列。职位设置与职务序列密切相关,职位的层次决定了职务的高低。根据管辖序列、组织原则、职能分工、职责划分及工作要求,《公务员法》第16条规定:公务员职务分为领导职务和非领导职务。

领导职务是指在各级行政机关中,具有组织、管理、决策、指挥职能的职务,即副科长以上的职务和各级政府职能部门的领导职务。公务员的领导职务既可分为各级政府的领导职务和各级政府机关各部门的领导职务,也可分为中央行政机关的领导职务和地方行政机关的领导职务,还可以分为正职和副职,其中副职在正职领导下,协助正职负责某方面的工作。根据《公务员法》第16条的规定,领导职务层次分为:国家级正职、国家级副职、省部级正职、省部级副职、厅局级正职、厅局级副职、县处级正职、县处级副职、乡科级正职、乡科级副职。

非领导职务是指在各级国家行政机关中除领导职务以外的其他职务,一般是不具有领导、指挥和决策职能的职务。非领导职务层次在厅局级以下设置。

《公务员法》第17条规定:综合管理类的非领导职务分为:巡视员、副巡视员、调研员、副调研员、主任科员、副主任科员、科员、办事员8个等级。其中,巡视员、助理巡视员、调研员、助理调研员是新增设的职务,分别相当于正司、副司、正处和副处。非领导职务是根据工作需要设置的,是实职,而不是虚职。因此,对非领导职务的管理和对领导职务的管理一样,既有任职资格条件的规定,也有严格的数额限制。设置非领导职务的目的在于:一是在国家行政机关中,有些职位责任较大,特别是有些职位上的公务员在其分管的业务方面,对其管理的对象有较大的检查、监督、管理权,但他们在机关中又不负领导责任。因此,为了适应国家行政机关这些职位的特点需要设置相应的非领导职务。二是有利于消除"官本位"现象。在不增加领导职数的前提下,解决这些公职人员的待遇问题,体现责酬相符的原则,调动公职人员的积极性。三是有利于减少行政领导职数,提高行政效率。

综合管理类以外其他职位类别公务员的职务序列,根据本法由国家另行规定。

《公务员法》中关于"领导职务"与"非领导职务"的分类管理规定,体现在四个管理环节:

一是考核环节,"对领导成员的考核,由主管机关按照有关规定办理"。

二是任免环节,"领导成员职务按照国家规定实行任期制"。

三是交流环节,"对省部级正职以下领导成员应当有计划、有重点地实行跨地区、跨部门转任"。

四是辞职环节,"领导成员因工作严重失误、失职造成重大损失或者恶劣社会影响的,或者对重大事故负有领导责任的,应当引咎辞去领导职务";"领导成员应当引咎辞职或者因其他原因不再适合担任领导职务,本人未提出辞职的,应当责令其辞去领导职务"。

3. 公务员的级别设置

我国公务员的分类,实行职务级别制,它既借鉴了国外职位分类和品位分类的经验,又适合我国国情;既考虑了公务员的自身条件,又考虑了公务员所在职位的情况,同时也参考了我国历史上实行的行政级别制度和军队实行的衔接制度。《公务员法》第 19 条规定:公务员的职务应当对应相应的级别。公务员的级别分为 15 级。公务员职务与级别的对应关系,由国务院规定。公务员的级别根据其所任职务及德才表现、工作实绩和资历确定。公务员在同一职务上,可以按照国家规定晋升级别。

公务员的职务与级别是确定公务员工资及其他待遇的依据。《公务员法》规定,按照职务与职级相结合的原则,规范职务与职级的对应关系。其实质是试图构建公务员"职务晋升"与"职级晋升"的"双梯制",完善公务员激励保障机制。这是我国公务员分类管理的一大创新。据资料显示,我国 92% 的公务员的职务层次在科级以下。按照现在的体制,工资、住房、医疗、交通等福利待遇都与职务高低挂钩,一个公务员若职务上不去,其合理的福利收益就难以保证。为此,在职务晋升之外,应将级别晋升作为公务员另外一条职业发展阶梯。《公务员法》相关规定克服了以往级别与职务的对应幅度不合理的弊病,有利于激发公务员的积极性。现在公务员在同一职务上,可以按照规定晋升级别,这就为中低职务层次的公务员拓展了更大的发展空间。同时,这一规定使级别成为体现公务员待遇、地位和荣誉的又一基本尺度。职务与职级是确定公务员工资及其他待遇的依据,公务员在职务晋升受到限制时,可以在级别晋升的同时享受由级别晋升带来的待遇,对公务员实行国家统一的职务与职级相结合的工资制度,这样有利于引导公务员专心"谋事",而不是"谋官";有助于弱化"官本位"意识,塑造公务员的"公共精神"。

《公务员法》第 20 条规定:国家根据人民警察以及海关、驻外外交机构公务员的工作特点,设置与其职务相对应的衔级。

(四)我国公务员分类制度的基本评价

我国公务员的分类制度,是在吸收和借鉴职位分类和品位分类优点的基础上,根据国情制定的,是有中国特色的人事分类制度。《公务员法》对我国公务员分类制度做出了规范化的法律规定,不仅使我国的公务员分类制度具有法律规范的效力,而且完善了我国公务员分类制度。从管辖角度看,中国公务员分为两大类:领导职务类和非领导职务类;从职位的性质、特点和管理需要看,中国公务员分为三大类:综合管理类、专业技术类和行政执法类;从实施程序看,既坚持以职位分类为主,比如重视职位设置、制定职位说明书等,同时又兼顾品位分类的方法,比如公务员职务与级别相对应进行管理的方式,属于品位因素的要多一些,从而确立了以职位分类为基础,职位分类和品位分类相结合的模式。也就是说,我国在人事分类制度的改革和完善过程中,趋向于把两种分类制度结合起来使用,取长补短。中国这种有自身特色的公务员分类"两制合流"模式,是与世界各国现行公务员分类制度的发展趋势统一的。

三、我国公务员分类管理制度的改革与完善

1. 非领导职务划分的进一步完善

1993 年正式实行的《国家公务员暂行条例》将公务员分为领导职务与非领导职务。《公务员法》仍然沿用这一分类方法。这实际上是以公务员是否承担领导职务为标准进行分类,并不是根据职位性质与工作特点进行的分类。

非领导职务不是根据工作的需要设置,而往往用作解决待遇的手段。非领导职务设置不平衡,难以适应队伍基数比较大的行政机关的管理需要。依据机关领导职务的职数来确定非领导职务的职数,造成部门之间的不平衡。

领导职务与非领导职务的区分,实际上为公务员提供了"两个跑道"。领导职务系列的吸引力依然大于非领导职务的吸引力,人们还是往领导职务系列中去挤,还是一种"官本位"的制度设计思路。

2. 职位类别划分的进一步完善

《公务员法》根据公务员职位的性质和特点,从实际管理需要出发,把公务员队伍划分为综合管理类、专业技术类和行政执法类三大类,因此,必须结合《公务员法》的贯彻实施,从公务员队伍建设和政府管理实际出发,针对三个职位的特点,合理划分范围,科学设计分类,健全、完善公务员职位管理。

3. 职级设置的进一步完善

当前公务员职务与级别的联系过于紧密,"以职定级"难以发挥各自的功能。职务晋升侧重"给官",级别晋升侧重"给钱"。既然职务决定级别,级别决定待遇,那么只有"给官"才能"给钱",这样就混淆了职务与级别的功能。合理区分职务与级别的功能,是级别设置的基本出发点。

本章练习

1. 公共部门人力资源分类管理的意义是什么?
2. 品位分类与职位分类管理各自的特点是什么?
3. 试析品位分类制度的优缺点。
4. 试析职位分类制度的优缺点。
5. 公共部门人员分类管理制度的发展趋势是什么?
6. 我国公共部门人力资源分类管理制度及其内容是什么?
7. 我国公务员分类制度的基本原则是什么?
8. 如何评价我国公务员分类制度?

案例讨论

公务员职业发展空间狭小[1]

近5年,在河北省三河市公安局离退休的106人中,有68人是三级警督(科员级)。这68人在30年的工作中没有得到过一次晋升的机会。可想而知,这样必然导致基层干部的动力不足或人才资源流失。1993年《国家公务员暂行条

---

[1] 资料来源:宋世明:《公务员晋升思路:取消还是改造非领导职务?》,载《瞭望新闻周刊》,2004年7月31日。

例》在职位分类一章,将公务员分为领导职务与非领导职务。这是一种以公务员是否承担领导职务为标准的简单的职务分类,而不是根据职位性质与工作特点进行的职务分类。公务员职业发展渠道单一,是现行职务分类的结构性缺陷。专家们普遍认为,这种简单的职务分类必须予以改变。

我国缺乏适应各类公务员成长规律的多样化的职务系列。公务员职务晋升需求的无限性与政府机关领导职务供给的有限性,可能是永远解决不了的一对矛盾。不管从事什么工作,大家都往领导职务上挤,这不利于各类公务员的成长,特别是不利于稳定与吸引高级专门技术人才。由于取消了专业技术人员的专业资格评定以及专业技术职务的设置,这批公务员绝大部分承担了非领导职务。非领导职务难以体现这类公务员专业技术水平的高低,使他们难以得到公正的社会评价。

同时,现行的职务设置为县乡机关基层公务员提供的职务晋升台阶太少,提供的职业发展空间太小。我国没有中央公务员和地方公务员的区分,机构规格限定了县乡基层公务员的职务发展空间。当前,县乡两级公务员占全国公务员的58%,其中大部分以科员身份退休,缺少吸引人才、激励人才的手段。如果一个大学毕业生到乡镇或县级机关各部门工作,在几十年的职业生涯中一般只有副科和正科两个晋升台阶,有的人甚至一辈子都在科员职务层次上。在基层,不少40岁左右的干部,由于晋升无望,事业心和工作热情下降。由于这些问题的存在,各部门千方百计地升规格,增机构,加职数,以至于内设机构膨胀,队伍结构失调,降低了机关履行政府职能的效能。公安部在于2003年4月向公务员法起草小组提交的一份报告中指出,公安机关内设一级机构理想化的设计是:县市3~5个,地方5~8个;实际设置是前者为30个左右,后者为20个左右,这种状况一方面反映了公安工作新任务不断增多,另外一方面是压职压级问题的反映,但这种饮鸩止渴的做法不利于公安机关充分发挥职能作用。

由于晋升渠道单一,"职务本位"现象突出。在现行制度下,公务员的成长发展、物质待遇的改善主要是与职务特别是与领导职务挂钩。因此,对广大公务员来说,职务晋升才是真正的晋升,"官本位"就是这种制度造成的结果。依据职务晋升来提高公务员的待遇,难以调动广大中低层公务员的积极性,从全国范围看,92%的公务员职务层次在科级职务以下,只有8%的公务员在副处级职务以上。

仅靠职务晋升来提高待遇,对绝大多数公务员来说是不现实的。有些西方国家充分利用级别设置的激励作用,如法国,公务员职务与级别相分离,职务晋升以领导管理能力为标准,级别晋升以绩效为标准,都可以提高公务员的待遇。为了更好地发挥级别的台阶作用,2002年新的瑞士联邦政府人事法,将过去的

25 级增至 38 级,为各类公务员提供了更大的职业发展空间。

当前,职务与级别的联系过于紧密,"以职定级"难以发挥各自的功能。职务晋升侧重"给官",级别晋升侧重"给钱"。既然职务决定级别,级别决定待遇,那么只有"给官"才能"给钱",这样就混淆了职务与级别的功能。合理区分职务与级别的功能,是级别设置的基本出发点。

讨论题:

　　1. 你赞同上述观点吗? 为什么?

　　2. 你认为应如何解决公务员职业发展空间狭小的问题?

附录

专业、技术职务系列、名称、档次表

序号	专业、技术职务系列名称	专业职务名称				
		高级职务		中级职务	初级职务	
1	高等学校教师	教授	副教授	讲师	助教	
2	自然科学研究	研究员	副研究员	助理研究员	研究实习员	——
3	社会科学研究	研究员	副研究员	助理研究员	研究实习员	——
4	实验人员	高级实验师		实验师	助理实验师	实验员
5	中专学校教师	高级讲师		讲师	助理讲师	教员
6	中学教师	高级教师		一级教师	二级教师	三级教师
7	小学教师	高级讲师		一级教师	二级教师	三级教师
8	技工学校教师	高级讲师 高级实习指导教师		讲师一级 实习指导教师	助理讲师 二级实习指导教师	教员 三级实习指导教师
9	工程技术人员	高级工程师		工程师	助理工程师	技术员
10	农业技术人员	高级农艺师 高级畜牧师 高级兽医师		农艺师 畜牧师 兽医师	助理农艺师 助理畜牧师 助理兽医师	农业技术人员 畜牧员 兽医员
11	经济专业人员	高级经济师		经济师	助理经济师	经济员
12	会计专业人员	高级会计师		中级会计师	初级会计师	
13	统计专业人员	高级统计师		统计师	助理统计师	
14	卫生技术人员	主任医师 主任药师 主任技师 主任护师	副主任医师 副主任药师 副主任技师 副主任护师	主治医师 主管药师 主管技师 主管护师	医师 药师 技师 护师	医士 药剂士 技士 护士
15	体育教练	高级教练		教练	助理教练	
16	新闻专业人员	高级记者 高级编辑	主任记者 主任编辑	记者 编辑	助理记者 助理编辑	—— ——
17	翻译专业人员	译审	副译审	翻译	助理翻译	
18	播音员	播音指导	主任播音	一级播音员	二级播音员	三级播音员
19	专业出版人员	编审	副编审	编辑 技术编辑 一级校对	助理编辑 助理技编 二级校对	技术社会员 三级校对
20	图书专业	研究馆员	副研究馆员	馆员	助理馆员	管理员

续表

序号	专业、技术职务系列名称	专业职务名称				
		高级职务		中级职务	初级职务	
21	文博专业	研究馆员	副研究馆员	馆员	助理馆员	管理员
22	档案专业	研究馆员	副研究馆员	馆员	助理馆员	管理员
23	海关专业人员	高级关务监督		关务监督	助理关务监督	监督员
24	工艺美术人员	高级工艺美术师		工艺美术师	助理工艺美术师	工艺美术员
25	艺术人员	一级演员	二级演员（演奏员、编剧、导演、美术师、舞台美术设计师、主任舞台技师）	三级演员 舞台技师	四级演员 美术员 舞美设计员 舞台设计员	—— —— —— ——
26	律师人员	一级律师	二级律师	三级律师	四级律师	律师助理
27	公证人员	一级公证	二级公证	三级公证	四级公证	公证助理

第五章 公共部门人力资源的流动管理

★招聘与录用的含义与意义

★我国公务员的考试录用制度

★公共人力资源内部流动的含义与作用

★公务员晋升的含义、原则和条件

★公务员降职的含义、条件与程序

★公务员辞职的含义、类型、特点与条件

★公务员的辞退制度

公共部门人力资源的流动管理是公共部门人力资源管理的重要组成部分。要实现公共部门人力资源科学合理配置,必须推进公共部门人力资源的合理流动。

第一节 公共人力资源的流入管理:招聘与录用

一、招聘与录用的含义与意义

(一)招聘与录用的含义

所谓招聘与录用,是指根据公共部门的职位需求,通过收集信息、招募甄选等活动,把具有一定能力和资格的符合职位要求的合适人选吸纳到公共部门空缺职位上的过程。苏格拉底在对"正义国家"的论述中,曾经指出社会应当明确以下三件事情:首先,个人的工作潜质是不同的;其次,不同的职业对于工作潜质有着不同的要求;第三,为了赢得高质量的绩效,社会必须将人们放置到最适合他们潜质的职业当中。虽然苏格拉底的理论是针对宏观组织而言的,但是这个思想与当代的人力资源管理的基础理念是高度一致的,公共部门人力资源管理最重要的是要实现"人与工作的匹配"。只有实现人与职位之间的良好匹配,才能产生较好的工作绩效以及其他的组织绩效。公共部门的招聘与录用是在人力资源规划与预测的基础上,为组织吸收、任用和提升新的合格人才,以维持组织人员自然循环,确保组织任务和目标实现的重要工作。

（二）招聘与录用的意义

招聘与录用作为人力资源的入口管理,即对进入组织的人员进行选择、把关,它是人力资源管理过程中的关键环节,在人力资源管理中具有重要的意义。

1. 有效的招聘与录用是公共部门健康发展的基础

招聘与录用是人力资源管理的第一关口,它的质量将直接关系到组织人才引进和输入的质量。有效的招聘与录用能够为组织不断充实新生力量,实现组织内部人力资源的合理配置,为组织的发展提供人力资源上的保障。如果在招聘与录用工作中出了问题,那么迟早会使组织陷入管理和业务的危机,并由此引发连锁反应,从而影响到组织的健康发展。

2. 有效的招聘与录用有利于公共部门人员的稳定

成功的招聘与录用可以为组织的每一个职位找到合适的人选,做到人尽其才,提高人员对工作的满意度。因此,有效的招聘与录用可以增加组织人员的稳定性,减少人员的流失。

3. 有效的招聘与录用有利于节约人力资源管理成本

有效的招聘与录用可以降低人员初任培训和能力开发的费用。高素质人才初任培训开发的费用比低素质人员培训开发的费用低,从而降低了人力资源管理成本,提高人力资源管理的效率。

4. 有效的招聘与录用有利于提高公共部门的整体效能

招聘与录用工作直接影响着公共部门整体的组织效能。有效的招聘与录用能够提高组织的效能。首先,如果组织里每一个职位都有合格的人才与之匹配,那么整个组织的工作效率必然提升。其次,对高素质的合格人才的管理比对低素质人员的管理来的简单,管理者不再需要花很多的时间来纠正员工的过错或解决员工问题,而可以将更多的时间和精力用来考虑组织发展的关键性问题,从而保证公共部门整体效能的提升。

5. 对员工自身的发展产生深层次的影响

招聘工作不仅对组织来说是至关重要的,而且关系到员工自身的发展,影响到他们的未来,所以,在招聘环节中,不仅要考虑到申请人对现有职位的适应性,而且还要考虑到其个人今后的发展。要让申请者真正下决心加入这一组织,并对自己在组织中的个人发展有一个比较清晰的认识和把握。

二、招聘与录用的方式

公务员招聘的方式有很多种,实际采取哪种形式应视成本和效益而定。从大的方面讲,主要有两种基本类型:外部招聘和内部招聘。

(一)外部招聘

外部招聘是根据一定的标准和程序,从组织外部众多工作申请者中选拔符合空缺职位工作要求的公职人员。这里我们介绍几种常用的方法:

1. 刊登广告。刊登广告是组织常用的招聘方式,其载体主要选择受众广泛的媒介,如报纸、杂志、电视和网络等。这种方式的优点在于:信息发布广泛而迅速,成本较低,招募到理想人才的机会也较大。在设计招聘广告时,要注意广告的独特创意,树立良好的组织形象,以给读者和观众留下深刻的印象。因此,需要注意三个方面:一是要选择适宜的传播媒体。广告媒体的选择一般根据招聘工作岗位的类型和组织自身情况而定。低层次的职位可以选择地方性的传媒;高层次的职位应选择全国性的传媒;如果要招聘专业人才,那最好选择专业性的传媒。二是在招聘广告中应把诸如工作内容、工作时间、工资收入、工作环境、资格条件等主要的招聘内容展示出来。三是在设计广告时,为了突出创意,招聘广告的结构一般应当遵循 AIDA 四个原则,即注意(Attention)、兴趣(Interest)、欲望(Desire)和行动(Action),从而引起应聘人员的欲望并付诸实际的应征行动。

2. 学校招募。每年从大学毕业的专科生、本科生和研究生是公共部门所需的公职人员的最好来源。经由学校的学生工作处或毕业生分配办公室进行人员招聘,是我国公共部门传统的、主要的人员招聘方式。组织的人力资源部门应与大专院校的毕业生就业管理部门保持较好的联系,及时掌握其专业设置和毕业生情况,定期去校园开展人才招聘活动。这种招聘方式的优点在于:应聘者的素质大都比较好,知识结构比较新,具有很强的发展潜力,素质有一定的保证;同时,应聘的人数很多,公共部门人员选择余地比较大,可以有计划地进行招募甄选。缺点在于:学校毕业生急于找工作,通常会同时应征多份工作,如果遇到更好的工作,通常的结果是被选中者很可能选择其他组织而临时拒绝聘约,使聘任工作前功尽弃;同时,校园招聘在时间上有一定的限制,缺乏灵活性,不适合急需填补的职位空缺招聘。因此,为了获得高素质的人才,组织在采用校园招聘方式时应注意以下几个方面的问题:一是要选派工作能力强的人参加招聘,因为他们在应聘者面前代表着组织的形象和信誉;二是要尽可能采取多种形式宣传组织情况,充分展示组织吸引力,特别是要尽可能详细地介绍组织的发展前景、能提供给员工的发展机会、组织的知名度等毕业生所关注的情况;三是对工作申请者的回复要及时,否则会对申请者的决心产生不良影响。

3. 职业介绍所和人才交流中心。职业介绍所和人才交流中心等社会中介组织,是连接组织和人员的有效桥梁。职业介绍所和人才交流中心存有大量求职者的信息资料。组织在急需个别职位人员时,通过职业介绍所和人才交流中心招募人才是一种简单的方法。这种方式的优点在于:组织在招聘过程中省时省力,不需要进行前期宣传,职业介绍所和人才交流中心能很快向组织推荐很多人,并代为初步筛选工作申请者;同时一些没有设置专门的人力资源部的组织可以在此得到专门的咨询和服务。它的缺点在于:费用相对较高;同时,职业介绍所和人才交流中心的信誉有待加强,一些不规范的操作也可能使组织失去一些高素质的员工而引进不合格的人员。但不管怎么说,职业介绍所和人才交流中心在公共部门招聘与录用中仍起着重要的作用。随着我国市场经济体制的建立和政府职能的转变,这一形式会越来越成熟,其在人才招聘中的作用也会越来越大。

4. 猎头公司。猎头公司是一种与职业介绍所类似的就业中介组织,但是由于它特殊的运作方式和服务对象的特殊性,所以经常被看作是一种独立的招聘渠道。它是专门为组织猎取一些符合组织某一高级职位要求的、具有丰富经验的高级人才的机构。当组织需要填补重要职位或很专业的职位时,由于不易找到合适人选,因而需要猎头公司的帮助。据不完全统计,世界 70% 以上的高级人才调换工作都是通过猎头公司,国外 90% 以上的大公司利用猎头公司挖人才。利用猎头公司招聘高级人才的独特优势,如由于猎头公司对组织及其人力资源的需求有较详细的了解,对所"猎捕"的对象的情况掌握全面,在供需匹配上较为慎重,可以使组织对高级人才的聘用更加快捷而且相对比较准确地物色到合适的人选。但该方式的不足之处在于:第一,填补职位空缺的速度较慢,成本很高;第二,猎头公司不大注意主动的应征者,而是专门"猎捕"已在其他组织就职并对更换工作还没有积极性的高级人才,因而会对高级人才原任职组织的正常工作造成一定的不利影响。猎头公司是近几年才在国内出现的一种机构,通过该公司进行招聘的方式在我国尚处于起步阶段,但它的发展态势及其在公共部门人员招聘中的作用等问题应当引起人们的重视和深入研究。

5. 转业军人的安置。在我国,转业军人的安置是公共部门的一项政治任务。因此,从转业军人中招聘所需人员,也是公共部门招聘人员的主要渠道之一。目前,转业军人已占公共部门工作人员的相当比例,有的还担任了重要领导职务,对公共部门事业的发展做出了重要贡献。但转业军人大多缺乏公共部门所需的专业知识,只能从事后勤等辅助性部门的工作。为了改变这种不相适应的状况,一方面公共部门对转业军人招聘与录用同样应经过严格的甄选,而不能仅仅由上级来分配;另一方面也要重视对转业军人的培养和提高,以培养更多能够适应新时期公共部门工作的合格人才,供其甄选。但是,这一问题的根本解决,还要靠我国军队管理体制的改革。

6. 网络招聘。通过互联网进行招聘是一个新生事物。它是同科学技术的迅猛发展、网络社会的到来密切联系在一起的。它的优势在于信息传播快、成本低。通过网络进行招聘可以发布完整的招聘信息,省下很多人的出差费用,节省大量的招聘成本,还会使应聘者很快就能掌握用人单位的职位要求和工作内容及薪酬等自己所关心的信息,从而通过比较来确定自己所要应聘的组织和职位。但这一形式的缺点是组织招聘人员仅从网络很难发现应聘者的真实水平和能力。所以对人才的招聘与录用不能仅依靠网络进行测定和综合评价,而应该把网络作为一种有效的手段加以充分利用。

7. 由现有职员介绍。部分组织会通过现有职员或朋友介绍人选来填补职位空缺。由现有职员介绍的招聘形式现在得到了很多组织的认同,如在美国,现在已有很多公司逐渐认识到通过员工推荐的方法雇佣现有员工家属或者朋友的好处:推荐人清楚组织的运作及职位要求,因此所推荐的人员多数都符合职位要求。另外,应聘者已于事前从推荐人那里了解到了工作环境、要求及前景,加上碍于推荐人的情面,会在录用后更加努力工作,且不会随便离职。因此,这种招聘形式不仅可以节省招聘人才的广告费和付给职业介绍所的费用,还可以获得忠诚而可靠的员工。但在我国这样人情文化比较浓厚而民主法制又还不健全的国家,这一形式的缺点就在于:让现有职员介绍家属或者朋友来填补职位空缺,很容易形成小的私利集团,出现分党、分派等情况,影响组织利益。

(二)内部招聘

虽然招聘通常都意味着去找职业机构以及利用各种分类广告,但实际上,组织现有的人员常常是组织最大的招募来源。职位空缺后,人力资源部门首先考虑的是该职位是否可以由组织内部的公职人员来填补,并以积极的态度在组织内部寻找、挑选合适的人员。一些调查表明,在 20 世纪 50 年代,美国有 50% 的管理职位由组织内部人员填补,当前该比率已经上升到了 90% 以上。

内部招聘采取的手段主要有两种:一是直接调动或提升,即根据工作业绩和上级领导、管理人员、广大群众等多方面的意见,决定把某人调动或提升到空缺职位;二是工作招标,就是张榜公布职位空缺和工作招标告示,吸引现有人员竞聘。其中,提升和调动比较常见。工作调动是一种工作轮换,即轮岗。如今轮岗已经被人们看作是培养人才、提高组织效能的重要手段。

内部招聘有很多优点:实行内部招聘可以将现有员工安排在更适合他的位置上,使之更好地发挥自己的能力为组织服务,得到升迁的公职人员会认为自己的才干得到了组织的认同,大大提高了他对组织的忠诚度和工作绩效;实行内部招聘使公职人员认识到只要自己努力工作、不断提高工作能力、丰富知识,就有可能得到发展的机会,因此这一方式可以对现有员工起到激励作用,促进工作效率的提高;实行内部招聘还可以节约许多人力资源管理与开发的成本,不仅可以节省对外招聘需要花费的时间和费用,而且可以节约培训费用等;内部员工比较了解组织的情况,为胜任新的工作岗位所要进行的指导和训练也会比较少,离职的可能性也要小很多。

但内部招聘也存在一些不足:过多的内部招聘会使组织走向自我封闭,不易吸引到更多、更高级的优秀人才;如果内部提升不是依据业绩和表现,或者在提升中出现了让员工感到不公平的现象,那么会极大地挫伤现有一部分员工的积极性,甚至产生不满情绪,影响组织的士气,因此需要做好解释和鼓励的工作;容易造成近亲繁殖的现象,影响组织工作的创新。实行内部招聘应遵循公开公平原则、业绩标准原则、年资优先原则、内升与外聘平衡原则等。大体而言,低级人员的内部招聘和晋升少,而高级人员的内部聘任和晋升的范围则要相应扩大一些。

三、招聘与录用的程序

人员的招聘与录用是一个复杂、完整而又连续的程序化的操作过程,这一程序的每一组成部分都是为了保证组织人员招募甄选的质量,确保为组织录用到合格、优秀的人才。人员招聘与录用的程序包括了准备、实施和评估三个阶段。

(一)准备阶段

1. 招聘的需求分析。组织中出现职位空缺,由此提出人员增补需求,人员招募甄选工作开始。根据人力资源预测和现有人力资源配置状况分析,通过制定人员招募计划,准确把握组织对各类人员的需求信息,确定人员招募的数量、质量、种类和结构。

招聘需求的产生可能有三个原因:一是组织人力资源自然流失,即因员工的调动、离职、退休、休假等产生的岗位空缺;二是组织业务量变化,因组织成长发展导致的岗位空缺;三是现有人力资源配置不合理,即人与岗位不匹配导致的岗位空缺。

2. 确定招募甄选的负责部门,制定招募实施计划。一般由人力资源管理部负责人员招募甄选,也可由业务部门负责制定实施计划,包括招募人数、招募标准、招募对象、招募经费预算、参与人员等。

3. 确定招募方式。也就是根据组织的具体情况,选择合适的招募方式、方法,可以几种方式结合使用。

（二）实施阶段

这是整个招聘与录用工作的核心，也是最关键的一环。

1. 开展对应聘人员的考试、面试等甄选工作。一般由人力资源部会同用人的业务部门共同完成。在这一步骤中，用人单位应依据具体职位的工作规范对应聘人员进行各种形式的知识、技能和能力考试以及心理测验，从应聘人员的基本素质、心理特点、能力特长上进行甄选，合格者参加面试。绝大多数组织都要通过面试评价确定之后的录用人选。这是因为，面试评价提供的关于应聘人员的信息最直观、真实、准确。因此，面试是人员甄选中最重要的环节。

2. 确定试用人员并进行任职培训。经考试、测验和面试后，合格者成为组织的试用人员，在试用之前，需接受初任任职培训。通过多种形式的任职培训，试用人员可以充分了解组织和工作职位的状况，掌握工作所需要的有关知识、技能。

3. 试用人员上岗试用。目的是通过工作实践进一步考察试用人员的工作适应能力，同时，也为试用人员提供深入了解组织和职位的机会。事实上，试用期间，组织与试用人员仍可双向选择，双方不受任何契约影响。试用期可为2个月至1年不等。

4. 试用期满后，对试用人员的工作绩效和适应性进行考核，合格者正式录用为组织人员，双方签订任用合同或其他契约。

（三）评估阶段

对招聘与录用活动的评估主要从两方面进行：一是对招聘与录用结果的成效评估，即对照招聘计划对实际招聘与录用的结果从数量和质量两个方面进行评估总结，公共部门是否获得了其理想的人员匹配；二是对招聘与录用工作效率的评估，即对时间效率和经济效率进行评估，以便及时发现问题，分析原因，寻找解决的对策，及时调整有关计划并为下次的招聘与录用工作总结经验教训。

四、人员招聘的方法与技术

甄选是人员录用过程中最关键的环节，因为它决定着录用的结果和质量。因此，在甄选过程中注重甄选方法的合理性就成为必然。

（一）笔试

笔试是最古老、最基本的人员甄选方法。它是通过让应征者在试卷上笔答事先拟好的试题，然后依据解答的正确程度或成绩进行测评的方法。它是考核应聘者学识水平的重要工具。这种方法可以有效地测评应聘人员的基本知识、专业知识、管理知识、综合分析能力和文字表达能力等素质和能力的差异。笔试法一般分为两类：一类是论文式笔试法，也叫主观性笔试法，这种测试法采用应试者依据题目写论文的形式进行答题,阐述其对于某一问题的主张和见解;另一类是短答式笔试法,也叫客观性笔试法,其做法是让考生在规定的时间内通过填空、选择和判断等方式,用简明的文字或符号回答很多问题。

笔试的优点表现在:一是经济性。笔试可对大批应试人员在不同空间、不同时间内实施,测评效率高。二是广博性。笔试的试卷内容涵盖面广,容量大,一份笔试试卷常常可以出几十道乃至上百道不同类型的试题,因而通过笔试可以测试出应聘者的基本知识、技能和能力的深度和广度,测试的信度和效度都比较高。三是客观性。这是它最显著的优点。考卷可以密封,主考人与被测者不必直接接触,评卷又有可记录的客观尺度,考试材料可以保存备查,这较好地体现了客观、公平、公正原则。总之,采用笔试的方法,机会均等而且相对客观,这是其他方法难以替代的。

笔试的缺点在于:偏重于机械记忆,不易发现个人的创造性和推理能力,不能全面地考察应聘者的工作态度、品德修养以及组织管理能力、口头表达能力和操作技能。因此,笔试一般不能单独使用,还必须采用其他测试方法作为补充。

(二)面试

面试是应聘者在主考人面前,用口述方式现场回答问题,主考人根据应聘者在现场的行为表现及回答问题的正确程度进行测评的一种方法。面试是人力资源选择过程中最常用的一种选拔手段。据国外的有关资料表明,90%以上的组织在员工选拔中至少要进行一次面试。

通过面试,可以判断出应聘者运用知识分析问题的熟练程度、思维的敏捷性、语言的表达能力,并且通过应聘者在面试过程中的行为举止,可以了解到应聘者的外表、气质、风度、情绪的稳定性等特质。此外,通过面试还可以核对应聘者个人材料的真实性。

1.面试的类型。依据面试的方法不同,可以划分出多种类型:

第一,非结构化面试。面试人员依自己兴趣随意向应聘人员提出问题。这种方式可以广泛地发掘应聘者的兴趣所在。

第二,定型式面试即半结构化面试。即面试人员依据预先设计好的一系列问题向应聘者发问。这种方式有利于确保了解所有需要了解的重要信息。

第三,结构式面试。面试人员所提的问题都是与工作有关的问题,且事先已确定应聘者可能有的答案。面试人员依据面试者的答复,当场做出不理想、普通、良好、优秀等结果评价。

第四,系列式面试。由组织不同层次的人员先后同应聘者进行面谈的面试方法,各个面试人员依个人观点提出不同问题并做出评价,最后进行综合。这种方式有利于形成逐步深入、内容丰富的面谈。

第五,陪审团式面试。由多个面试人员(一般 3~5 个为最佳)同时跟应聘者面谈。

第六,压力面试。由专业的面试人员依据工作的重要特征,向应聘人员施加压力,测试应聘者如何应付工作压力。典型的压力面试是以穷追不舍的方式向应聘者发问,逐步深入,直至应聘者无法回答,以考查其机智程度和应变能力。使用压力面试,需要面试人员熟练掌握这方面的技巧,并确定压力的确是工作的一个重要特征。

第七,模式化行为描述面试。由面试人员向应聘者描绘出一幅"时间图画",要求应聘者描述其在这种特定情景下的行为方式,面试人员依据应聘者的行为是进取性的、武断性的还是被动的,归纳出其行为模式,并与空缺职位所期望的模式进行比较,得出评价结果。"时间图画"中的行为模式可以是与职业选择有关的,也可以是与事业发展有关的。

第八,计算机辅助面试。计算机辅助面试的基本方法是向应试者展示一系列有关他(她)的背景、经历、受教育程度、知识水平和工作态度的问题,这些问题与应试者受聘后的具体工作有关。问题多采取多项选择形式,每次一个问题,要求应试者通过键盘选择屏幕上的问题作答。

2. 面试的常见问题及其对策。面试是人员招聘与录用中不可缺少的测试手段。但人力资源专家对面试的准确性、有效性和可靠性并不十分肯定,也没有研究表明面试中表现不错的工作申请者与以后的工作表现之间存在必然联系。这是因为在应用面试法进行人员甄选时,容易产生以下一些问题:

第一,缺乏训练的面试人员往往不能作出客观的评价。

第二,面试人员易受光环效应和触角效应的影响。光环效应是指面试人员喜欢应聘者或受应聘者吸引,从而对他们持肯定态度,结果是爱屋及乌,对候选人对问题的回答采取宽容的态度,而不是客观评价答案本身。触角效应则相反,面试人员会在应聘者对问题的回答中挑刺。

第三,面试人员往往过早下判断,即在见到应聘者的几分钟内就已经做作出了判断,即使延长面试时间也不能改变其判断。

第四,面试人员过分重视负面资料。面试人员较容易受负面资料的影响,对应聘者的印象容易从好转坏,而不容易由坏转好。

第五,面试次序的对比误差。即应聘者接受面试的先后次序会影响面试人员的评分。研究表明,一位中等水平的应聘者若在几位不理想的应聘者之后接受面试,面试人员对他的评价会远远高出其原有标准。

要避免上面述五个方面的问题,需采取以下措施:

第一,对参与面试的面试人员(考官)进行面试技术培训,讲明面试的意图、要求和需要注意的问题,并适当进行讨论和模拟,以便注意到面试中最容易出现的问题和所犯的错误。

第二,确保面试人员在面试之前充分了解空缺职位的工作规范及应聘者的申请材料。

第三,选择适当的地点作为面试场所,并注意使家具的摆放符合面试的环境要求。

第四,合理安排面试时间,并使每位应聘者的受试时间基本相同。

第五,面试所提问题应包含有关职位的开放式的问题。

第六,一般在面试人员提问后,应给应聘者一些时间,允许他们问一些问题并自由发表一些评论。

第七,将面试法与其他方法结合使用。

(三)心理测试

根据"特质理论",每个人的个性基本机构的单元是特质。特质表示在不同时间和各种情况下,人的行为的某些类型及其规律。心理测试就是基于上述理论,通过对人的一组强观察的样本行为,进行有系统地测量,推论人的心理特点。

心理测试有许多类型,但甄选过程中所用的主要是能力测试和个性测试两种,因为这两种测试的结果对预测未来的工作绩效有较大帮助。

1. 能力测试。能力测试分为普通能力测试、特殊能力测试和成就测试。普通能力测试主要是测试应聘者的思维能力、想象力、记忆力、推理能力、分析能力、数学能力、空间关系能力及语言能力等。一般通过词汇、相似、相反、算术计算、推理等类型的问题进行评价。在这种测试中得高分者被认为具有较强的能力,善于找出问题症结,能取得优良的工作业绩。需注意的是某种特定的测试也许只对某类特定的工作有效。

特殊能力测试用于对特定能力或才能的测试,如空间感、动手灵活性、协调性等,另外还包括一些专业的基础知识,常用的方法有斯特龙伯格灵敏度测验(Stromberg dexterity test)、明尼苏达操作速度测验(Minnesotarate of manipulation test)、普渡插棒板测验(Purdue peg board)等。

成就测试是考察一个人已经拥有的能力,主要测试应聘者已经具备的有关工作的能力水平,比如测试一名打字员每分钟能打多少字。

2. 个性测试。一个人的工作能否做好,不仅仅取决于一个人的能力高低,个性品质也会对工作绩效的好坏产生很大的影响。因此,把对应聘者的个性测试纳入招募、甄选过程中就十分必要,对于那些需要比较多人际交流的职位更是如此。个性品质主要包括人的态度、情绪、价值观、性格等方面的特性。对个性品质的测试主要有影射法、个性品质问卷调查法和兴趣盘存法等。

第一，影射法。影射法是让受测者看过一个不明刺激物，如图片、墨迹等之后，要求他们诠释其意义或观察他们有何反应。因为刺激物相当模糊，所以应聘者所作的诠释，实际上是他们内心状态的一种影射，他们会将自己的情感态度及对于生活的理想要求融入诠释中，由此可以测试出应聘者的个性品质。此外，属于影射性的测试方法还有：要求应聘者编造或创造出一些东西或故事；图画的构造法；要求应聘者完成某种材料，如句子的完成法；要求应聘者依据某种原则对刺激材料进行选择或排列的选择排列法等。

第二，个性品质问卷调查法。个性品质问卷调查法是通过让应聘者对个性品质调查表中的问题进行回答，依据得分统计判断应聘者的个性品质倾向。调查表中的问题一般包含了与行为、态度、感觉、信仰等有关的陈述式问题。典型的调查表有明尼苏达多项个性调查表、爱德华兹个人偏爱顺序表、卡特尔16因素测评等。

第三，兴趣盘存法。兴趣盘存法是将应聘者的兴趣和各种人士的兴趣作一比较，判断应聘者适合从事什么工作。其理论依据是，假如应聘者在兴趣方面与绩效优异的在职人员相雷同的话，应聘者将来也可能有良好的表现。

总之，个性品质测试的根本目的是通过对应聘者个性品质的考查，判断应聘者的工作动机、工作态度、情绪的稳定性、气质、性格等素质是否与空缺职位的要求相近或相同，若是，就是合适的人选。

（四）行为模拟测试法

行为模拟测试法也称情景模拟法，是指根据在一种情景下应聘者所表现出的与职位要求相关的行为方式，判断应聘者是否适合空缺职位的一种测试方法。这种方法比较适合用于评价具有某种与职位相关的潜能，但又没有机会表现的应聘者。通常采用的行为模拟方式有：

1. 文件筐处理。要求应聘者对文件筐中的各类信件、便笺等进行处理，并做出决定，制订计划，组织资源和安排工作，要求合作，撰写回信和报告。依此测出应聘者的工作主动性、独立性、敏感性、组织规划能力、合作精神、分析判断能力、决策能力等。

2. 分析模拟。分析模拟是向应聘者提供有关某种情况的资料，要求其进行分析并提出合理的行动程序，以此观察应聘者筛选数据、分析问题、进行决策的能力，并进行评价。

3. 面谈模拟。面谈模拟是由应聘者扮演一个角色，评价员扮演与之相对的角色，进行与工作相关的某种情景下的模拟行为和对话，依此来评价应聘者的组织能力、领导能力、灵活性、口头表达能力、控制能力及压力下的工作能力等。

并非所有的甄选都需要采取行为模拟测评方法，它一般是作为面试法的补充,是否运用它还要取决于甄选的时间及预算的许可度。

（五）工作抽样法

工作抽样法是指将空缺职位所涉及的工作的几个关键环节抽样出来,让应聘者在无预先准备和无他人指导的情况下,进行实地操作,以考查其实际工作能力和绩效。科学的工作抽样法比其他甄选方法都有效,因为这种方法所得到的信息更直接、更真实,评价结果也更客观、更公正。

（六）评价中心

评价中心在这里实际上是一个运作概念,而不是一个地理概念或机构名称。它是指将应聘者(如应聘者过多,可经筛选后进行)集中起来,采用多种评价方法进行集体评价,然后从中甄选出合格人员的过程。评价的地点可以是一间会议室,也可以是一间特殊的房间。评价中心要求有 10 多名评价员,以保证结果的公正性。评价员一般是在暗中进行评价,也可通过录像进行评价。评价的时间需 2～3 天。评价中心一般包括下列项目:

1. 分内工作——让应聘者实际面对担任空缺职位时所要面对的一堆报表、备忘录、信件、电话以及其他文件,要求应聘者逐一处理,如写信、记备忘录、安排会议日程等。然后,由经验丰富的评价员对工作绩效予以评价。

2. 无主持的群体讨论——给一群应聘者一个问题,让应聘者一起进行讨论,并作出群体决策。然后由评价员对应聘者的沟通技巧、领导能力、个人影响力以及群体接纳程度进行评估。

3. 管理竞赛——让应聘者各代表一个组织,模拟这些组织在市场上存在着的激烈竞争,然后让应聘者依据所代表的组织的状况作出一系列管理决策,以此评价应聘者的决策能力、组织能力、沟通能力及领导能力。

4. 口头报告——让应聘者就某一主题作一个口头报告或演讲,以此评价应聘者的沟通技巧和说服能力。

5. 客观测试——对应聘者进行一系列的内心测试。

6. 面谈——每位应聘者至少都有一位评价员与其面谈,以发掘应聘者的背景、过去的工作绩效、目前兴趣以及行为激励状态。

需要注意的是,评价中心一般费用较高,比较适合于规模较大的组织。

总之,招募中的甄选方法有很多,至于选择何种方法,要依组织的具体情况而定,这包括组织的目标、招募的规模、时间、预算的许可度等影响因素。但有一个问题是所有甄选方法都需注意的,那就是测试的效度和信度。效度是指测试的结果和工作相关的程度,也就是测试的结果能否预测出应聘者任职后的工作绩效。信度是指测试的稳定性和一致性,也就是对同一应聘者用内容相似的测验再去测试,所得到的分数也应相似。没有效率和信度的测试是不能在招募甄选中采用的。

五、我国公务员的考试录用制度

(一)考试录用制度的历史沿革

考试录用作为政府录用人员的一种制度,最早起源于我国古代的科举制度。科举制度即分科举士,形成于我国的隋朝。同以前各朝代主要通过察举和举荐等方式选拔政府官员不同,科举是通过分门别类的考试确定官吏的选拔和任用,考试成绩是录用的主要标准。这改变了过去只重门第不重才能的录用弊端,是政府录用制度的一大进步。

科举制度被唐朝及以后各朝相继沿袭并进一步发展。唐朝的科举制分为常科和制科两类。常科每年由礼部定期举行,考试科目有秀才、明经、俊士、进士等多种科目。常科考试合格者,只是具备了担任官职的资格,只有经吏部考试合格后,才能被授予官职。制科是皇帝根据需要临时下诏举行的、旨在选取非常之才的考试。考试科目多达上百种,制科考试通过者可直接被授予官职。

明清时期科举制度发展到鼎盛时期,考试办法也十分完备,分为童试、乡试、会试和殿试。童试是一种基础资格考试,只有通过童试的人员(称秀才)才能参加乡试、会试和殿试,后三试是科举的正式考试。乡试为省一级考试,每两年一次,多在秋季举行,又称秋闱,考中者称举人。会试是中央一级考试,每三年一次,多在春季举行,又称春闱,考中者称贡生。殿试由皇帝亲自主持,在会试后一个月举行,考取者称进士,分三甲录取:一甲仅取三名,赐进士及第,第一名为状元,第二名为榜眼,第三名为探花;二甲取参试人数的三分之一左右,赐进士出身;其余通过者为三甲,赐同进士出身。通过乡试、会试和殿试这三级考试者,都可成为级别不同的官员。

科举制度在当时是一种先进的政府官员选拔制度,但由于晚清时期考试内容被限制在"四书"、"五经"之内,并采用八股文体进行考试,限制了人的独立思考和创新意识,再加上社会衰退,假科举之名,行舞弊之实,最终把科举制度引向了末路。

科举制在中国走向了衰落,但其公开考试、择优录用的精髓却被西方国家吸收和发扬。1870年英国政府颁布枢密院令,规定凡未经考试并持有合格证书者,一律不得任事务官职,这标志着英国文官制度的初步形成。从此,英国文官中常务次官以下的文官,均须经考试合格后方可录用。1883年,美国也实行了公开考试录用的文官制度。第二次世界大战以后,公开考试制度在世界许多国家的政府人员招募中得到推广,考试录用的范围越来越大,内容和方法也越来越科学。

新中国建立之后的前 30 年,我国的干部录用一直采用的是按计划接受国家统一分配的大中专毕业生和军队转业干部,或从企业、事业单位有经验的工作人员中推荐选拔。直到 1982 年,我国原劳动人事部才制定、颁布了第一个关于干部录用工作的综合性文件——《吸收录用干部问题的若干规定》,首次提出国家机关、企事业单位吸收录用干部要实行公开招收,自愿报名,进行德智体全面考核,坚持择优录用的考试录用方法,但只适用于从全民所有制和集体所有制单位的工人中吸收干部以及从社会上的城镇知识青年、闲散专业技术人员、自学成才人员中录用干部,干部录用的主流仍是接受大中专毕业生和军队转业干部。

1987 年,党的十三大决定建立国家公务员制度,强调凡进入业务类公务员队伍,应通过法定公开考试,公开竞争。1988 年七届全国人大一次会议再次强调,今后各级政府录用公务员,要按照国家公务员条例的规定,通过考试,择优选拔。同年,开始了一次大规模的招收干部考试工作,主要是政法、税务、工商行政部门和银行、保险系统招收干部,此次参加考试的人员有百万余人,录取了 8 万人。此次干部录用的考试尝试,开创了干部录用的新局面。1989 年初,中央组织部、人事部联合发出《关于国家行政机关补充工作人员实行考试办法的通知》,要求县及县以上国家行政机关补充工作人员,要贯彻公平、平等、竞争的原则,通过考试考核,择优录用。这意味着考试录用将成为国家机关录用工作人员的主要途径和方法。1989 年,37 个国家部委及 27 个省、自治区、直辖市进行了干部的考试录用工作,收到良好的效果。1993 年我国颁布的《国家公务员暂行条例》规定,国家行政机关录用担任主任科员以下非领导职务的国家公务员,采用公开考试、严格考核的方法,按照德才兼备的标准择优录用。1994 年,人事部颁布的《国家公务员录用暂行规定》规定了考试录用的程序和原则。至此,考试录用作为国家公务员人员的录用制度在我国得到确立。2006 年 1 月 1 日正式实施的《公务员法》第 21 条规定:录用担任主任科员以下及其他相当职务层次的非领导职务公务员,采取公开考试、严格考察、平等竞争、择优录取的办法。从而使这一制度第一次得到了法律规范的确认。

(二)考试录用的原则

国家公务员的考试录用,除必须按照编制、工作需要及德才兼备的标准来选拔人才外,还必须遵循以下原则:

1. 公开原则。公开原则是指录用主管部门将计划招募的职位、资格条件、时间、地点及招募结果,通过各种媒体向社会发出公告,目的在于增加政府部门招募、甄选的透明度,接受社会监督,防止人员招募甄选过程中的腐败行为。

2. 平等原则。平等原则是指对所有应聘者应一视同仁、平等对待,应聘者不得因民族、性别、出身、宗教信仰、婚姻状况等受到歧视和不平等待遇。这一原则在我国政府部门人员招募甄选的实际操作中,还受到一定的限制,如地域条件的限制、婚姻状况的限制等。此外,在公共部门的人员招募中也不能做到男性与女性完全平等。

3. 竞争原则。竞争原则首先是指录用要在全社会范围内公开竞争,通过考试进行。要按照应聘者素质条件的优劣对比进行甄选,不得按照主管人员的主观好恶来取舍。其次,应吸引更多的人员来应聘,只有人多,才可能有竞争,才能从社会中获得精英人才。

4. 择优原则。择优原则是指通过各种甄选方法,选择真正优秀的人才到政府中来。这一原则适用于社会上任何组织的招募甄选。这里的择优不是盲目地要求高素质,而是要考虑是否符合空缺职位的工作规范和要求。

(三)考试录用的内容

1. 考试录用的范围

依照《公务员法》的规定,录用担任主任科员以下及其他相当职务层次的非领导职务公务员,采取公开考试、严格考察、平等竞争、择优录取的办法。录用特殊职位的公务员,经省级以上公务员主管部门批准,可以简化程序或者采用其他测评办法。

2. 考试录用的资格条件

无论是通过公开竞争考试,还是通过简化程序进入政府公务员系列的人员,按照《公务员法》的规定都必须具备下列条件:

(1)基本条件

新录用的公务员应当具备下列条件:

①具有中华人民共和国国籍;

②年满十八周岁;

③拥护中华人民共和国宪法;

④具有良好的品行;

⑤具有正常履行职责的身体条件;

⑥具有符合职位要求的文化程度和工作能力;

⑦法律规定的其他条件。

报考公务员,除应当具备本法第十一条规定的条件外,还应当具备省级以上公务员主管部门规定的拟任职位所要求的资格条件。录用公务员,必须在规定的编制限额内,并有相应的职位空缺。

(2)限制性条件

下列人员不得录用为公务员:

①曾因犯罪受过刑事处罚的;

②曾被开除公职的;

③有法律规定不得录用为公务员的其他情形的。

此外,《公务员法》规定,民族自治地方依照前款规定录用公务员时,依照法律和有关规定对少数民族报考者予以适当照顾。

(四)考试录用的程序

中央机关及其直属机构公务员的录用,由中央公务员主管部门负责组织。地方各级机关公务员的录用,由省级公务员主管部门负责组织,必要时省级公务员主管部门可以授权设区的市级公务员主管部门组织。

依据《公务员法》规定,国家公务员的考试录用应遵循下列程序:

1. 发布招考公告。录用公务员,应当发布招考公告。招考公告应当载明招考的职位、名额、报考资格条件、报考需要提交的申请材料以及其他报考须知事项。招录机关应当采取措施,便利公民报考。

2. 资格审查。招录机关根据报考资格条件对报考申请者进行审查。报考者提交的申请材料应当真实、准确。

3. 公开考试。公务员录用考试采取笔试和面试的方式进行,考试内容根据公务员应当具备的基本能力和不同职位类别分别设置。

4. 严格考核。招录机关根据考试成绩确定考察人选,并对其进行报考资格复审、考察和体检。

体检的项目和标准根据职位要求确定。具体办法由中央公务员主管部门会同国务院卫生行政部门规定。

5. 审批录用。招录机关根据考试成绩、考察情况和体检结果,提出拟录用人员名单,并予以公示。

公示期满,中央一级招录机关将拟录用人员名单报中央公务员主管部门备案;地方各级招录机关将拟录用人员名单报省级或者设区的市级公务员主管部门审批。

新录用的公务员试用〔〕满合格的,予以任职;不合格的,取消录用。

(五)公务员的职位聘任

1. 公务员职位聘任的概念

聘任制是指机关与所聘公务员按照〔〕自愿、协商一致的原则,通过签订聘任合同任用公务员的一种制度。《公务员法》第16章对职位聘任作出明确规定:机关根据工作需要,经省级以上公务员主管部门批准,可以对专业性较强的职位和辅助性职位实行聘任制。

从上述条款内容,我们可以看出,聘任制有三个显著的特点:一是合同管理。

聘任关系确定后,机关对聘任制公务员的管理主要是依据本法和聘任合同进行。二是平等协商。在聘任关系确定过程中,机关与应聘人员的地位是平等的。在签订聘任合同后,双方虽然变成隶属关系,但仍可通过协商一致,变更或者解除合同。三是任期明确。聘任制公务员都有明确的聘任期限,本法规定为一至五年。聘任期满,任用关系自然解除。需要时,可以续聘。1993年颁布的《国家公务员暂行条例》虽然也规定了对部分职务实行聘任制,但十几年了一直没有推行。因此,在《公务员法》里专门规定了一章,就是对一些专业性较强的职位和辅助性的职位可以进行聘任,聘任就要签订合同,按照合同进行管理,这是过去暂行条例所没有的,是我国公务员制度的发展和创新。

2. 公务员职位聘任的目的

实行公务员职位聘任制的目的:一是满足机关吸引和使用多样化人才的需求。实行聘任制,可以通过采取特殊的灵活政策,满足机关对高层次专业技术人才的要求,尤其是对高级技术人才的需要。二是降低机关用人成本。对一些辅助性、事务性工作,机关可以随时从社会上直接招聘适当人员来做,而没有必要通过组织统一的考试录用人员。三是把聘任制作为公务员任用的一种手段,可以打破单一的用人方式,拓宽用人渠道,增强机关活力。

3. 职位聘任的适用范围

《公务员法》规定实行聘任制的职位,一是专业技术比较强的,有些职位对专业性要求较高,而且是机关急需的,比如金融、财会、法律、信息这方面的专业人才;二是辅助性职位,比如书记员、资料管理员、数据录入员等等这样一些辅助性职位可以实行聘任。同时为了严格控制聘任制的岗位,该法也规定了这些岗位必须经过省级以上的主管部门审批,涉及国家秘密的不能搞聘任制。

4. 职位聘任的管理要素

(1)职位聘任的方式

机关聘任公务员可以参照公务员考试录用的程序进行公开招聘,也可以从符合条件的人员中直接选聘。

(2)职位聘任的条件

机关聘任公务员应当在规定的编制限额和工资经费限额内进行。

(3)职位聘任的原则

机关聘任公务员,应当按照平等自愿、协商一致的原则,签订书面的聘任合同,确定机关与所聘公务员双方的权利、义务。聘任合同经双方协商一致可以变更或者解除。

聘任合同的签订、变更或者解除,应当报同级公务员主管部门备案。

聘任合同应当具备合同期限,职位及其职责要求,工资、福利、保险待遇,违约责任等条款。

聘任合同期限为一年至五年。聘任合同可以约定试用期,试用期为一个月至六个月。

(4)职位聘任的手段

聘任制公务员按照国家规定实行协议工资制,具体办法由中央公务员主管部门规定。

机关依据本法和聘任合同对所聘公务员进行管理。

5.职位聘任争议的仲裁

《公务员法》规定:国家建立人事争议仲裁制度。

人事争议仲裁应当根据合法、公正、及时处理的原则,依法维护争议双方的合法权益。

人事争议仲裁委员会根据需要设立。人事争议仲裁委员会由公务员主管部门的代表、聘用机关的代表、聘任制公务员的代表以及法律专家组成。

聘任制公务员与所在机关之间因履行聘任合同发生争议的,可以自争议发生之日起60日内向人事争议仲裁委员会申请仲裁。当事人对仲裁裁决不服的,可以自接到仲裁裁决书之日起15日内向人民法院提起诉讼。仲裁裁决生效后,一方当事人不履行的,另一方当事人可以申请人民法院执行。

第二节　公共部门人力资源的内部流动管理：晋升与降职

一、公共部门人力资源内部流动的含义与作用

(一)公共部门人力资源内部流动的含义

人力资源本身处于不断运动变化的过程中。人力资源在其所服务的单位发生转移的现象,叫做人力资源流动。公共部门人力资源的内部流动管理是对国家行政机关以及国有企业、事业组织因某种原因,依据法定程序和方法,对系统内部的公职人员、系统之间的公职人员的人事流动进行的管理活动和过程的总称。在现实的公共部门人力资源管理中,主要包括公职人员的职务晋升与降职及岗位轮换、轮岗等。

(二)公共部门人力资源内部流动的作用

公共部门人力资源的合理流动有助于实现公共部门人力资源的有效配置。公共部门应把组织的内部流动管理视为人力资源开发与管理的一项重要任务,重视其在公共部门人力资源管理中的作用。

1. 有利于形成高效的政府工作系统。职务升降制度,在公职系统中,可以使工作业绩优秀的公职人员有机会得到晋升,因循守旧、不能胜任现职的公职人员则被降职使用,从而形成一种优胜劣汰的组织发展机制。这无疑有利于提高公职人员的整体素质,形成高效的政府工作系统。

2. 有利于公共部门人力资源的科学配置。职务升降是在公职人员德才表现和工作业绩的基础上,依法定条件与程序升降,符合适才适用、人尽其才的原则,法制化的职务升降制度使职位获得其所需要的和条件合适的公职人员,实现人事匹配的最佳目标。这有利于公共部门人力资源配置的科学化。

3. 有利于优化公职人员队伍的结构。有效的职务升降制度,提供了人力资源正常发展的渠道,因而稳定了公务员队伍,可以吸引大量优秀人才进入公职系统。这有利于公职人员队伍的结构优化,也保证了行政系统运行的连续性和稳定性。

二、晋升

晋升是指公职人员的管理机关,依据国家有关法律、法规的规定,根据行政机关的需要和公职人员本人的工作表现与业绩情况,提高公职人员原有的职务和级别,使之由较低职务升任至较高职务的管理活动。晋升意味着公务员所处地位上升,职权加重和责任范围扩大,同时伴随着工资、福利等方面待遇的提高。

(一)晋升的原则

我国公职人员的晋升除了遵循革命化、年轻化、知识化、专业化的指导方针外,还应坚持以下原则:

1. 德才兼备原则。这是我们党和国家在长期的实践中形成并坚持的选拔、任用干部的原则,也是我国干部人事工作的优秀传统之一。在选拔和晋升公职人员时,必须以本人的德才表现为主要依据,应在对公职人员德、能、勤、绩综合考核优秀的基础上进行择优。在实际工作中应避免出现"唯才"或"唯德"两种片面倾向。坚持德才兼备原则,就是要把那些政治素质好,工作能力、办事能力强,富于创造性,精通业务之道的公务员提拔到领导职务上来。

2. 注重工作实绩原则。坚持德才兼备的原则,必须注重工作实绩,把工作实绩作为衡量公职人员德才表现的主要尺度。把工作取得的实际成绩的大小、好坏作为公职人员晋升和降职最主要的依据,克服那种唯学历、唯资历、唯关系的弊端。强调注重工作实绩,就是要建立竞争机制,鼓励公职人员干实事,求实效,出成绩,从而推动工作和事业的发展。

3. 公开、平等、竞争、择优原则。这一原则要求公务员的职务晋升工作必须公开进行,将晋升条件、程序等规范化,并告知公职人员;在职公务员按照法定规则和程序都享有平等的晋升权利;通过公开的考试、考核等进行竞争性选拔;在公开、平等、竞争的选拔基础上择优晋升,把优秀者选拔到恰当的职位上,充分发挥其聪明才智。

4. 依法晋升原则。我国公共部门人力资源配置具有法制化特征,整个公职人员队伍的管理必须被纳入法制的轨道,职务晋升也应严格按法律程序进行,按法定条件、法定原则、法定职数限额依法晋升。

5. 逐级晋升原则。这一原则是指晋升公务员的职务,在一般情况下应按规定的职务序列逐级晋升。逐级晋升,符合公共部门人力资源人才成长的一般规律。在下一级一个或几个岗位上经过一定年限的锻炼,有利于较好地胜任上一级职务的工作。这对于一些责任重大、关系全局、综合性的领导职务的晋升,更显得必要。当然,对于个别素质好、领导能力强的优秀公职人员,也可以破格晋升,但原则上只能越一级晋升。

(二)晋升的条件和程序

公务员的职务晋升必须具备一定的条件,对此我国《公务员法》第四十三条予以了明确规定:公务员晋升职务,应当具备拟任职务所要求的思想政治素质、工作能力、文化程度和任职经历等方面的条件和资格。这其中关键是看公务员在工作中的德才表现和工作成绩。

按照《公务员法》的规定,公务员晋升的程序分为晋升领导职务程序和晋升非领导职务程序。

机关内设机构厅局级正职以下领导职务出现空缺时,可以在本机关或者本系统内通过竞争上岗的方式,产生任职人选。

公务员晋升领导职务,按照下列程序办理:

1. 民主推荐,确定考察对象;

2. 组织考察,研究提出任职建议方案,并根据需要在一定范围内进行酝酿;

3. 按照管理权限讨论决定;

4. 按照规定履行任职手续。

公务员晋升领导职务,应当按照有关规定实行任职前公示制度和任职试用期制度。

公务员晋升非领导职务,参照前款规定的程序办理。

厅局级正职以下领导职务或者副调研员以上及其他相当职务层次的非领导职务出现空缺时,可以面向社会公开选拔,产生任职人选。

初任法官、初任检察官的任职人选,可以面向社会,从通过国家统一司法考试取得资格的人员中公开选拔。

三、降职

公务员降职是指公务员管理机关,按照国家有关法律、法规的规定,对由于各种原因不能胜任现任职务的公务员,依一定程序,降低其原有的职务和级别,改任一种较低职务的管理活动。降职意味着公务员所处地位的降低,以及职权与责任范围的缩小,一般来说也意味着工资、福利等方面待遇的降低。

(一)降职制度的必要性

在我国以往的人事管理中,一直将降职视为一种"行政处分",这在理论上是不充分的,也是有害的,对实际工作产生了许多负面影响。

实际上,降职与行政处分是有明显区别的。首先,引起降职的原因,有相当一部分是客观原因造成的,如工作需要、机构调整或职位升迁等。其次,即使降职是由公务员主观因素引起的,如不称职等,它所依据的条件与行政处分依据的条件也截然不同。再次,受行政处分,如降级、撤职的公务员,与受降职管理的公务员,所受的待遇也是不同的。因此,降职是一种正常的人事调动,属于职务上的正常调整,是贯彻人事相宜原则的重要内容。我国实行国家公务员制度后,不再把降职作为行政处分,并用法律的形式规定下来,形成一种制度。这有利于公务员的能上能下,促进公务员适才适用,达到人事相宜的目的。

(二)降职的条件和程序

降职作为职务关系的变更,必须依据一定的法律事实。根据我国《公务员法》第47条的规定,我国公务员降职的条件是:公务员在定期考核中被确定为不称职的,按照规定程序降低一个职务层次任职。

尽管降职不是惩戒处分,但它关系到公务员的地位和待遇,因此,必须依法定程序进行。我国公务员降职的程序是:

1. 由公务员所在部门的主管领导,根据降职条件提出降职公务员的名单,要求说明拟被降职公务员的有关情况、降职的理由、降职后的工作安排和使用等,做到理由清楚、安排得当。

2. 任免机关的人事部门,在接到主管领导提交的降职公务员名单后,要主持对降职事由的审核,确定其真实性,同时听取拟降职公务员本人的意见。

3. 按照公务员管理的权限,由任免机关的领导集体讨论研究、审核、批准名单,作出降职决定。然后由人事部门办理降职手续,依法对降职公务员进行任免。

4. 公务员如对降职处理不服,可在接到降职决定的一个月内,向任免机关提出复议要求,并有权向政府人事部门、上级主管机关或行政监察机关申诉,要求变更或撤销原降职处理决定。

第三节　公共人力资源的流出管理：辞职与辞退

公务员辞职、辞退制度是完善国家公务员出口的重要环节。辞职和辞退是公务员职务法律关系的两个主体各自解除或变更法律关系的行为。国家机关为了更好地行使职权，对不宜继续任职的公务员有权辞退；与国家的辞退权相对应，公务员相应地享有辞职的权利。国家公务员辞职、辞退制度为国家公务员依法维护其选择职业的权利和国家公务员队伍优胜劣汰机制提供了法律保障。建立健全公务员辞职、辞退制度，对于保障行政机关和公务员对职业、职务的双向选择的自由，保证公务员队伍的优化、精干，保持公务员队伍的活力，依法保护公务员的择业权利，提高行政工作效率，都有积极的作用。

一、公务员的辞职制度

（一）公务员辞职的含义

公务员辞职是指国家公务员由于某种原因，依照法律、法规的规定，终止其与国家行政机关的任用关系，从而脱离公职部门的行为。

公务员辞职包括辞去公职和辞去领导职务。辞去公职即辞去现任职务，脱离原国家行政机关的工作关系，终止原有的义务、权利关系和享受的待遇。辞去领导职务即辞去现任领导职务，脱离自己所处的领导职位，终止相应的义务、权利关系和享受的待遇。

我国公务员辞职制度的建立，为公务员的择业留有余地，为长期被埋没的人才提供施展才能的机会，创造出一种留住人才、凝聚人心的条件，有利于人才的健康成长。同时，辞职制度的建立还为行政机关人员的分流提供有效途径，有助于国家公务员队伍结构的优化，调动广大公务员的积极性和创造性。此外，公务员辞职制度使他们有可能根据社会的需要，自身的志趣、条件和发展潜力，自主地、适当地重新选择职业和单位，这有助于促进人才的合理流动和配置，提高政府机关的行政效率。

（二）公务员辞职的类型

根据辞职原因的不同，可以将辞职分为因公辞职、自愿辞职、引咎辞职和责令辞职四种。

1. 因公辞职是指党政领导干部因职务变动而依照法律规定辞去现任职务的行为。基于职务变动原因而发生的因公辞职是公务员管理的程序性行为，基本上不具有追究责任的含义。我国《公务员法》规定：担任领导职务的公务员，因工作变动依照法律规定需要辞去现任职务的,应当履行辞职手续。

2. 自愿辞职是指党政领导干部因个人或者其他原因而自行提出辞去公职或现任领导职务的行为。如国家公务员基于自身的健康状况、工作或专业志趣、人际关系状况、实际工作能力等个人原因或基于自己在社会公德、职业道德、政治言论、工作作风、工作纪律、职务行为等方面的原因申请辞职。我国《公务员法》规定:担任领导职务的公务员,因个人或者其他原因,可以自愿提出辞去领导职务。

3. 引咎辞职是指党政领导干部因工作严重失误、失职造成重大损失或者恶劣社会影响的,或者对重大事故负有重要领导责任,不宜再担任现职的,由本人主动提出辞去现任领导职务的行为。引咎辞职明显是自我追究责任的一种形式。我国《公务员法》规定:领导成员因工作严重失误、失职造成重大损失或者恶劣社会影响的,或者对重大事故负有领导责任的,应当引咎辞去领导职务。

4. 责令辞职是指党委(党组)及组织(人事)部门根据党政领导干部在任职期间的表现,认定其已不再适合担任现职的,通过一定程序责令其辞去现任领导职务的行为(拒不辞职的,应免去现职)。我国《公务员法》规定:领导成员应当引咎辞职或者因其他原因不再适合担任现任领导职务,而本人不提出辞职的,应当责令其辞去领导职务。

(三)公务员辞职的特点

1. 辞职是公务员的法定权利。我国宪法规定,劳动权是公民的基本权利之一。从广义上讲,劳动权包括择业权,而辞职是国家公务员择业权利的一种形式。公务员是否辞职,是辞去领导职务还是辞去公务员身份,完全由公务员个人自行决定,也就是说,公务员对于他所享有的辞职权,既可以行使,也可以放弃。

2. 辞职必须经过法定程序。我国宪法规定:"中华人民共和国公民在行使自由和权利的时候,不得损害国家的、社会的、集体的利益和其他公民的合法的自由和权利。"公务员辞职权利的行使必须按照法定程序进行,只有经过法定程序,辞职的法律行为才生效。

3. 辞职的主体受法律限制。即并非所有公职人员都可以辞职,尤其是公务员,一些在特殊岗位、从事特殊职业的公务员不得辞职。

4. 辞职享有辞职待遇。公职人员辞职后可按有关规定获得各种人事关系证明,并享有在特殊限制之外重新就业的权利。

(四)公务员辞职的条件

公务员辞职的条件可分为肯定性条件和限制性条件。

1. 肯定性条件。即指公务员不愿意或不适合继续在国家行政机关任职,提出终止任职关系的请求。不愿意在国家行政机关工作的原因很多,如兴趣不足、学识不及、用非所长、另寻发展以及自身性格等等。不适宜继续在国家行政机关工作的原因也很多,如个人健康原因、能力局限等,还有因为过失造成的不良影响致使本人无法继续在原机关工作等。以上两种情况,都是公务员自觉自愿的行为,不受其他外界强制。

2. 限制性条件。这是指对肯定性条件的限制和补充。公务员辞职只有在既符合肯定性条件,又不在限制性条件之内才可能获得批准。《公务员法》规定:公务员有下列情形之一的,不得辞去公职:

(1)未满国家规定的最低服务年限的;

(2)在涉及国家秘密等特殊职位任职或者离开上述职位不满国家规定的脱密期限的;

(3)重要公务尚未处理完毕,且须由本人继续处理的;

(4)正在接受审计、纪律审查,或者涉嫌犯罪,司法程序尚未终结的;

(5)法律、行政法规规定的其他不得辞去公职的情形。

(五)公务员辞职的程序

我国公务员辞职必须经过以下程序:

1. 提出书面申请。

公务员辞去公职,应当向任免机关提出书面申请。任免机关应当自接到申请之日起 30 日内予以审批,其中对领导成员辞去公职的申请,应当自接到申请之日起 90 日内予以审批。

2. 由所在单位提出意见,按照管理权限报任免机关。

3. 任免机关人事部门审核。

4. 任免机关批准,将审批结果以书面形式通知呈报单位及申请辞职的公务员。

5. 办理离职前公务交接手续,必要时按照规定接受审计。

二、公务员的辞退制度

(一)公务员辞退的含义

公务员的辞退是指国家行政机关依照法律规定的条件,在法定的管理权限内作出的解除公务员全部职务关系的行政行为。辞退是行政机关对公务员作出处理的单方的法律行为,它不必经过公务员本人同意,只要符合法定的条件,行政机关就可以单方面解除原有的全部职务关系。

辞退和辞职都是解除公务员与行政机关之间关系的行为,但二者又有着明显的区别:(1)目的不同。辞职是保护公务员的择业权利,辞退是保证行政机关优化公务员队伍的权利。(2)产生原因不同。辞职基于公务员个人的原因,辞退必须符合法定的事由。(3)提出的主体不同。辞职由公务员本人提出,辞退由公务员所在机关提出。(4)离职后待遇不同。辞职的公务员不能享受国家规定的待业保险,辞退的公务员可以根据国家规定享受待业保险。

(二)公务员辞退制度的意义

在我国公务员管理制度中确立辞退制度,这对于我国公务员队伍的建设有着十分重要的意义和作用。

1. 辞退制度体现了优胜劣汰的竞争原则

长期以来,我国干部人事制度的一个严重弊端就是缺乏优胜劣汰的竞争机制,用人单位没有用人权、辞退权,既不能择优,也不能汰劣,难以激发人们的工作积极性。只有建立正常的新陈代谢机制,才能保证公务员队伍的生机和活力。对已丧失任职条件、不适宜继续留在公共部门的公职人员予以辞退,实行优胜劣汰,是实现队伍新陈代谢,吐故纳新的必要措施。它有利于改变传统人事制度存在的"能进不能出"的弊端,营造"能者上、平者让、庸者下,劣者汰"的良好的人事管理氛围。

2. 辞退制度可以保证公务员队伍的优化

我国长期缺乏正常的录用、奖惩、淘汰干部的办法,对那些作风散漫、消极怠工、无所进取,又不够开除条件的干部难以处置。行政机关不能进行正常的淘汰,这必然影响机关的人员素质和工作效能。实行辞退制度,有助于公务员系统人才内部结构的优化,使公务员的基本素质保持在一个较高的水平上,同时也给在职公务员造成一种压力,促使他们努力工作,从而提高行政效率和工作质量。

(三)公务员辞退的特点

1. 辞退是公共部门的法定权利。辞退是单位单方面选择人员的行为,受法律保护。只要符合法定事由,就可以依照法定程序辞退公务员,不必征得本人同意。

2. 辞退公职人员必须基于相应的法律事实。只有当法律规定的事由出现以后,行政机关基于一定的法律事实,才能单方面解除与公务员的工作关系,公务员非因法定事由不得辞退。

3. 辞退公职人员必须遵循法定程序。公共部门实施辞退权的合法性首先以符合法定程序为前提。不符合法定程序而实施的辞退行为是一种无效的行为。

4. 被辞退的公职人员享有法定待遇。我国《公务员法》规定:被辞退的公务员,可以领取辞退费或者根据国家有关规定享受失业保险。鉴于公职人员一旦被辞退,生活、就业都可能会出现一定困难和损失,而这种后果并不必然都是公务员本人的行为所致,因此应当对公务员的损失给予一定的补偿,这充分体现了政府对公职人员权利保障的周全性。

（四）公务员辞退的条件

根据我国《公务员法》的规定,我国公务员的辞退有肯定性条件和限制性条件两个方面。

1. 肯定性条件

公务员有下列情形之一的,予以辞退:

(1)在年度考核中,连续两年被确定为不称职的;

(2)不胜任现职工作,又不接受其他安排的;

(3)因所在机关调整、撤销、合并或者缩减编制名额需要调整工作,本人拒绝合理安排的;

(4)不履行公务员义务,不遵守公务员纪律,经教育仍无转变,不适合继续在机关工作,又不宜给予开除处分的;

(5)旷工或者因公外出、请假期满无正当理由逾期不归连续超过十五天,或者一年内累计超过三十天的。

2. 限制性条件

对有下列情形之一的公务员,不得辞退:

(1)因公致残,被确认丧失或者部分丧失工作能力的;

(2)患病或者负伤,在规定的医疗期内的;

(3)女性公务员在孕期、产假、哺乳期内的;

(4)法律、行政法规规定的其他不得辞退的情形。

（五）公务员辞退的程序

1. 提出辞退建议

辞退国家公务员,由公务员所在单位在核准事实的基础上,经领导集体研究提出建议。公务员所在机关的辞退建议中必须说明辞退的法定事由和事实根据。

2. 任免机关审批

对辞退事由进行核实,主要是对适用法律的准确性和依据进行审查,确认情况是否属实,适用法律是否恰当,有无打击报复等非法行为。

3. 书面通知本人

我国《公务员法》规定:辞退公务员,按照管理权限决定。辞退决定应当以书面形式通知被辞退的公务员。

对作出辞退决定的,以书面形式通知呈报单位和被辞退的公职人员,同时抄送政府人事部门备案。如果公务员对辞退的处理不服,可以向任免机关申请复议。

4.办理交接手续

我国《公务员法》规定:公务员辞退离职前应当办理公务交接手续,必要时按照规定接受审计。被辞退的公务员在接到辞退通知的一定期限内,必须办理公务交接手续,移交各种文件资料和公有的办公用品。任职期间涉及财务工作的,还应接受财务审计。

本章练习

1.简述有效的招聘与录用的意义。

2.试比较外部招聘与内部招聘的优缺点。

3.公共部门人力资源合理流动有哪些意义?

4.我国公务员录用考试的原则是什么?

5.我国公务员晋升的原则有哪些?

6.我国公务员降职与行政处分的区别?

7.如何看待我国公务员辞职与辞退制度?

8.如何完善我国政府官员的引咎辞职制度?

案例讨论

心理测试"突袭"后备干部①
——不光为识人,还为用人

江西九江市的县(区)委换届干部考察中,150名后备干部通过层层遴选,进入组织考察阶段。4月22日上午,这批后备干部接到组织部门的"会议通知",匆忙从各地赶到市委党校,却吃惊地发现,他们将要面对的不是通知上所说的"经济形势专题报告会",而是一次不期而遇的心理素质测试。九江市委组织部办公室干部徐怡雄介绍,这次心理素质测试实施了严格的保密措施,不仅是作为测试对象的后备干部不知情,连他这个考场工作人员之前也"完全被蒙在鼓里"。

---

① 资料来源:新华网,http://news. xinhuanet. com/newscenter/2006－05/09/content_ 4524266.htm,访问时间:2009年12月20日。

此次心理素质测试主要采用国际通用、国内使用较早的卡特尔 16 种人格因素问卷。问卷编制采用因素分析法,具有良好的信度和效度,是目前在全世界运用很广泛的一种人格测试工具。

"我们借助心理素质测试,主要是面向组织领导能力、交往协调能力、进取心、创新性等要素,考察测试对象在这些方面的潜质,保证一批德才兼备、心理素质健康的优秀干部不仅能脱颖而出,而且能在合适的岗位上更好地发挥作用。"担任副主考的九江市人大常委会副主任、市委组织部副部长周锦元说:"从干部的乐群性、聪慧性、稳定性等 16 种个性进行图解剖析,我们可以了解干部的个性特点,尤其注意将测试发现的不足与考察情况反复对比,结合个人的实际,从内向与外向、适应与焦虑、感情用事与安详机警、怯懦与果断等方面分析干部的双重个性,并对专业成就、创造能力和新环境成长等人格因素进行分析,按照从事党务、政务、事务、经济、纪检、政法等领导工作岗位不同的个性特征要求,提出任职建议。"

心理素质测试是一些发达国家公务员选拔时通常运用的考评手段,九江为何要"洋为中用",在干部考察使用上率先吃心理素质测试"这只螃蟹"? 江西省副省长、九江市委书记赵智勇指出,要把九江的富民强市战略蓝图变为现实,最重要的是行大于言。"我们希望通过心理素质测试,引导干部养成健康的心理素质,不要舍本求末,不要好高骛远,不要急功近利,不要盲目跟风,要坚持开创性、坚韧性、操作性的有机统一,提高执行力、操作力和创造力,把落实和效率贯穿于每个环节、每个细节、每个节点。""这样做的目的,不光是为了识人,还是为了用人。"赵智勇说,"通过测试,大致能判断出应试者的管理能力倾向、管理人格倾向和心理健康三方面素质,能更好地做到人职匹配,搭好班子。"赵智勇认为,搭建领导班子要注意班子成员在性格、心理素质上的互补,既要有风风火火、个性张扬的,也要有性格内敛、沉稳务实的,这样才能更好地团结互补,"如果都是一种类型,在工作中就较容易发生冲突"。

讨论题:

1. 公共部门人力资源甄选为何要使用心理测试?

2. 心理测试在甄选中能够测量应考者的那些能力?

3. 将心理测试应用于公共部门人力资源甄选过程需要注意什么问题?

第六章 公共部门人力资源绩效管理

学习精要

★绩效管理的含义与特征

★公共部门绩效考评与绩效管理的异同

★公共部门绩效考评的标准与方法

★绩效面谈的作用

★绩效考评的常见偏差及其克服

★绩效管理结果的使用

★目前我国政府部门人力资源绩效管理存在的主要问题与对策

★目前我国事业单位人力资源绩效管理存在的主要问题与对策

公共部门人力资源绩效管理是公共部门人力资源管理的核心,为各项人力资源决策(如职位变动、薪酬调整、培训开发等)提供客观依据,也是组织绩效管理的重要组成部分。其中绩效考评是影响绩效管理成败的最关键环节,是控制和指导绩效管理全过程的重要手段。

第一节 公共部门人力资源绩效管理概述

一、绩效与人力资源绩效管理

(一)绩效及其特点①

1.绩效的含义

---

① 主要参考:滕玉成,于萍:《公共部门人力资源管理》(第二版),中国人民大学出版社2008年版,第209~210页;萧鸣政:《人力资源开发与管理——在公共组织中的应用》(第二版),北京大学出版社2009版,第258~259页。

　　"绩效"一词源于英文的 performance。除"绩效"之外,中译文还包括"效绩"、"业绩"、"表现"、"作为"等。人们对"绩效"这一概念的认识存在分歧。一般从字面意思上理解,绩效即工作的成绩和效果,亦即已经完成了的工作结果,如伯纳丁等认为,"绩效应该定义为工作的结果"。这种说法并不被学术界普遍认同。有些学者认为绩效不是指工作的最后结果,而是指工作行为和工作方式,如墨菲认为,"绩效是与一个人在其中工作的组织或组织单元的目标有关的一组行为"。戴维·麦克利兰认为,行为品质和特征较之潜能测试更能有效地决定人们工作绩效的高低。事实上,这两类定义方法都有其合理之处,行为与行为的结果是一个事物的两个方面,二者是不可分割的,行为是产生绩效的直接原因,而行为主体的成绩优劣,则要通过其工作的结果来评价。

　　还有第三种观点认为绩效是上述两种观点的结合,这是比较全面概括绩效的观点。即绩效是指某一组织或员工在一定时间和条件下完成某一工作任务所表现出的工作行为和所取得的工作效果。可见,绩效包括可以被评价的两个部分:一是指员工的工作结果,主要通过工作成绩来评价;二是指影响员工工作结果的行为、表现及综合素质等,主要从工作计划、工作能力、工作态度等方面去评价。一般而言,绩效包括个人绩效和组织绩效。在人力资源管理中则更侧重于个人绩效。

　　2.绩效的特点

　　绩效的取得受多种因素的影响,绩效具以下几个特点。

　　(1)多因性。绩效的多因性,是指绩效的优劣不取决于单一因素,而要受制于主客观多种因素的影响,这些影响因素主要包括员工的动机、技能、环境与机会,其中前两者是员工自身的、主观性影响因素,后两者则是客观性影响因素。

　　这个模型也可用如下公式表示:

$$P = f(S,O,M,E)$$

　　式中:P——绩效;S——技能;O——机会;M——动机;E——环境。

　　该公式说明,绩效是技能、机会、动机与环境四个变量的函数。

　　(2)多维性。绩效的多维性,是指绩效表现为多个方面,需沿多种维度或方面去分析与考评,例如,一名工人的绩效,除了产量指标完成情况外,质量、原材料消耗、能耗、出勤,甚至团结、服从、纪律等硬、软方面,都需综合考虑,逐一考评,各维度可能权重不等,考评侧重点也会相应有所不同。

　　(3)动态性。绩效的动态性,是指一个人的绩效是变化的,随着时间的推移,绩效差的可能改进转好,绩效好的也可能退步变差。因此,对任何人的工作绩效切莫僵化对待,要用发展的眼光去对待。

　　(4)三效性。即效果性、效率性和效益性。效果性是指被考评者完成工作任务之后,取得了多少成果,取得了多好的成果,也就是绩效的外观形式;效率性是指在被考评者完成工作任务之后,成本和收益的对比情况;效益性是指被考评者的工作成果给自己、他人、集体和社会带来的利益。"三效"性是绩效的基本特点,缺一不可。

（二）人力资源绩效管理及其特征

1. 人力资源绩效管理的含义

绩效管理,是指对绩效实现过程各要素的管理,是基于组织战略基础之上的一种管理活动。它是通过对组织战略的建立、目标分解、业绩评价,并将绩效成绩用于组织日常管理活动中,以激励员工业绩持续改进并最终实现组织战略以及目标的一种正式管理活动。

人力资源绩效管理是一种对影响员工工作绩效的各要素、各个环节进行系统管理的管理体系。就个人层面而言,人力资源绩效管理是指基于组织绩效目标,采用科学方法,定期对员工的工作结果、工作能力、行为表现、劳动态度及综合素质等方面进行全面考评的系统管理过程,包括人力资源绩效目标和绩效标准制定、绩效沟通、绩效实施与考评、绩效反馈与改进以及绩效结果的应用。

绩效管理一般以人力资源部为主,其他部门配合人力资源部共同开展。人力资源管理者或员工的上司通过与员工的持续、开放的沟通,以推动员工绩效持续改进并最终实现管理目标。

2. 人力资源绩效管理的特征

要正确认识人力资源绩效管理,必须了解人力资源绩效管理的主要特征:

第一,人力资源绩效管理是预防员工绩效不良和提高绩效的一种手段。

绩效管理所制定的目标、员工工作任务、职责、工作绩效的衡量指标等因素对员工的工作起了引导、激励、奖励、惩罚等作用,给消极怠工者以压力甚至惩罚,给积极进取者以鼓励,从而提高工作绩效。

第二,人力资源绩效管理强调管理者与员工的沟通和辅导,以促进员工能力的提高。

管理者与员工之间的开放式沟通必须持续在绩效管理的全过程中。如果没有沟通,而仅仅是管理者对员工的绩效评估,就可能造成紧张、对立和敌视。只有沟通才能促进相互理解、协调配合、组织才会有良好的凝聚力。因此从绩效目标的确定、绩效计划的制订、管理过程中绩效目标的调整、任务的变更到对员工工作绩效的评价等都不能仅仅由管理者单方面来决定,而必须通过沟通来实现。而且管理者还必须针对员工工作中存在的问题进行辅导,帮助员工提高能力和绩效。

第三,人力资源绩效管理是包含一系列环节的系统的运作过程。

绩效管理不仅仅是通过填表来进行绩效评价,而是从目标、计划、沟通管理到评价、反馈、改进的一系列系统运作过程。

(三)公共部门人力资源绩效管理与绩效考评

公共部门人力资源绩效管理是指在公共部门组织,基于组织绩效目标对员工个人的工作结果、行为表现及综合素质等方面进行全面考评的系统管理过程。目的是不断改善员工的行为,促进员工和组织绩效持续改进,从而更高效地实现组织既定目标。绩效考评是指考评主体对照工作目标或绩效标准,采用科学的考评方法,评定员工的工作任务完成情况、工作职责的履行程度和员工的发展情况,并将考评结果反馈给员工的过程。

绩效考评是绩效管理的一个阶段,也是一种重要手段。没有绩效考评,得不到员工绩效状况的信息,就无法进行绩效管理。但是绩效管理与绩效考评是有区别的。

第一,绩效管理是一个完整的管理过程,拥有一套为保证组织完成战略目标而设计的一系列规章和制度。绩效管理除了强调员工评价结果,还着重强调绩效信息的分析、员工绩效的改进和提升。而绩效考评只是绩效管理的一个环节。

第二,绩效管理的结果更多地强调开发员工潜能、培养员工技能和提高员工业绩,而不再停留在过去的与薪酬的简单挂钩。而绩效考评的结果则较多的与薪酬待遇挂钩。

第三,绩效管理更多地强调整体和战略,侧重于持续的沟通和反馈,尤其注重管理者与员工的双向沟通。绩效考评关注局部和眼前,侧重于考评过程如何执行和考评结果如何判断,它更关心员工完成工作任务的情况。

二、公共部门人力资源绩效管理的地位和作用

(一)绩效管理是人力资源管理的核心

人力资源管理系统是由人力资源的战略规划、工作分析与职位评价、培训管理、职业发展管理、薪酬管理、绩效管理等一系列要素组成的有机整体。它们共同支撑着人力资源管理大厦。(如图6-1)

1. 在这个人力资源管理大厦的框架结构中:

(1)组织的愿景与战略目标是大厦的基石,它为组织人力资源架构系统提供了基础。

(2)文化价值观是人力资源管理大厦的平台,它作为组织系统运作的方针、原则和导向。

(3)人力资源规划、职业发展管理、培训管理、绩效管理、薪酬管理是人力资源管理大厦的支柱,同时也是绩效管理的支持系统。

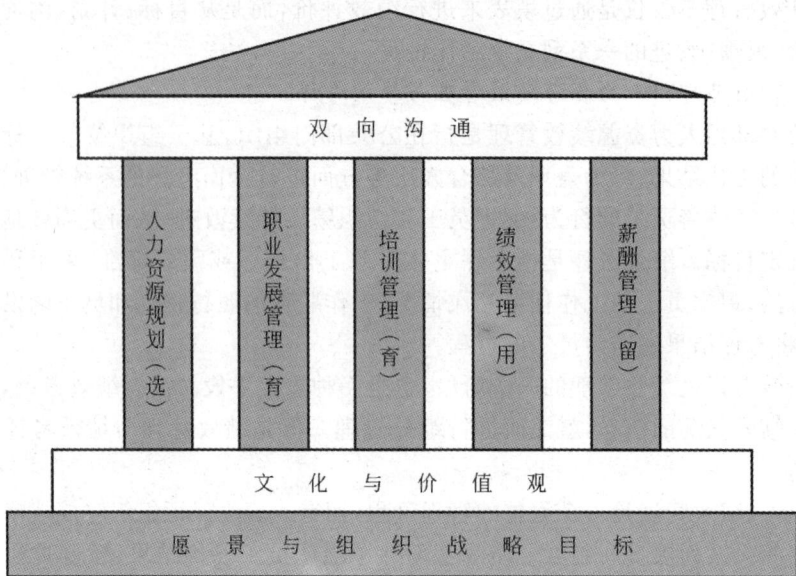

图 6-1 人力资源管理大厦

参照了杜印梅:《绩效管理》,对外经济贸易大学出版社 2003 年版,第 22 页。

(4)双向沟通作为组织人力资源管理大厦的主梁,成为人力资源管理大厦各条支柱的联结,同时也是绩效管理系统的调节手段和催化剂。

(5)上述基石、平台、支柱、主梁结合起来,共同支持着组织的高效运行。

绩效管理就是将组织的战略目标分解到各个业务单元,最后分解到每个员工,因此对每个员工的绩效进行管理可以提高整个组织的整体绩效,组织的生产力、竞争力也会得到提高。

组织的人力资源管理是一个系统,这个系统内部又有若干子系统构成,而在诸子系统中间,绩效管理系统居于核心地位,起核心作用。(如图 6-2 所示)

(二)绩效管理与人力资源管理的其他环节的相互关系

1. 绩效管理与人力资源计划

绩效管理的反馈信息,如关于薄弱环节、发展潜力等信息为人力资源计划的制订和调整提供了参考依据。

2. 绩效管理与工作分析

工作分析是绩效管理的基础,因为绩效指标要依据工作分析的结果来制定。通过做工作分析,制定出一个职位的工作职责和相应的工作产出要求,然后才能据此制定出针对一个职位的绩效评价指标。

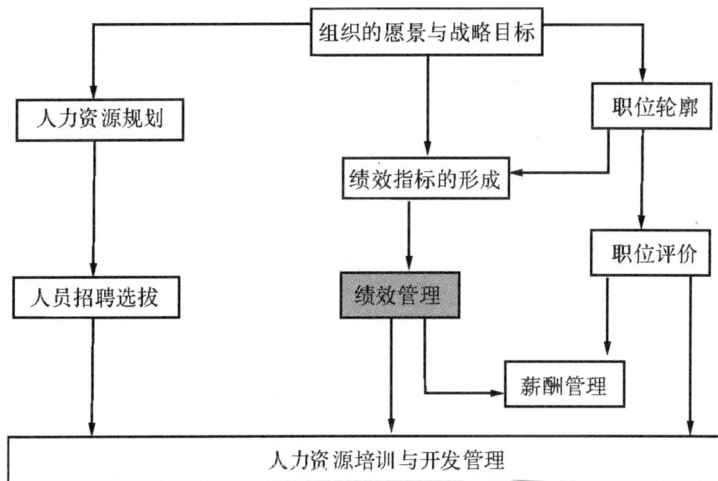

图 6-2 绩效管理在人力资源管理系统中的地位

绩效指标的制定要求以清晰的职位描述为依据,职位描述经常落实在"岗位职责"或"工作职责"上,因此工作职责往往是制定职位绩效评价指标的重要依据之一。如表 6-1 显示了秘书岗位职责与绩效评价指标的密切关系。

表 6-1 秘书岗位职责与绩效指标的关联

岗位职责	关键性绩效指标
录入、打印各种文件	错误率、时效性、客户满意度
起草通知、便笺、信函	主管人员满意程度、工作的独立性
为出差人员安排旅程	时效性、准确性、客户和出差人员的满意度
安排会议	会议前期准备是否周到、会议过程中出现的突发问题的处理

3. 绩效管理与人事决策与调整

绩效评价结果所反映的员工完成工作任务的状况和能力素质状况,为组织根据新一轮的工作任务来考虑人事安排、调整员工的岗位提供了参考依据。

4. 绩效管理与薪酬管理

目前盛行的制定薪酬体系的原理是"3P"模型,即以职位价值、绩效和任职者胜任力三个因素有机结合来决定薪酬。通常是职位价值决定薪酬中稳定的部分(如基本工资、保底工资等),绩效和胜任力决定薪酬中浮动的部分(奖金、提成、绩效工资等)。

5. 绩效管理与培训开发

绩效管理与培训开发是相连接的工作。在绩效管理中可以了解到员工的优点与不足,这为后续的培训开发提供了参考。主管人员往往是根据员工的绩效评价状况,结合员工个人发展愿望来与员工一起制定绩效改进计划和未来发展计划。然后以此来设计员工培训开发计划,实施员工培训。

从以上方面可以看出员工绩效管理与人力资源管理的其他部分有密切关系,它起到纽带作用,把人力资源管理的几个子系统有机联系起来,形成一个互动的整体。如图 6-3 所示。

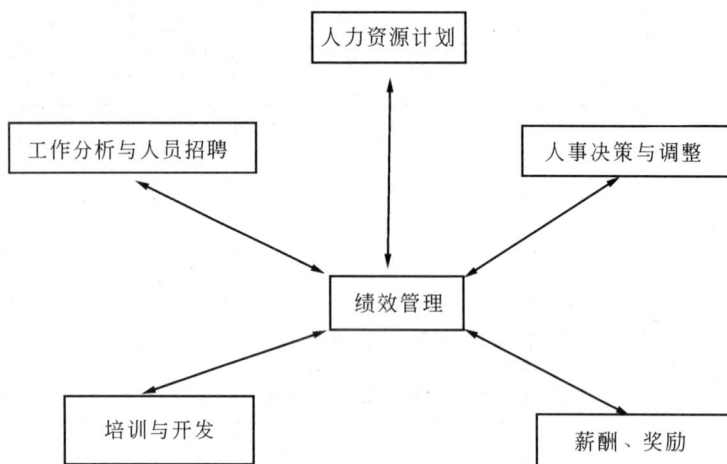

图 6-3　绩效管理与人力资源管理其他部分的关系

(三)人力资源绩效管理对公共部门的意义和作用

在现代公共管理中,绩效管理的意义主要体现在:

第一,它有助于公共部门责任的落实。公共部门对公民至少在以下三个方面的事情上负主要责任:一是政府的支出必须获得人民的同意并按照正当程序支出;二是资源必须有效率地利用;三是资源利用必须达到预期的结果。与此同时,人们期望公共部门员工能为自己做出的决定负责。上述这些责任要求有某种对公共部门员工的工作绩效评价的方式。如果不能测评公共部门员工的工作绩效,那么便很难知道公共部门是否负起了责任。因此,从实现和落实责任的角度来看公共部门员工的工作绩效管理是很重要的。

第二,它能够衡量利害关系人期望的满意度。公共服务具有各种各样的顾客,他们并非都对同一结果感兴趣,但都希望政府的公共政策满足他们的利益。公共管理者经常面临这样的困境,即满足了一部分顾客的要求,可能使另一部分人感到不满。绩效管理是衡量是否满足不同顾客要求的一个方法。

第三,它体现了对结果导向的强调。传统公共行政比较强调和重视过程和投入,而不重视结果和产出,往往导致浪费和形式主义、官僚主义。现代公共管理认为,程序和规则固然重要,但是,公共管理活动最后是否产生好的结果,是否满足公民的需求则更为重要。绩效管理体现了对公共部门产出结果的强调。

第四,它成为组织管理的一种诱因机制。任何管理,包括公共组织的管理,都需要存在某种诱因机制,只有这样,才能激发人的工作热情和动力。组织诱因机制最重要的莫过于将绩效与奖惩相联系。通过绩效评估,使组织的激励约束机制有了依据。建立在绩效评估基础上的奖惩,强化了组织的激励机制。

第五,作为管理工具的意义。绩效管理作为一个管理工具,其最重要的意义在于在政府运作和管理上加上了成本一效益的考虑,有助于改变政府机关的浪费。从某种角度上,它是公共部门进行有效资源配置的一个重要手段。

第二节　公共部门人力资源绩效考评

一、公共部门人力资源绩效考评的原则

一般认为,要保障考评有效、认同度高必须遵循以下原则:

1.与组织目标相一致原则

个人目标是组织目标的层层分解,个人绩效考评任务必须与组织所分解下来的目标相一致。

2.客观公正原则

这就要求绩效考评的标准、数据的记录等建立在客观实际的基础之上,在此基础上对员工的工作行为、态度、业绩等方面进行考评,对事不对人,尽量避免掺入主观因素和感情色彩。

3.公开原则

首先,考评标准必须是十分明确的,并且是通过上下级之间沟通协商得来的。其次,考评过程中,上下级之间面对面沟通进行考评工作,不搞神秘色彩,防止暗箱操作。最后,考核结果公开,让每一位被考评者了解自己和他人的业绩考评结果,减少彼此之间猜疑,提高绩效考评结果的可信度。

4.及时反馈原则

绩效考评并不是为考评而考评,而是为了绩效改进。因此,在绩效考评过程中要坚持绩效沟通,及时将考评结果反馈给每一位被考评者,让其知道考评结果的同时,既肯定成绩和进步,又指出不足之处,并协商制定绩效改进计划。

5.定期化、制度化原则

绩效考评是一项持续进行的活动，因而必须定期化、制度化。绩效考评既是对员工工作能力、工作绩效、工作态度的考评，也是对他们未来行为表现的一种预测，因此只有定期化、制度化地进行绩效考评，才有利于调动员工积极性，激发员工绩效改进。

6.多层次、多渠道、全方位考评原则

因为员工在不同时间、不同场合往往有不同的行为表现，因此在进行绩效考评时，应多方收集信息，建立多层次、多渠道、全方位的评价体系，将上级、同级、下级、自我、客户评价等结合在一起，综合运用。只有充分听取和考察各方面的意见，才能保证考评工作的客观公正性和可接受性。

二、公共部门人力资源绩效考评指标体系的基本模式[①]

目前，对于考评内容和考评指标体系的划分主要有四大类：

1.德、能、勤、绩、廉

以"德、能、勤、绩、廉"五个指标为绩效考评的基本内容，对公共部门人力资源进行考评。具体来说，"德"决定了一个人的行为方向、行为的强弱以及行为的方式等。"德"的标准不是抽象的，不同时代、行业和层次对"德"有不同的标准。"能"一般包括动手操作能力、认知能力、沟通协调能力、组织指挥能力以及决策能力等。不同的职位对不同能力的要求各有侧重。"勤"在这里主要指一种工作态度。它主要体现在员工日常工作表现上，如工作的积极性、主动性、创造性、努力程度以及出勤率等。"绩"在这里包括工作完成的效益、效率等，对"绩"的考评是人力资源绩效考评的重点。"廉"主要体现一个人是否清廉自律。

2.任务指标、职责指标和能力指标

任务指标是指在考评期内被考评人的关键工作或重要任务的完成情况。例如，对于技术人员可以是考评期内的新技术和研究开发任务。对于考评期内没有关键任务的员工，可以将考评的重点放在职责指标和能力指标上。职责指标实质上是对组织关键绩效指标 KPI 的分解，即把一个大指标分解为多个小指标。指标的分解过程是递进的，直到有较为客观的可操作性强的具体指标为止。能力指标则是基于能力是员工个人的产出、效率或行为的基础而设置的，实质上是一种人力资源素质测评体系。

3.任务绩效与周边绩效

---

① 主要参考倪星：《公共部门人力资源管理》，东北财经大学出版社 2008 版，第 191～192 页。

根据工作绩效的多因性,可以将绩效指标的内容划分为"任务绩效"和"周边绩效"。一般来说,员工绩效中可评价的指标一部分应与其工作产出和效率直接相关联,也就是对其直接工作结果的评价,这部分绩效称为任务绩效。另一部分绩效指标是对工作结果造成影响的因素,但无法运用结果来衡量,如工作中的一些行为等,这些统称为周边绩效。对任务绩效评价的指标通常包括工作的质量与数量、工作的效率与效益、他人的反应与评价等;对周边绩效的评价往往采用行为性描述指标。

4.目标维度、顾客维度、过程维度、组织与员工维度

近年来,香港特别行政区公共部门经过绩效管理多年的积极实践,并在若干公共部门进行了系统的试点,逐步形成了目标维度、顾客维度、过程维度、组织与员工维度四维度考评模式。

目标维度:主要测评公共部门在政策目标、关键成效区域、公共部门整体目标以及财政绩效方面的实现程度。具体指标包括达到政策目标和关键绩效区域的程度,预算表现,各项产出内容的消耗程度,满足财政收入的要求,提高市民的满意度等。

顾客维度:涉及顾客服务管理目标的具体化,主要测评各种顾客群体需求的满足程度,指标体系涉及顾客的满意水平,完成顾客型服务的目标,公众对关键问题和服务的了解程度等。

过程维度:实质上是一种借鉴工商业管理及目标管理模式的经验而建立的公共服务顾客满意的体系。这方面的指标主要涉及核心过程的效率(比如提供服务质和量),实现主要功能的准确性和质量,形成新的过程或改良等。

组织和员工维度:这个维度主要涉及对工作绩效的不断改进的考评。指标体系可以细分为新过程的引人或创建,同去年相比的绩效,接受培训员工的数量,全体员工的满意度和士气,信息管理的质量等。

三、公共部门人力资源绩效考评方法[①]

公共部门绩效考评方法很多,各有优劣,首先要了解各种考评方法的内容,然后根据绩效考评的要求及目的来选择最佳的考评方法。

(一)基于员工特征的绩效考评方法

1.排序法。排序法分为两种:(1)直接排序法,也叫简单排序法。即按绩效

---

① 主要参考:滕玉成、于萍:《公共部门人力资源管理》(第二版),中国人民大学出版社2008年版,第225~233页;(2)萧鸣政:《人力资源开发与管理——在公共组织中的应用》(第二版),北京大学出版社2009版,第273~277页。

表现从好到坏的顺序依次给员工排序。这里的绩效表现既可以是整体的,也可以是某项特定工作的。(2)间接排序法,也叫交错排序法,是直接排序法的一个变形。直接排序法仅适用于规模小的组织,当员工数量较多时,就难以区分员工绩效,尤其是对那些绩效中等的员工。这时,可采用间接排序法。考评者在目标员工中间挑出最好的员工和最差的员工,分别将他们列为第一名和最末一名。然后在余下的员工中再选择出最好的员工作为整个序列的第二名,选择出最差的员工作为整个序列的倒数第二名。以此类推,直到将所有员工排列完毕,就可以得到对所有员工的一个完整的排序。如表 6-2。

表 6-2 交错排序法

考评要素:工作结果		考评要素:工作能力	
序号	员工姓名	序号	员工姓名
1.	XXX	1.	XXX
2.	XXX	2.	XXX
3.	XXX	3.	XXX
· · ·		· · ·	
8.	XXX	8.	XXX
9.	XXX	9.	XXX
10.	XXX	10.	XXX

2. 成对对比法,又叫一一对比法、两两比较法。成对对比法是根据考评标准,将每一员工与其他员工进行逐一比较,记录每一个员工和任何其他员工比较时被认为"更好"("更好"标明符号"+","更差"标明符号"-")的次数。最后,根据每一员工"更好"次数的多少进行排序。如表 6-3。这种方法较之排序法的优点在于:考虑了每一个员工与其他员工绩效的比较,更加客观,而其缺陷是如果需要评价的人数很多,则需做的比较次数将会非常多,工作量很大,若需评价的人数为 N,则需做的比较次数为 $N(N-1)/2$。

表 6-3　成对对比法

	A	B	C	D	E
A		＋	＋	－	－
B	－				
C	－	＋		＋	＋
D	＋	＋			
E	＋	＋			
考评结果	中	优秀	差	差	中

　　排序法和成对对比法有一个共同的问题,即在排序中每个人的位置唯一。这意味着任何两个员工的表现必要分出先后,但事实上这是不可能的。通常发生的情况是,某些员工的表现差不多,难分伯仲。

　　3.强制分配法。强制分配法,又叫硬性分配法或等级分配法,是基于一个有争议的假设之上的,即:凡是有人的地方,就有好、中、差之分。强制分配法是由考评小组或主管先拟定有关的考评项目,按考评项目对员工的绩效作出粗略的排序。首先设立一个绩效等级,并在各等级设定固定的比例分配,如"优秀"15％,"称职"40％,"基本称职"40％,"不称职"5％,按每个人的绩效排序分配绩效等级。如表 6-4。

表 6-4　强制分配法

等级	优秀(15％)	称职(40％)	基本称职(40％)	不称职(5％)
员工姓名	XXX	XXX	· · ·	· · ·
	XXX	XXX		
	·	·		
	·	·		
	·	·		

　　采用这种方法,绩效考评结果不再着重于具体排序,而着重于每个人的绩效等级,从而能够克服排序法和对比法的弊病。这种方法的问题在于,员工的绩效可能不适于分配进设定的等级。如果大部分员工的绩效都比较好,一定要把45％的员工归入"基本称职"或"不称职"等就不尽合理。反之亦然。这是强制分配法的缺陷所在。

　　4.评价量表法。评价量表法是应用最广泛的绩效考评法。评价量表通常包括几个有关的考评项目,对每项设立评分标准,划分为几个等级,最后把各项得分加权相加,即得出每个人的绩效评分。如表6-5。需要注意的是,每项考评项目都不应是对员工个性的评价,而应是对员工工作的行为方式的评价。其优点是实现量化考评,并以最终评分值作为奖金系数,可操作性强,缺点是量表的设计,特别是维度的使用和确定,需要较多的准备。

（二）基于员工行为的绩效考评方法

1.清单法。清单法一般由考评人员经过实地考察、调查访谈之后,对照被考评者的工作说明书拟定考评清单条目。当然,这些清单条目必须对工作绩效优劣有着关键意义,并用行为性文字进行描述。由于该法具有一组现成文字说明的备选条目,因此,考评者只需按条目核查后选择打钩即可,便捷易行。但是,因为考评条目必须是反映工作绩效优劣的关键因素,所以,这些条目必须在作过几番实地调查研究后精心提炼,而且不同种类的职务需要制成不同的条目清单,以提高考评的准确性和有效性。可见,该法设计难,且成本不低。

表 6-5　评价量表法

被考评者姓名＿＿＿＿＿＿　　　任职岗位＿＿＿＿＿＿　　　单位＿＿＿＿＿＿

绩效要素		评　　分					得　　分	备　　注
工作业绩	工作质量	杰出	优	良	中	差		
		10	8	7	6	5　　4		
	工作数量	10	8	7	6	5　　4		
	出错率	10	8	7	6	5　　4		
工作态度	出勤率	杰出	优	良	中	差		
		5	4	3	2	1　　0		
	工作主动性	5	4	3	2	1　　0		
	工作责任心	5	4	3	2	1　　0		
	团队精神	5	4	3	2	1　　0		
工作能力	知识水平	杰出	优	良	中	差		
		9	7	5	3	1　　0		
	实际技能	9	7	5	3	1　　0		
	危机处理	9	7	5	3	1　　0		
	人际关系	9	7	5	3	1　　0		
杰出:成绩非常突出,合计得分:68分以上 优:没有过失,合计得分:53～67分 良:符合要求,合计得分:38～52分 中:勉强符合要求 合计得分:24～37分 差:不符合要求 合计得分:23分以下						合计得分	考评人 签名	

2. 关键事件法。关键事件法是是由美国学者福莱·诺格(Flanagan)和伯恩斯(Baras)在1954年共同创立的,以记录直接影响工作绩效优劣的关键行为为基础的考评方法。从这次考评到下一次考评之间,应该搜集情报使考评尽可能公平正确。如果未能做到这一点,考评就可能只是依据模糊的记忆来判断。此法所收集的事件资料,都应该是明确易观察且与绩效好坏有直接关联的。关键事件法共有三个基本步骤:(1)当有关键性事情发生时,填在特殊设计的考核表上;(2)摘要评分;(3)与员工进行考评面谈。考评的记录并非一种标准,而是收集员工工作上的重要事迹。收集的事实需要以能对主管及管理层发挥作用为前提,也就是要在事实的收集过程中协助员工了解工作需要,也兼能帮助发展员工潜能,以使其担当更重的职责。如果采用这种方法,主管必须确实能就正、反两面的事实着眼。否则,考评会有偏差,员工也无法公正地接受考评。在通常的考核中,把关键事件法和量表评分结合起来应用,可得出令人信服的考评结论,易被考评者接受和理解。

3. 行为锚定评价量表法。行为锚定评价量表法是关键事件法的深化和突破,它主要通过行为事实方面的依据来考评员工,这些行为事实,就是平时记录下来的关键事件。这是一种基于关键行为的评价量表法,是将量表法与关键事件法结合后的一种方法。由于该法是对被考评者的工作行为的预期设定,故又称行为期望评价量表、行为锚定评分法、行为评等法。

该法作为一种员工考评的方法,比关键事件法更系统、更完善。行为锚定评价量表法首先要进行工作分析,收集描述员工是否胜任该工作岗位的行为事实,把这些行为事实细分为多个方面(如管理能力、人际关系等),每个方面都设立具体的标准,并对每个方面的重要性进行量化,即分配权数。根据这些基于行为事实的等级标准和权重,可以形成一张含义明晰、衡量公正、易于使用的表格。考评人员可以利用这张行为评等表格进行员工考评。

行为锚定评价量表通常由行为学专家与组织内的考评人员共同讨论设计,针对某一被考评职务选出适当的考评维度,再给每一考评维度附以行为描述文字和相应的评分标准(通常为数字刻度)。20世纪80年代,国外专家对原有的量表格式作了改进,设计较宽含义的考评维度或范畴,诸如划分为非常充分、充分、欠缺三档,每一档再集中几个典型的例子。

然而,考评时若仅用行为锚定评价量表可能得出不合理的结论。一是因为大多数表格只能涵盖有限的几种行为方式和标准,而员工在工作中发生的行为更加多样化,未必能归入表格中的评价体系,即使设计表格时已考虑到的某种行为方式,在实际发生时值得评价的方面也可能跟原始设计时不一致。二是某一员工工作中采用正面的行为方式很可能仍表现出负面绩效,如一个尽管能及时准备好贷款文件,却由于服务态度不好仍旧受到客户指责的信贷员,与一个不能及时准备好贷款文件但服务态度较好的信贷员相比,很难说孰优孰劣。三是某一员工会表现出在量表两端的行为,这样考评者不知应为其分配哪种评分。

(三)基于工作结果的绩效考评方法

1. 指数考评法。指数考评法通过客观的标准(如生产率、出勤率、跳槽率等)来考评绩效,它与目标管理法的不同之处在于绩效衡量的方式不同。一般来说,指数考评法分为定性考评和定量考评两个方面。举例来说,定性考评包括产品质量状况、顾客满意度、原材料使用情况和能耗水平等;定量考评包括每小时产出数量、新增用户订单数和销售总额等。在指数考评法中,定性考评只作参考,定量考评才是真正的主角,当员工的工作成果完全量化为指数时,评价孰优孰劣也就有了依据。

2. 目标管理法,又称绩效目标考评法、目标考核法。目标管理(Management by Objectives,MBO)源于美国管理专家德鲁克。他在1954年出版的《管理的实践》一书中,首先提出了"目标管理和自我控制的主张",认为"企业的目的和任务必须转化为目标。企业如果无总目标及与总目标相一致的分目标,来指导职工的生产和管理活动,则企业规模越大,人员越多,发生内耗和浪费的可能性越大"。由此可见,目标管理也即是由上司和下级共同讨论与制定工作目标以及检验目标的标准,在工作中实行"自我控制",并努力完成工作目标的一种管理制度。把目标管理的思想引入绩效考评过程,可知目标管理法是指依托在"目标管理"的制度下,上司与下级共同决定具体的绩效目标,并且定期检查完成目标进展情况的一种管理方法。由此而产生的奖励或处罚则根据目标的完成情况来确定。目标管理法有三个要点:其一,上下级共同确定目标;其二,根据目标确定各自的责任;其三,根据目标执行情况进行控制。这是属于结果导向型的考评方法之一,以实际产出为基础,考评的重点是员工工作的成效和劳动的结果。该方法用可观察、可测量的工作结果作为衡量员工工作绩效的标准,以制定的目标作为对员工考评的依据,从而使员工个人的努力目标与组织目标保持一致,减少管理者将精力放到与组织目标无关的工作上的可能性。

目标管理是一个递进性的循环过程,一般经过以下四个步骤:第一,制定具体绩效目标及绩效标准;第二,组织实施绩效目标;第三,绩效考评;第四,检查实施结果及奖惩。从MBO的实践过程可见,MBO主要是通过一种专门设计的过程使目标具有可操作性,这种过程一级接一级地将目标分解到组织的各个单位。组织的整体目标被转换为每一级组织的具体目标,即从整体组织目标到经营单位目标,再到部门目标,最后到个人目标。在此结构中,某一层的目标与下一级的目标连接在一起,而且对每一位员工而言,MBO都提供了具体的个人绩效目标。因此,每个人对于他所在单位的成果贡献都很关键。如果所有人都实现了他们各自的目标,则他们所在单位的目标也将达到,而组织整体目标的完成也将成为现实。

目标管理法的评价标准直接反映员工的工作内容,结果易于观测,所以很少出现评价失误,也适合对员工提供建议,进行反馈和辅导;从公平的角度来看,因为绩效标准是按相对客观的条件来设定的,因而考评相对没有主观偏见,较为公平;由于目标管理的过程是上司与员工共同参与的过程,因此,能提高员工工作积极性,并培养员工以正确的态度对待绩效考评和主管人员。但是目标管理法没有在不同部门,不同员工之间设立统一目标,因此难以对员工和不同部门之间的工作绩效横向比较,不能为以后的晋升决策提供依据;目标管理也倾向聚焦于短期目标,结果导致员工可能会试图达到短期目标而牺牲长期目标。

（四）基于系统理念的考评体系

1. 关键绩效指标法。关键绩效指标法(key performance indicator,KPI)是通过对组织内部流程的输入端、输出端的关键参数进行设置、取样、计算、分析,衡量流程绩效的一种目标式量化管理指标。它是基于组织战略目标的、用于评价和管理员工绩效状况的量化的或行为化的标准体系。KPI可以使部门主管明确部门的主要责任,并以此为基础,明确部门人员的业绩衡量指标。

(1)关键绩效指标制定的原则————SMART原则。第一,明确具体的原则(specific),即绩效指标必须是明确、具体的,切中特定的工作指标,不能笼统。第二,可衡量的原则(measurable),即绩效指标应是数量化或行为化的,验证指标的数据或信息是可获得的。第三,可获得的原则(attainable),即绩效指标在付出努力的情况下可以实现,避免设立过高或过低的目标。第四,现实可行的原则(realistic),即绩效指标是实实在在的,可以证明和观察。第五,有时间限制的原则(time-bounded),必须在计划中列入事先约定的时间限制,注重完成绩效指标的特定期限。

(2)关键绩效指标的制定步骤。第一,确定所需要考评的工作产出。第二,确定每一项工作产出的绩效指标和标准。第三,给各项绩效指标赋予一定的权重;第四,评价绩效指标体系。

(3)注意事项:第一,不同岗位应该有不同的关键绩效指标组合;第二,关键绩效指标与绩效目标的衡量;第三,可量化的量化,难以量化的细化,但考评手段要量化、可操作;第四,激励指标与控制指标想结合。

2. 平衡计分卡(The Blanced ScoreCard,BSC),是1992年以后产生的一种新的战略性绩效管理系统和方法。

(1)作为一种战略绩效管理及评价工具,平衡计分卡主要从四个重要方面来衡量企业：

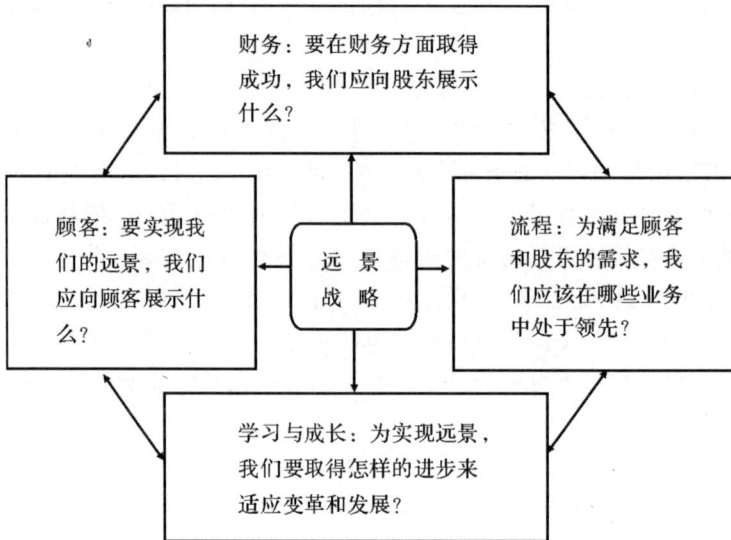

图 6-4

财务维度：企业经营的直接目的和结果是为股东创造价值。尽管由于企业战略的不同，在长期或短期对于利润的要求会有所差异，但毫无疑问，从长远角度来看，利润始终是企业所追求的最终目标。

顾客维度：如何向顾客提供所需的产品和服务，从而满足顾客需要，提高企业竞争力？顾客角度正是从质量、性能、服务等方面，考验企业的表现。

内部流程维度：企业是否建立起合适的组织、流程、管理机制，在这些方面存在哪些优势和不足？内部角度从以上方面着手，制定考核指标。

学习与成长维度：企业的成长与员工能力素质的提高息息相关，企业唯有不断学习与创新，才能实现长远的发展。

四个维度之间并不是相互独立的，而是有明显的逻辑支撑关系，是一条因果链，展示了业绩和业绩驱动因素之间的关系。为提高经营效益，必须使产品或服务赢得顾客的信赖；使顾客信赖，必须提供满意的产品；而满意的产品来自内部生产过程的改进；改进内部生产过程，必须对职工进行培训，建立学习型组织。平衡计分卡反映了财务、非财务衡量方法之间的平衡，长期目标与短期目标之间的平衡，外部和内部的平衡，结果和过程的平衡，管理业绩和经营业绩的平衡等多个方面，所以能反映组织综合经营状况，使业绩评价趋于平衡和完善，利于组织长期发展。

（2）平衡计分卡的优缺点

优点：一是使绩效管理从人员考核和考评的工具转变成为战略实施的工具。组织战略管理是由战略规划、实施、控制及修正构成的一个完整过程，平衡计分卡在整个过程中起到了核心作用。平衡计分卡纳入到管理体制中之后，把组织抽象的使命和战略转变为明晰的目标，并用具体的考评手段和指标加以衡量；对战略目标和衡量方法进行宣传，把激励机制同业绩考评手段及指标联系起来；制订计划，确立明确的目标；强化战略性的反馈和学习。一方面，解决了战略规划和经营计划相统一的问题；另一方面，构成了一个系统的过程来实施组织的战略，并获得与战略实施相关的反馈信息。二是使组织领导者拥有了统筹战略、人员、流程、执行四个关键因素的管理工具。首先，平衡计分卡对财务、公众、内部流程及创新与学习等方面建立合理的考评手段，确立客观的评价指标。其次，通过各考评手段实际值与指标之间的对比进行差异性分析，并根据各方面考评手段之间的因果关系，找出组织确实薄弱的环节。最后，根据该薄弱环节引起的后果以及产生的根源，确定组织为了实现财务目标和顾客目标（最终目的是实现组织的长远公共目标）所必须改进和发展的方面。所以，利用平衡计分卡可以找出组织存在问题的真正症结所在，有利于组织对亟待解决的问题做出轻重缓急的安排，客观考评组织流程再造，有利于增强组织的应变能力。三是有助于领导者平衡长期和短期、内部和外部关系，确保持续发展。平衡计分卡在财务指标的基础上又增加了公众、内部流程、创新和学习三方面的非财务指标，体现了财务与非财务、结果与动因、长期与短期、外部与内部、客观与主观五个方面的平衡。平衡计分卡是动态的业绩评价方法，它不仅评价过去，更强调未来，是一种具有前瞻性的动态评价方法，能够适应不断变化的内外环境，因此，更符合新时代的要求。

缺点：一是难以确定绩效的衡量指标。平衡计分卡中有一些条目是很难解释清楚或者衡量出来的，非财务指标往往很难建立。二是保持平衡计分卡随时更新与有效需要耗费大量的时间和资源。三是难以执行。一份典型的平衡计分卡需要5～6个月去执行，另外再需几个月去调整结构，使其规则化，总的开发时间经常需要一年或者更长的时间。

（3）平衡计分卡在公共部门的应用。卡普兰和诺顿认为平衡计分卡除了适用于一般营利机构外，也适用于非营利机构，如一些事业机关，尤其是政府机关。"平衡计分卡的观念和方法逐渐在全世界的公共部门和非营利组织中得到了比较广泛的采纳与使用。"他们以美国联邦政府的采购部门考评为例，研究发现平衡计分卡能提供均衡的观点，领先指针与落后指针并重，具有防患于未然的作用，并非只是事后的检讨；以顾客为导向，整合各功能部门，整个组织成员都动起来，非上级的指令而是出于自身的意念，达到政府再造的目标。通过研究美国地方政府与残障运动协会的绩效衡量制度改善,他们发现,平衡计分卡可协助政府机构或非营利组织澄清其战略目标,并将战略目标转化为具体的衡量指标。科里根(J. Corrigan)以澳大利亚空军基地为例,研究发现平衡计分卡在各部门管理信息的整合上具有特殊的价值。杰克逊(P. Jackson)以政府公共部门的绩效管理为例,研究发现平衡计分卡可协助政府避免因加强民众服务而导致预算或财务收入不足,能在活动及成果间取得平衡发展,并联结到组织的长期战略目标。新西兰、澳大利亚等国都在政府绩效考评中引入平衡计分卡作为绩效管理的有效工具并取得了显著效果。近年来,我国的一些政府部门(如南京地税局)及地方政府(如厦门市思明区、青岛市)开始在绩效管理中运用平衡计分卡的理念、方法和技术。

3. 360 度绩效考评,即全方位绩效考评,包括来自上级领导的自上而下的考评、来自平级同事的考评、来自下属的自下而上的考评、来自内部的本人考评以及来自组织外部的公共服务对象的考评。360 度绩效考评反馈系统采用多层次、多角度、多渠道、全方位的立体交叉方式,不只是把上级的考评作为员工绩效信息的唯一来源,而是将组织内部和外部的所有与员工有关的主体(其中也包括员工本人)作为对员工绩效考评的不同方面提供反馈的信息来源,从而可避免一方考评的主观武断,增强绩效考评的信度和效度;不仅仅是用来确定员工贡献以及为绩效加薪和晋升等人力资源决策提供信息的一个过程,更将未来的绩效改善作为主要的关注点;能够较全面地对员工的工作作出动态的、内外结合的考评,不失为绩效考评工作的一个进步。但是,该方法在运用时也有一些限制。例如,如果要对组织的每位员工都运用 360 度绩效考评反馈系统来考评其工作绩效,工作量很大、成本较高。而且在采用此方法时,应当事先积极注意有关偏差的防范,尽量保证考评的信度和效度。

上述各种绩效评估方法各有利弊,每种方法都有其特定的使用范围,在绩效评估实践中,不存在一种完美无缺的评估方法。为了对评估对象作出客观、公正与合理的评价,只有根据实际情况,在具体实践中选择适当的绩效评估方法。总的说来,良好而适用的评估方法应符合以下几个原则:第一,最能体现组织目标和评估目的,对员工的工作起到正面引导和激励作用。第二,能比较客观公正地评价员工工作,尽可能减少由主观因素所产生的误差。第三,针对性、实用性强,简便易行。第四,相对比较节约成本。

四、公共部门人力资源绩效考评主体

绩效考评主体是指对他人的绩效做出考评的评价者。绩效评价主体能否准确理解评价内容,是否真正掌握了绩效评价的方法和要求,直接关系到绩效评价的准确性。因此要科学地进行绩效评价,就必须慎重选择评价主体,并对评价主体进行培训。

（一）绩效考评主体的选择

一般情况下,可以作为公共部门绩效考评主体的人有:直接上级、同事、下属、员工本人及外部人员等。

1.上级。上级是指被考评者的直接主管,通常是绩效考评中最主要和最常见的考评者。上级能较准确地反映被考评者的工作能力、工作态度以及行为表现,也能消除被考评者心理上不必要的压力。同时,通过考评,上级也有机会与下属更好地沟通,了解下属的想法,发现下属的潜力,将考评与加薪、奖惩等结合起来。但在考评中上级难免会带有一些个人偏见,在一定程度上会影响考评的公平公正性,以至于挫伤下属的积极性。

2.同事。同事是经常在一起工作的、与被考评者朝夕相处的人,对被考评者观察最深入、了解最透彻,也最熟悉被考评者的业务、方法和成果,可以观察到直接主管无法观察到的某些方面。但考评结果往往受被考评者的人际关系的影响,使考评结果脱离实际情况。

3.下属。对担任一定职务的员工进行考评时,可让下属员工评估其上级主管的绩效,此过程称为向上反馈。但在考评过程中,下属可能不敢实事求是地表达意见,为了避免上司报复或讨好上司,下属往往会夸大上司的优点。

4.自我。由员工本人对自己的工作绩效进行的描述和评价。自我考评是诸多考评方式中最轻松的。当员工对自己做评估时,通常会降低自我防卫意识,能够增强员工的参与意识,让员工将自己的工作绩效与工作职责要求相对照,从而了解自己的不足,进而愿意加强或改进自己尚待开发或不足之处,改善工作绩效。但是在自我考评中,员工往往会将自我绩效拔高。因此,自我考评不适宜作为人事决策（如加薪、晋升等）的依据,只适用于协助员工自我改善绩效。

5.外部人员。组织外部人员,不受组织内部利益机制左右。组织外部人员包括两个部分:一是外界专家或顾问,二是服务对象。专家和顾问有考评方面的专门方法与经验,理论修养也深。而服务对象常常是唯一能够在工作现场观察员工绩效的人,成为最好的绩效信息来源。他们与组织中的人与事无个人利害关系,容易做到客观公正。此外,还可以省去考评者自己本需花费的考评时间,免去不少人际矛盾。但是邀请外界专家或顾问这种方法成本较高,有些专家对被考评专业可能不太内行。在实践中,服务对象考评是一种较难操作的考评方式:服务对象考评没有统一标准;服务对象考评只适用于考评组织内与服务对象接触较为密切的员工,而且由于每个员工接触的服务对象可能是不同的,不同服务对象的考评标准又有所不同;比较费时费力,由于服务对象不是组织内部人员,不能用行政命令规定其限时完成考评任务。说服服务对象配合考评活动,无疑是一项费时费力的工作。在一些情况下,组织外部人员考评的目的与组织的目标可能不完全一致,但其考评结果有助于为晋升、工作调动和培训等人事决策提供依据。

组织可以根据需要从上述人员中选择绩效考评的主体,但是选择时要遵循以下原则:

1. 绩效评价主体必须评价自己所了解的情况。如果要求评价者对于自己不了解的情况做出评价,那么就评不准,会对整个绩效评价的准确性和公正性产生不良的影响。

2. 绩效评价主体对所评价的岗位的工作要了解。绩效评价的主体不但要了解所评价的对象的情况,而且对于所评价的岗位的工作内容也应该了解,缺乏对岗位的全面了解,就有可能做出以偏概全的判断。因此,在360度绩效反馈计划中,组织外的众多评价者,由于对所评价的岗位的工作不了解,只是起了反馈信息的作用,他们对评价对象作出的评价结论,可能不能准确反映评价对象的实际绩效。

3. 选择绩效评价主体应有助于实现一定的管理目的。因为员工的直接上级应该对员工的职务工作履行监督和指导的职能。因此员工的直接上级往往是最重要的评价主体。直接上级可以以绩效评价者的身份更好地指导员工的工作,更有助于实现团队或部门的整体工作目标。

(二)考评主体的培训

为了保证绩效考评的准确性和公平性,必须对考评主体进行培训。培训考评主体的主要目的是为了使考评者认识到绩效考评在人力资源管理中的地位和作用,认识到自身在绩效考评过程中的作用,统一考评者对于考评指标、考评标准的理解,使考评者掌握考评方法,熟悉各种考评表格,并了解考评程序。

一般来说,考评者培训主要包括六个方面内容。

1. 考评者如何避免评价误差的培训。组织应该派专门人员培训评价者,讲解在绩效评价中可能出现的种种主观认识的偏差,使考评者能够有效地减少主观误差。

2. 考评者如何收集绩效信息方法的培训。为了使考评的结果更有说服力,为考评之后的绩效反馈提供充分的信息,考评者都必须在考评期间充分收集各种与员工的绩效表现相关的信息。这方面培训的形式一般以讲座的方式进行。另外,也可以通过录像来进行现场的演示或练习。

3. 考评者如何把握绩效评价指标的培训。通过培训,使考评者熟悉在考评过程中将使用的各个绩效指标,了解各指标的真正含义,以便更准确地把握好评价尺度。

4.关于如何确定绩效标准的培训。绩效标准培训指的是通过培训向考评者提供比较标准或者是参考的考评框架。考评者如何理解绩效标准将在很大程度上影响他们对每个被评价者的评价结果。

5.评价方法培训。绩效评价中可能采用的具体方法是多种多样的。每种方法都有其优点和缺陷。通过培训使考评者准确掌握评价方法,充分发挥不同评价方法所具有的优势,提高评价的准确性。

6.绩效反馈培训。绩效反馈是一个考评者与被考评者之间的沟通过程,考评者应该通过这样一个沟通的过程帮助被考评者更好地认识自身在工作中存在的问题。通过将绩效信息反馈给员工帮助他们纠正自己绩效的不足。绩效反馈并不是一个简单的谈话,必须经过培训才能够掌握绩效反馈面谈中的各种技巧。

五、绩效考评工作中常见偏差及其克服

（一）绩效考评工作中常见偏差

1.考评目标确立的单一化

目前大多数组织绩效考评还停留在事后考评的阶段,即当工作人员完成工作以后,再来就工作人员的工作业绩进行评价和衡量,并根据考评结果给予物质或精神的奖励或惩罚。没有上升到全面绩效管理的层次,考评的效果也就相当有限。

2.考评贯彻力度的微弱化

由于绩效考评是等工作人员完成工作以后再来进行评判,无法从根本上及时发现工作人员绩效的差距,并根据其差距提供有针对性的绩效辅导和绩效改进计划,导致工作人员对绩效考评的认同程度很低,绩效考评的贯彻力度相当弱。因为这种考评不能让工作人员看到其对自身素质或能力发展所能提供的帮助,自然就失去了实施的群众基础。

3.关键业绩指标的空泛化

很多组织提取关键业绩指标过于空泛化,只是根据现成的指标库或模板生搬硬套,而没有根据组织的战略规划、业务流程、行业特性、发展阶段、组织特性、工作人员特性等进行深入的分析,导致进行考评的关键业绩指标具有普遍性,却不具有适合组织特性的针对性。由此必然导致考评结果的失真,并且很难获得工作人员的认同。

4.考评工具选择的随意化

考评工具有多种选择,必须根据组织特性、职位特性等进行合理的衡量和选择,不同的职位或不同的工作要求都必须选择不同的考评工具。很多组织还不

善于根据职位的变化而采取不同的考评方法,由此导致考评结果的不准确性或不合理性。

5.考评理念更新的盲目化

很多组织热衷于追捧国际最新的管理理念和方法,而不考虑该理论和方法对组织的适用性。比如360度考评,要求组织对客户资源控制力度高,能及时采集客户的信息。如果做不到这一点,采用客户评价的360度考评就只能流于形式,强制推行也只能是浪费时间、金钱和精力,得不偿失。平衡计分卡也存在同样的毛病。

6.考评切入角度的片面性

很多组织推行绩效考评时,只关注单个员工的业绩评价,而忽视了对团队的考评。这种片面性可能会引发员工为了追求个人业绩而不惜牺牲同事利益的"独狼意识";它还容易产生"木桶效应",由于不关注团队绩效,团队成员中容易产生一个"短木板",从而降低整个团队"业绩桶"的承重能力或使用寿命。因此,科学的绩效考评体系,应该同时兼顾组织、团队、个人三个层面的考评,并通过一定的方式来准确衡量个人的价值和业绩。

7.考评结果应用的局限性

很多组织的绩效考评结果应用性很差,有的组织考评结果与其他体系毫无关联,使考评流于形式,仅仅成为书面化的"走过场";有的组织则矫枉过正,将考评结果滥加应用,使工作人员对考评心存恐惧,不利于组织业绩的整体提高。

8.考评体系建设的孤立性

很多组织片面强调绩效考评的重要性,却忽视了与之相关联的其他体系,比如职位分析、职位评价、素质测评等。一个科学、合理的绩效考评体系,应该建立在完整的人力资源管理平台之上。

9.考评主体表现的错误性

考评者在对工作人员的绩效进行考评时,会不自觉地出现各种心理上和行为上的错误举动,具体有以下几种常见误区:

(1)首因效应

在心理学中,首因效应也叫"第一印象"效应或首次效应、优先效应,是指与某物或某人首次接触形成的印象对我们以后的认知、行为活动和评价的影响。第一印象作用最强,持续的时间也长,比以后得到的信息对于事物整个印象产生的作用更强。不同考评主体对考评对象往往因这种"先入为主"的心理印象而产生明显的差异,从而影响绩效考评效果。

(2)近因效应

一般而言,人们对最近发生的事情总是印象深刻,并且能够影响远期发生的事情的印象。这恰与首因效应相反。所以在考评过程中,考评人对被考评人某一阶段的工作绩效进行考评时,往往会出现只注重此人近期的表现和成绩,以近期印象来代替被考评者在整个绩效考评期的绩效实际状况,从而影响考评效果。

（3）感情效应与自我比较

感情效应是评价者与评价对象特殊的感情关系在评价过程中的利益反映。人是情绪化的动物,在社会生活中,人不可避免地会把情绪带入他所从事的任何一种活动中。感情的亲疏密间形成了评价者和评价对象之间不同的利益关系,影响评价者做事原则,导致评价结果失真。感情效应在评价过程中广泛存在,当评价者与评价对象有着某种特殊的良好的感情关系时,如具有相似的工作经历、工作风格,甚至相似的兴趣点、籍贯、信仰等的认同偏好,在评价的过程中就会不惜以牺牲评价的公平性、客观性原则为代价,自觉地给予评价对象高于实际水平的评价;对于那些与自己感情较差的评价对象则给予低于实际水平的评价。

自我比较是指考评人也会不自觉地将被考评人与自己进行比较,以自己作为衡量被考评人的标准。若考评人是一位完美主义者,他可能会放大被考评人的缺点,给被考评人较低的评价;若考评人自己有某种缺点,则可能无法看出被考评人也有同样的缺点。

（4）晕轮效应

晕轮是指太阳周围有时会出现一种光圈,远远看上去,太阳好像扩大了许多。心理学由此引申出一个术语,叫晕轮效应,又称光环效应。晕轮效应最早是由美国著名心理学家爱德华·桑戴克于20世纪20年代提出的。他认为,人们对人的认知和判断往往只从局部出发,扩散而得出整体印象,也即常常以偏概全。一个人如果被标明是好的,他就会被一种积极肯定的光环笼罩,并被赋予一切都好的品质;如果一个人被标明是坏的,他就被一种消极否定的光环所笼罩,并被认为具有各种坏品质。从认知角度讲,晕轮效应仅仅抓住并根据事物的个别特征,而对事物的本质或全部特征下结论,是很片面的。晕轮效应不但常表现在以貌取人上,而且还常表现在以服装定一个人的地位和性格,以初次言谈判定人的才能与品德等方面。在对不太熟悉的人进行评价时,这种效应体现得尤其明显。

一般而言,人们对其他人的判断,最初基本上是根据印象员工的背景——包括学校、学历、家庭出身等,都有可能形成晕轮效应。员工某一绩效指标达成度高,特别是易量化的目标达成度高,一定程度上影响了员工在主管心目中的印象,这种印象又会影响主管对其他指标的评价,最终形成整体绩效目标评价过高的局面。反之,某一项主要的绩效指标达成度低,也会影响对其他绩效指标的评价。

(5)居中、偏松、偏紧趋势。若考评者出于宽容心态,担心拉开差距会造成员工之间的矛盾,在考评过程往往避开高分区间和低分区间,把大多数员工绩效定位在中间地带,是"平均主义"的表现。若考评人这些偏好严以待人,对下属要求较高,不愿意轻易给予较高评价,在评分时偏好低分区,这就是偏紧趋势;若考评人偏好宽以待人,对下属侧重鼓励,评分时偏好高分区,这就是偏松趋势。这些偏好都不易区分优秀的员工和较差的员工,并容易给员工造成错觉,以为自己特别优秀或者特别差。这些做法会使绩效考评失去公正性。不需要太长时间,员工就会失去信心,绩效考评成为了形式化的工具,失去应有的意义。

上述误区的存在,与绩效目标设定的内容可衡量程度不高、绩效评价尺度定义不清晰有关,也有的是因为对主管人员的培训不够致使主管人员没有能够掌握绩效管理的技能。只有深入分析绩效考评在理论上的困惑和实践中的误区,并找到有效对策,才能够更好地面对绩效考评在现实中的挑战,充分发挥出绩效考评体系在实现绩效组织目标的价值和作用。

(二)偏差的克服

避免绩效评价中的偏差,可以采取以下措施:

第一,完善绩效评价标准,将绩效指标界定清晰,以克服由于绩效标准、指标体系不科学而带来的误差。

第二,合理选择绩效评价的方法和工具,提高绩效评价体系的信度和效度。

第三,加强对绩效评价者的培训,使评价者认识评价的目的,学会收集作为评价依据的事实和资料,了解被评价人的岗位和工作情况,熟悉评价的过程,掌握绩效评价方法,懂得使用各种评价工具,能正确填写各种评价表格,从而减少主观性偏差。

第三节　绩效管理过程

一、绩效管理总流程

(一)准备阶段

1. 明确绩效管理的目的、要求和内容,明确被管理对象。

2. 建立绩效管理的组织机构,明确责任,确定预期的结果,聘请有关专家。

3. 培训推行绩效管理的人员和各级管理者,掌握绩效评价的标准体系,选择绩效考评的方法。

4. 公布绩效管理信息,营造舆论氛围。

（二）实施阶段

1. 收集、记录员工行为、结果、关键事件、数据等信息与资料。

2. 通过绩效沟通、检查，管理者实施绩效跟踪，并且辅导员工解决共同问题，根据不同情况，对目标进行必要调整。

（三）考评阶段

1. 综合考察实施阶段所收集、记录的员工信息，对员工进行客观、公正的评价。

2. 绩效评价结果的反馈，即将绩效评估的意见反馈给员工。主管与员工进行面谈，辅导员工改进和提高绩效。

3. 绩效考评的再检验，包括考评指标相关性检验、考评标准准确性检验、考评表格的难易程度检验、考评方法再检验等。

（四）总结阶段

针对发现的问题找出解决办法，必要时，对绩效管理制度、标准和方法进行改进。最后汇总结果上报人力资源部，经确认后归档。

（五）应用开发阶段

1. 形成绩效管理结果分析报告，针对存在的问题进行细致分析。

2. 制定员工绩效改进计划，培训计划和岗位轮换计划。

3. 建立员工绩效过程跟踪档案。

4. 将绩效评价结果应用于提薪、晋升等。

二、绩效面谈

绩效评估的目的是为了促进员工的工作绩效，将员工的工作与组织的发展目标联系起来，因此，主管必须经常与员工进行绩效沟通。这是一个充满细节的过程，管理者与员工的每一次交流，都是一次具体的绩效沟通。而绩效面谈，是将绩效评估的结果反馈给员工本人的一种主要沟通方式。

（一）绩效面谈的作用

绩效评估面谈是绩效评估结果反馈最主要的渠道。在传统的人事考评中，考核结果不必与员工见面，也没有绩效面谈。而现代人力资源管理强调员工参与，目的在于改善员工的未来工作，促进员工的未来发展。因此，绩效面谈成为绩效管理过程中重要的一环。

1. 绩效面谈对组织的作用

（1）起沟通的作用。绩效面谈是组织与员工之间一条正式的沟通渠道。通过绩效面谈，管理者可以面对面地向员工说明组织对他的期望、要求和未来的目标。同时，管理者也可以直接了解员工个人的要求、期望和建议。通过双方的协商、沟通,对员工未来工作的发展达成共识,使组织的发展目标与员工个人的发展目标更好地结合起来。

(2)起反馈的作用。通过绩效面谈,组织将绩效评价的结果正式反馈给被评价的员工,让员工明白自己工作中的成绩和差距及其关的原因。这有利于组织和员工共同商讨今后如何发掘员工的潜力、改进绩效的具体方法和措施。

(3)起审视工作的作用。在绩效评价中,由于种种原因,会产生评价误差。在绩效面谈中,通过评价者的询问以及被评价者的说明和申辩,可以澄清一些事实,纠正绩效评价中产生的误差。同时,面谈增加了评价的透明度,使评价结果更为公平合理。

(4)起激励的作用。通过绩效评估面谈,组织充分肯定员工作出的工作绩效以及对组织的贡献。同时又在了解员工未来要求的基础上,尽可能地为员工的未来工作和未来发展提供支持和帮助。这就能激励员工在下一轮的工作中提高积极性。

(5)起纠正失误的作用。在绩效面谈中,组织就员工工作中的失误开诚布公地与员工一起分析原因,寻找解决问题的方案,并具体地帮助员工落实整改措施。这就有效地避免了员工在未来工作中重犯以往失误的可能。

(6)起调整的作用。通过绩效面谈以及整个绩效评价工作,组织可以发现人才,淘汰庸才,及时作出人事决策和调整,更有效地进行员工的岗位配置工作。

2. 绩效面谈对员工的作用

(1)能增强员工的参与感。绩效面谈是在员工全面参与的情况下进行的,员工对整个评价过程清楚明白,也了解组织给予自己的评价,这就增强了员工的参与感和对组织的信任感。

(2)增强员工对组织的归属感。通过绩效面谈,员工的工作绩效得到了肯定,有困难可以由组织帮助解决,个人的正当要求组织也会酌情予以满足,这就增强了员工对组织的归属感。

(3)使员工明确未来的工作目标。通过绩效评估面谈,员工明确了组织对自己的工作要求,清楚了下一步该怎么做,怎样做才能更好地符合组织的目标。这就引导员工自觉地改进工作绩效,以获得组织的认可。

(4)提高员工对组织的满意度。绩效面谈使绩效评价过程透明化,使员工对组织的满意度提高。

(二)绩效面谈的原则

1. 取得员工的信任

首先,面谈的地点必须在一个使彼此都能感到轻松的场合,要安静,没有第三者在场。二人应该并肩而坐而不是隔着桌子对坐。主管所说的话或是动作要使双方能顺利沟通,使员工无拘无束坦诚地表达意见。此时,来一杯咖啡或茶有助于制造良好的气氛。

2. 说清面谈的目的、作用

向员工说明此次面谈的目的是一起讨论一下他的工作成效,希望彼此达成一致看法,肯定他的优点,找出哪些地方有待改进。

3. 先肯定成绩,再指出缺点

面谈时要以称赞和鼓励的话打开局面,称赞和鼓励可以营造友好的氛围,使面谈在愉快的气氛中开始。在面谈中,可以先肯定并赞扬下属的成绩和贡献,再根据事实,指出下属的不足之处并要求他改进。还可以先就没有异议的地方进行评估和讨论,然后再就可能有异议的地方进行商谈,并给下属充分表白解释的机会。不要一味说教,指责下属的缺点。

4. 鼓励员工多说话,注意倾听

在面谈的过程中,应当注意听员工正在说什么,因为你了解的情况不一定就是真实的,鼓励下属主动参与,有利于对一些问题快速达成共识,同时,也便于了解下属的思想动态。倾听时要尊重员工,把注意力集中在员工身上,把握问题的关键。

5. 把握面谈的局面,避免冷场,避免对立和冲突

在面谈过程中应以诚相待,避免出现双方的冲突和僵局。一些员工往往有一种自卫的本能,本能地排斥他不愿听的信息,甚至容易为此与主管发生冲突,如果主管利用自己的领导权威以势压人,就会破坏员工与管理者之间的信赖,导致以后的沟通难以做到开诚布公。

6. 集中于未来而非过去

绩效管理的核心在于未来绩效的提升,而不是像反光镜那样聚焦过去。双方只有关注未来,才能使得员工真心实意拥护并切实参与到绩效管理当中来,绩效管理才是真正具有激励意义的管理。

7. 只对事不对人,不贬低员工的性格特征

在绩效反馈面谈中双方应该讨论和评价的是工作中的一些事实表现,而不是讨论员工个人的性格。员工的性格特点不能作为评价绩效的依据。但是,在谈到员工的主要优点和不足时,可以谈论员工的某些性格特征,但要注意这些性格特征必须是与工作绩效有关的。例如,一个员工性格特征中有不大喜欢与人沟通的特点,这个特点使他的工作绩效因此受到影响,由于不能很好与人沟通,影响了必要的工作信息的获得,也不能得到他人很好的配合,从而影响了绩效。这样关键性的影响绩效的性格特征还是应该指出来的。

8. 找出双方待改进的地方,制定具体的改进措施

绩效面谈的目的主要在于未来如何改进和提高工作绩效,包括改进下一阶段绩效目标、与员工商订发展目标等。也就是说绩效面谈不仅仅是评价,而且还有另一个重要的职能——帮助员工发展。

9. 该结束时立刻停止

如果你认为面谈该结束时,不管进行到什么程度都不要迟疑。下面情况中有任何一种出现都应该叫停:彼此信赖瓦解了;主管或员工有急事急着要离开;下班时间到了;对方面有倦容等。如果预订的目标没能达到,就待下一次再继续。

10. 以积极的方式结束面谈

不要让员工怀着不满的情绪离去。

(三)绩效面谈的技巧

1. 坦诚相见。要把绩效评价表展示在员工面前,而不是藏起来。当绩效评价的结果与员工的薪酬挂钩而员工又没有得到理想的评价结果时,管理者往往会感到"难以启齿"。最好的方式就是直接向员工展示评价表格,因为隐瞒并不能解决任何问题。

2. 耐心解释评价的结果。如果能够提供事实依据就直接展示出来。如果是通过自己的主观判断也要诚实地讲述你的看法和理由。双方之间存在分歧是十分正常的,管理者应该有足够的耐心进行解释。

3. 给员工发表自己看法的时间和机会。让他(她)感到你确实重视他(她)的看法。管理者往往容易只顾发表自己的看法,而忽略员工的感受。要知道绩效反馈面谈是一个双向沟通的过程,来自员工的信息是十分重要的。管理者应该给员工机会谈谈他自己的看法。如果员工没有谈的意愿,管理者应该尽量找出原因所在,并通过鼓励性的语言鼓励员工说出他的看法。

4. 充分地激励员工。绩效反馈面谈往往不受欢迎的一个重要原因是在面谈中难免要谈论员工在上一阶段工作中的失误。但是管理者应该明确指出这并不是目的,面谈的目的在于改进工作方法,提高员工能力。只有充分地激励员工,才能真正地实现绩效反馈的目的。

5. 有错误要承认。绩效评价带有主观性,难免会出现与实际情况之间的偏差。在绩效反馈面谈中发现这类问题是十分常见的,关键是管理者应该坦率地承认出现的误差。这种态度有助于与员工进行更进一步的沟通。

6. 做好记录。面谈结束后,双方要将达成的结论性意见或经双方确认的关键事件或数据及时予以记录、整理,填写在评价表中。对于达成共识的下期绩效目标也要进行整理,形成下期的评价指标和评价标准。并给员工一份与管理者一样的资料。

三、绩效管理结果的使用

(一)员工绩效状况分类

绩效评估完成之后,人力资源部门和职能部门都将发现,本部门员工的绩效状况是参差不齐的。有些员工绩效特别高,不需要上司的检查督促,就能十分出色地完成任务,而且在完成任务的过程中表现出高度的工作主动性和创造性。反之,也有一部分员工表现为低工作绩效,即使在有关部门激励、督促和支持下也难以完成工作目标。还有相当大部分的员工处于上述两端之间。我们可以根据绩效评价的结果将员工划分为四种类型。

1. 核心型的员工

这类员工既有很高的工作绩效,又有很大的发展潜力。他们是组织的核心人才。尽管这部分核心人才只占全部员工的很小部分,但是他们的绩效却占据部门总绩效的相当部分。这部分核心员工代表着组织的将来发展,他们在某种程度上决定着组织未来的绩效。

2. 骨干型的员工

骨干型的员工也有很高的工作绩效,但是,他们却没有多大的发展潜力。他们能够很好地完成组织交给的任务,实现工作目标,但他们没有什么创新和开拓能力。这部分员工在组织中为数较多,承担着组织大量的日常工作。因此,组织在未来的发展中,始终保持这部分员工的高工作绩效,也是十分重要的。

3. 问题型的员工

问题型的员工在绩效评价中表现出来的工作绩效很低,存在着这样或那样的问题。但是这不等于这部分员工的绩效没有改善的余地。这部分员工具有一定的发展的潜力,如果组织能够在人力资源管理工作中帮助他们解决问题,提供一定的发展条件,予以一定的激励,这部分员工的绩效就有可能变低为高。由于在任何组织或部门都存在问题型的员工,因此,作好问题型员工的绩效转换工作,提高组织或者部门的总体绩效,也是绩效评价之后,组织人力资源政策和人力资源管理工作所要解决的问题。

4. 僵化型的员工

僵化型的员工一方面工作绩效很低,另一方面,再也没有什么可能去改进他们的绩效。也就是说,他们处于低绩效的僵化状态。其中许多人根本不能适应岗位的基本要求,也有一部分人道德败坏,违法乱纪等。尽管这部分僵化型员工在企业中为数很少,但他们却往往使人力资源管理耗费大量的时间精力。对于僵化型员工的分析和人力资源管理决策,也是绩效评价之后必须要做的工作。

在分析员工绩效的基础上,一般都要做出相应的人事决策和人事调整工作。

应根据绩效评价的结果及对其分析研究,对不同绩效类型的员工采取不同的人事政策。对于核心型的员工,应当予以相当大强度的奖励、提薪、晋升;对于骨干型的员工,应当给予激励和一定的提薪、晋升;对于问题型的员工,应当加强培训,予以调整和帮助,同时也要予以一定的激励;对于僵化型的员工,则要再作区分,尚有一点转化希望者,应当通过人力资源管理的特殊工作加以帮助,该解聘的应解聘。

(二)绩效评价结果的其他用途

1. 招聘决策

当组织通过分析绩效评价结果发现员工在工作能力或态度上存在欠缺,而又难以通过培训解决问题时,组织就需要制定相应的招聘计划;如果组织通过绩效评价的结果发现,员工的工作能力和态度没有任何问题,而是由于工作量过大,人员不足造成难以完成任务,组织也应做出招聘活动的决定。

2. 人员调配

人力资源管理的一项重要任务就是将合适的人配置在合适的岗位上。组织内人员的有效调配是人力资源管理的需要,而员工绩效评价的结果是人员调配的重要依据。人员调配有纵向的升迁或降职,也有横向的工作轮换。通过绩效评价可以发现某些员工无法胜任现有的工作岗位,就需要将他们换下来安排到其他能够胜任的岗位上。对于那些绩效优秀、潜力评价好的员工,则可以进行培养和提拔。绩效评价中的潜力评价能够为员工职位调整提供有意义的信息。

3. 人员培训与开发决策

人力资源的培训与开发是组织通过培训和开发项目改进员工能力水平和组织业绩的一种有计划的、连续性的工作。绩效评价的结果能够体现人员培训与开发的需要。组织的培训开发活动并不是盲目的,而是一种有明确目标的活动。这种目标的确定主要有两个依据:一是工作分析的结果,即职位说明书对工作活动所进行的描述,它包括员工所要完成的工作任务和完成这些任务所需要的知识、技能和能力。二是通过绩效评价可以发现员工身上的不足之处,就能够对员工进行有针对性的培训。

4. 绩效改进

绩效管理的最直接目的就是提高员工的工作绩效。因此,绩效评价结果最突出的运用就是为绩效改进提供根据。绩效改进的第一步是制定绩效改进计划。

(1)绩效改进计划的主要内容包括:

①员工基本情况、直接上级的基本情况以及该计划的制订时间和实施时间。根据上个绩效评价周期的绩效评价结果和绩效反馈结果,确定该员工在工作中

存在的问题,可能包括:需要改进的工作方法,需要提高的工作能力和需要改善的工作态度。在可能的情况下通常会附上该员工在相应评价指标上的得分情况和评价者对该问题的描述及解释。

②对存在的问题提出有针对性的改进意见,包括具体的改进措施,建议接受的培训内容,包括具体培训项目的名称和培训时间安排等等。如有可能,还应该针对特殊的问题提出分阶段的改进意见,帮助员工有步骤地改进现实的绩效问题。

③明确经过绩效改进之后要达到的绩效目标,并在可能的情况下将目标明确地表示为员工在某个绩效评价指标上的评价得分。

为了制定包括上述内容的绩效改进计划,管理者和员工之间应进行充分的沟通。在绩效评价之后进行的绩效面谈中,双方应就员工在上一评价周期的工作中存在的问题进行充分的交流。员工可以在这个交流的过程中提出自己在改进过程中需要管理者提供哪些帮助,提供什么资源,并将这些内容都纳入绩效改进计划之中。

(2)绩效改进计划的实施过程

制定了绩效改进计划后,管理者应通过绩效观察和沟通实现对绩效改进计划实施过程的控制。控制的过程就是监督绩效改进工作是否能够按照预定的计划进行,并根据被评价者在绩效改进的过程中遇到的新问题及时对计划进行调整。在绩效改进计划表中往往会设定一些栏目,其内容由管理者根据绩效改进过程中员工的表现状况填写。这些内容体现了整个改进计划的实施进度。必要的时候,管理者需要向员工提供帮助。

5. 人力资源管理系统开发

绩效评估的结果为完善组织的管理提供了大量的信息。例如员工的意见和建议,评估中反映的管理工作失误等,它从不同方面对组织改进管理提出了要求。人力资源部门要收集、整理这些信息,充实组织的人力资源管理信息库,帮助组织完善管理工作。

第四节　完善我国公共部门人力资源绩效管理

一、我国公务员考核制度中存在的问题及应对策略①

(一)我国公务员考核制度中存在的问题

1.考核内容过于抽象和划一,标准过于笼统。尽管《公务员考核规定》对其作过较为详尽的阐释,但普遍没有针对组织及职位特征建立具体的考核指标。由于各部门、各职位之间工作性质、工作特点差异大,部门之间、被考核者之间缺乏可比性,考核者往往无所适从。

2.只重视年度考核,而忽视平时考核,致使公务员考核结果不准确、不真实。尽管《公务员考核规定》明确规定:"年度考核以平时考核为基础。"但目前,有关部门对公务受的平时考核如何进行并没有明确具体的规定,许多单位和部门也很不重视平时考核,自行制定的一些平时考核方法,要么比较繁琐,难懂难记,加重了工作负担;要么与年度考核相脱节,不能为其提供有效的依据,致使年度考核考之无据,缺乏权威性。

3.考核人的选择没有针对不同的组织、职位区别对待。除了少数高级领导职务"必要时,可以进行民主评议或民意测验"外,一律采用了"上级+同事+自我"的模式,同时法规对于三类考核主体考核结果的权重没有做出明确规定,从而出现了领导说了算、以群众测评为结果甚至以个人小结为结果的现象;有些部门对优秀等次实行轮流坐庄,论资排辈,搞平衡。

4.考核方法较为单一,绝大多数采用的都是"写评语"的定性考核方法,主观性随意性较强,很难保证考核的客观性。《公务员考核规定》中有关公务员考核结果等次的基本标准规定得比较原则,过于笼统。一些单位和部门在公务员考核过程中,也不愿花费太多的精力去进行调查研究,结合本单位、本部门的实际对各种考核要素进行量化,制定科学的考核指标体系,而是靠拍脑袋,随便定几条,停留在定性的基础上,缺乏操作性,致使年度考核产生失真现象,难以对各个公务员的德才表现和工作实绩进行客观公正、实事求是的评价。

5.考核结果的使用不够科学。一些单位和部门在公务员考核过程中虎头蛇尾,不重视考核信息的反馈,没有对每个公务员的考核结果做出有针对性的评

---

① 萧鸣政:《人力资源开发与管理——在公共组织中的应用》(第二版),北京大学出版社 2009 版,第 285~288 页。

判和分析,并提出相应的改进意见。而在考核结果的具体使用上,现行制度也存在诸多不合理之处。比如对优秀公务员的奖励太轻,而对不称职公务员的处理似乎又太重,影响考核的公正性和合理性。年度考核中被确定为优秀的公务员和被确定为称职的公务员,在职务晋升、晋级增资和奖金发放等方面实际上没有多少区别,如获得"优秀、优秀、称职、优秀、优秀"等次的公务员与连续五年"称职"无区别,这显然起不到激励先进的作用。同时,对年度考核中不称职公务员的处理,在某种意义上甚至重于受行政处分的公务员。因为根据规定:年度考核被确定为不称职等次的公务员要予以降职。而降职通常相应地还将降低级别和工资档次,若"连续两年考核被确定为不称职等次的,按规定将予以辞退"。相反,对那些因严重违犯公务员纪律而受到记过、记大过、降级、撤职处分的人员,在受处分期限内,只是不确定考核等次,即在一定时期内(最多不超过两年)影响晋级增资而已。

6.考核缺乏责任机制。目前我国公务员的考核制度并没有建立责任机制。无论是考核机构还是考核人的责任都不十分明确,致使考核出了问题无法追究责任,违法失职者得不到应有的惩处。

7.考核的执行主体非专门化,导致考核结果失真。《公务员法》第35条规定:"对非领导成员公务员的定期考核采取年度考核的方式,先由个人按照职位职责和有关要求进行总结,主管领导在听取群众意见后,提出考核等次建议,自本机关负责人或者授权的考核委员会确定考核等次。"可见,对公务员的考核主要由本单位内的领导或上级主管领导组成考核小组来进行。这种考核的非专门化直接导致考核过程流于形式——考核组成员或是情面观念重,不愿得罪人;或因不具备考核工作所需的专业技术知识,导致考核结果失真。"单位考核"还使被考核者的参与意识、危机意识普遍降低,对考核工作重视不够,容易敷衍了事。

8.考核频繁带来考核疲惫,导致考核走样。《公务员法》第34条规定:"公务员的考核分为平时考核和定期考核。定期考核以平时考核为基础。"于是,公务员的考核变成年终考核。事实上,考核是一项专门性、复杂性强的艰巨任务,需要充足的人力、物力和财力。年年考核变成泛考核,导致单位和部门很难保证将考核任务落到实处。"考核年年搞,哪有精力搞"。实践中,多数单位和部门便把公务员考核等同于年终评比,对优秀等次实行轮流坐庄,搞平衡,搞照顾或者搞论资排辈;有的单位领导虽然表面上履行了考核的规定程序,但考核中并不认真听取群众意见,而是个人说了算,凭个人的好恶搞内定,考核工作走过场;有的单位领导碍于情面,怕得罪人,将优秀等次的确定交由群众无记名投票表决,结果使一些政绩突出而平时不太注意人际关系的人榜上无名,相反,一些政绩平平但"人缘好"的人却被评为优秀。

（二）我国公务员绩效考评与管理的应对策略

1.实行绩效考评与管理责任制

在公共部门工作人员绩效考评与管理的各个环节,应当明确规定考评与管理主体应负的责任,要加强对负有考评与管理责任的领导干部的监督,即要加强对考评与管理者的考评,只有这样才能保证整个公共部门绩效考评与管理的质量。

2.建立科学的考评与管理指标体系

指标体系是考评与管理工作的评价依据,确立科学的考评与管理标准极为关键,应当以公共部门工作人员的权利和义务作为制定考评与管理标准的基本依据,从德、能、勤、绩、廉五个方面,确定合适的考评与管理标准,做到定量与定性考评相结合,能够量化的尽可能量化。而且,应根据不同的考评与管理目的、考评与管理对象及其工作性质的不同,因事制宜,设计不同的考评与管理标准。如晋升考评和年度考评的标准应有很大不同,前者目的是晋升,主要考评公共部门工作人员的政策理论水平、工作潜力、领导能力等;而年度考评主要是考察公共部门工作人员的年度工作表现。

3.变单纯的考评为绩效管理,提高绩效考评的功用

目前我国公共部门的考核工作仍处于初级阶段,单纯为考评而考评,还没有上升到绩效考评乃至绩效管理的阶段。而且考评结果的使用虽与其升、降、奖、惩紧密挂钩,但却并非十分科学合理。在考评中要充分注意到公共部门工作人员作为人的社会价值追求和高层次的精神需求,要从公共部门工作人员自身的需要来制定考评的政策与标准,把公务员的潜能开发、绩效提高与个性发展引入考评目的中来,最大限度地发挥激励竞争机制在考评中的功用。

4.按照管理权限,实行分级分类考评与管理

公共部门工作人员考评与管理工作应当按公共部门工作人员等级分级进行,一级考一级,上级考下级,把同一级公共部门工作人员放到一块考评与管理既可增加可比性,又能强调主管领导在考评与管理中的责任。这样可以克服不同级别公共部门工作人员放到一起考评与管理无法比较的现象。同时公务员绩效考评与管理工作还应当实行分类考评与管理,按不同的工作和业务、按考评与管理目的进行分类。这样才能克服不顾考评与管理目的和要求一味追求全面的问题,才能增强考评与管理的有效性。

二、我国事业单位绩效考评存在问题及对策

（一）存在问题

"长期以来,中国其他公共部门的员工考评基本都参照公务员考评的做法,

以定性的主观评价为主，容易流于形式。"公务员考评的病症在其他公共部门也依然存在。

1.考核内容笼统，考核指标雷同且可操作性不强

在我国事业单位现有的绩效考核体系中，考核内容基本上由"德、能、勤、绩"涵盖，但非常笼统，缺乏具体的考核要素，不能真实准确反映事业单位人员的实际工作绩效。许多部门倾向于用政治素质、职业道德和工作态度等指标考核工作人员，但没有对具体指标进行必要的说明，或仅作了抽象说明，使考核者很难客观、准确地把握标准，在考核结果方面必然会失之毫厘而谬以千里，无法保证考核的信度与效度。目前全国各类事业单位普遍采用《事业单位工作人员考核暂行规定》，采取定性与定量相结合、平时与定期相结合、领导与群众相结合的方式进行，按照德、能、勤、绩四个方面考核。这四个方面只是原则性的规定，对于权重没有明确的规定。这种绩效考评标准过于笼统，大同小异，不能体现不同工作岗位之间的岗位职责以及对任职者的素质、能力的要求，降低了考核结果的信度与效度。操作中缺乏科学性，常以主观评价为主，容易考评失真。

2.考核周期太长

我国事业单位的人员工作绩效考核一般采取的是年度考核。仅实行年度考核的最大弊端就是容易产生"近因效应"，考核者容易以被考核者最近几周或几个月的表现作为对其年度考核的尺度，而忽视其在一年的大部分时间的表现。缺乏平时考核，不能保证绩效考核结果的信度和效度。

3.考评结果简单，易出现平均主义

《事业单位工作人员考核暂行规定》中考评等次一般分为 3 个等次，即"优秀"、"称职"和"不称职"。多年的考核结果表明，能被评为"优秀"的人员凤毛麟角，为了避免出现考核中的矛盾现象，年度考核绝大多数人都集中在"称职"档次，基本没有人"不称职"，不能有效地体现工作人员的绩效差别。

4.考评功利色彩浓厚，结果更多直接应用于晋升与加薪

目前，将业绩评价考核与评定职称、加薪晋级等个人利益挂钩，是各事业单位普遍实行的制度。由于业绩评估指标量化程度较低，又事关员工的切身利益，所以无论是考核者还是被考核者都感到为难，要么在人情因素作用下，导致"皆大欢喜"的结果，要么强制规定优良等级比例。以学校考核为例，容易造成以下弊端：第一，提倡"一切向钱看"的价值观。作为公共部门的学校与私营部门的一个最大不同就是向社会提供公共物品和公共服务，其最重要的价值观是公共精神和公共伦理。而在目前流行的量化考核中，每一项工作却都与物质报酬挂钩，久而久之，难免使被考核者养成斤斤计较的习惯，公共精神和奉献精神就会逐渐丧失。从事科研工作应该是一种责任和爱好，探索自然和人类的奥秘是神圣的

工作,如果每一项成果都与物质回报挂钩,就是对这种精神的背离。第二,重数量轻质量。计算奖金的依据几乎主要根据工作和成果的数量,它会助长学术上的浮夸风,重数量不重质量,甚至弄虚作假。第三,缺乏因不同学科特点而进行个性化设计。不同的学科,其发展规律不一样,缺乏横向之间的可比性,但目前的量化考核方案,一定程度上忽视了这种差异性,采取同一方法计算工作量。第四,不利于基础学科的发展。因为这种考核是急功近利式的,与基础学科研究所需要的沉着、稳重和注意潜心积累的精神背道而驰。

（二）应对之策

1.分层次、分类别设计考评指标

为了提高考核结果的信度和效度,考核指标应满足如下 3 个条件:其一,对不同层级或不同类别的考核对象,考核指标体系应有所不同;其二,在对不同层级或不同类别的考核对象进行考核时,考核指标应该赋予不同的权重;其三,要定性分析与定量分析相结合,强化考核指标的可比性。此外,对每个考核指标,还应有具体详细的说明,便于考核者、被考核者准确地把握内涵,减少因对考核指标理解有异而导致的偏差。因此,针对事业单位不同层级或不同类别的考核对象,应分别设计具体的考核指标,并且把"绩"的考核指标分解为"个性指标"和"共性指标",采用定性指标与定量指标相结合的形式,克服原有考核指标过于机械化、缺乏针对性的不足。同时,可采用层次分析法确定不同层级的考核对象的指标权重,提高考核结果的信度与效度。

2.进一步增强可操作性

（1）基于特质、行为、业绩基础上进行定性与定量相结合。考评内容要包括员工特质、行为、业绩,考核方法应采取定性与定量相结合的方式,克服传统考核方式的不足。可以采用综合运用目标管理法等考核方法。

（2）平时与定期相结合。事业单位的各级管理者不仅要通过日常的工作了解工作人员的实际工作表现,还要通过综合考核来评价工作人员在某一段时间内的业绩水平。建议事业单位采取平时考评与年度考评结合在一起,按时间上可分为月度考评、半年跟踪、年终总结相结合的方式,对人员的工作绩效进行考评。平时是考评对象履行岗位职责的日常情况,定期是目前通常进行的考核形式,平时的积累是产生年度考核结果的业绩依据,因此,抓住平时考评也就为以后各类考评提供了切实可行的准确记录。定期考评应将考评工作常规化、平常化,注重平时工作的记录、评价、对比,建立考评记事本、考评登记本、工作日志等,对日常考评进行及时的总结分析。这种平时考评与定期考评相结合的方式,能够克服年度考评中易受"近因效应"影响的不足,提高了考核的准确度。

3.做好考评结果运用。考评是手段,使用是目的。绩效反馈作为人员绩效考评的一个必不可少的环节,在保证考核结果的信度与效度方面也起着举足轻重的作用。有效的绩效反馈能够实现考核者与被考核者之间直接的沟通,使考核者掌握被考核者对于考核结果的看法,及时发现绩效考核中存在的问题,为进一步改进考核结果信度与效度提供有用信息。

本章练习

1. 绩效的含义及特点是什么?
2. 比较绩效管理与绩效考评的异同。
3. 简述人力资源绩效管理的作用。
4. 绩效考评主体有哪些? 各有什么优缺点?
5. 绩效考评方法有哪些? 各有什么优缺点?
6. 绩效考评的常见偏差有哪些? 如何克服?
7. 你对目前我国政府部门或事业单位的绩效管理有何评价与建议?

案例讨论

江苏省公务员量化考评模式①

依据机关目标责任制的实施程度、机关层次和工作性质以及重要的环境因素,按联合矩阵法的规则,江苏省设计了全省公务员量化考评测评体系的三套体系模式,一是基本模式,二是动态模式,三是简约模式,以量表形式分别表示其体系框架,供各地、各部门选择运用。

1. 基本模式

基本模式一般适用于市和市以上机关中,尚未实行政府目标责任制的部门和单位。测评体系设计包括四个部分:

(1)制定考评指标体系,包括德、能、勤、绩四个方面。考虑到公务员考评工作的实际需要与可能,将考评指标分解为两级,有条件的部门和单位可以制定三

---

① 引自赵曼主编:《公共部门人力资源绩效管理》,清华大学出版社 2005 年版,第 210 页。

级指标。二级指标的确定,主要满足考评的有效性与可测性,兼顾可行性。二级指标维度(亦称"考评项目"、"考评因素")的数量要适宜。目前实施量化考评的单位,使用二级指标维度最少的为 10 个,最多的为 25 个。

(2)一级指标权重的确定,主要依据组织目标与价值取向。行政机关对公务员的要求与经济组织有显著区别,对公务员的"德"有严格的标准。所以,"德"应在指标体系中占重要的位置和一定的权重。目前,公务员考评"以实绩为导向"已成为广泛的共识。一般来说,机关的级别越低,越贴近经济和社会生活的第一线,公务员工作实绩的表现就越具体,考评指标体系中"绩"的权重就越大。在江苏省实施公务员量化考评的部门中,"绩"的权重均占 35% 以上;在一些基层单位其权重占到 40%~60% 以上。

(3)二级指标权重的确定,与公务员职位的高低及性质有关,以职位分析为依据。从职位高低看,二级指标中"理论学习、政策水平、组织协调、应变能力、工作效率、总体绩效"的权重,领导职位高于非领导职位;"团结协作、诚信服务、创新能力、调研能力、完成任务数量质量"的权重,领导职位低于非领导职位(详见表 6-6)。对专业性较强的部门和单位而言,与专业工作直接相关的指标,其权重相应高一些。

表 6-6 中国公务员量化考评测评参考标准表

一级指标	二级指标	考评指标	领导职位等级分值				非领导职位等级分值			
			A	B	C	D	A	B	C	D
德	理论学习政策水平	学习政治理论及业务知识有成果;准确理解、认真执行党和国家政策;能正确运用与本工作有关的政策法规	12	10	7	5	9	7	6	4
	清正廉洁遵纪守法	依法办事,自觉遵守党和国家廉正规定,遵守《国家公务员暂行条例》纪律规定	9	7	6	4	9	7	6	4
	团结协作诚信服务	顾全大局、善于与同志协作;诚实守信,处事公正,为群众服务有成效	9	7	6	4	12	4	7	5
能	创新能力调研能力	工作有预见性、有特色、有影响;在调研工作中能独立分析、综合问题,有调研成果	12	10	7	4	13	10	8	6
	组织协调应变能力	能协调好与本职工作有关的人际关系;善于处理突发事件和临时任务	9	7	5	3	8	6	4	2
	表达能力	熟练掌握机关公文写作技能,口头表达准确,工作态度端正	4	3	2	1	4	3	2	1

续表

一级指标	二级指标	考评指标	领导职位等级分值				非领导职位等级分值			
			A	B	C	D	A	B	C	D
勤	工作态度	工作积极主动、认真务实、尽职尽责	6	5	4	3	6	5	4	3
	出勤情况	遵守考勤制度、积极参加集体和公益活动	4	3	2	1	4	3	2	1
绩	完成任务数量质量	能按照机关工作目标和职位职责的要求完成本职工作和领导交办的事项	20	17	13	9	23	20	14	9
	工作效率总体绩效	办事快捷、处事稳妥、绩效明显	15	12	9	6	12	10	8	5

（4）确定考评指标的等级分值，是指将所有的考评指标按照统一的规格，分为若干档次，并对各个档次赋予固定的分值。各地做法不尽相同，有的分为4档，有的分为10档；各档次分值之间的级差，有的是等量的，有的是不等量的；分值的表达，有的是百分比，有的是百分制。这些做法之间并没有原则的区别。不过，由于目前量化考评的精确度还达不到10个档次的程度，而且公务员考评结果只有4个等次，所以一般分4个档次。

基本模式二级指标的数量与内容、一级指标和二级指标的权重、指标等级分值，由同级政府人事部门确定。

2. 动态模式

公务员量化考评测评体系的动态模式一般适用于县、乡镇机关和已经实施政府目标责任制的部门和单位。它是在基本模式的基础上，通过较大的修改与变动形成的。其依据有以下几个方面：第一，实施政府目标责任制的单位，机关管理已经发生重大的变化，量化考评必须与其相配套。第二，基层机关与上级机关在工作特点方面的重大区别是其面向经济生活第一线，工作目标易受经济变化的影响，突发性、临时性任务较多，公务员绩效对经济和社会产生较直接的影响。第三，基层部门和单位的类别较多，工作性质比较复杂，人员考评呈现多样化特征。

基于以上因素，江苏省对基本模式作了下述修改：

（1）在量表中增设了"动态指标"栏。该栏目中的各指标，可以根据需要，合理增减。该栏内的指标不占"百分考评"的权重，其指标个数、分值占年度考评的比例一般由同级政府人事部门规定，以"加分"或"成分"计入年度考评总分。

（2）政府目标责任制的内容包括两部分：地方政府年度重点工作任务和职能部门的目标和责任。将"职能部门的目标和责任"并入考评指标"绩"；增设考评指标"地方政府重点任务"。其权重一般由同级政府人事部门规定。

(3)增设考评指标"关键事件",并列入"动态指标"栏。

(4)增设考评指标"考评计划外任务",并列入"动态指标"栏。

(5)由同级政府人事部门对"关键事件"、"考评计划外任务"的范围做出规定。

3. 简约模式

公务员量化考评测评体系的简约模式是在动态模式的基础上,进行修改和简化。该模式适用于试点或实施量化考评时间不长的部门,也适用于以绩效为主导、注重实现当期目标的单位。

其主要依据是:

第一,绩效管理以"结果为本"理念为基础,以市场机制为依据,强调组织中的人在实现组织目标的过程中,已经将自身的德与能"内化"到组织绩效之中,故以考评人所做的事来反映和折射人的"德"与"能"是现实有效的途径。

第二,目前在实际工作中,对"德"只能作定性评价;对"能"的定量测量在多数部门和单位还缺乏条件;量化考评试点单位以循序渐进、先易后难比较适宜。考虑到上述因素,江苏省撤掉量化考评指标体系中的一级指标"德"与"能",单独作定性评价,评价得出的等次折算为相应的分值,纳入年度考评总分,其比例由同级政府人事部门规定。

讨论题:

1. 简要评价江苏省公务员量化考评模式的优缺点。

2. 江苏省公务员量化考评的基本模式、动态模式与简约模式之间是什么关系?

3. 如何结合我国公共部门的实际情况实施量化考评?

第七章　公共部门人力资源薪酬管理

学习精要

★公共部门薪酬的含义和特点

★公共部门薪酬的基本构成和功能

★公共部门薪酬管理的设计原则和新趋向

★公共部门薪酬管理的主要内容

★公共部门员工福利的含义和特点

★公共部门员工福利实施原则和主要内容

★公共部门员工社会保险的含义

★公共部门员工社会保险的功能和主要内容

薪酬管理是人力资源管理的核心环节之一。在公共部门中,建立一套公平合理且具有吸引力的薪酬制度不但能有效地激发员工的积极性,促使员工努力实现组织目标,提高行政工作效率,而且能在人力资源竞争日益激烈的环境中,充实并稳定住一支素质良好、具有竞争力的公职人员队伍。

第一节　公共部门人力资源薪酬概述

一、公共部门薪酬的含义及特点

(一)公共部门人力资源薪酬的含义

薪酬,中文原意是煮饭用的柴火和水,传统称谓是工资、薪水、薪俸;英文为compensation,指平衡、弥补、补偿,是组织对员工所付出的知识、技能、努力和时间的补偿或者报酬。

传统观点认为,薪酬是活劳动的报酬,即对员工已经完成或者将要完成的工作、已提供或将要提供的服务以货币作为结算工具,并由共同协议或国家法律、法规及其政策确定,凭雇佣合同支付的报酬或收入。

任务特征理论(job characteristic theory)则认为,薪酬是员工因完成任务或者工作而得到的内在报酬(intrinsic compensation)与外在报酬(extrinsic compensation)的总称。内在报酬指的是员工因为完成某种工作和组织指派的任务而获得的心理上的满足和成就感;外在报酬则指的是员工完成某项任务和工作而得到的组织所给予的货币报酬和非货币报酬。

美国人力资源管理专家托马斯·J.伯格曼和维达·基尔比纳斯·斯卡佩罗在《薪酬决策》一书中提到,薪酬包括四个明确的组成部分:薪酬=工资或薪水+雇员福利+一次性货币报酬+非货币报酬。①

根据我国的国情及实际情况,我们认为,在我国公共部门,薪酬是指用人单位根据国家有关规定或劳动合同的约定,以货币或非货币形式支付给本单位劳动者的劳动报酬。

(二)公共部门薪酬的特点

1.符合国家法律规范

薪酬制度必须符合政府的有关政策和法律法规,如关于薪酬水平最低标准的法规、反薪酬歧视的法规、薪酬保障法规等。公务员的工资受国家法律保护,除有国家法律和政策规定者外,任何单位和个人不得以任何形式增加或者扣减公务员的工资。《中华人民共和国公务员法》规定:"公务员工资应当按时足额发放。"公务员在承担一定的责任和义务的同时也被赋予了相应的权利。各国公务员管理制度都明确规定了公务员的工资报酬权。实行公务员工资的法律保障,一方面可以保证公务员工资的及时发放,杜绝拖欠行为;另一方面,让公务员工资晋级有了法律规定的限制,杜绝不正之风。

2.与国家经济发展水平相适应

国家根据物价指数的变动,定期调整公务员的工资,使公务员的工资增长高于或等于物价上涨率,从而保证公务员的实际工资水平不因物价上涨而下降。这是基于工资对于员工生活的保障作用而定的。从各国的情况来看,虽然具体做法不完全一致,有的国家将公务员的工资与物价直接挂钩,有的国家则不直接挂钩,但在公务员工资要对物价的上涨进行补偿这一点上是共同的。国家根据国民经济的发展和生活费用价格指数的变动,有计划地提高公务员的工资标准,使公务员的实际工资水平不断提高。

3.与工作绩效相适应

---

① 托马斯·J·伯格曼、维达·基尔比纳斯·斯卡佩罗:《薪酬决策》(第4版),中信出版社2004年版,第7页。

公共部门的行为宗旨是从公共利益出发,最大限度地提供公共服务。公共服务质量的提高成为公务员追求的主要目标。优质的服务源于公务员卓越的绩效表现。将公务员薪酬制度从传统的论资排辈的管理体系转变为注重个人发展潜力与绩效表现的管理系统,极大地提高了公务员的积极性和主动性,促进了公共服务质量的提高,从而为公共部门塑造廉洁、高效形象提供了有力保证。

4.形式多元化

薪酬的表现形式主要有两种:一种是定额式或计时式,一种是绩效式。其中定额式可进一步分成时薪、日薪、周薪、月薪及年薪,它是对一定时间的劳动所支付的薪酬;绩效式主要表现为计件式,它是根据劳动者个人或集体完成的产量,按照预先规定的单价标准支付的薪酬。在绩效式下,劳动绩效与薪酬相对应。

5.体现激励性

薪酬是对劳动者和经营者工作绩效的一种评价,反映着其工作的数量和质量状况。因此,薪酬可以激励员工的劳动效率和积极性。薪酬管理的重点就在于创立这样一种机制,这种机制能将组织支出的大批费用变为高度激励员工取得良好绩效的诱因。

二、公共部门薪酬的基本构成

薪酬是一个综合性的范畴,理论界对其组成有不同的看法。根据薪酬的功能,可以将薪酬划分为基本薪酬和辅助薪酬。基本薪酬是计算其他报酬的依据,也是薪酬的主要内容;辅助薪酬是对基本薪酬的补充和调节。依据薪酬的取得方式,可将薪酬分为直接薪酬和间接薪酬。依据薪酬的表现形式,可将薪酬分为货币性薪酬和非货币性薪酬。依据薪酬的发生机制,可将薪酬分为外在薪酬和内在薪酬。这里主要介绍前后两种薪酬分类的具体组成。[①]

(一)按薪酬功能分类的薪酬组成

1.基本薪酬。基本薪酬由于其数额固定、风险较小,因而能为员工提供一个较稳定的收入来源,以满足员工起码的生活需要。它是以员工的劳动熟练程度、工作复杂程度、责任大小、工作环境、劳动强度为依据,并考虑劳动者的工龄、学历、资历等因素,按照员工实际完成的劳动定额、工作时间或劳动消耗而计付的劳动报酬。它包括等级薪酬、岗位薪酬、结构薪酬、技能薪酬和年功薪酬等几种主要类型。在我国现行基本薪酬制度体系中,国家机关实行职级薪酬制,具体由职务薪酬、级别薪酬、基础薪酬和工龄薪酬四部分构成;事业单位按专业技术人

---

① 赵曼:《公共部门人力资源管理》,清华大学出版社 2005 年版,第 214 页。

员、管理人员和工人实行不同的薪酬制度。其中,教育、科研、卫生、农业、林业、水利、气象、地震、设计、新闻、出版、广播电影电视、技术监督、商品检验、环境保护、图书馆、博物馆、档案馆等事业单位的专业技术人员实行专业技术职务等级薪酬制,地质、测绘、交通、海洋、水产等事业单位实行专业技术职务岗位薪酬制,文化艺术表演单位实行艺术结构薪酬制,体育运动员实行体育津贴、资金制,金融单位实行行员等级薪酬制。

2.辅助薪酬。辅助薪酬主要包括奖励薪酬、成就薪酬和津贴。基本薪酬虽然能帮助员工避免收入风险,但它不能体现员工的工作努力程度和劳动成果。奖励薪酬又称效率薪酬或激励薪酬,这种薪酬是对超额劳动给予的报酬。奖励薪酬的依据是工作投入和业绩大小。当奖励薪酬随着员工努力程度的变化而变化时,可称之为投入奖励薪酬;当薪酬随着员工贡献大小的变化而变化时,可称之为业绩奖励薪酬。采用投入奖励薪酬还是业绩奖励薪酬,取决于对员工投入和业绩的观察和测度哪一个更容易。成就薪酬指的是当员工在组织内部为组织做出卓越的贡献之后,组织以提高基本薪酬的形式付给员工的报酬。成就薪酬与奖励薪酬的相同点在于它们都取决于员工的努力及对组织的贡献和业绩。不同之处在于成就薪酬是对员工过去一段较长时间内所取得的成果和业绩的认可,表现为基本薪酬的增加,具有永久性;而奖励薪酬是与员工当下的表现挂钩,具有一次性。成就薪酬由于与员工的长期努力和业绩相挂钩,因此,有利于减少公共部门人力资源的流失和建立高素质的公务员队伍。津贴指的是根据员工的工作特性以及特定条件下的额外生活费用而给付的劳动报酬。非营利性公共部门人力资源津贴大体上可分为工作津贴和地区性津贴两大类。其中工作津贴主要有特殊岗位津贴,特殊劳动时间津贴,特殊职务津贴;地区性津贴主要有艰苦边远地区津贴和地区生活津贴。津贴、补贴的种类,发放范围和标准等,一般由国家统一规定。对国家没有统一规定的,地区和公共部门可根据工作需要,在政策允许的范围内,自行设立项目。在非营利性组织公共部门的薪酬构成中,通常还包括以额外福利的名义支付给员工的小额优惠,如免费和折价的工作餐,优惠的住房,公费医疗,免费或低价提供的交通工具,带薪休假等。

(二)按薪酬发生机制分类的薪酬组成

1.外在薪酬。外在薪酬是指组织针对员工所付出的劳动和所作的贡献而支付给员工的各种形式的收入。包括工资、奖金、津贴及各种直接和间接支付的福利。外在薪酬可进一步分为货币性薪酬、福利性薪酬和非财务性薪酬。对于公共部门的员工来说,货币性薪酬只是一种间接性薪酬,他们的最终需求可能是其他方面,如得到社会的认同和尊重、获得更多的服务、获得更多职务带来的便利等。福利性薪酬包括货币性和非货币性两部分,福利性薪酬是吸引高素质人才、

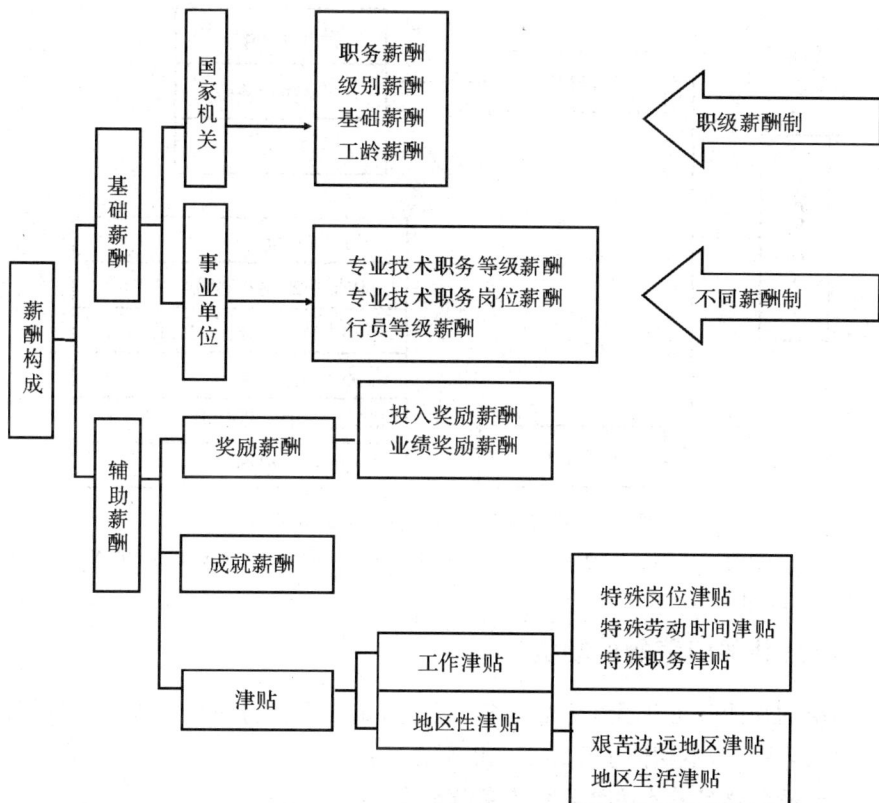

图 7-1 按薪酬功能分类的薪酬构成

引自赵曙明:《人力资源管理与开发》,北京师范大学出版社 2006 年版。

稳定员工队伍的重要工具。非财务性薪酬主要包括:稳定的职业保障、安全舒适的办公环境和条件、职务带来的消费和便利、参与决策的权利以及其他服务等。

　　2.内在薪酬。内在薪酬是与外在薪酬相对而言的,它是指那些给员工提供的不能以量化的货币形式表现的各种奖励价值,是基于工作任务本身的报酬。它是雇员因完成工作而形成的心理思维形式,对个人而言是内在的,通常是因为参与特定的任务和工作而产生的。[①] 内在薪酬较难定义,主要包括:职业发展、工作成就、职业安全和社会地位等。

----

　　① 赵曙明:《人力资源管理与开发》,北京师范大学出版社 2006 年版,第 179 页。

```
                                        ┌──────────────────┐
                                        │   货币性薪酬      │
                        ┌──────────┐    ├──────────────────┤
                    ┌───│  外在薪酬 │────│   非财务性薪酬    │
                    │   └──────────┘    ├──────────────────┤
                    │                   │   福利性薪酬      │
         ┌───────┐  │                   └──────────────────┘
         │ 薪    │  │
         │ 酬    │──┤                   ┌──────────────────┐
         │ 构    │  │                   │  工作的满意度     │
         │ 成    │  │                   ├──────────────────┤
         └───────┘  │                   │ 工作带来的成就感和荣誉感 │
                    │                   ├──────────────────┤
                    │                   │ 能够发挥个人潜力的工作机会 │
                    │   ┌──────────┐    ├──────────────────┤
                    └───│  内在薪酬 │────│  和睦的组织文化   │
                        └──────────┘    ├──────────────────┤
                                        │ 相互配合的工作环境 │
                                        ├──────────────────┤
                                        │  个人发展的机遇   │
                                        └──────────────────┘
```

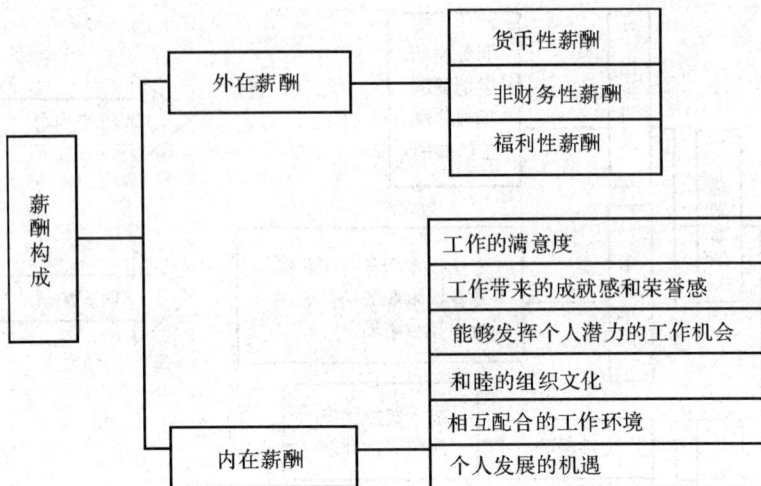

图 7-2　按薪酬发生机制分类的薪酬构成

引自赵曙明:《人力资源管理与开发》,北京师范大学出版社 2006 年版,第 180 页。

三、公共部门薪酬的功能

薪酬的功能既可从员工方面分析,也可从组织方面分析。如果从一般管理的角度看,薪酬基本功能主要体现在以下方面:

(一)薪酬决定着人力资源的流动与配置

管理过程实质上是各类资源的配置与使用过程。资源大体上可分为物质资源、资本资源和人力资源三类。在这三类资源中,人力资源的配置与使用至关重要,因为人是各个生产要素中起决定性作用的要素。薪酬在实现人力资源合理配置中起着十分重要的作用。薪酬一方面代表着劳动者可以提供的不同劳动能力的数量与质量,反映着劳动力供给方面的基本特征;另一方面代表着用人单位对人力资源需要的种类、数量和程度,反映着劳动力需求方面的特征。因此,薪酬这个人力资源中最重要的经济参数,引导着人力资源流动和配置:当某一地区、部门和某一职业及工种的劳动力供不应求时,薪酬就会上升,从而促使劳动力从其他地区、部门、组织及工种向紧缺的区域流动,使流入区域的劳动供给增加,逐步趋向平衡;反之亦然。①

从管理的角度看,公共部门存在着两种不同的薪酬机制。一种是政府主导型的薪酬机制。这种机制主要是通过行政的、指令的、计划的方法来直接确定不

---

① 赵曼:《公共部门人力资源管理》,清华大学出版社 2005 年版,第 216 页。

同种类、不同质量的各类劳动者的薪酬水平、薪酬结构,从而引导人力资源的配置。另一种是市场主导型的薪酬机制。这种机制主要是通过劳动力的流动和市场竞争,通过在供求平衡中所形成的薪酬水平和薪酬差别来引导人力资源的配置。目前,政府机关主要采用政府主导型的薪酬机制,非营利性组织采用双重薪酬机制。今后,在公共部门的薪酬管理中,为了更合理的配置与使用人力资源,应尽可能采用市场主导型的薪酬机制。

(二)薪酬直接决定着工作效率

依据马斯洛的需要层次理论,当雇员的低层次需求得到满足以后,通常会产生高层次的需求,必须设计出多层次并存的薪酬制度,保障薪酬的合理与公平。薪酬是劳动者满足物质、文化生活需要的主要手段,要想提高生活水平,就需努力工作以得到更高的薪酬。同时,薪酬的多寡往往与职位和社会地位的高低联系在一起,这就激励着工作人员不断积极向上。

此外,现代薪酬模式注重以下三种激励机制的综合运用:一是物质机制,它通过按劳付酬刺激员工具备更多、更精的业务技能,以此提高工作效率,获得更多的货币薪酬和更好的工作职位;二是精神机制,它通过个人贡献奖励来肯定员工在工作中的自我实现,从而体现人本主义观念,并使员工明白只有好的敬业精神,才能实现个人价值;三是政治机制,它通过劳动者个人业绩与公共管理目标的关系,来鼓励劳动者参与政治活动,并从政治的角度酬谢劳动者所做的努力,使员工增强政治荣誉感或获得更多的政治参与机会。由此可见,薪酬是一种动力机制,它直接决定着员工的工作效率。科学的薪酬激励机制还有利于改善公共服务人员良好的公众形象,提高公共服务人员的创新意识,建立廉洁高效的员工队伍,并为建立精炼、高效、勤政、公正的政府机构和公共组织创造条件。

(三)薪酬关系到社会的稳定和人力资源的再生产能力

在我国现阶段,薪酬是社会成员个人消费资料的主要来源,从经济学的角度上看,薪酬一经向员工付出即退出生产领域,进入消费领域。作为消费性的薪酬,保障了社会成员的生活需要,实现了劳动力的再生产。薪酬标准过低,无法保障公共部门员工的基本生活,劳动力的消耗无法得到补偿,势必影响到人力资源的再生产能力;薪资标准过高,则造成不平衡的社会心理,不利于社会稳定,同时给公共部门的预算造成一定程度上的负担。

此外,薪酬实际上是一种公平交易,用以补偿劳动者的劳动付出或劳动消耗,以便于劳动力的再生产以及获得社会的尊重等。在工作过程中,必然要消耗体力和脑力,而人的体力和脑力只有得到补偿才能维持劳动力的再生产,才能使工作循环进行。同时,工作者为了更好地完成工作,提高自身素质,需进行自我教育开发投资,这笔费用也需得到补偿,否则,劳动力素质就难以得到不断提高,进而影响组织目标的实现。另外,在职者大多还承担着抚养孩子和赡养老人的责任。这些都不可能完全由社会来承担,有相当部分需由个人解决,解决的途径就是:劳动者以劳动取得工资,以工资换取物质、文化生活资料,使以上支出得到补偿。

第二节　公共部门薪酬设计与管理

一、公共部门薪酬管理

(一)公共部门薪酬管理的含义

薪酬对于员工和组织的重要性决定了薪酬管理对于公共部门的重要性。所谓公共部门的薪酬管理,指的是公共部门为行使其职能,由人事行政部门负责、相关职能部门参与设计薪酬系统的一切管理工作,也是制定便于吸引人才、任用人才和激励士气的薪酬体系的管理过程。[1]在这一过程中,公共部门应当就薪酬水平、薪酬体系、薪酬结构、薪酬形式做出决策。同时,作为一种持续的组织过程,公共部门还必须不断地制定薪酬计划、拟定薪酬预算、就薪酬管理问题与员工进行沟通,并对薪酬系统本身的有效性做出评价,而后不断地予以完善。薪酬管理为公共部门的正常运行提供人力资源保证,是公共部门人力资源管理的物质基础。

(二)公共部门薪酬管理的目标

薪酬管理对于任何组织来说都是复杂的难题,公共部门和所有组织一样,它的薪酬管理系统一般需要同时达到公平性、有效性和合法性三大目标。所谓公平性,指的是公职人员对于公共部门薪酬管理系统及管理过程的公平性、公正性的看法或感受,这种公平性涉及公职人员对于自身薪酬和公共部门外部劳动力市场薪酬情况、相同类别职位的其他同事、组织内部不同职位的同事之间的薪酬对比。所谓有效性,指的是薪酬管理系统能够帮助公共部门实现预定策略目标的最大限度,比如公共部门的形象明显提升,公共服务的质量提高,政府信任度提高等。所谓合法性,指的是公共部门的薪酬管理体系和管理过程是否符合国家的相关法律规定。从国际通行情况看,与薪酬管理有关的法律主要包括最低工资立法、同工同酬立法或反歧视立法等,我国则是《中华人民共和国公务员法》等。

---

[1] 倪星:《公共部门人力资源管理》,东北财经大学出版社2008年版,第212页。

(三)公共部门薪酬管理的基本原则

良好薪酬制度的建立会使组织进入期望——创新的循环,而一旦薪酬制度失效,则会导致员工积极性和工作效率降低、内部矛盾激化等严重后果。为此,在确定公共部门薪酬制度时,一般要符合以下原则:

1. 与公共利益相一致原则

薪酬的制定应当围绕组织的战略目标实现来进行,这应是制定薪酬制度的总体指导思想之一。对组织战略目标的实现贡献大的职位或个人,理应得到薪酬分配上的倾斜。而公共部门的组织目标是为了最大限度地实现公共利益,为公民提供更高质量的公共服务,故此,公共部门的薪酬设计应当与组织的战略目标——实现公共利益相一致。

2. 按劳分配原则

根据这一原则,社会成员应按照向社会提供的劳动质量和数量领取报酬。国家公务员的劳动虽然不能直接创造社会财富,其劳动的经济效益也难以直接衡量,但作为社会分工体系中不可缺少的一个重要组成部分,也应当贯彻按劳分配原则。根据员工的劳动量付酬,既能维持员工的劳动能力再生产,也能满足员工的生活需求和学习需求。《中华人民共和国公务员法》第73条规定,国家公务员的薪酬制度要贯彻按劳分配的原则。

3. 平衡比较原则

平衡比较原则是指在确定公职人员薪酬时,应参考企业职工的工资水平,力求使公职人员的工资水平与企业同类员工的工资水平保持适当平衡。所谓同类人员,指的是职务相当、学历相当、资历相当等。这是处理公共部门和外部系统工资关系的重要准则。通过与企业工资的平衡,间接引进了市场机制,使公务员工资水平的提高与国民经济发展保持了恰当的比例关系。《中华人民共和国公务员法》规定,国家公务员薪酬水平与国有企业相当人员的平均薪酬水平大体持平。

4. 同工同酬原则

同工同酬原则是指在确定公职人员工资时,对担任相同职务与工作的人员,应给予大致相同的工资待遇,不应因其性别、民族、出身等不同而有所不同。这一原则几乎是西方市场经济国家公务员薪酬分配的首要原则,在部分国家还得到了法律的认可。同工同酬是按劳分配的本质体现,同时这对于实现民族平等、男女平等、区域平等等关系到社会长久治安的重要问题有着尤其重大的影响。故而,同工同酬是体现薪酬管理和设计公平性的基本原则之一。

5. 正常增薪原则

正常增薪原则是指依照社会经济发展水平和有关法律规定,政府财政预算必须保证一定的经费用于公职人员工资的正常增加,这是保持公职人员工资外部平衡关系和内部合理工资关系的机制,深受当今世界各国政府的重视,但常常受到国家经济状况和财政状况的影响而不能有效贯彻。实现公共部门工作人员工资的正常增长,是社会经济发展规律在公共部门工资制度中的体现。随着国民经济的发展和劳动生产率的提高,公共部门工作人员的工资水平也应与之相协调,得以相应提高。根据我国现行《公务员法》第73条的规定,我国的公务人员也实行正常增薪制度。

6. 物价补偿原则

物价补偿原则是指受通货膨胀的影响,员工的工资报酬有可能偏离工作绩效所应得的薪酬水平。因此,政府要根据物价指数的变动,定期适当调整公务员薪酬,使薪酬增长率等于或高于物价上涨指数率,以保证公务员的实际工资不因物价上涨而下降。物价补偿具体有三种方式:(1)实行薪酬指数化;(2)参照物价上涨水平,定期调整薪酬标准;(3)发放物价补贴,计入薪酬标准。我国《国家公务员法》规定,公务员的工资水平应当与国民经济发展相协调、与社会进步相适应。

7. 法律保障原则

法律保障原则指的是薪酬管理制度应合乎有关法律、法规和政策的规定,强调依法管理薪酬。我国目前尚未制定专门的公共部门薪酬法律,但政府明确指出除国家法律、法规和政策规定外,国家行政机关不得以任何形式增加或扣减国家公务员的薪酬。薪酬法的制定在我国是当务之急,同时也是薪酬法制化管理的必由之路。

二、公共部门薪酬管理的新趋向

(一)薪酬管理的透明化趋向

模糊薪酬与透明薪酬孰优孰劣,至今尚有争议。但目前占主导的意见和做法是实行透明的薪酬制度。薪酬制度的透明化是保证薪酬分配内部公平性和员工个人公平性的有力支柱,它向员工表明:组织的薪酬制度是建立在公正公开公平基础之上的,薪酬高低有其科学依据和合理性。透明薪酬鼓励所有员工监督其公正性,并对组织的薪酬分配提出申诉或建议。透明薪酬的公平性使其激励功能得以强化;模糊薪酬则容易在员工中产生"薪酬不平等"的印象,使薪酬应有的激励作用大大减少。而且,实行模糊薪酬的组织事实上也难以长期保持其薪酬的模糊性,员工会通过各种渠道了解同事的工资额,使模糊薪酬很快变成透明。在这过程中,员工可能会产生猜疑、嫉妒心理或吵闹、别有用心的调唆等行为,会严重破坏组织的人际关系和团队合作精神,其负面效应往往大于模糊薪酬可能产生的正面效应。①

（二）薪酬管理的国际化趋向

薪酬管理的国际化指的是一个国家的薪酬管理面向国际社会，把国际的、跨文化的、全球的观点融合到薪酬理念、制度和技术等诸项管理和设计中去的一种趋势、过程和状态。在国际化的过程中，各个国家的薪酬管理理念和管理技术，通过各种传播载体在全球范围内的传播，并和不同国家的薪酬管理理念、技术相互交流、碰撞，最后得到相互融合、相互发展与相互应用，比如说新加坡的高薪养廉的公共部门薪酬管理政策对于我国公共部门薪酬管理制度的影响等。

（三）薪酬管理的法制化趋向

公共部门薪酬管理的法制化趋向表现在公共部门工作人员的待遇、薪酬的变化必须根据国家有关法律法规和政策的规定，变随意性为规范性。公务员增加或者减少工资及保险福利待遇，都必须根据国家有关法律和政策规定。按现行规定，增加公务员的工资及保险福利待遇，必须是当公务员遇到晋级、晋升、定期晋升工资档次，调整工资标准、调整保险福利待遇等情况时，才能按照规定进行的；减少公务员工资及保险福利待遇，必须是在公务员遇有受到降级处分、降低职务等情况时，才能按有关规定进行。在没有法律和政策规定的情况下，不能随意增加或扣减公务员的工资和保险福利待遇。规定不能随意增加工资和保险福利待遇，是强调工资制度和保险福利制度的严肃性，严明纪律，各地各部门不得擅自提高标准。规定不得随意扣减公务员的工资和保险福利待遇，是强调公务员的权利应受保护，随意扣减就是侵犯了公务员的权利。②

（四）薪酬管理理念的人性化转变

我国薪酬管理与世界发达国家的薪酬管理存在一定的差距，这与我国传统的人事管理和工资管理理念有着密切的关系。国际化背景下，我国公共部门的人力资源管理理念应当赶上国际主流的发展，转变传统的人事管理模式，变等价交易的薪酬管理理念为"以人为本"的人性化，以对雇员的参与和潜能开发为目标的管理理念。我国的"人本管理"在理论上已经相当成熟，然而在实践中，对人的尊重和关心并没有真正得到落实。薪酬管理是对人的看法和提高工作效率的间接体现，理念往往反映在各个薪酬决策的细节中。这种薪酬管理理念下的薪酬管理体系，作为一种激励的机制和手段，其基本思路是将薪酬计划建立在薪

---

① 魏新、刘苑辉、黄爱华：《人力资源管理概论》，华南理工大学出版社2007年版，第300页。

② 吴琼恩、张世杰、许世雨、董克用、蔡秀涓|苏伟业：《公共人力资源管理》，北京大学出版社2006年版，第190页。

酬、信任、减缩工资分类和依据绩效四个原则的基础之上,目的是加大薪酬的激励力度,以换取员工对于公共部门的认同感和敬业精神。

三、公共部门薪酬管理的主要内容

公共部门薪酬管理包括以下方面内容:确定薪酬管理的目标;选择薪酬政策;制定薪酬计划;调整薪酬结构;控制薪酬预算等。

(一)职务级别工资制

当今世界各国公共部门人力资源的管理实践证明,职务级别工资制是一种行之有效的薪酬管理制度。在我国,职务级别工资制度确立于1985年,是我国公共部门薪酬管理的支柱,在新的《公务员法》中得到了完善。

1. 职务级别工资制的含义

职务级别工资制以公务人员所任职位及年功为主要标准确定工资标准,即形成确定公务人员标准的矩阵排列,竖为职位等级,横为级别,每一职等对应着若干级别。这较之于供给制和单一的以职位为标准的工资制是一个进步,它体现了公务人员的技术专业性和事务性特点。职等表示公务人员所从事工作的难易简繁、责任大小以及所需任职资格条件,级别表示年功、资历以及实际贡献的大小。职等的高低与工资高低成正比,级别的高低也与工资高低成正比。

2. 职务级别工资制的特点

随着《中华人民共和国公务员法》的出台,我国公务员工资结构与制度有所调整。按照公务员法的规定,在建立公务员工资正常增长机制的基础上,实施新的工资制度。公务员工资包括基本工资、津贴、补贴和奖金四个部分,取消工龄工资,原有的工资构成相应简化。新工资制度的具体运作方式将由人事部制定的公务员工资单行条例来规定。

(1)工资组成得以改变。在职务级别工资制中增设了级别工资,是结构工资制中的奖励性工资独立到工资标准之外。按照新的工资组成,员工职务不提升也可通过晋升级别提高待遇,而且除基本工资平均发放之外,职务工资、级别工资和工龄工资都因人而异,拉开了工资差距,能更好地贯彻按劳分配原则,克服平均主义。

(2)补贴不再独立于工资之外。实行职务级别工资制之后,将原有平均发放的各种补贴纳入到工资之中,不再独立于工资之外存在。员工除获得标准工资和按规定享受津贴外,不再享有各种物价补贴和其他福利性补贴,大大降低了工资分配中的平均主义成分,也更明显地体现了以货币来代替实物发放的福利制度的改革趋势。

(3)将绩效纳入评价体系。实行职务等级工资之后,工资的晋升同绩效紧密挂钩,有利于发挥工资的激励作用,进一步提高公共部门的工作效率。《中华人民共和国公务员法》规定,凡定期考核中被确定为优秀、称职的公务员,按国家规定享受年终奖金。

3.职务级别工资制的构成

职务工资和级别工资共同构成了职务级别工资制的基础。

(1)职务工资

职务工资是按公务员的职务高低、责任轻重和工作难易程度确定工资标准,是职级工资制中体现按劳分配原则的重要内容。我国公共部门现有 12 个职务等级(表 7-1)。在职务

表 7-1 国家公务员的职务工资标准

单位:元/月

标准 \ 档次 \ 职务	1	2	3	4	5	6	7	8	9	10	11	12	13	14
主 席 副主席 总 理	850	970	1090	1210	1330	1450								
副总理 国务委员	680	785	890	995	1100	1205	1310							
部 长 省 长	560	650	740	830	920	1010	1100	1190						
副部长 副省长	460	540	620	700	780	860	940	1020	1100					
司 长 厅、局长	365	435	505	575	645	715	785	855	925	995				
副司长 副厅、局长	295	355	415	475	535	595	655	715	775	835				
处 长 县 长	240	290	340	390	440	490	540	590	640	690	740			
副处长 副县长	195	235	275	315	355	395	435	475	515	555	595			
科 长 主任科员	160	190	220	250	280	310	340	370	400	430	460	490		
副科长 副主任科员	136	158	180	202	224	246	268	290	312	334	356	378		
科 员	117	133	149	165	181	197	213	229	245	261	277	293	309	325
办事员	100	113	126	139	152	165	178	191	204	217	230	243	256	269

工资标准中,每一职务层次设若干工资档次——少则 3 档,主要是主席、副主席和总理一级的,多则 8 档。工作人员按担任的职务确定相应的职务工资,并随职务及任职年限的变化而变化。

(2)级别工资。级别工资主要体现公务人员的能力与资历。我国公共部门现有 15 个工资级别(表 7-2),各个级别分别设置工资标准,第 15 级的工资标准为 115 元,第 1 级的工资标准为 1166 元。随着级别的增高,相邻级别的工资差额也拉大,有 18 元到 136 元不等。级别和职务存在对应关系,体现公职人员的资历和能力状况。职务越高,对应的级别越少;职务越低,对应的级别越多。相邻职务对应的级别有所交叉,级别数高低由所任职务和工作年限共同确定,人员的级别工资只能在所任职务相对应的级数内变动。

表 7-2　国家公务员级别工资表

单位:元/月

级别	1	2	3	4	5	6	7	8	9	10	11	12	13	14	15
工资	1166	1030	903	790	686	586	490	408	340	281	231	190	158	133	115

(3)基础工资。基础工资是按维持、保障员工及其家属基本生活费用而确定的,各人员不分职务高低均执行相同的基础工资。基础工资是对职务和级别工资的补充,其职能是保障公务员本人及赡养人员基本的生活,并且在国家统一调整生活必需品价格时具有物价上涨的补偿作用。按照人事部、财政部的工资调整文件,公务员的基础工资由每人每月 180 元提高到 230 元。

(4)工龄工资。工龄工资的重要性比较小,其职能主要是体现公务员为社会积累的贡献的大小,按工作人员的工作年限确定,工作年限每增加一年,工龄工资增加一元,一直到离退休为止。工龄工资的存在有利于协调公务员的职务、贡献与资历三者之间的关系。

(二)奖金、津贴和补贴制度

奖金、津贴和补贴制度是公共部门薪酬的三项重要内容,发挥着越来越重要的作用,三者在公务人员的总薪酬中所占的比重越来越大。与基本工资相比,由于奖金、津贴与补贴在薪酬管理上具有更大灵活性,对公务人员的激励作用很明显,有利于调节和优化人力资源配置。因此,三者是公共部门薪酬管理中的常用手段。[1]

---

① 倪星:《公共部门人力资源管理》,东北财经大学出版社 2008 年版,第 218 页。

1.奖金

职级奖金具有稳定性,奖金是公务人员薪酬的辅助部分。奖金的政治经济学基础是马克思主义的劳动价值理论。公务人员虽然没有直接为社会创造财富,但是却为社会财富的创造提供了间接条件。

(1)奖金的定义。奖金是奖励性工资,是公共部门对公务人员有效超额劳动给予的货币支付,是根据按劳分配原则而采取的、作为对公务人员工资补充的劳动报酬形式发放的。

(2)奖金的类型。在我国,不同层次、领域和区域的公共部门的奖金类型和多少具有一定差别,公共部门发放给公务人员的奖金主要有以下类型:年终奖金、绩效奖金等。年终奖金支付给在年终考核中被评定为工作优秀或合格的公务人员,绩效奖金支付给工作绩效高、高效完成工作目标的公务人员。

(3)奖金的作用。奖金有助于承认公务人员的劳动价值差别,为有差别的、符合公共部门需要的额外劳动提供报酬,从而激励公务人员按照公共部门的导向努力工作,改善薪酬制度的激励效果。

(4)奖金设置的原则。奖金的发放需要遵循一定的原则,否则,不但无法起到激励作用,反而会引起不公平,从而降低公务员队伍的士气。奖金的设置和发放需要坚持以下原则:规范原则、公平原则、公开原则、及时原则和相对稳定原则。

2.津贴

与奖金相比,津贴的普遍性和统一性更低,它具有较强的个体、区域和部门针对性,往往是公共部门薪酬管理的主体为了特定目的而设置并支付给公务人员的一种劳动薪酬形式。津贴是公共人力资源管理部门进行人才调节的有力工具。从世界上大多数国家来看,津贴在公务人员收入中约占 10%～40%,个别国家甚至更高一些。

(1)津贴的定义。津贴是为了补偿公务人员额外或特殊工作造成的生理和心理消耗,保障公务人员生理和心理健康以及保证其生活水平不因特殊工作环境和条件的影响而降低所支付的报酬。它是对公务人员已经获取的基本工资的补充,是一种辅助的工资形式,是工资制度的重要组成部分。

(2)津贴的类型。津贴是根据公务人员的特殊工作条件而设置的,主要考虑的是区域工作条件和部门工作条件,它的主要类型有岗位津贴和地区津贴。

岗位津贴是对在特殊岗位上工作的公务员实行的,根据公务人员的岗位性质和工作条件加以确定,主要是支付给那些在苦、脏、险、累、工作环境恶劣的岗位上工作的人员。公务员调离该岗位后,津贴即行取消。目前经过国家批准建立的岗位津贴有公安干警执勤津贴,海关工作人员岗位津贴,基层审计人员外勤工作补贴,人民法院干警岗位津贴,人民检察院干警岗位津贴,司法助理员岗位津贴,监察、纪检部门办案人员外出办案补贴等。

地区津贴设置分为艰苦边远地区津贴和地区附加津贴,是为了体现对地区经济发展水平不一致的考虑。不同地区的经济社会发展水平并不一致,这会造成物价等方面的差异,从而影响公务人员的实际生活水平,通过设置地区附加津贴可以缓解这种地区差异。而艰苦边远地区津贴的设置是为了补偿公务人员在比较艰苦的工作环境下工作可能带来的生理、心理伤害,根据不同地区的地域、海拔高度、气候以及当地物价等因素确定。

(3)津贴的作用。津贴的主要有几个方面:补充职务级别工资制的不足,使薪酬制度更加完善,更加符合工作实际;有效调节公共部门人力资源管理的流动和优化配置;保障公务人员享受相对一致的生活水平;维护公务人员的身心健康。

(4)津贴设置的原则。津贴是对公务人员进行的一种特殊货币支付,它在实践中容易引起争议。因此,津贴的设置需要遵循如下基本原则:实地调查、严密分析的原则;公开、透明的原则。

3.补贴

(1)补贴的定义。补贴是公共部门为了照顾公务人员的重要生活需要而提供的一些具有针对性的货币支付和帮助。通常把跟工作有关的货币补偿称作津贴,而与公务人员生活有关货币补偿的称为补贴。

(2)补贴的类型。补贴主要围绕公务人员的重要生活需要而设置,包括住房、医疗补助等。

(3)补贴的作用。补贴的作用主要是减轻公务人员的大额生活必需品消费负担,弥补其工资收入的不足,从而维持其合理的生活水平,为公务人员安心本职工作提供物质保障。

(4)补贴设置的原则。补贴的设置是一项复杂的工作,它是一种政府行为,又是一种财政行为,即政府公共账户存在开支,容易引起社会关注和内部争议等。因此,补贴的设置应坚持如下原则:谨慎原则、社会公正原则、内部公平原则、适度原则、统一原则。

(三)公共部门的薪酬水平管理

薪酬水平管理主要是对组织中各个部门、各个职位及整个组织平均薪酬数额或水平的管理。首先,为了保持组织对核心员工及外部优秀人才的吸引力,组织必须根据组织战略和薪酬外部市场调查结果,确定本组织合适的薪酬战略和薪酬水平定位,如整体薪酬水平是领先于市场策略、市场跟随策略还是低于市场策略。其次,在确定了某一种薪酬策略后,在组织内部不同员工之间,是对所有员工都采用同一策略,还是对组织高层员工、中层和基本员工分别采用不同的薪酬策略;是基本薪酬采用这种薪酬策略,绩效薪酬和间接薪酬采用其他的薪酬策略,还是三者都采用一种薪酬策略,以达到在激励效果既定的情况下,人工成本最小的目标。再次,薪酬水平管理模块还需要确定组织薪酬总额及个体薪酬总额的正常增长机制,如前者与物价指数、组织效益挂钩,后者与个体的学历、资历、业绩挂钩等。最后,薪酬水平管理模块还应该对组织的薪酬预算、控制方式及合理避税等方面做出设计和规定。[①]

而公共部门的薪酬来自财政预算安排,最终由国民经济收入来承担,因此,如何管理公务人员的薪酬水平是公共部门薪酬管理的重要内容。合理的薪酬水平既能调动公务人员的积极性和创造性,提高公共部门的人力资源素质和能力,又可以得到纳税人的理解和支持,从而取得良好的经济和社会效益。

1.公共部门薪酬水平的内涵

薪酬水平是指一定时期内公务人员平均薪酬的高低程度,具体是指中央、国家机关和各级地方政府及其组成部门、党群机关的工作人员平均薪酬的高低程度。

薪酬水平涉及复杂的内外部关系,直接影响到公共部门的工作效率和公务员队伍的稳定,同时还会影响到公平的社会心理,间接影响到社会稳定。薪酬水平过低则无法保障公务人员的正常生活水平,以及公务人员需要赡养人员的正常生活,无法延续公务人员的再生产能力,抑制公务人员工作积极性和创造性,从而造成公共部门效率低下,公共部门信任度降低,同时也影响到公共部门的形象和吸引人才的能力。薪酬水平过高一方面带来不公平的社会心理,容易产生不满情绪,不利于和谐稳定的社会秩序的形成;另一方面过分吸引优秀人才到公共部门,不利于人力资源的合理配置和流动,同时,过高的薪酬水平对于国民经济收入来说也是个沉重的负担。

2.公共部门薪酬水平管理的内涵

薪酬水平管理是公共人力资源管理部门为公共管理职能的有效履行提供人力资源保障,保证公共部门薪酬水平的合理性,而对公共部门的薪酬水平进行的管理活动,包括调查、设计、计算、比较、审查、通过和发布等。

公共部门薪酬水平管理的主体是中央政府的人事部门,也包括相关的财政、海关、税务、审计和统计等部门。公共部门薪酬水平管理的客体是公务人员的薪酬水平,公共部门薪酬水平的确定需要参考企业部门的薪酬水平以及反映生活费用高低的物价指数等相关经济信息。

---

① 赵曼:《公共部门人力资源管理》,华中科技大学出版社 2008 年版,第 194 页。

3. 公共部门薪酬水平管理的权变因素

公共部门薪酬的权变因素可以分为三大类:即内部要素、外部要素和个人因素(图 7-3),这三大要素进而决定了公共部门薪酬的公平性、竞争性、合法性等特征。

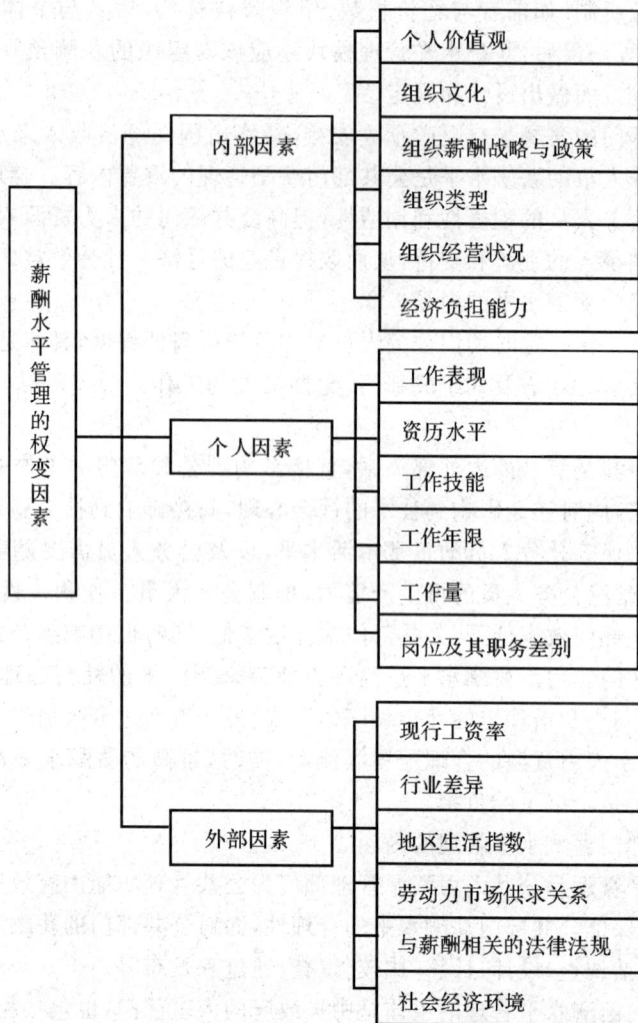

图 7-3　公共部门薪酬水平管理的权变因素

内部要素中,组织类型、组织负担能力和组织文化等内部要素决定了组织薪酬的总额水平,进而决定了组织薪酬的外部竞争性和管理导向性。不同的单位性质、管理理念、服务模式要求公共部门的薪酬必须在"组织管理和薪酬管理"、"薪酬管理和人力资源管理的其他各个环节"、"薪酬管理的各个维度(如工资水平、工资结构和支付方式等)"三个层次实现整合和资源匹配,以决定组织的整体薪酬定位在什么水平,进而与什么样的工资水平参照系挂钩,最终帮助组织实现预定的管理、服务或经营目标(包括财务类指标、客户类指标及员工学习成长类指标等)。

个体要素决定了组织薪酬的内部公平性和内部一致性。人力资本理论认为,工资水平主要取决于每个员工自身所拥有的人力资本的存量,它更关注员工之间的在所提供的劳动方面的异质性,并且认为这种异质性主要是由员工所拥有的人力资本的存量差异所造成的,而这种人力资本存量的差异也造成了员工之间的市场价值的差异,即不同的员工应获得不同的劳动报酬,以体现员工个体的自我纵向公平和内部横向公平。

劳动力市场供求关系、单位性质差异,以及与薪酬相关的法律法规等外部因素决定了薪酬的外部公平性、经济性和合法性。供求均衡理论认为,劳动力需求和供给是工资的函数,并且劳动力需求与工资呈反方向函数关系,即薪酬水平高低主要取决于劳动力市场上供求双方的均衡。这就决定了组织的薪酬水平和结构要考虑市场因素,要对组织内部的员工薪酬进行分类分层管理,而不是把组织所有岗位的薪酬水平都与组织的经营效益严密挂钩,以降低组织的人工成本率。但这种注重经济性的原则和政策实践必须依法进行。

(四)公共部门薪酬管理的设计

制定科学合理的公共部门薪酬制度是人力资源管理的难点所在。必须根据按劳分配的原则,结合考虑工作环境的变化以及当地企业的工资水平等要素,合理有序地提高公共部门薪酬水平。

1.制定薪酬原则和策略

这是设计薪酬制度的前提,它对于薪酬制度设计的后续步骤影响重大,起着决定性的指导作用。公共部门的薪酬设计一般经由国家人事主管部门在大量调查和周密计算的基础上向国务院提出报告,然后由国务院研究决定,最后形成统一的方案提交国家权力机关审查、通过和颁布。我国公共部门的薪酬设计的主要原则是按劳分配、定期增薪,而采用以按月支付为主、兼有其他形式的支付策略,以发挥薪酬的生活保障功能和激励功能。

2.设置岗位和工作分析

在职务等级工资制度下,工作分析是建立薪酬制度的重要依据,而工作分析必须基于科学、合理的岗位设置。必须研究组织的工作需要和权责分配,设置合理的岗位,并在此基础上进行科学、规范的工作分析,通过这一系列步骤将产生明确的工作分析和岗位评价体系。工作分析是决定等级职务的前提,也是在同一等级职务条件下确定工作难易程度、责任大小、所需学历、任职资格和工作实绩等因素的基础。

3.工作评价(职位评价)

工作分析是实施职务级别工资制的基础,为确定职务等级提供以工作内容和工作要求为主的依据。虽然工作分析反映了公共部门对各项工作的期望和要求,但不能揭示各项工作之间的纵横关系,因此要通过工作评价来对各项工作进行分析和比较。所谓工作评价,是指对组织内部各项工作的劳动价值或重要性进行评价。工作评价需要对公务人员的工作实绩与职位要求进行对比,从而确定公务人员的劳动价值,并以此作为确定职务工资档次和级别工资高低的基础,尤其是职务工资的基础,所以说,工作评价是薪酬制度设计的另一个关键环节。

4.薪酬调查

当今社会的竞争归根结底是人才的竞争。公共部门若要吸引优秀人才,则在薪酬设计的过程中不仅要保证薪酬制度的内在公正性,还必须使得薪酬具备外部竞争性。因为薪酬以货币作为表现方式,自动使劳动力受到市场价格杠杆的调节,从而实现薪酬对于人力资源配置和流动的重大作用。故而公共部门必须对薪酬进行专门的调查,这种调查与营利性组织的调查有所不同:公共部门的产出无法用货币加以量化,其成员的薪酬水平除了应当与私营企业相比较以外,还要调查和搜集关于国民经济发展、国民收入和物价指数等数据,并对它们进行归类分析,为确定公共部门的薪酬水平提供依据和参考。具体操作步骤为:确定薪酬调查目的,确定薪酬调查渠道,确定薪酬调查内容,确定调查范围,根据需要搜集数据。[①]

5.薪酬结构设计

所谓薪酬结构,指的是组织结构中各项职位的相对价值及其对应的实际支付的薪酬间存在的相互关系。这种关系理论上必须服从一定的规律和原则,通常以工资结构线来表示,以达到简便、直观、清晰的观感效果,更易于分析和控制。它是公共部门薪酬管理设计的最后一个步骤,它决定整个薪酬由哪几部分构成以及各自所占的比重。我国公共部门的薪酬结构由四个部分构成:工资、福利、保险和各种保障,其中,工资包括基本工资、奖金、津贴和补贴。

---

① 倪星:《公共部门人力资源管理》,东北财经大学出版社 2008 年版,第 222 页。

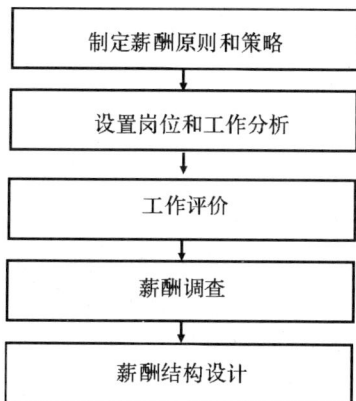

图7-4　公共部门薪酬管理的设计步骤

第三节　公共部门人力资源的福利与保险

一、公共部门员工福利

（一）员工福利的含义与特点

1. 员工福利的含义

公共部门的员工福利，就是指社会公共部门为改善和提高公务人员物质文化生活水平而采取的一些措施。福利与工资和奖金不同，它的提供与工作人员的绩效无关。它与社会保险同属于社会保障体系，但也存在着本质的差别：

（1）目标不同。社会保险的目标在于保障劳动者的基本生活，基本生活意即不超过原有的生活水平，而福利的目标在于使人们的生活水平在原有的基础上更进一步。

（2）作用性质不同。社会保险一般由国家立法强制实施，而福利则没有强制性，它由组织依据实际情况，自主建立和实施。

（3）享受条件不同。社会保险以权利义务的对等为基本原则，要享受保险待遇，必须具备基本条件；而福利是个人的额外收益，不需要享受者为之付出代价，也就是说，享受福利待遇是无特定条件的。福利的作用表现在，能够提高公职人员的生活水平，降低公职人员的流动率和提高公共部门的工作效率。

2. 员工福利的特点

与社会保险以及社会福利项目相比，员工福利具有以下特点：

(1)员工福利是以业缘关系为基础,范围辐射仅限于本单位员工。这是由于,虽然员工福利的直接效用是保障职工的基本生活水平和提高员工的生活质量,然而以用人单位的角度,其提供福利的出发点无非两个:一个是对内保障员工的再生产能力,利用员工福利保证其凝聚力、向心力,对组织文化形成统一的认识,造就员工归属感和团体合作意识,吸引和留住高质量的员工服务于本单位;二是对外提升组织的形象,提高本组织的社会声望,以吸引更优秀的人才向本单位流动,增强竞争力。这是基于"权力双峰对称"的理论,即对内和对外的两种力量得到平衡。

(2)员工福利的提供方式是普惠制,其主要职能是以共同消费的形式满足员工的生活需要和其他需要,其发展趋势是以集体福利为主,不是劳动者谋生的手段,仅是工资形式的补充,一般情况下并不体现最基本的按劳分配原则。

(3)公共部门的福利资金来源取决于单位的性质,可以是财政拨款,也可以来源于组织的盈利。单位的福利水平主要取决于组织的经济状况,这不同于工资来源于国民经济收入这一特点。此外,组织领导者的偏好及个人价值观、意识会影响其对员工福利的重视程度,并在薪酬组合方式上有所体现。

(二)公共部门员工福利的实施原则

1.与国民经济发展水平相适应

由于我国公共部门的员工福利所需资金主要来源于国家财政,因此公共部门的员工福利制度的建立和发展要以国民经济发展状况为基础。不论是以货币形式还是以实物形式存在,过多的福利支出都会对市场造成冲击,福利待遇水平应适应于经济发展与国家财力的增长,既不能增长过快,也不能增长过慢。增长过快容易给国民经济造成负担,同时易于产生不公平的社会心理;增长过慢不能发挥福利应有的作用,无法促进福利对公务人员的激励作用。必须将员工福利的增长速度控制在国家财力可以承受的范围之内,最大限度的改善员工工作和生活条件,从而激发员工的工作热情。

2.与组织经济状况相适应

福利虽然是公益性事业,但毕竟需要经济投入,有些公共部门的福利资金来源于组织的资金盈利,这时候组织的福利水平取决于组织的经济状况,故而,福利水平必须与组织的经济状况和经济承受能力相适应。过高的福利开支势必成为组织良序运行的包袱,降低组织的对外竞争力,从而影响公共部门目标的实现。

3.与工资、保障制度相协调

员工的福利制度是一个系统工程,必须多方位、综合性地考虑,公共部门员工福利制度的设计,需要与用人单位的人力资源战略、员工薪酬制度(包括员工工资、社会保险等方面)保持协调一致。必须认识到,工资在国民收入分配中占主导地位,福利只是辅助分配形式。尽管福利具有工资所不具备的某些优越性,但也有与宏观经济管理目标相背离的弊端。必须确保工资在国民收入分配格局中的主体地位,员工福利只能是对工资的必要补充。

4.普惠性原则

公共部门员工福利一般以普惠制方式向员工提供,不同于某些企业或者某些项目可能依据员工供职时间长短和贡献大小规定其享受待遇的高低差别,要发挥其共同消费满足共同需要的主要职能,并以集体福利为主为其发展趋势。普惠性是公共部门福利在执行过程中的重要原则之一,主要是有两个方面的原因:一是由福利的性质和作用所决定的,福利主要是为了满足员工在物质文化、生活方面的共同性需要,福利的目的在于普遍改革和提高生活、工作条件;二是福利待遇的享受符合社会主义市场经济分配机制的要求。

(三)我国公共部门现行福利制度的主要内容

公职人员的福利是由各单位根据自身经济实力、管理目标和员工的不同需要自主建立的,因此,不同单位之间的福利内容可能差别不大。世界各国,尤其是市场经济国家的公职人员福利大致有福利补贴、带薪休假、集体生活福利设施和其他福利等。

1.福利补贴

福利补贴一般以现金形式提供,是公共部门员工的工资以外的收入,涉及衣、食、住、用、行、乐等多方面,可以以多种形式、多种名目出现,如生活困难补助、交通费补贴、住房补贴、防暑降温补贴、冬季取暖补贴等。

2.带薪休假

公共部门提供给员工带薪休假福利,有多种形式。

(1)探亲

享受的条件是,凡在公共部门工作满一年以上,和配偶不住在一起,并且不能在公休假团聚的,可以享受探望配偶的待遇;与父母不住一起且不能在休假日团聚的,可享受探望父母的待遇。

未婚公职人员探望父母,每年给假一次,假期 20 天。若单位当年不能给假或本人自愿两年探亲一次,两年合并一次假期为 45 天。已婚公职人员探望配偶,每年给一方探亲假一次,假期为 30 天。已婚公职人员探望父母每 4 年给假一次,假期 20 天。可根据实际情况给予路程假。探亲假与路程假均包括公休假日和法定假日。

(2)休假

国家实行劳动者每日工作时间不超过 8 小时,平均每周不超过 40 小时的工作时制度。元旦、春节、国际劳动节、国庆日及法律规定的其他休假日为公职人员的法定休假日。

平时时间安排公职人员延长工作时间,每日不得超过 1 小时;因特殊原因,则每日不得超过 3 小时,每月不得超过 36 小时,并需给付不低于正常工资150％的报酬;在休息日安排公职人员工作又不能安排补休者,需给付不低于正常工资 200％的报酬;法定休假日安排公务员工作者,需给付不低于正常工资300％的报酬。

《中华人民共和国劳动法》第 45 条明确规定:"国家实行带薪年休假制度。劳动者连续工作一年以上的,可以带薪年休假。具体办法由国务院规定。"不同的公共部门,可以根据自身的情况,规定本单位员工可以享受多长时间的带薪年假。

(3)病假

公共部门可以根据公职人员的任期时间长短确定每年可以享受若干天的病假,病假期间工资照发。

(4)婚假

公职人员本人结婚的,可以请婚嫁,假期为 7 天,如果女年满 23 周岁,男年满 25 周岁以上初婚的,为晚婚,增加奖励假 7 天。婚嫁均不包括公休、法定假日在内。

(5)产假

产假,是指女性员工在生小孩以后可以享有一定的休息时间并领取产假工资,有些地区的公共部门规定男性员工也能享受这项福利。女职工的产假为 90天,晚育的增加奖励假为 1 个月,如不能奖励假的,给予女方 1 个月工资的奖励,奖励费由夫妻双方单位各负担 50％。

3.集体生活福利设施

单位集体生活福利是公务员福利的主要内容,其目的是尽可能减轻公务员的家务劳动负担,使其有更充沛的工作精力和更充分的自我展现的机会。

目前,主要的福利设施有:员工食堂,保育设施包括托儿所、幼儿园等,员工住宅包括单身集体宿舍、家属住宅、低房租住房、集资建房、住房公积金、购房补贴等,浴室、理发室、卫生室等其他生活福利设施,图书馆、体育馆、健身房、游泳池、歌舞厅等公共性的文化娱乐设施。

4.其他福利

(1)脱产培训

公共部门根据经济、社会发展和行政管理的需要,按照岗位发展的需要,有计划地对其人员进行培训。具体的培训时间、地点、形式均由用人单位根据自身具体情况而规定。脱产培训既是公共部门对人力资源的一种投资行为，又是一种福利。因为这体现了人力资源自身的增值性。

（2）子女医药费

公共部门一般均实行医疗费补贴，补贴子女治病的医疗费、治疗费、手术费、化验费、检查费、输血费等费用，可从父母所在单位的福利费中报销一定比例的费用，如果父母双方不在同一个单位，也可以由父母双方单位合理分担。

（3）子女教育费

针对公职人员的子女教育费，同样实行职工本人和单位共同负担的制度，具体形式每个单位有所不同。

二、公共部门员工社会保险

公共部门社会保险包含着各项管理实务，它们看似松散其实紧密联系，因为各项社会保险都是全社会普遍关心的核心功能和价值。正如美国佛罗里达国际大学教授唐纳德·克里格勒（Donald E. Klingner）和堪萨斯州立大学教授约翰·纳尔班迪（John Nalbandian）的观点，典型的公共机构中的人事管理者的工作可能包含着以下工作领域中的任意一部分或全部内容：事故预防、遵守职业安全和有关健康法规、健康保险、健康福利、禁止吸烟、工作压力管理、违禁药物检测、艾滋病及其他威胁生命的疾病保障、工作场所暴力，以及雇员帮助计划。[1]

（一）社会保险的内涵和功能

所谓社会保险，就是以国家为主体，通过立法对社会劳动者在暂时或者永久丧失劳动能力，或者虽有劳动能力而无劳动机会，从而失去收入来源的情况下，给予一定程度的收入损失赔偿，使之享有基本生活保障，维持社会安定的社会事业。社会保险针对的风险是劳动者的收入损失；保障的程度则是劳动者在失去收入来源时的基本生活水平，而不是百分之百的完全收入补偿；实施的主体是中央政府或地方政府；实施的手段是强而有力的法律手段。一般来说，社会保险的项目主要有：养老保险、医疗保险、失业保险、工伤保险、生育保险等。

社会保险的功能如下：

1. 稳定公职人员队伍

在市场经济条件下，劳动力的自由流动不可避免。人们在"理性的自利"意识作用下，必定会通过权衡不同工作的收益大小来做出选择，因此劳动力总是倾向于流向报酬较高、保障较完善的部门。较完善的社会保险制度有助于体现公

---

[1]　［美］唐纳德·克林格勒、约翰·纳尔班迪：《公共部门人力资源管理：系统与战略》（第四版），中国人民大学出版社 2001 年版，第 429 页。

共部门同其他社会部门在这种收益上的优势,从而稳定公职人员队伍,避免人员流失。

2.维护社会安定

社会保险制度聚集了多数单位和个人的经济力量,建立了社会保险基金,加上政府的资助,对丧失劳动能力和暂时失去工作的劳动者给予物质上的帮助,以维持其基本生活,这样有助于消除社会不安定因素,因此,社会保险在国外被称为"安全网"。

3.激发工作积极性、提高工作效率

通过较为完善的社会保险制度,可以解除公职人员及其家庭生活中的后顾之忧,保持相对较高的物质文化生活,使公职人员能安心投入工作。另外,社会保险制度有助于调节人员在公共部门"流出"和"流进",实现人力资源的合理配置,从而提高效率,促进社会发展。

(二)我国公共部门员工社会保险的主要内容

1.养老保险

(1)养老保险的概念、特点和类型

养老保险是国家和社会依据法律法规,为解决达到国家退休年龄,或因年老丧失劳动能力而退出劳动领域的员工基本生活而建立的一项社会保险制度。它是由政府主管部门负责组织和管理,用人单位和在职人员共同承担养老社会保险费缴纳义务,退休人员按照养老社会保险缴纳状况享受基本养老保险待遇的社会保障制度,是社会保险体系重要的组成部分。

这一概念可以从以下四个方面去理解:第一,养老保险是在法定范围内的老年人完全或基本退出社会劳动生活后才自动发生作用的。这里所说的"完全",是以劳动者与生产资料的脱离为特征的;所谓"基本",指的是参加生产活动已不成为主要社会生活内容。需强调说明的是,法定的年龄界限才是切实可行的衡量标准。第二,养老保险的目的是为老年人提供保障其基本生活需求的稳定可靠的生活来源。第三,养老保险是以社会保险为手段来达到保障的目的。第四,它是由用人单位和在职人员共同承担养老社会保险费的。养老保险是世界各国较普遍实行的一种社会保障制度,必须设置专门机构,实行专业化、社会化的统一规划和管理。

依据资金筹措的方式不同,世界各国的养老保险大体可分为三种类型:国家统筹模式、强制储蓄模式、投保资助模式。社会养老保险具有以下几个特征:强制性、保障性、福利性、普遍性和互济性等。

2005 年 4 月 27 日,第十届全国人民代表大会常务委员会第十五次会议通过了《中华人民共和国公务员法》,并于 2006 年 1 月 1 日起实施,其中第 12、13、

14 章对公务员养老保险作出了具体的规定,如第 12 章第 77 条规定:国家建立公务员保险制度,保障公务员在退休、患病、工伤、生育、失业等情况下获得帮助和补偿。

(2)我国养老保险制度的评价

我国目前的养老模式使得国家机关对社会各方面优秀人才具有强大的吸引力,由于我国公务员享有的工资、福利、保险兼具保障和激励的功能,所以在我国公共部门社会保障制度不尽完善的情况下,即工资福利保险不是每个社会成员普遍享受的情形下,公务员身份保障的稳定性和其享受的福利保险待遇,成了公务员职业生涯上极具优势的制度设计,从而吸引着社会各界精英加入公务员队伍。

当然,这种养老保险模式也存在弊端,它在一定程度上进一步强化了"官本位"的思想,使国家机关成为人才流动最困难的机构。由于公务员没有个人账户积累,如果由于某种原因辞职或被辞退,将意味着失去了将来的养老保障。因此,一方面政府因面临养老问题顾虑重重导致公务人员退出机制不通畅,另一方面公务员个人也因为对未来生活保障的隐忧而难以形成科学的职业生涯认识。

2.医疗保险

医疗保险是指根据立法,参加医疗保险的被保险人因患病而暂时失去劳动能力和收入来源时,国家和社会给予其一定的医疗服务、假期和收入补偿,以促使其恢复劳动能力,尽快投入劳动过程的社会保障制度。

(1)医疗保险具有以下特点:

第一,与劳动者的关系密切。每个人都有可能患病,而且发生的频度和程度难以预测。因此,医疗保险和每个劳动者的生命都息息相关,是社会保险的重要内容。

第二,覆盖面广,发生率高,和其他人身保险相互交织。被保险人在享受生育保险、养老保险、工伤保险及失业保险期间,只要发生生育、负伤、疾病都必须同时享受医疗保险。而其他类型的保险之间则不会发生交叉关系。

第三,独特的第三方支付制。医疗保险资金筹集以后,由第三方保险机构管理和支付,为劳动者直接提供实物和医疗服务,这同公共医疗费用的急剧上涨有必然联系。因此,它从传统的按服务项目付费转变为事前预付是必然的发展趋势。

第四,医疗费用难以预测和控制。医疗费用由于受到多方面因素的影响,包括身体健康状况、国家医药价格水平等,医疗所需费用难以预测和控制。

第五,医疗保险的享受待遇与缴费水平不是正相关。在实行投保制的国家,劳动者只有缴纳保险费,才能取得享受医疗保险的资格,但享受到的医疗保险待遇却与缴费多少无关,而是与实际需要——病情有关,而其他险种的待遇往往与在业期间的工资水平呈正相关关系。

(2)我国的公费医疗制度

我国公费医疗制度的享受对象,主要为机关、事业单位的工作人员、二等乙级以上革命伤残军人和高等院校在校学生。我国公共部门实行公费医疗制度,经费来源于国家财政预算拨款,由各级财政部门按规定的年人均定额拨款支付,公费医疗管理由卫生和财政部门共同负责,各级卫生行政部门设有专门管理机构,医疗经费实行分级统筹、管理和使用。

公费医疗制度所提供的保险内容主要包括以下几个方面:疾病、无责任伤害、工伤、职业病、妇女生育、计划生育手术等。受保人在指定的医疗机构就诊,大部分医疗费用由政府或单位负担,其费用支付内容为:

(1)门诊、住院的药品费、检查费、治疗费、手术费及床位费;

(2)计划生育手术的医药费;

(3)因病情需要,经治疗单位出具证明安装国产人工器官的费用,或安装进口人工器官不超过国产最高价格部分的费用;

(4)因病情需要,进行器官移植的费用;

(5)因工负伤,致残所需的医药费用;

(6)用于危害病抢救或治疗工伤所必需的药品、滋补药品(含生物及血液制品)的费用。

患者需要自己承担的费用包括:

(1)按规定应自费的药品及未经批准的外购药品;

(2)挂号费、出诊费、住院伙食费、特别营养费、住院陪护费、特护费、婴儿费、产妇卫生费、取暖费、空调费等;

(3)非医疗保险部门组织的体检、预防服药、接种费等;

(4)用于整容、矫形的手术、药品费用、器具费用等;

(5)自找医疗单位或医师诊治的医药费;

(6)交通肇事及其他扰乱社会治安行为造成的医药费用等。

3.失业保险

(1)失业保险的定义

失业保险是公共部门依据国家法规,通过国家、用人单位和个人等渠道筹资建立失业保险基金,在劳动者失业时给予失业救济以保障其最基本生活需要的社会保障制度。它是公共部门社会保障体系的重要组成部分,是社会保险的主要项目之一。在传统计划经济时期,行政组织和相关国有企事业单位的公职人员捧着"铁饭碗",不存在失业问题,因此一直未建立事业保险制度。社会主义市场经济条件下,劳动力的流动和劳动力的市场供求关系决定着失业成为一种社会常态,是劳动者个人无法通过自身努力所能控制和规避的收入损失风险。因此,国家必须建立失业社会保险机制。

失业保险金的筹措方式有:国家、用人单位、员工三方分担;国家全部负担;用人单位与员工分担;国家与用人单位分担;用人单位全部负担;员工全部负担等。失业保险的待遇则包含失业基本津贴、失业救助金、附加失业津贴、补充失业津贴等四种形式。①

(2)我国公共部门失业保险的主要内容

我国在 1999 年 1 月颁布了《失业保险条例》,主要内容如下:

其一,失业保险基金由公共部门和公共部门人员缴纳的失业保险费、失业保险基金的利息、财政补贴、依法纳入失业保险基金的其他资金等各项构成。公共部门按照本单位工资总额的缴纳失业保险费。公共部门人员按照本人工资的缴纳失业保险费。

其二,领取失业保险金的失业人员应具备下列条件:按照规定参加失业保险所在单位和本人已按照规定履行缴费义务满 1 年的;非因本人意愿中断就业的;已办理失业登记,并有求职要求的。失业人员在领取失业保险金期间,按照规定同时享受其他失业保险待遇。

其三,失业人员在领取失业保险金期间或重新就业,或应征服兵役,或移居境外,或享受基本养老保险待遇,或被判刑收监执行、劳动教养,或无正当理由而拒不接受当地人民政府指定的部门、机构介绍的工作,或有法律、行政法规规定的其他情形的,停止领取失业保险金,并同时停止享受其他失业保险待遇。

其四,失业人员领取失业保险金的期限规定为:失业人员失业前所在单位和本人按照规定累计缴费时间满 1 年不足 5 年的,领取失业保险金的期限最长为 12 个月;累计缴费时间满 5 年不足 10 年的,领取失业保险金的期限最长为 18 个月;累计缴费时间 10 年以上的,领取失业保险金的期限最长为 24 个月;重新就业后再次失业的,缴费时间重新计算,领取失业保险金的期限可以与前次失业应领取而尚未领取的失业保险金的期限合并计算,但是最长不得超过 24 个月。

其五,失业保险金的标准,按照低于当地最低工资标准、高于城市居民最低生活保障标准的水平,由省、自治区、直辖市人民政府确定。

根据以上这些规定,只要公共部门的单位和个人都按规定缴纳了失业保险费,公职人员辞职或被辞退后,便可领取失业保险金,得到基本的生活保障。因

---

① 　孙柏瑛:《公共部门人力资源管理》,中国人民大学出版社 2006 年版,第 364 页。

此,建立和健全失业保险制度,是关系到机构改革、社会经济稳定的重要问题。

4.工伤保险

(1)工伤保险的定义和分类

工伤保险是国家对因工负伤、致残、死亡而暂时或永久丧失劳动能力的劳动者及其供养亲属提供经济帮助的一种社会保险制度。它是国家为了保障劳动者在工作中遭受事故伤害和患职业病后获得医疗救治、经济补偿、促进工伤预防和职业康复、分散工伤风险的一种社会保障手段。主要包括两大类:一是突发事故而导致的伤残和职业病;二是工作本身的性质而导致的职业病。

(2)我国公共部门工伤保险制度

《公务员法》规定:公务员因公致残的,享受国家规定的伤残待遇。公务员因公牺牲、因公死亡或者病故的,其直系亲属享受国家规定的抚恤和优待。这是与工伤保险相配合的保障制度。工伤保险要和事故预防、职业病防止相结合。工伤保险实行社会统筹,设立工伤保险基金,对工伤劳动者提供经济补偿和实行社会化管理服务。工伤保险费由组织按照劳动者工资总额的一定比例缴纳,劳动者个人不缴纳工伤保险费。工伤保险费根据各行业的伤亡事故风险和职业危害程度的类别实行差别浮动费率。

按照《工伤保险条例》的规定:职工有下列情形之一的,应当认定为工伤:在工作时间和工作场所内,因工作原因受到事故伤害的;工作时间前后在工作场所内,从事与工作有关的预备性或者收尾性工作受到事故伤害的;在工作时间和工作场所内,因履行工作职责受到暴力等意外伤害的;患职业病的;因工外出期间,由于工作原因受到伤害或者发生事故下落不明的;在上下班途中,受到机动车事故伤害的;法律、行政法规规定应当认定为工伤的其他情形。

职工有下列情形之一的,视同工伤:在工作时间和工作岗位,突发疾病死亡或者在 48 小时之内经抢救无效死亡的;在抢险救灾等维护国家利益、公共利益活动中受到伤害的;职工原在军队服役,因战、因公负伤致残,已取得革命伤残军人证,到用人单位后旧伤复发的。

职工有下列情形之一的,不得认定为工伤或者视同工伤:因犯罪或者违反治安管理伤亡的;醉酒导致伤亡的;自残或者自杀的。

职工因工作遭受事故伤害或者患职业病进行治疗,享受工伤医疗待遇。

职工治疗工伤应当在签订服务协议的医疗机构就医,情况紧急时可以先到就近的医疗机构急救。治疗工伤所需费用符合工伤保险诊疗项目目录、工伤保险药品目录、工伤保险住院服务标准的,从工伤保险基金支付。职工住院治疗工伤的,由所在单位按照本单位因公出差伙食补助标准的住院伙食补助费;经医疗机构出具证明,报经办机构同意,工伤职工到统筹地区以外就医的,所需交通、食宿费用由所在单位按照本单位职工因公出差标准报销。工伤职工因日常生活或者就业需要,经劳动能力鉴定委员会确认,可以安装假肢、矫形器、假眼、假牙和配置轮椅等辅助器具,所需费用按照国家规定的标准从工伤保险基金支付。职工因工作遭受事故伤害或者患职业病需要暂停工作接受工伤医疗的,在停工留薪期内,原工资福利待遇不变,由所在单位按月支付。工伤职工已经评定伤残等级并经劳动能力鉴定委员会确认需要生活护理的,从工伤保险基金按月支付生活护理费。生活护理费按照生活完全不能自理、生活大部分不能自理或者生活部分不能自理等不同等级支付。职工因工致残的,按照伤残等级享受不同的待遇。

目前,我国公务员的社会保险还处于探索阶段,除医疗保险外,公务员保险基金还没有进行统筹,所需费用由单位直接支付给个人。建立健全与社会主义市场经济相适应的公务员保险制度对于进一步深化人事管理制度的改革,具有十分重要的作用。

5.生育保险

生育保险是指妇女因怀孕、分娩等生育行为而暂时丧失劳动能力而失去收入来源时给予其物质帮助的保险制度。目前全世界已有80多个国家正式建立了生育保险制度,保险的筹措由用人单位同员工共同承担,或由用人单位、国家财政单独承担。生育保险的实施能保障妇女在生育期间获得收入损失补偿,享有基本生活水平;能保证生育妇女身体健康与劳动能力恢复,以及新生儿的健康成长,促进劳动力的再生产和扩大再生产;能为妇女广泛参与社会经济活动创造条件;有利于贯彻、执行国家的人口政策。

我国生育保险的待遇包含:医疗服务、生育假期、生育津贴、新生儿补助等内容。

我国生育保险的待遇为:

(1)医疗服务

包括检查、接生、手术、住院、用药等项目,超出规定项目的医疗服务和用药费用由本人负担;生育出院后,因生育引起疾病的医疗费用由生育保险支付;小产或流产,经单位所在地计划生育部门证明,其流产费也由生育保险负责。

(2)产假

产假为 90 天,其中产前休假 15 天,产后休假 75 天,如系难产,则增加 15天。多胞胎生育的,每多生一个婴儿,增加 15 天。

怀孕不满 4 个月流产时,根据医务部门意见,给予产假 15 天至 30 天;怀孕 4 个月以上流产时,给予产假 42 天。

生育妇女职工产假期满后因病需要再休息治疗,则自产假结束时起,按病假规定确定休假期限及经济待遇。

(3)生育津贴

生育妇女在产假期间,按照所在单位上年度员工月平均工资的100%领取生育津贴。

(4)哺乳待遇

有不满1周岁婴儿的女职员,在其每天工作时间内有两次哺乳时间,每次30分钟。多胞胎生育的,每多哺乳1个婴儿,每次哺乳时间增加30分钟。哺乳时间应算作工作时间。

女职员在哺乳期内,其所在单位不得安排其从事国家规定的第三级体力劳动强度的劳动和哺乳期禁忌从事的劳动,不得延长其劳动时间和安排从事夜班劳动。

本章练习

1.公共部门薪酬的含义是什么?它有什么特点?

2.公共部门薪酬由哪几部分构成?

3.公共部门薪酬管理的含义和设计原则。

4.简述公共部门薪酬管理的新趋向。

5.简述公共部门薪酬管理的主要内容。

6.简述我国公共部门员工福利的含义和特点。

7.我国公共部门员工社会保险的主要内容是什么?

案例讨论

昆明公务员工资或与绩效挂钩[①]

今后,昆明市级机关的公务员中,工作效率高和工作能力突出者,或许将在工资待遇和升迁机会上"高人一筹"。2009年11月17日,在《昆明市市级机关

---

① 资料来源:http://it.job168.com/news/all_article.jsp? info_no＝51701,访问时间:2009年11月18日.

公务员绩效考核试行办法》(以下简称"办法")听证会上,昆明将对公务员完成绩效目标任务的数量、质量、效率效益等进行考核。绩效考核的总得分结果,将按照从高到低顺序进行汇总排序,并在单位公示。公务员年度考核的结果,还会作为市委、市政府目标考核奖金发放的依据。

听证会发言人、昆明市人事局公务员管理处处长吴俊介绍,为加强对公务员的考核、激励、调动公务员努力工作,创造业绩。2006年1月1日《公务员法》施行后,昆明市委组织部、市人事局于2007年及时制定了《昆明市公务员考核实施办法(试行)》,指导全市各单位的公务员考核工作。该文件下发执行以来收到很好效果。

2008年度政府公务员参加考核30485人,其中优秀等次5105人,称职等次24598人,基本称职等次13人,不称职等次14人,不定等次736人。

在此背景下,昆明市人事局研究决定,在公务员年度考核工作的大框架下,按照重点考核公务员工作实绩的规定,建立公务员绩效目标考核管理机制,对公务员实施绩效考核,通过目标分解,保证公务员绩效目标与机关目标管理的一致性,提高机关效能。

《办法》共7章27条,主要从绩效考核的范围、考核对象和考核主体、考核内容、考核形式、考核程序和方法、考核监督和考核结果的使用等方面,对公务员绩效考核做了详细规定。

听证会上,参会代表的意见主要集中在公务员工作难以量化的问题上,希望人事主管部门就公务员绩效考核的共性制定标准。另外,因公务员绩效考核的工作量较大,为保证考核质量,不流于形式、走过场,希望将绩效考核时间由每季度一次改为每年一次。昆明市人事局副局长时建林表示,人事主管部门只能提供宏观的指导意见,具体绩效考核措施须由各单位自行制定。

听证代表、昆明市规划局人事处处长教梅称,应将"德"纳入绩效考核的范畴。同时应建立起反馈机制,保证考核的公开透明。听证代表、昆明市交通局主任科员朱存英认为,公务员的晋升和奖金应该与绩效考核的成绩挂钩,改变以往"靠年头"式的晋升和奖金发放方式,"办法"还应在此方面做更多、更细致的工作。

接下来的10个工作日内,将会把听证代表的意见进行汇总、采纳,对"办法"进行修改并在昆明人事网等网站公示。

【江苏南通】　　　　考核不佳扣发津贴

为防止平时考核走过场,江苏省南通市制定了严格的约束办法。一是平时考核和津贴补贴发放挂钩。公务员平时考核定为"较好"以上档次,津贴补贴按规定标准发放;考核定为"一般"档次,当季度津贴补贴在规定标准基础上每月减发20%;考核定为"较差"档次的,当季津贴补贴在规定基础上每月减发50%。二是平时考核和年度考核紧密结合。平时考核均在"较好"档次以上,年终考核才有"优秀"等次的候选资格;平时考核有一次"较差",年终考核就定为"基本称职"等次,有两次"较差"即定为"不称职"等次。

【广东】   **3 年评优晋升优先**

广东省公务员年度考核中,被确定为称职以上等次的,符合晋升工资条件的,晋升工资;确定为称职以上等次,且符合规定的其他任职资格条件的,具有晋升职务的资格;连续 3 年以上被确定为优秀等次的,晋升职务时优先考虑;被确定为优秀等次的,当年给予嘉奖;连续 3 年被确定为优秀等次的,记三等功,享受年度考核奖金。

讨论题:

1.公务员工资与绩效挂钩是否更能体现激励性?

2.如何才能实现公务员工资与绩效挂钩?

第八章　公共部门人力资源培训管理

★公共部门人力资源培训的含义及作用
★公共部门人力资源培训的基本类型与主要方式
★公共部门人力资源培训需求分析
★公共部门人力资源培训的技术方法
★公共部门人力资源培训的评估

　　培训管理是公共部门人力资源管理的重要一环。它推动着公共部门员工素质的提高与发展,满足着公众对政府及公营部门服务水平和质量的要求。随着培训功能的不断强化,公共部门人力资源的培训已走上法制化和规范化的进程,建立了系统化、专业化的培训内容、种类、方式和机构。

第一节　公共部门人力资源培训概述

一、公共部门人力资源培训的含义

　　人力资源培训是公共部门人事管理系统的一项基本的管理职能。公共部门的人力资源培训,是指公共部门为了满足开展业务及培育人才的需要,采用各种方式对员工进行有目的、有计划地培养和训练的管理活动,其目标是使员工不断地更新知识、开拓技能,改进员工的动机、态度和行为,使其适应新的要求,更加完美地胜任现职工作或担负更高级别的职务,从而促使公共组织效率的提高和公共组织目标的实现。

　　作为一种成人继续教育,公共部门人力资源培训与一般的学校常规学历教育有所区别。首先,人力资源培训是以提高员工的工作效率、改进工作方式为核心的,因此它的针对性较强,培训的内容与方式,基本围绕着公职人员从事行政活动所必备的政治素质、职业道德,以及知识、能力和技巧来设计。其次,公共部门人力资源培训是一种终身的、回归的继续教育,是常规教育的发展和延续,属于"第二教育过程"的再教育,它伴随着公共部门员工个人职业生涯发展的始终。再次,公共部门人力资源培训的内容是根据职位或职务的具体要求,向受训者灌输专门的知识和特殊的技能,以工作需要为着眼点。从长远和整体看,培训被视为提高整个公共组织绩效和战略发展能力的基本途径和手段。最后,公共部门人力资源培训的形式灵活多样,伸缩性较强,在教育时间、范围和方法上,都针对员工的工作需要,不像常规教育那样整齐划一、统一性很强。

虽然培训与常规教育存在着诸多区别,但是随着社会的发展和培训观念的转变,培训发展的趋势使得培训与教育二者的界限变得越来越模糊。公共部门人力资源发展不仅要适应工作需要,同时也要注重员工综合素质的培养,拓宽职业适应的领域。此外,从事常规教育的学校组织,也以其知识资源,更多地承担着公共部门人力资源职业培训的重任。

二、公共部门人力资源培训的重要性

培训对个人和组织发展的重要性不言而喻。但是,在实际的管理运作中,它常常被当作一种被动的行为或补救措施,即只有当组织被诊断出有问题时,人们才会考虑对员工进行培训。这虽然是培训需求来源的一个方面,但不应是全部,它与现代人力资源发展与主动开发的观念也相去甚远。因此,充分认识公共部门人力资源培训的必要性和作用,有助于在人力资源管理中,以正确的观念和态度从事这一重要工作,积极发展和完善培训制度、体系及其技术、方法[①]。

1. 科技革命、信息社会与知识经济时代的到来,使公共部门人力资源面临前所未有的挑战。21世纪的科技革命给我们带来了信息社会和知识经济社会。这意味着人类社会知识更新的速度大大加快;人类传统的学习、工作方式已逐步被灵活便捷的电脑操作和网络化替代,劳动变得日益智能化;人们掌握的知识将成为经济、社会发展的主要工具。正如约翰·奈斯比特所说"在信息经济社会里,价值的增长不是通过劳动,而是通过知识实现的。'劳动价值论'诞生于工业经济的初期,它必将被新的'知识价值论'所取代"[②],这些特征也已渗透到公共部门与公共事务管理工作中。

---

① 参见孙柏瑛:《公共部门人力资源开发与管理》,中国人民大学出版社2004年版,第258~259页。

② [美]约翰·奈斯比特:《大趋势:改变我们生活的十个新方向》,中国社会科学出版社1984年版,第15~16页。

2. 社会的剧烈变迁向所有从事各类工作和即将从事各类工作的人力资源，包括公共部门的员工提出了严峻的挑战。对于公共部门员工而言，他们要回答一系列新问题，即如何进行自身的学习革命，如何形成有机的学习型组织，如何改变陈旧的知识结构，如何掌握快速学习和更新知识的方法，如何用新的工作方式从事公共事务管理活动，如何用自己的知识为政府和公众服务等等。员工只有接受终身的教育和培训，不断地学习，不断地进行知识与技能的更新，才能适应社会发展的需要，跟上时代前进的步伐。现代公共部门人力资源培训正担负着培养公共事务管理人才的重任。

3. 日益严峻的社会问题强化了公共事务管理者们接受培训的客观需要。与半个世纪以前相比，今天政府面临的种种社会问题要复杂得多，如犯罪、吸毒、失业、环境污染、假冒伪劣产品泛滥、危机冲突等。这些问题往往带有多因、相互连带和性质难以判断等特征，解决社会问题的难度在不断加大。政府及其公职人员在面对这些社会问题时，必须要通盘考虑，并善于把握问题的轻重缓急。这使公共部门员工必须增强准确判断事物和有效解决问题的能力，同时还要能够用自己掌握的先进技术手段处理各种问题。作为公共事务的管理者与社会问题的解决者，只有根据形势与发展的需要，通过培训途径不断地完善自我知识、能力和素质，才能出色履行国家和人民赋予的责任。

4. 行政改革与行政发展对公共部门人力资源的素质提出了更为严格的要求。行政改革与发展是 21 世纪政府治理不可避免的趋势。行政发展意味着政府将成为服务的政府，而不是单纯统治的政府。行政管理将由目标管理的模式发展到绩效管理或全面品质管理。这些管理方式的演进不仅要求政府提供的服务是高效率的，而且要求这些服务以顾客为导向，以满足顾客需求为目标，大幅度提高对顾客的承诺和服务质量；另一方面，行政发展还意味着政府的组织管理角色也将发生重要变化。在政府与市场、政府与中介组织和居民自治组织的关系中，政府将更多地成为指导者，而不是直接管理者。如奥斯本和盖布勒所言，政府应是"起催化作用的政府，掌舵而不是划桨"[①]，如何掌舵是对其员工素质的考验。此外，政府将引入更多的竞争机制，以市场的或企业的方式运作政府。无论行政发展还将给我们带来什么新的东西，有一点是明确的，在行政发展和角色重新定位的同时，政府必须同步塑造一支能够胜任公共部门新型运作方式的公务员队伍。毫无疑问，公共部门人力资源培训将在这个转型中充当至关重要的角色。培训将直面行政发展的前景，向员工全方位地灌输新的管理理念、管理思

---

① ［美］戴维·奥斯本、特德·盖布勒：《改革政府：企业精神如何改革着公共部门》，上海译文出版社 1996 年版，第 1 页。

想、管理原则、管理方法和管理技术。图 8-1 即表示出现代人力资源培训的作用。

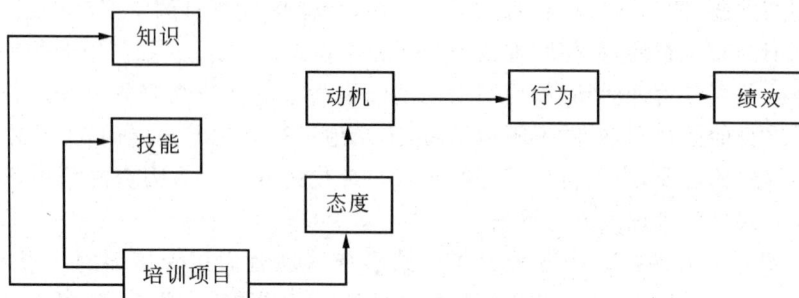

图 8-1 现代人力资源培训的作用

引自赵曼:《公共部门人力资源管理》,清华人民大学出版社 2005 年版,第 108 页。

5. 从战略高度看,国家已将公共部门人力资源培训纳入到整个社会、经济发展的长期规划之中。人是事业发展的根本保证,国家社会、经济的发展离不开优秀的人才。公共部门人力资源作为维护政权稳定、促进社会进步的力量,其发展方向和人才结构模式势必成为公共部门长期宏观规划的重要部分。因此,对公共部门人力资源进行培训是一项战略性的任务,它关系着民族的前途和命运。为此,公共部门确立了一系列人力资源培训活动的目标(如表 8-1 所示)

表 8-1 公共部门人力资源培训活动的目标

● 培养公共部门中高层员工的领导能力
● 全方位培养员工的认知、思维方法、拓展其价值和理想、信念
● 培养员工学习知识的方法和分析问题的能力,逐步走向综合的素质教育
● 培养员工积极竞争、进取的意识,同时培养员工在组织中的合作精神
● 提高员工的生活水平和质量,培养健全的人格
● 培养员工学会思考自我职业生涯发展的计划,促进个人的发展和价值的实现
● 努力改进生活方式,提高公共部门的质量与工作绩效

三、公共部门人力资源培训的基本类型与主要方式

(一)公共部门人力资源培训的基本类型

如前所述,公共部门人力资源培训属于在职教育,培训形式具有较强的弹性,类型多种多样。根据不同的需要和目标,组织应选择适宜的人力资源培训类型。

1. 初任培训。对新录用人员进行的理论和实践教育培训。它是人员被录

用后试用期内的必经环节。初任培训一般采取两种方式:第一,工作实习。在有经验的员工指导下,了解公共部门管理的基本性质和程序,熟悉工作环境,明确任职所必需的素质。第二,集中进行理论、业务培训。在此期间,要求员工了解国家的大政方针和法律、法规,懂得自身的使命和责任,建立努力工作的理想、抱负和信念,学习从事公共管理工作的应有的知识技能、业务内容和工作作风。培训考核合格者才能被正式任用。

2. 在职培训。它的对象是已经在公共部门服务若干年的员工。这类培训根据社会、经济环境的变化,以及公共部门某些职能的转变,进行员工知识结构的更新,以调整公职人员的知识技能、提高管理绩效,其培训的方式以离职学习为主。

3. 晋升培训。对员工中高层次的人员和拟将晋升到更高职位的员工进行的培训。此类培训有明确的针对性,它根据职务所要求的理论、政策水平、组织能力和业务素质,给予员工在政治、业务、技能等方面的教育,以使其能够胜任更高一级的领导职位的工作。

4. 专门业务培训。员工在从事某项专门性的业务工作或临时性的业务工作时所接受的培训,其目标是掌握专业工作要求的特殊知识、技能和注意事项等。

(二)公共部门人力资源培训的方式

按照不同的标准,公共部门员工培训可分成多种方式。如依据培训时间的长短,可分为长期培训、中期培训和短期培训;依据员工是否脱离职位,可分为脱产培训和不脱产培训;依据培训机构性质,可分为学校的培训、国家行政学院或文官学院的培训、政府机构自身组织培训等。这些划分彼此也有交叉,如学校的培训期限一般较长。总体上,各国公共部门员工的培训状况、培训方式包括以下几种:

1. 学校培训。由员工管理机构或行政部门,选送有培养前途的人员,通过考试进入国内外的高等院校或国家行政学院接受专业脱产培训或进修。

2. 部内培训。由公共部门内部自设的机构,根据专业和工作需要组织培训。培训的时间、课程设置和培训要求由部内培训机构确定。

3. 部际培训。若干公共部门横向联合举办的培训。参与部门共同承担培训费用,为相同专业或同一级别的员工提供某些共同的课程。

4. 交流培训。员工通过在公共部门之间和在公共部门与其他机构之间进行的交流、调任过程中的培训,扩大知识面,增长才干,提高能力。

5. 工作培训。在实际工作中对员工的能力进行的有意识的培训。主要领导者或有经验的员工在实践中的言传身教和具体帮助指导,使员工在行政实践中积累了知识。

6. 选择培训。允许员工根据自己的知识结构和个人兴趣,制定的自己培训计划,自由选择培训的专业和课程。选择培训的方式主要有两种:一是鼓励员工利用闲暇时间到附近的学校或夜校补习、进修;二是由员工向组织申请假期,脱产学习。

第二节　公共部门人力资源培训需求分析

开展培训活动的第一步就是要确定需不需要进行培训,需要进行什么培训,而这个过程是通过人员培训需求分析完成的。广义地讲,人力资源培训需求分析是指,组织在从事培训活动之前,从长远的发展目标或近期目标出发,应用各种方法和技术,对组织及其成员的现有素质构成、知识和技能种类等进行鉴别与分析。员工培训需求分析的第一步是培训需求的确认。

一、培训需求的确认

初任培训需求的确认是比较简明的事情,对于一批刚刚上任到新岗位的工作者来说,为了明确自身的任务和掌握所需的技能,培训是一项必经的程序。而对在岗人员培训需求的确认则可能比较复杂一些。管理者要决定要不要进行人员培训,及如何进行人员培训。在决定进行培训之前,管理者首先应该回答以下几个问题:

(1)什么是组织的目标?

(2)什么是达成这些目标的工作?

(3)什么行为对于负有工作完成责任的工作者来说是必需的?

(4)什么是负有工作完成义务的工作者在从事应做的工作时所缺乏的? 是技术、知识还是态度?

很明显,与绩效有直接关系的现象是最足以让管理者觉察的现象。一般说来,培训需求的确定应从以下几点来论证:

1. 员工行为或工作绩效差异是否存在。行为或工作绩效差异是指实际的行为或工作绩效与计划的行为或工作绩效之间的差异。组织可以从单位生产、单位成本、安全记录、缺席率、能力测验、个人态度调查、员工意见箱、员工申诉案件、工作绩效评估等指标,了解组织现有员工的行为、态度及工作绩效与组织目标之间的差异。如有差异存在,就说明有培训的必要。

2. 绩效差异的重要性。只有绩效和行为差异对组织产生负面影响时,这个绩效和行为才值得重视。绩效层面的重要性自然要视组织的目标和发展方向而定。当绩效差异影响到组织目标的实现与组织的未来发展时,就必须分析影响绩效的原因和根源:是欠缺适当的知识技能? 是环境的限制或制约? 是缺乏适当的诱因或动机? 还是员工的身心健康状况不佳? 这主要是由组织的领导者来分析并确认是否有进行培训的必要。

3. 培训员工是否是最佳的途径。如果绩效和行为差异是因为个人能力不足,或员工态度信念不正确,或主管不积极参与员工培训引起的,那么员工或主管的培训便可能是最好的方法。因为培训不仅仅能提高员工的技术和工作能力,更能够改变员工的工作态度和观念。

4. 培训是否是经济的解决办法。虽然培训可能是解决组织绩效问题的适当方法,也可能在改变员工行为方面是有效的,但是,除非培训计划低于问题本身的成本,或低于其他可供选择方案的成本,否则,它不具备有效性。一项培训计划的有效性是由扣除了计划成本的问题成本决定的。

二、公共部门培训需求分析的内容

从内容上看,公共部门员工培训需求分析要在以下几个层次上进行。

（一）个人层次上的培训需求分析

在这个层次上,需求分析的主要任务是,了解组织内每个员工个体现有的知识、能力素质的状况,找出与应有状况之间的差距。在此基础上,确定谁需要和应该接受培训,以及应该接受什么种类和方式的培训。管理者分析的重点是工作人员评价的实际工作绩效以及工作能力。其中包括:

第一,管理者对员工工作绩效的考量。必须首先确定期望的员工的工作绩效是什么样的,而他目前的工作绩效又是什么样的。

例1:组织期望员工每天都能准时出勤,但是某员工总在规定时间之后的5分钟才到岗。

例2:某位员工呈交的报告的质量总是不能达到要求,主管常常不能从报告中了解到想要了解的信息。

第二,员工对自我的评价。自我评价是以员工的工作清单为基础,由员工对每一单元的工作成就、相关知识和相关技能真实地进行自我评价。一般而言,员工个人都有比较强烈的接受培训的欲望,他们知晓培训与自我发展的关系,因此会认真地进行自我测评。但员工的自我评价可能过度以自我为导向,或过度倚重自我需要,而忽视了组织或社会的需求。

第三,员工态度评价。员工的工作绩效分析的核心是要区分不能做和不想做的问题,因此,其态度是解决问题的关键。员工的工作态度不仅影响其知识技能的学习和发挥,还影响其与同事间的人际关系,影响其与顾客的关系,而这些又影响其工作表现。运用定向测验或态度量表,就可帮助了解员工的工作态度状况。

(二)工作状况层次上的培训需求分析

此层次的分析需要确定培训的内容,即员工要达到理想的工作绩效所必须掌握的技能和能力。包括系统地收集反映工作特性的数据,并以这些数据为依据,制定每个岗位的工作标准。同时还要明确员工有效的工作行为所需要的知识、技能和其他特性。工作分析、绩效评价、质量控制和服务反馈都为这一层面的培训需求分析提供了重要的依据。工作状况层面的分析内容有:

第一,职位工作职责,包括各项工作任务及其难易程度等。

第二,职位任职资格,即履行工作职责应具备什么样的素质条件,需要掌握哪些相关的知识和技能。

(三)组织层次上的培训需求分析

在这个层次上的培训需求分析的基本任务是,通过对组织总体目标、资源和环境等因素的判断,发现组织在培训工作上存在的问题,明确组织应有的员工素质结构状况与现有的实际素质状况之间的差距.并说明培训是否是解决现有缺陷的最有效的方法。组织培训需求分析的具体环节是:

第一,组织在一定时期内的发展目标与方向。组织目标决定了培训的目标和培训的内容。通过对目标的确定,组织培训需求分析力图掌握以下重要信息:为实现既定的组织目标,现有员工的总体素质结构是否存在着差距,换句话说,是否真的能够通过培训途径弥补差距(必要性分析);如果对上述问题的回答是肯定的,那么,组织需要什么类型的培训来解决问题,培训的规模、速度和培训支出的费用情况如何(现实性分析);在各种可选择的解决问题、弥补差距的方案中,培训方法是否是有效的,即是否存在着其他更有效、更经济的途径可以替代培训(充分性分析)。

第二,组织可提供给培训活动的资源分析。确定组织中可被利用的培训资源,是培训工作目标确立的现实基础。资源分析应包括组织可用于从事培训工作的经费、时间和人力等。

(1)经费。组织所能提供的经费将影响培训的范围和深度。

(2)时间。对组织而言,时间就是金钱,而培训是需要相当的时间的,如果时间紧迫或安排不当,就极有可能造成不理想的培训结果。

(3)人力。对组织人力状况的了解非常重要,它是决定是否培训的关键因素。组织的人力状况包括:工作人员的数量、工作人员的年龄、工作人员对工作与单位的态度、工作人员的技能水平和知识水平、工作人员的工作绩效等。

第三,组织特质与环境分析。组织特质与环境对培训的成功与否也起着重要的影响作用,因为,当培训规划与组织的价值不一致时,培训的效果就很难保证。组织特质与环境分析主要是对组织的系统结构、文化、资讯传播等情况的了解。主要包括如下内容:

(1)系统结构特质。指组织的输入、运作、输出、次级系统互动以及与外界环境间的交流特质,促使管理者能够系统地面对组织,避免在组织分析中出现以偏概全的问题。

(2)文化特质。指组织的软硬件设施、规章、制度、组织经营运作的方式、组织人员待人处事的特殊风格,促使管理者能够深入了解组织,而非仅仅停留在表面。

(3)资讯传播特质。指组织部门和成员收集、分析和传递信息的分工与运作,促使管理者了解组织信息的传递和沟通的特性。

(四)战略层次上的培训需求分析

以往,由于组织的变革速度缓慢和变革程度比较微弱,因而人们比较重视个人和组织层次的培训需求分析,将它们作为设计组织培训规划的依据。而组织的需求分析一般定位于过去和现在的状况,对未来情况的分析投入的精力较少。但是,随着社会变迁的加剧,组织变革的状况和以前大不相同了,组织在外部压力下常常面临着突变的可能性。于是人们就必然面临这样的问题,即当组织在未来发展中发生了巨大的变化时,培训工作应该怎么办。要回答这个问题就要把培训的需求分析引到战略发展的层次上。培训需求的战略分析,主要包括以下几个方面:

第一,组织优先权的改变。引起组织优先权改变的因素主要有:

(1)新技术的引进;

(2)财政上的约束;

(3)组织的撤销、分割或合并;

(4)各种临时性、突发性任务的出现。

以上因素的变更,要求培训部门在进行培训需求分析时不能仅仅考虑现在的需要和建立在过去状况基础上的服务提供,它必须是前瞻性的,它必须考虑未来的需要,尽管这些需要可能同现在的需要完全不同。

第二,人事预测。由于组织的大部分预算是花在人事部门上,因此,人事预测是很重要的。人事预测主要包括需求预测和供给预测。需求预测主要是考察一个组织所需要的人员数量以及这些人员必须掌握的技能。供给预测不但要考察能参加工作的人员的数量,而且要考察这些人员所具有的技能状况,以便为人员的雇用、培训与再培训提供依据。

第三,组织态度调查。在培训需求的战略分析中,收集全体员工对其工作、补偿金、救济金、同事等的态度和满意程度,这能够帮助分析出组织内最需要培训的领域,找出和确认那些阻碍改革和反对培训的领域(参见表 8-2)。一般来说,了解员工对组织的态度及满意程度应立足于利益领域。例如,根据员工对组织满意程度的不同,就可以了解他们对组织的不同态度与看法。

表 8-2　组织态度调查①

态　度	评　价
我收到的补偿金是可观的	考察组织和个人是否被认为是一致的
我为之汇报的人设置了清晰的问题	考察组织是否被认为观念和目标比较复杂
在我的工作团体中有一种信任和开放意识	考察组织是否缺乏和谐的人际关系和良好的管理技能
告诉别人为组织工作我感到很自豪	考察组织中的个体对团体是否充满忠诚

根据对表 8-2 这些问题的不同回答,就可以进行不同的培训与组织开发。如果是技术能力方面的问题,那么进行传统的培训是适宜的;如果是人际关系方面的原因,则需要进行管理培训;如果是观念认同的问题,就需要重新确定组织目标;如果是员工与组织之间的一致性较差,就需要加强其职业生涯的开发。总之,组织态度的分析对组织的培训与开发规划是非常重要的。

三、公共部门人力资源培训需求分析的程序

首先,了解并分析公共组织当前开展的生产经营活动、采用的生产技术和手段,以及维持当前生产经营活动所需要的员工数量和类别、素质。

其次,了解并分析公共组织内部当前的人力资源状况,如详细的年龄结构,知识结构,技艺水平,在各岗位上工作的年限,劳动报酬构成及其水平,员工出勤率、离职率和保有率,员工对当前工作的满意程度等等。

再次,了解并分析公共组织结构和组织行为信息,如组织内部机构设置、管理和监督层次、决策机制、劳动组织方式、组织文化等等。

另外,公共组织外部环境的有关信息,如公共产品市场状况、劳动力市场状况、生产和管理技术和研究与开发潮流、劳动关系和工会组织、法令法规等等。

在获得并分析培训前信息之后,培训决策者就可以对公共组织所处的环境、公共组织所从事的活动、公共组织的运行机制,以及公共组织所拥有的人力资源等方面有一个轮廓性的认识。在此基础上,可以进一步就以上四个方面收集的

① 引自孙柏瑛等编著:《公共部门人力资源开发与管理》,中国人民大学出版社 2004 年版,第 266 页。

关于未来状况的信息展开分析,探求公共组织工作绩效和员工知识、技能及态度的理想状况。通过处理、对比当前现状和理想状况,找出两者之间的差距,进而分析哪些差距是可以借助内部劳动力市场操作,尤其是培训和开发现有员工来缩小的。该过程如图 8-2 所示。

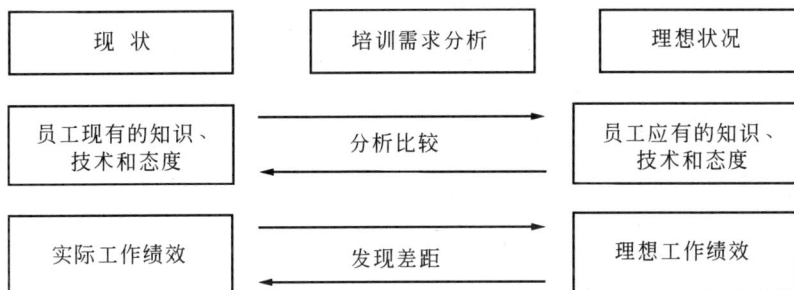

图 8-2　公共部门培训需求分析的作用过程

引自赵曼主编:《公共部门人力资源管理》,清华大学出版社 2005 年版,第 117 页。

公共部门培训的绩效评估主要是考察员工目前的实际绩效与理想的目标绩效之间是否存在偏差,然后决定是否可以通过培训来矫正偏差。如果员工缺乏完成工作任务所应该具备的知识和技能,或者是态度出问题,在达到一定的严重程度、影响员工绩效的情况下,就应该安排相应培训。在这一过程中需要完成以下几项工作:第一是开展绩效评估,发现绩效偏差;第二是要进行成本价值分析,即确定用所投入的时间和努力来弥补这一绩效偏差是否值得;第三是找出到底是员工的知识问题、技能问题,还是态度问题。

在公共部门员工绩效分析过程中,要注意不能片面地将培训当作解决员工绩效问题唯一手段,应对员工绩效与公共组织的评价系统、报酬系统、惩罚系统及其他问题进行联动分析。通过培训解决员工的技能和知识问题是有效的,但要改变员工的工作态度就需要通过薪酬管理、工作设计及其他激励途径来实现。

四、公共部门培训需求分析的方法

公共部门培训需求分析依靠一定的技术方法,表 8-3 列出了顾问委员会法、评价中心法、态度调查法、集体讨论法、面谈候选培训对象法、调查管理层法、员工行为观察法、业绩考核法、关键事件法、问卷调查与清单法、技能测试法、评估过去项目法、绩效档案法等多种方法并进行对比分析。

采用被培训者参与程度、管理层的参与程度、分析过程耗时程度、培训需求分析成本、分析过程量化程度等几项指标对上述方法进行分析,我们会发现在具体应用过程中这些方法有着各自不同的效果。这至少启发我们在不同的情境下应寻找到最佳方法，必要时也可将它们组合起来使用。一般来说，在我们进行公共部门培训需求分析过程中常见的分析方法有以下几种：

表 8-3　培训需要分析方法比较

培训需要分析技术	被培训者参与程度	管理层参与程度	分析过程耗时程度	培训需求分析成本	分析过程量化程度
顾问委员会	低	中	中	低	低
评价中心	高	低	低	高	高
态度调查	中	低	中	中	低
集体讨论	高	中	中	中	中
面谈候选培训对象	高	低	高	高	中
调查管理层	低	高	低	低	低
员工行为观察	中	低	高	高	中
业绩考核	中	高	中	低	高
关键事件法	高	低	中	低	高
问卷调查与清单	高	高	中	中	高
技能测试	高	低	高	高	高
评估过去项目	中	低	中	低	高
绩效档案	低	中	低	低	中

引自赵曼：《公共部门人力资源管理》，清华人民大学出版社 2005 年版，第 118 页。

1. 绩效考评法。即应用定期或不定期的考评结果进行培训需求分析。将绩效考评结果与计划、标准相比较，假如要分析一个在某组织工作一年的秘书的培训需求，就要把秘书的各项职责中的每个任务的完成情况与标准逐一进行比较，并分别从数量标准、质量标准、效率标准等方面进行比较。但要注意的是，有时由于绩效考评不够全面，进行培训需求分析时会感到有所欠缺，此时需要专门进行一次为培训需求分析提供依据的绩效考评。

2. 差距分析法。即将现实状况与理想状况进行比较，找出差距及其程度，并分析原因，以确定培训需求的一种方法。它包括两个层面：一是差距程度判断，在确定存在差距的前提下进一步判断差距的大小，以确定培训的力度；二是分析差距原因，确定是因为公共组织的工作设计和标准制定不合理，还是因为员工对职责任务不了解、员工缺乏所需的知识技能，并依此确定培训和内容。

3. 现场观察法。即通过在工作现场直接观察员工的实际工作行为进行培训需求的分析。这种方法比较适合对操作性工作的任职者进行培训需求评估。观察者应是该工作的主管人员或有关方面的专家，应熟悉职位工作的情况。所需观察的工作行为包括员工的熟练性、动作的准确度、工作速度、工作数量、工作质量、操作设备的技能等。观察时间长短依据工作的特点而定,一般要求观察一个工作周期,并做好观察记录,以便完整了解任职者的工作行为。

4. 面谈征询法。即通过交谈方式征询有关人员的意见,以确定员工培训需求的一种方法。这种方法比较适用于管理人员的培训需求分析。它包括个人面谈和小组面谈两种形式。在实际工作中与特定员工发生工作关系的人员,对该员工的能力及其工作情况比较了解,通过与他们的交谈,收集意见并依此确定员工的培训需求。在实际运用中,面谈征询法可以是逐一征求各有关人员的意见,也可以通过座谈方式进行专门咨询,还可以是直接与当事人交谈。

5. 资料分析法。即利用现有的有关公共组织发展、职务说明等文件综合分析培训需求。这种方法比较适用于新录用的员工。它可以直接把职务分析说明书对任职资格的规定与新录用员工的档案材料记录及其学历、专业、特长、技能等情况进行比较,以决定新录用员工的培训需求。对于老员工来说,也可利用职务分析说明书和工作日志等资料进行分析。可以选用的资料还包括组织发展规划、人力资源规划、工作分析材料、人力资源信息系统数据等。

6. 问卷调查法。即使用设计好的调查表格对任职者本人或者其他有关人员进行调查,通过对所收集资料的分析确定培训需求。这种方法必须根据职位工作的性质和特点、依据工作说明对不同职位所提出的要求和条件,列出调查评估项目,然后由被调查者对第一培训项目的重要性和任职者的培训需求进行等级评估。问卷调查法在使用过程中要求要有较高信度和效度的问卷,严格遵循调查过程与程序,并对所收集的资料进行科学的分析与评估。

第三节　公共部门人力资源培训的实施

确定了员工培训需求之后,培训负责人就可以制订计划、实施培训。公共组织应根据自己的培训目标设计培训内容、选择培训模式,并设计好与该培训模式相适应的培训方式。

一、公共部门员工培训的模式选择

随着现代人力资源的发展,培训逐渐成为组织人力资源管理的一个重要方面,成为提高员工技能、加强凝聚力的重要措施,相应地,员工培训也衍生出多种多样的形式。马丁·所罗门在《培训战备与实务》一书中将这些培训模型归纳为咨询型模式、持续发展型模式、"国家培训奖"型模式、过渡型模式、螺旋模式(开发的新模式)、系统型模式、学习型组织模式和阿什里德模式八种。这里着重介绍六种模式。

（一）学习型组织模式

美国学者彼得·圣吉（Peter Senge）在其所著的《第五项原则》中，阐述了学习型组织与传统的具有权威性的控制型组织之间的区别。前者是通过掌握某些原则形成的，是将"学习"这一词义用于更广泛的意义上。在他看来，一项原则是建立在某种基本理论上的实践主体。他认为，五个新的构成技术或原则在逐渐聚合以革新学习型组织。这五项原则包括：自我超越，即辨认什么是对个人而言最重要的能力；团队学习，团队学习是基于"深度会谈"之上的，是一个团体的所有成员，提出心中的假设而进入一起思考的能力；心智模式，是根深蒂固于心中、影响我们如何了解这个世界，以及如何采取行动的许多假设、成见、印象等；共同愿望，根据人们真正想要创造的东西，在一个集体中建立以此为目标的责任感的能力；系统思考，整理个项并寻求整体性结论的能力。

正是将其他几项原则紧密结合起来，并形成一个理论与实践的整体，才产生了第五项原则——系统思考。

阿什里德研究中心的学者们将学习型组织视为培训和发展的最高层次——聚焦阶段。正如他们在《未来管理》中所说，学习型组织可以理解为：在这种组织里学习不局限于"块状"的培训活动中（不论它是孤立的，还是系统的），学习成为一个连续的过程，在职学习尤成时尚。阿什里德研究组织的两位成员，以一种重要的方式扩展了这一概念。他们认为，只有努力创造适合其发展的有利条件，而不是任其自然发展，学习型组织才是有意义的。他们对这一概念做了如下阐述：学习型组织一词用来将人们组织起来以达到某个目标，其条件是始终寻找解决问题的更好办法。在学习型组织中，人们时刻关注通往目标的正确途径。学习型组织始终把他们行动中的每一个细小环节都看作是整体行为，受大家一致看法的引导。

珀恩·肯德拉（Pearn Kandola）则把学习组织看作一个有效周期，其中价值和目标相关，价值和目标又和前期行为、操作及结果相关联，而前期行为、操作及结果反过来又为组织增添了更大的价值。肯德拉高度重视个人学习和组织学习，并将其看作是能创造重要财富的一种途径。这种组织利用所有个人或集体潜在的学习和适应能力，以求实现和审查组织目标，同时还满足了组织成员的需求，调动了他们的积极性。学习型组织正在不断发现并排除学习的阻力，并为持续学习与发展提供强有力的结构性支持，创造一种持续学习和进步的氛围。肯德拉培训思想的突出特点是：提出了建立协作小组以制订发展计划和适合不同层次的标准尺度的观点。其目的就是通过努力最终形成学习型组织。为此，他还提出了十项关键性活动,具体内容包括:高层管理者重新审视学习这一概念;分析组织内部的学习环境;制定实施计划;重新审视培训和培训管理者在组织中的地位和作用;在组织的各部门配备有助于促进学习的管理人员;支持学习;提高所有员工的学习能力;开展团队学习;鼓励开放性学习;根据学习需要分配工作。

（二）持续发展型模式

持续发展型模式着力于培训职能的长期强化和提高问题,因而更能满足组织方面的需要。这一模式提出的七个活动领域,都是实现组织学习和持续发展必不可少的因素:

1. 政策,要形成文件,但其表述不应只停留在良好的愿望上,而要有充实的内容。

2. 责任与角色要求,主要对象包括高层管理者、部门负责人、人事部门人员以及所有的学员。

3. 培训机会及需要的辨识和确定,对此要有相应的计划、任务说明,并进行专项评审。

4. 学习活动的参与,应通过激励和协商来达到,而不是强迫。

5. 培训计划,组织要确定从培训工作的预算开始的一系列问题的政策和具体内容。

6. 培训收益,对此应分项管理。

7. 培训目标,目标的确定应满足组织持续发展的要求,或以此为特征。

（三）咨询型模式

咨询型模式是一种备受推崇的模式,它将一般性的咨询技能与咨询型模式相区分。咨询意味着对你做什么、如何做、在哪里做、何时做的,进行更好的控制。它既可以用于组织外部顾问,但也适用于内部顾问。尽管受到现有工作的限制,但咨询仍然是培训者未来工作的方向。这种方向不仅可以提供组织所需的灵活性和应对力,还能提高个人的满足感和能力。

内部顾问能够提出有针对性的解决问题的办法,而外部顾问所获得和利用的知识、技能和经验通常仍然留在组织中,这样组织就能够从中受益。问题的解决是由经营运作和培训服务相结合完成的。

咨询过程可以划分为以下几个阶段:获准进入,调查与分析,完成,退出。如果把咨询模式看成是最佳培训实践的形式,那么这一过程的最后阶段,即退出反而使人们看到了这一模式的弱点。内部培训者是不存在退出的,咨询型模式对于培训人员技能的提高极为有益,但对于组织的有效培训实施来说,却不能算作一个非常合适的范例。

（四）"国家培训奖"模式

"国家培训奖"模式是在 1987 年英国"国家培训奖"大会上提出来的,它是对系统培训模式的发展,但更具有操作性。这一体系可用图 8-3 来说明。

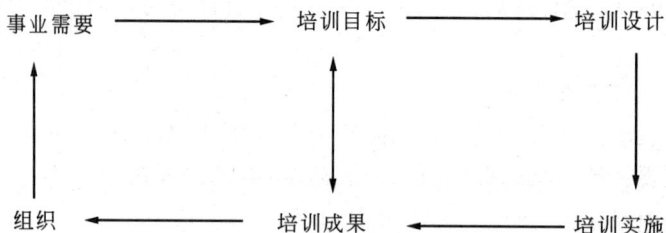

```
事业需要  ───────→  培训目标  ───────→  培训设计
  ↑                    ↑                    │
  │                    │                    ↓
组织    ←───────  培训成果  ←───────  培训实施
```

图 8-3 "国家培训奖"模式

引自赵曼主编:《公共部门人力资源管理》,清华大学出版社 2005 年版,第 122 页。

图中事业需要是指那些能促进培训要求的需要;培训目标阐明的是为满足培训需求对相关人员提出的工作要求以及工作标准;培训设计是一个确保培训目标实现的活动计划;培训实施是对培训计划的执行;培训成果是用来衡量组织和受训者从培训中获得的收益量,并以此确定培训目标的实现程度。培训与更广泛的组织战略之间有着某种程度的联系,这种联系表明:可以将培训系统看作是组织内部的一个独立分支。

该模式对系统模式较为认可:首先,培训目标是组织战略要求的转换;其次,这一转换是有效的、一致的;再次,培训是一个系统连续的过程;最后,培训具有可考核性。

但是,"国家培训奖"模式对培训活动的某些作用却存有异议:第一,明确否定培训在组织中的前摄作用,而培训职能正是借此形成和阐明组织需要,并作出应对;第二,特别强调可量化的结果,以致低估了培训活动中其他较难量化的结果的重要性;第三,注重考核预先划定的目标的执行情况,从而抑制了培训人员的创造力的发挥。

对于那些培训处于刚刚成立或初级阶段的组织来说,这一模式为其提供了一个提高培训水平的范例,但这一模式可能并不适用于那些具有先进培训手段的组织。

（五）螺旋培训模式

该模式强调一个最佳培训模式除应包括传统培训模式中的核心因素,还应具有:(1)为培训人员提供一个机构完整、规则齐全的框架;(2)确保一个有效评价系统的循环运行;(3)强调量化目标的重要性,尽管可行性会有差异,要考虑到使培训工作扎根于组织内的需要,进而确保它与战略目标的联系,并使培训能在一个和谐的环境中实施;(4)培训功能之一就是将不同需要组织起来,并为满足这些需求做出安排;(5)不同组织的培训水平不同,因此需要采用的方法也不同。

为了达到最佳效果,在开展培训周期的各项活动时,应注意以下几点:(1)在任何情况下,都需要培育组织的培训文化。部门经理和人力资源职能人员更需要认识到培训的重要性,以及他们自身在管理培训中的作用。有必要对他们在该领域的学习曲线进行考察。(2)培训者应该积极寻求开发部门经理的责任感和反应力。(3)培训者应该主动地对培训应为组织战略做出哪些贡献进行明确定位,而不是依赖组织为其明确。

(六)阿什里德模式

这一模式出自于1986年,是阿什里德管理学院研究课题组承担的一个极为重要的项目的研究成果。研究人员对英国的一些优秀组织形式进行了考察研究,并做了大量的文献检索。他们按等级水平将培训活动划分为三个阶段:离散阶段、离合阶段、聚焦阶段,每一阶段又包括若干分项。

在第一阶段,教育、培训与发展在组织中处于次要地位。组织对培训持放任态度,也不期望其回报。培训被看作是费用和支出,而不是投资。随着培训和发展活动在组织中的加强,组织进入了整合阶段。培训与发展的组织化大大提高,与组织中各项活动过程的联系更加紧密。然而,该模式认为,只有那些到达聚焦阶段的组织,培训与发展效能的发挥才是最充分的。在这样的组织中,培训与发展已成为组织的内在机能,并且是一个完全连续的过程。受组织目标和个人需要的影响,人们开始从重视正式培训转向重视个人发展。部门经理和个人承担发展责任,而培训人员也担负起更多的职责,既是咨询者、协调人,又是变革的促进者。达到这一个阶段的组织被称为学习型组织。

该模式对从目前阶段向所期望的聚焦阶段的发展,提出了清晰的阶梯进程,把对三个阶段的描述作为一个培训和发展模式,使得组织可借此制定培训升级计划。该模式提供了一个组织培训与发展的理想状态,但对此给予更多的是描述、说明,而不是给出其配方。它提供了一系列用以评估这一进程的有用的指标,但并没有涉及确保这一进程的详细机制,尤其是没有为培训经理提供具体的操作指南,而这一指南是很难产生于组织中的。

二、公共部门培训计划及其实施

在分析了员工的培训需求并确定了相应的培训模式之后,培训负责人就可以制订具体的培训计划,包括培训目标、培训内容、培训方式。公共部门的员工培训计划也应对培训师及内部员工的工资、场地费、设备材料的损耗费、教材及资料费用等所需经费作出详细预算。好的培训计划可以为培训工作提供明确的方向,为具体的操作内容提供依据,并可以在培训之后,对照此目标进行效果评估。在培训计划的实施过程中则应包括挑选培训师,确定教材与教学大纲,安排培训时间、场地、设施等一系列环节。

(一)确定培训师

组织要培训一位合格的培训师所花费的成本很高,而培训师的好坏直接影响到培训的效果。一位优秀的培训师既要有广博的理论知识,又要有丰富的实践经验;既要有扎实的培训技能,又要有高尚的人格。因此,培训师的知识经验、培训技能以及人格特征是判断培训师水平高低的三个维度。香港对培训机构的师资方面有严格的规定:须具备一定的理论知识,往往是工程师、讲师、专家或学者,并且本身要经历过教授成人的技能培训,取得任教资格和文凭;一般要求有5~6年的实际工作经验,政府和培训机构还常常组织从事培训教育的老师到国外进修和参观,并同经济发达的国家或地区的工商组织、学校和培训机构交流经验。美国对职教师资则强调一定要与工作实际相结合,任教一段时间后必须回去工作一段时间,以了解、掌握新情况,充实教学内容,改革教学方法,提倡师资应来源于从事过实际生产工作的人员。

(二)确定教材和教学大纲

一般由培训师确定教材,教材来源主要有四种:外面公开出售的教材、组织内部的教材、培训公司开发的教材和培训师编写的教材。一套好的教材应该围绕目标、简明扼要、图文并茂、引人入胜。教学大纲是根据培训计划,具体规定课程的性质、任务和要求,规定知识与技能的范围、深度、结构、教学进度,提出教学和考试(考核)的方法。教学大纲要贯彻理论联系实际的原则,对实践性教学环节作出具体规定。

(三)确定培训地点

培训地点一般有以下几种:组织内部的会议室、组织外部的会议室、宾馆内的会议室。要根据培训的内容来布置培训场所。培训者和受培训者对培训环境的评判是从以下因素进行考虑的:视觉效果、听觉效果、温度控制、教室大小和形状、座位安排、交通条件和生活条件等等。

(四)准备好培训设备

根据培训设计事先准备好培训所需的设备器材,例如电视机、投影仪、屏幕、放像机、摄像机、幻灯机、黑板、白板、纸、笔等。尤其是一些特殊的培训,需要准备一些特殊的设备。培训设备的添置和安排一般要受培训组织的财务预算的制约,但至少要满足培训项目的最低要求。

（五）选择培训时间

培训时间的合理分配要视训练内容的难易程度和培训所需的总时间而定。一般来说,内容相对简单的、短期的培训可以使用集中学习的方式,使之一气呵成,而内容复杂、难度高、时间较长的学习,则宜采用分散学习的方法,以节约开支、提高效率。另外,在时间选择上也要考虑白天或晚上、工作日或周末、组织生产旺季或淡季等因素。

（六）发出培训通知

使每个人都确知培训的时间、地点与基本内容。

三、公共部门人力资源培训的技术方法

（一）公共部门人力资源培训方法的类型

公共部门人力资源培训方法是指,培训的教育机构在实施培训的过程中,按照一定的教育思想,设计和采用一定的教学形式或教学辅助形式,对员工进行知识与技能培养的一整套方法。在现代公共部门人力资源培训中,其方法可以划分为不同的类型。包括:

1. 比较传统的教学方法,如课堂讲授、作业和课堂讨论等。它们更多的是从正规学校教育中移植过来的。

2. 行为主义的教学方法。以行为科学理论为基础,强调行为的刺激与反应、行为强化的性质,将学员参与作为教学方法的设计之本,注重实践性,包括角色扮演、模拟与游戏、案例与程序教学、成就动机训练等具体方法。

3. 将现代科技手段运用于教学方法,如视听技术培训方法和计算机教学方法等。

4. 以人格素质为中心的培训方法,主要是人格拓展训练。

（二）公共部门人力资源培训采用的方法

在公共部门人力资源培训的诸多方法中有代表性的教学方法有:

1. 课堂讲授法。在任何一种教育中,课堂讲授一直是占有重要地位的传授方法。虽然它在今天受到了越来越多的批评,但仍是大多数培训的首选方式,原因在于它的组织简单性、易操作性、经济性,以及讲课教师的习惯性。它是在一个空间（教室）中,由主讲教师们根据一定的教学内容做准备,然后用一定的课堂时间向学习者单向地传授知识的过程。显然,课堂讲授法是一种以教师为中心的教学方式,它所传递的知识信息的性质、知识重点、供给量和速率等均取决于处于主导地位的教师。学员在课堂中是被动的,与教师之间缺乏相互反馈,这有时会影响到培训教育的效果。为了使讲授收到较好的效果,教师应遵循的原则是:

第一，选择合适的内容和对象进行讲授，如对于系统知识和理论体系的培训而言，课堂讲授法的优势就是其他方法不可替代的，它可以在较短的时间内，使学员掌握知识和理论的精华。而如果某些技能通过直接体验比课堂讲授更有效的话，则应选择直接体验。

第二，在课堂讲授中，可以以多种形式吸引学员参与教学过程。如可以通过引导、自学、提问等形式，给学员更多的学习自主权。教师引导的目的在于提高学员分析和解决问题的能力。

第三，讲授者应根据事先准备的要点进行讲授，不要照本宣科。讲授者应当是清晰地记下整个讲授提纲，而不是背下整个讲课内容。

第四，在整个过程中一直与课程听众保持沟通。在讲授的过程中，至少应注意每一组听众的反应。将坐立不安、双臂交叉等一类身体语言视为"结束"的信号。

第五，可以通过改变教室的布置提高学员的学习兴趣和效率。内容决定形式，但是形式的作用不可小视。传统的课堂布置是学员前后分排就座，目的是便于老师控制。现代培训中可针对性地采用环型、V 型、U 型、臂章型的教室安排，以增强教师和学员的互动。

2. 研讨法。在培训中，研讨法是仅次于课堂讲授法而被广泛使用的教学方式。它的优越性是，鼓励学员在提出问题的基础上，与教师进行双向的探讨。研讨方法可以教师为中心，也可以学生为中心，灵活性较大，是在公共部门员工培训中极易采用的一种方式，因为员工已积累了相当的知识和实践经验，对一些问题已有了认识和见解，具备了与教师进行探讨和沟通的条件。

研讨教学法有多种形式，包括演讲——讨论式、小组讨论式、集体讨论式、系列研讨式、攻关小组式、沙龙式等等。每一种形式都有它的特征和优势，如在集体讨论中，由于规模较大，教师对一些选题和发言要作控制，结构性较强；而沙龙式则倡导自由地、非正式地交谈，限制较小，非结构性较强，但它不适用于讨论和解决重大问题。培训可根据培训的目的、内容与教师水平选择适当的研讨形式。但无论运用何种形式，教师在研讨会的组织实施前要做充分的准备，在研讨会进行中也应使用一些组织领导技巧（参见表 8-4）。

3. 案例分析法。目前，案例法是在公职人员培训中普遍受到重视和欢迎的一种教学方法。它根据一定的学习要求和培训目标，将实际生活中的真实情景或事件加以典型化处理，让受训者真实地体验、确定并分析复杂问题的过程。

表 8-4　教学研讨会的技巧

- 制定研讨计划,明确研讨的目标和研讨的具体内容,设计研讨的具体方式。
- 处理好研讨会的开始。好的开始能够使学员迅速进入角色,了解研讨的规则,明确自己的责任,积极地参与研讨。
- 主持人要避免首先讲出自己的观点,而且要避免问题过于泛化,保证研讨不偏离目标。
- 注意倾听发言者的观点,并对其提出的观点加以强调。
- 适当控制研讨信息和时间进度,处理好研讨中的冲突。
- 对研讨进行总结,提出反馈信息,进一步提高学员在研讨中的满意度。

案例分析法有五个主要特点:第一,运用组织的实际问题;第二,尽量让参加者陈述他们的看法,征求他人意见,正视不同看法并作出决策;第三,学生对教师的依赖程度降到最低限度;第四,教师很少回答"对"或"不对",那些不完善的案例才是以对错来判断的;第五,教师尽量通过创造适当程度、速度的戏剧场面来推进案例研究。在案例分析法中,教师扮演着(或应当扮演)至关重要的角色。教师不应是解释教科书原理的讲师或说教者,而应是一种催化剂成一名教练。教师还应是有效的信息源,应提出探讨性的问题以引发学员之间的热烈争论。

案例教学的难点和关键点是案例的编写。如果案例没有真实具体的情景,不具有典型性,尤其是其存在着基本的常识性错误,则很难启发学员,甚至还会误导学员。因此,一个教学案例应该:能提供事件发生的背景资料、发生的时间、人物关系;事件具有典型性,代表了行政管理中的一系列重要问题;能够引起学员的争论,并能贯彻培训的目标;具有相对独立和完整的情节;语言流畅。

4. 角色扮演法。是培训的有效方法之一。管理人才的培训常常借助这种手段。角色扮演就是给出事先设计的一组情景,要求学员在情景中担任各个角色,出场表演。通过与其他角色的交往或博弈,体现出与培训有关的行为,达到培训的目的。

角色扮演法具有多方面的功能和作用。通过角色扮演,可以发现学员的管理才能和解决问题的能力,还可以了解学员的个性特征以及与他人交往、合作的能力。同时,通过角色扮演,培训者还可以诊断学员存在的问题,指导他们修正行为。

同案例分析法一样,角色扮演法的关键是设计和创造角色。角色应来源于现实生活,但又要避免与现存组织状况靠得太近,以防学员的消极防卫行为,最好是采用一些模拟的问题。

5. 合作研究法。在员工培训的中后期,由教师指定学员或学员自愿组合一个研究小组,共同承担一个研究项目,经过一段时间的资料文献收集和社会调查,写出对策性的研究报告。这是对学员培训后的一种综合性理论、智力、技能训练,是对学员培训结果的总结。合作研究的课题,应是具体而不是空泛的,应注重联系实际和解决问题。管理人员能够从中分析学员的理论素养是否提高了,分析问题和解决问题的能力是否加强了。

6. 人格拓展训练(outward bound),又称挑战极限训练。教师设计出许多模拟的惊险情景或极限训练方案,让学员参与。在此过程中,考验学员的忍受能力,以及克服障碍、实现目标的毅力与意志,它将公职人员自己的潜力升华到极致。心理极限的突破对学员的人格培养具有现实意义。

人格训练不提供任何具体的工作技术和技能,重在心理品质的锻炼。它的理论是,教会人们如何适应环境,不如增强其素质,提高其环境适应性,以不变应万变;教给人们一种具体的职业技能,不如坚定其信心,提高其接受能力,让他们自己选择和学习;教人们如何与他人相处,不如以独特的方式和情景告诉他们合作、团结是何等重要。它摆脱了传统教育的空洞说教,运用了体验式的教育方法,独特而富有意义。

7. 价值观培训。许多培训计划最提倡的是价值观的教育。组织通过培训极力让员工相信这些价值观也应该是他们内在的价值观。在培训中,受训者和施教者一起逐项学习组织的一些关键价值观,如团队精神、尊重和信任个人、顾客至上等观念,说明每个观念的意义,并在此过程中做些小练习,比如要新员工回答"如果你看见团队的一位同事过于以自我为中心,你会做些什么?"或者"如果你认为团队成员在实践这个价值观,你看到的是些什么?"之类的问题。

价值观培训的基本目的在于让工作人员熟悉组织的核心价值观念,并说明如何将这些观念从语言变为行动。培训应当运用生动的事例来说明这些价值观的内涵(如"尊重人"的含义是什么,如何表现出对人的尊重),造就与组织融合在一起的组织观念的追随者。

(三)现代科技在培训中的应用

随着科学技术突飞猛进的发展和人们对公共部门人力资源培训效果、效率、规范化标准和质量越来越高的需求,已有的现代科技手段被广泛地运用到培训过程中,如电子声像视听技术、计算机技术、互联网技术等等,它们在现代公共人力资源培训中,发挥着越来越重要的作用。

1. 视听辅助设备和声像技术

目前公共人力资源培训机构普遍运用现代声像技术开展一些视听辅助教学,录音带、录像带、DVD影碟、电影、闭路电视和双向反馈的电视远程通信等陆续进入了课堂。还有些培训机构为此专门设有声像教室或多功能厅,以加强这种声像辅助培训的效果。互反馈电视远程通信,属双向信息传播技术,它为计算机辅导增添了新的视听功能。它用屏幕触动法代替了键盘输入法,可以实现双向的视听远程信息交流;它可以提供那些教师或在黑板上难以提供的信息,如仪器操作、行为测试、试验等方面的演示等等。这些视听辅助手段还可以与卫星通讯系统相连接,这样完全可以实现异地培训和远程教学,甚至可以在洲际间传输培训信息。

2. 计算机辅助指导

培训领域的一次重大飞跃就是计算机技术的广泛应用。计算机的各种功能,如存储和处理信息的功能、快速与他人交互作用的功能以及呈现视听刺激的功能等,已经在培训中得到了充分的体现和验证。计算机辅助培训可以使培训工作标准化,达到规模效应,它吸引的人越多,花费的成本就越少。计算机辅助培训,可以通过必要的软硬件设施,编制练习和训练模式、模拟模式、考核测验模式等集中模式,以人机对话的方式进行。特别值得介绍的是其中的模拟模式,它主要是为了帮助学员理解抽象的概念或现实中难以感受到的事物、增强感性经验和学习兴趣而设计的,它与大屏幕影音系统相连接,可以模拟出身临其境的仿真效果。运用这种技术进行培训,使得那些不可能亲自体验的、实际操作费用昂贵的、具有一定危险性的、条件不允许的教学培训内容得以进行,是其他技术难以替代的。

3. 网络技术与在线培训

随着计算机互联网技术的出现,网上教育和在线教育成了飞速发展的新的方法和技术。互联网和教育的结合,使虚拟学校成为现实。人们不用离开工作岗位就能接受教育和培训,它带来了培训资源的共享和成本的降低,越来越成为培训、教育的重要途径。网上培训的优点主要是节省师生的交通和生活费用;减少奔波的辛苦;以极少的师资投入培训更多的学员;能使学员全身心地按照自己的进度投入学习,而不受其他学员进度的限制;它还提供了更多的自我发展的机会,即时学习,使学员由被动接受培训变为主动接受培训计划和方案。当然,网上培训也有明显的局限性,即目前还很难实现师生面对面的沟通与交流,这使学员感到孤独和乏味。当然,随着技术的进步,这个问题一定会得到解决。这种培训方式目前在我国的一些教育机构和较大的企事业单位中已经开始实行并得到迅速的推广。

第四节　公共部门人力资源培训的评估

一、公共部门人力资源培训评估的目的和标准

(一)公共部门人力资源培训评估及其目的

公共部门人力资源培训评估是贯穿于整个培训过程的管理控制活动。它通过对从培训规划到培训实施、培训成果等各个环节的检查和审定,及时反馈信息,发现培训中存在的问题,改进培训方案,提高培训的绩效。它是不断完善公共部门人力资源培训的有效手段。

人力资源培训评估的目的在于:(1)测量学员在接受培训后的结果,评估培训规划的总体状况;(2)测量和追踪培训过程的各个环节,提出改进措施;(3)研究培训中一些非量化的或不可测量的因素等。

(二)人力资源培训评估标准

人力资源培训评估标准的选择,依据的是组织对评估目的的认定,即在价值上认为人力资源的培训是做什么的,这在引导培训行为方面具有重要意义。如中小学教育评估以升学率为导向,结果使得学校把考试分数作为关键的甚至是唯一的评估标准。因此,公共部门人力资源培训评估首先要明确的是评估目标的标准。

比较直接的培训评估标准是培训的投资回报率。它通过计算培训所带来的节约和利润与培训所花费的时间和金钱之比,反映培训的成效。选择的评价标准应包括:培训之后组织生产力水平是否提高了,工作中的错误率是否大大减少了,服务质量是否有了明显的提高等,并明确说明这些因素与培训存在着密切的关系。逆向思维就是,如果没有培训,组织生产率就会降低,其付出的代价远比培训花费的代价大得多。在私营企业中,这些成果可以通过利润的增加和环境的优化来体现。但是,在公共部门,虽然投资回报法有一定的使用空间,然而,由于公共部门产出的政治性、非量化性和非标准化形态,此种方法的应用存在着较大的局限。

因而,公共部门对培训结果层面的评估,主要是通过组织观察和考核员工培训后的工作表现和工作业绩来实现的。包括理论素养和政策水平,执行活动的能力,对公众服务的态度,对组织交办的各项工作完成的数量与质量等内容。通过员工工作行为的结果和对组织绩效的提高所起的作用,体现培训的成果与效果,了解培训是否适应了公共部门组织工作的需要。

　　培训评估包括两个方面。结果的评估只是培训评估的一个重要部分。评估还必须贯穿于培训计划、实施的过程中，这是培训的"过程评估"。在过程评估中，评估者要提出一个典型的问题，如实施的培训计划是组织人力资源发展需要的吗？培训计划能起到基本的作用吗？培训过程实施得顺利吗？受训者对培训的内容和过程满意吗？培训会增加受训者的学识和技能吗？受训者对培训不满的原因是什么？培训计划的实施是否达成了预期的培训目标呢？评估者通过对培训实施中的各个相对独立的部分的测定，发现问题，及时改进。

　　结果测评和过程测评是人力资源培训评估不可分割的两个方面。前者控制着培训的目标；后者控制着培训过程，使其不偏离目标。

二、公共部门人力资源培训评估的类型

　　根据培训评估的目标或培训过程相对独立的环节，可以将评估划分为以下类型：

　　1. 培训总体评估。培训总体评估着重于三个方面的考察，即培训需求、培训的最初设计规划和培训的机制。这一评估的导向是培训是否为组织需要的人力资源培养服务，是否能够保证培训有效地进行。培训需求有不同的层次（个人的、组织的、战略的），评估主要针对组织存在的问题和差距，认清培训需求的方向。最初设计规划评估则主要监控规划的合理性和可行性。培训机制的评价则着重于考察培训的承担机构在管理与组织培训的过程中能否实现既定的培训目标，如在培训中会不会出现偏离课程计划的情况，如果会，需要采取什么措施；培训的管理机构与教育机构之间的权限关系和管理范围等。总体评估的范围较大，涉及的因素较多，它需要更加细化的评估方式。

　　2. 受训者反应评估。学员是接受培训的主体，他们对培训的内容和教学方式有一定的发言权。他们是培训中教学评估环节的重要信息来源。

　　受训者反应评估从三方面进行。第一，评估与培训内容有关的情况。如培训内容是否有用、清晰、有趣，培训的教材选择、培训的速度是否适当。第二，评估与讲授教师有关的情况。如控制教学内容的能力，讲课的方式能否调动学生的积极性，语言表达能力等。第三，评估教学中的后勤保障情况。如教学设备的准备，教室环境等。受训者反应评估采用调查表、面谈、公开讨论等多种形式获取信息，其中使用比较广泛的是"反应调查表"。它将上述三个方面细化成问题，要求学生以匿名方式按照一定等级（如杰出、好、可以、差、不能接受五等）评价每一个教学环节。评估者根据这一信息了解培训情况，控制培训的进程，找到解决问题的方法。

　　受训者评估虽是提供评估信息的重要途径，但是，由于受训者的知觉、兴趣、

价值观的差异,评价可能会带有较强的主观色彩。因此,评估者要全面了解情况,还要通过其他方式获得评估信息,不能将受训者反应作为唯一的、最终的评估信息来源。

3. 受训者知识、技能学习成果评估。这是本培训即将结束之前,通过对受训者在培训期间所学知识和技能结果的直接评价,掌握培训效果的方式。这项评估侧重于两个方面:第一,员工在培训中的学识增长情况,可通过书面考试或诊断性测试进行考察。第二,员工行为方式的情况,可通过观察、角色表演、模拟环境、工作实例,表现测试等多种方法进行考察。此外,对员工综合能力的评价,还可以利用项目研究和论文写作等予以考察,在对学员学习成绩进行评价的基础上,判断培训的成效。

4. 工作表现的评估。对员工学识的评价可以在培训结束之前进行,但工作表现评估的结果只能在培训结束之后才能获得,而且可能要等相当一段时间才能用它来发现培训的成效何在。但是,它仍是培训评估中至关重要的方法,因为它关系到培训的最终目标是否达成,员工是否将培训出的学识和行为转化为良好的工作表现。

为此,组织采取的培训评估方法有:第一,运用领导、主管人员的直接观察法,考察受培训人员在培训后的行为表现。第二,采取比较的方法。将受培训员工培训前后的情况进行比较,也可将受过培训的员工和未受过培训的员工进行比较,明确培训对受训人员是否产生了积极的效果。第三,通过问卷调查或与受训者面谈的形式,总结他们培训前后行为的变化。

5. 组织绩效的评估。提高组织绩效是组织投资培训人力资源所要得到的最终目标。组织效益层面上的评估是一项系统的工程,涉及的因素很多,可使用两种方法。第一,客观指标测量法。确定一系列考查标准,以判断员工在培训后,其标准等级是否提高了。这包括工作准确率(出错率、返工率等)、质量(服务受抱怨比率、节约资源比率等)、生产力水平(工作完成率、工作完成准时率)。第二,主观衡量法。由于测评不可能使全部的指标都量化,也不可能达到以完全客观的方式来体现业绩,因此,主观衡量也成为组织绩效评价的一种重要方式。

本章练习

1. 简述公共部门人力资源培训的重要性。

2. 公共部门人力资源培训有哪些主要类型?

3. 如何确认公共部门组织中的培训需求?

4. 公共部门人力资源培训需求分析的常用方法有哪些?

5. 公共部门人力资源培训实施的几种模式中,你认为哪种最为有效,谈谈你的看法。

6. 公共部人力资源培训评估的基本类型有哪些?

案例讨论

(案例 1) 公务员 MPA 培训,疾进还是缓行?[①]

欧美的 MPA 教育在公务员队伍的专业化和政府管理工作中发挥了巨大的作用。调查显示,在政府部门,有 10% ～20% 的公务员具有 MPA 或相关学位,在公共政策领域,更有高达 50% ～60% 的公务员具有 MPA 或相关学位。这从一个侧面说明 MPA 适应了当代政府工作专业化的要求,在政府管理工作中的作用越来越重要。我国一些地方为了提高本地区或者本部门的公共管理水平,也纷纷仿效西方的做法,加强公务员的 MPA 培训。

从今年(2006 年)开始,昆明市要求 50 岁以下公务员在 3 至 5 年的时间内,必须完成以 MPA(公共管理硕士)核心课程为主要内容的"8 + X"培训。"8"是指宪法与政府、公共行政、公共政策、公务员制度、行政伦理、行政法、组织行为学、公共经济 8 门公共管理核心课程;"X"是根据不同的培训对象设置不同专业课程,由必修课和选修课组成。培训考试成绩不合格者,将参加一次补考,补考成绩仍不合格者,一律自费重修所有课程。

上海市也出台了相似的举措,要求在 2008 年上半年之前,47 岁以下公务员必须完成 MPA 核心课程的培训。培训情况将作为公务员上岗、任职、考核的重要依据,对达不到培训要求的公务员,将视为考核不合格,并在一定期限内予以调整。此前,全国各地其他城市以不同的形式,纷纷送部分公务员出国接受 MPA 及相关培训。针对日益升温的公务员 MPA 培训热潮,有关专家在表示欣喜之余,也流露出一丝忧虑,担心公务员 MPA 培训走入误区,流于形式,变成所谓的"形象工程"、"镀金工程"。

---

① 引自倪星:《公共部门人力资源管理》,东北财经大学出版社 2008 年版,第 141～142 页。

讨论题：

    1. 当前我国公务员培训与开发中存在哪些问题？

    2. 我们应该如何应对 MPA 的教育？谈谈如何完善和改进我国公务员培训与开发制度。

（案例 2）中国地方高官到哈佛接受培训①

    根据中国国务院发展研究中心、清华大学和哈佛大学肯尼迪政府学院2002年签订的三方协议，从 2002 年起的 5 年内，三方共同开办针对中国政府官员的"公共管理高级培训班"（MPA），每年一期，每期培训约 60 名中国中高级干部。另据《环球时报》驻联合国特约记者肖岩报道，国务院发展研究中心为能够得到此次培训的官员确定的条件是，必须是大学本科以上学历、在本岗位至少有两年工作经验、年龄在 45 岁以下的地市级或司局级以上国家干部，且将以中青年、地方干部为主，而副部级干部年龄则可适当放宽。按照计划，入选学员首先在清华大学接受一个半月的培训，然后入读肯尼迪政府学院。

    赛奇是哈佛最有名的中国问题专家之一。这两年来，他主讲的"中国政治经济改革"课程是肯尼迪政府学院学生们最爱听的课程之一。不过，赛奇现在忙碌的原因还不仅是教学，他是肯尼迪政府学院与亚洲有关的所有培训项目的负责人，其中最重要的一项就是对中国官员的培训。对此，赛奇表示，据他了解，中国在经过 20 多年的改革之后，中央政府目前无论在执政经验，还是在决策能力上都有了长足进步，但与此同时，地方官员的问题相对多一些，往往中央三令五申的政策到了地方却无法完全实施或在实施中走了样。在最终确定的 60 名参训官员当中，11 名来自中央国家机关，其余则来自地方政府机关。

    教师阵容非常"豪华"。记者在课程表上看到其中有政府学院的院长约瑟夫·奈，有哈佛大学东亚系教授、素有"中国先生"美称的中国问题专家傅高义，有前克林顿政府的高官，也有哈佛各学院的著名学者。

    哈佛大学所在的波士顿，是美国历史名城，风景秀美，离纽约和华盛顿等美国东北部大城市也很近。但在培训期间，所有中国学员几乎足不出户，连哈校园都没看全，波士顿的名胜什么样更是没几个学员能说得上来。在政府学院，记

---

    ① 引自赵曼主编：《公共部门人力资源管理》，清华大学出版社 2005 年版，第 173～138 页。

者看到了进修班的课程表,即使按一位普通大学生的标准,学员们的作息时间也够紧的。每天上午6时,哈佛还在睡梦中时,中国培训班学员已经起床早锻炼,7时整,早餐开始。上午8时,学员开始在教室里就教授布置的案例展开讨论。而从上午9时到下午5时半,学员们则要上4节各一个半小时的大课。培训内容主要包括如何围绕目标安排财政预算和各部门合作、改革过程中政府职能的转型、公共财政和城市信息化问题。负责具体安排课程的张伯赓说,中国官员在美国的培训重点是学习公共管理的最新理论和工作方法,所有课程被穿插在60个具体案例中展开。此外,非政府组织作为社会管理的第三种力量,也向学员们作了介绍。赛奇教授表示,培训内容主要有四项:一是公共管理的战略性分析,即如何围绕目标安排财政预算和各部门合作问题;二是改革过程中政府职能的转型问题;三是公共财政问题;四是城市信息化问题。

据人民日报社下属的《环球时报》报道,中国政府对第一期培训很满意。由于第一期的学员"收获颇丰",不少地方打算派"一把手"参加培训。报道说,美国的教授们开始时有些担心中国学员的"内向","不爱发表意见",但他们很快就发现自己错了,在讲课中,在他们提出一个观点之后,学员们提出的不同意见竟达五六种之多。学员们对一些问题提出的解决方案有时连教授们都觉得很有启发

讨论题:

1. 为什么我国政府会选择让高级官员到哈佛学习这一培训途径?
2. 从所报道的哈佛培训及其效果来看,我国公共部门培训存在哪些问题?其未来发展的目标与方向如何?

第九章　公共部门人力资源职业生涯管理

【学习精要】

★公共部门员工职业生涯管理的内涵及特点

★公共部门人力资源职业生涯管理的意义

★职业生涯规划的理论和方法

★当前公共部门人力资源职业生涯规划面临的挑战及对策

现代人力资源管理强调"以人为本"的基本精神,关注人的需要以及对人的潜力的创造性挖掘。职业生涯管理就是公共部门在尊重组织员工个人需要的基础上,通过鼓励员工不断的职业成长,激励和开发员工的全部潜质,指导和协助员工职业生涯设计和实现,积极为员工的职业发展提供机会和创造有利条件。

第一节　公共部门人力资源职业生涯管理概述

一、职业生涯管理的含义与特点

(一)职业生涯管理的含义

1. 职业生涯的含义

职业生涯又可称为"员工职业发展"或"职业发展规划"(career planning and development),这个概念是由美国人事管理专家施恩教授(Edgar H. Sichein)在20世纪60年代首先提出并进行系统研究的①,现在已成为人力资源管理研究重要内容之一。

职业生涯是指一个人在其一生中所承担的职务或所从事的工作的相继历程,包含着一个人一生中所有与工作相联系的行为和活动,以及相关的态度、价

---

① 参见[美]埃得加·H. 施恩:《职业的有效管理》,三联书店 1998 年版。

值观、愿望等连续性经历的过程。前者表明职业生涯的客观特征,即"外在职业生涯",体现为一个人在工作时期进行的各种活动和表现的各种行为;后者表明职业生涯的主观特征,即"内在职业生涯",体现为个人的价值观、态度、兴趣、需求、动机、气质和能力等。

在现代社会,职业生涯不仅是员工个人的,而且是与其所在的组织紧密地联系在一起。研究职业生涯,一方面,有助于员工有意识地思考自己期望达到的职业目标,并在此基础上,进一步设计出不断丰富和发展自己的职业知识、能力和技术结构的一系列活动与步骤,努力开发自身潜质,实现自我价值的不断提升和超越;另一方面,有助于组织了解员工的需要、能力及目标,为员工开辟适合其个性和能力发挥的发展途径,从而达到更加有效地利用组织内部人力资源的目的。可见,职业生涯是个人与组织间相互选择与提升的过程,是个人需要与组织需要相匹配的过程,是双方做出努力以使个人职业目标与组织发展相符合的过程。

2. 职业生涯管理的含义

职业生涯管理是指组织和员工个人对职业生涯进行设计、规划、执行、评估、反馈和调整的一个综合性过程。通过员工和组织的共同努力与合作,使每个员工的生涯目标与组织的战略目标相一致,鼓励员工在完成组织目标的同时实现个人的职业发展目标。因此,职业生涯管理包含两个方面:第一是员工职业生涯的自我管理,强化自我对个人能力、潜质和终生职业计划的认知。自我管理是职业生涯成功的关键。第二是组织协助员工规划其生涯发展,并为员工提供必要的教育、训练、轮岗等发展机会,促进员工职业生涯目标的实现。

现代人力资源管理的重点,除了重视组织发展外,更加注重员工个人的发展要求,融合这两个目标,共同作为组织追求发展的指南。也就是强调组织要给予员工适当的训练、协助和机会,使员工能够配合组织的发展目标和经营理念,制定切实可行的个人生涯发展目标,并努力促进其实现。所以职业生涯管理包括对员工状况的深入了解和对组织的深入了解,在了解的基础上,确定其生涯规划目标以及实现目标所需的各种管理方法与手段。

3. 职业生涯管理的发展过程

根据职业生涯管理的内涵,职业生涯管理的发展过程如图9-1所示。

(二)职业生涯管理的特点

1. 个人和组织必须都承担一定的责任,双方共同完成对职业生涯的管理。在职业生涯管理中,员工个人和组织须按照职业生涯管理工作的具体要求做好各项工作。无论是个人还是组织都不能过分依赖对方,因为有些工作是对方不能替代的。从个人角度看,职业生涯规划必须由个人决定,要结合自己的性格、兴趣和特长进行设计。组织在进行职业生涯管理时,考虑的主要因素是组织的

```
┌──────────────────┐              ┌──────────────────┐
│  员工个人发展目标  │              │   组织发展目标    │
└──────────────────┘              └──────────────────┘
          │                                │
          └───────────────┬────────────────┘
                          ▼
                ┌──────────────────┐
                │  职业生涯发展目标  │
                └──────────────────┘
                          │
          ┌───────────────┴────────────────┐
          ▼                                ▼
```

┌─────────────────────────┐   ┌───────────────────────────┐
│ 目标：追求自我实现   │   │ 目标：挖掘潜力、有效利用人才 │
│ *自我分析与适应性评价   │   │ *把握组织人才需求及发展动向 │
│ *制定生涯发展规划   │   │ *做好计划性人才开发、培育   │
│ *制定行动计划、措施   │   │ *设立职业发展通道与继任规划 │
│ *自我评估与调整   │   │ *量才使用，实现最佳能位相宜 │
└─────────────────────────┘   └───────────────────────────┘
          │   │
          └───────────────┬────────────────┘
                          ▼
                ┌──────────────────┐
                │ 员工个人不断成长 │
                └──────────────────┘
                          │
                          ▼
                ┌──────────────────┐
                │   组织不断发展   │
                └──────────────────┘

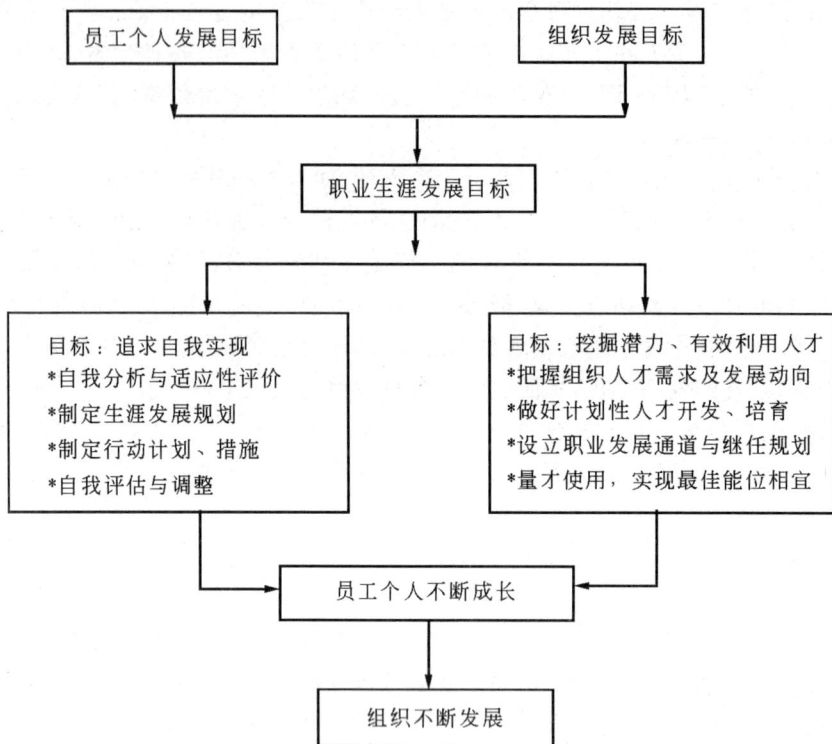

图 9-1　职业生涯管理发展过程示意图

整体目标，以及所有组织成员的整体职业生涯发展，其目的在于通过对所有员工的职业生涯管理，充分发挥组织成员的集体潜力和效能，最终实现组织目标。

2. 必须有完善的信息管理系统。只有做好信息管理工作，才可能有效地进行职业生涯管理。在职业生涯管理中，员工个人需要了解和掌握有关组织各方面的信息，例如组织的发展战略、经营理念、人力资源的供求情况、职位的空缺情况与晋升标准等等。同时，组织也需要全面掌握组织成员的情况，例如员工个人性格、兴趣、特长、潜能、情绪以及价值观等。此外，职业生涯信息总是处于变动之中，组织的发展、经营重点与人力需求在变，员工的能力、需求与职业生涯目标也在变，这就要求必须对信息管理系统进行不断地维护和更新，从而保证信息的有效性。

3. 职业生涯管理是一种动态管理，它贯穿于职业生涯发展的全过程。每一个组织成员在职业生涯发展的不同阶段，其发展特征、发展任务以及应注意的问题都不同。每一阶段都有各自的特点、目标和发展重点，所以对每一个发展阶段的管理也应有所不同，以适应情况的变化。

（三）职业生涯管理的发展沿革

职业生涯管理是人力资源管理中一个非常重要而又崭新的问题。有关职业发展或职业生涯的运动过程和运行规律的讨论，乃至职业研究的思想体系和理论体系的形成，主要是在美国麻省理工学院的施恩（E. H. Schein）教授1965年出版《组织心理学》到1978年出版《职业动力论》这个阶段。前期的相关理论包括金兹伯格的职业决策理论、舒伯（Super）的生涯发展论、吉列特（Gelatt）的生涯决定论、库伦伯茨（Krumboltz）的生涯决定社会学论、格林豪斯的职业生涯发展理论。

施恩教授的《组织心理学》在世界管理学界、心理学界有巨大的影响，该书从心理学的角度提出了组织应当关注的问题。在此基础上，施恩教授进一步探讨了组织中领导者的训练和组织之间的作用，吸取了心理学、社会学、人类学的方法，对职业的动力进行了多角度、多层面的分析，探讨了管理者与被管理者之间、个人与个人之间、个人的职业生涯与组织发展之间的利害冲突与和谐、合作等问题，以及如何协调上下左右的关系，发挥组织的凝聚力，增强组织在社会竞争中的作用等。他既注意到个人在组织中应尽的义务，指出个人不能单纯把组织作为自己发展的工具，而应该着眼于整体，尽力为组织效劳；同时他又强调组织领导者必须关心每个人的工作生活条件和心理状态，重视发挥个人的潜力，因势利导，加强组织的凝聚力。只有双方都立足于提高整体效益，组织和个人才能共同受益，才能在竞争中求得生存与发展。

二、职业生涯管理与其他人力资源管理活动的关系

公共部门正在积极推进职业生涯管理，这对于培养、造就优良的公共部门人力资源，完善人力资源管理等都有重要意义。组织参与职业生涯管理可以视作人力资源规划的一部分，其匹配过程和相互关系如图9-2①所示。

三、公共部门人力资源职业生涯管理的意义

公共部门积极介入员工个人职业生涯发展计划，是一种全新的人力资源管理观念发展的结果。传统的管理学总是将个人与组织对立起来，从中延伸出两种比较极端的认识，使得人事行政管理也陷入误区之中。一种是把个人看作是实现组织目标的工具，个人对组织只有义务，员工是在被监控、甚至是被强制的条件下为组织工作；另一种则认为组织是满足个人需求的工具，即个人从事工作的目的是为了获取利益。这两种极端的认识使组织或个人以消极的方式面对对

---

① 参见［美］埃得加·H. 施恩：《职业的有效管理》，三联书店1998年版，第208页。

组织需要　　　　　　　　匹配过程　　　　　　　　个人需要

组织需要	匹配过程	个人需要
人事计划 1.战略经营计划 2.工作/角色计划 3."人力"计划和人力资源存储	工作分析 招聘和挑选 引进 社会化 职业培训 工作设计和工作分配	职业或工作选择 早期职业问题 1.查找个人的贡献区 2.学会如何适应组织 3.有生产的能力 4.看清自己在职业中的一种可行的前途
成长和发展计划 1.发展计划的存储 2.发展活动的复查和评估	监督和辅导 实绩评定和潜力评估 组织奖酬 提升和其他工作变化 培训和发展机会 职业咨询 共同的职业计划和复查	中期职业问题 1.查找个人的职业锚,围绕职业锚形成自己的职业 2.一专多能
"求安稳和不闻不问"计划	继续教育和回炉 工作再设计 工作丰富化 工作和奖酬的择一模式 退休计划和咨询	后期职业问题 1.成为一名良师益友 2.发挥自己的经验和智慧 3.流出和退休
雇员和人事调整计划	更新人力资源库存 更新培训的方案 职位开放的信息系统 工作再分析和工作角色计划新的招聘圈	来自组织内部或外部的新的人力资源

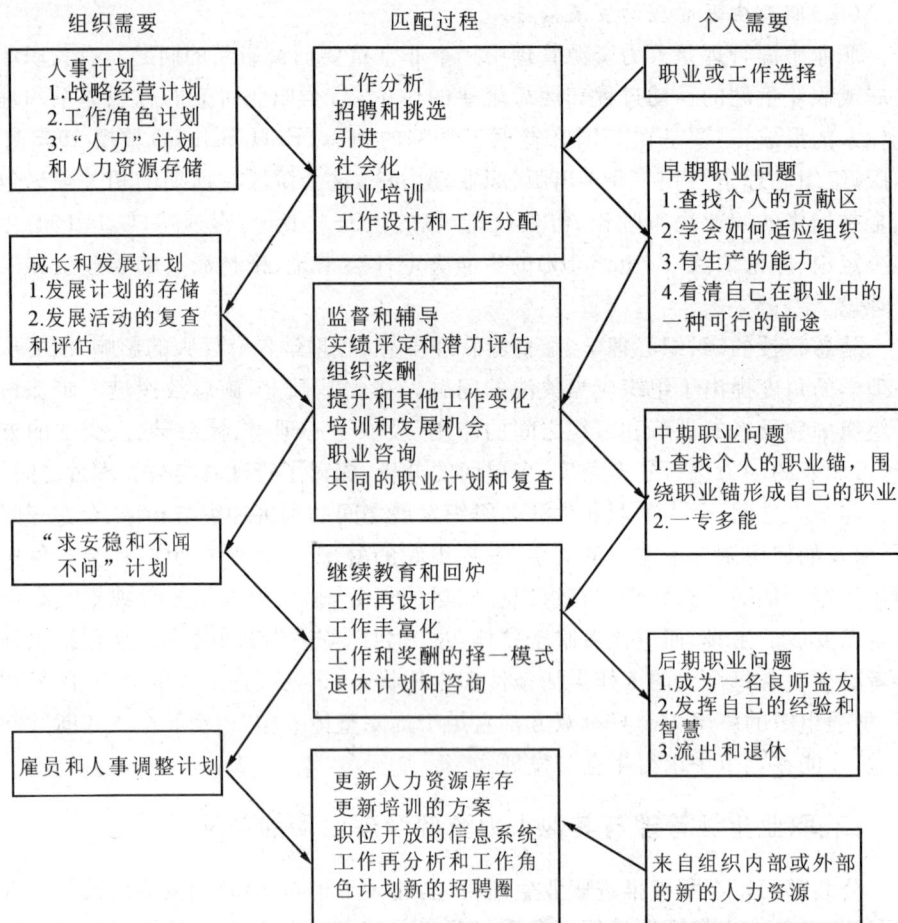

图 9-2　职业发展管理与组织人力资源规划活动的动态应配过程

参见[美]埃得加·H. 施恩:《职业的有效管理》,三联书店 1998 年版,第 208 页。

方,严重限制了管理效率和资源使用效率。

在现代人力资源管理中,人们反思过去管理的得失,开始引入全新的管理理念。公共部门积极推进职业生涯计划系统的发展,是变革性和开放性管理思维的结果。它对于培养和造就一支过硬的公职队伍,完善公共部门人力资源管理具有重要的意义。

1. 公共部门参与公职人员职业生涯发展计划的过程,是开发、发展人力资源这一现代管理观念的具体体现,它强化并明确了公共部门的培训目标。现代人力资源管理冲破了传统的人事管理理论中有关人的能力是一定的假设以及只关注控制与使用人的行为模式,从积极的态度出发,认识到了人的潜能,组织创造的环境会影响到其潜在能力的发挥。组织之所以将参与职业生涯发展计划作为人力资源管理的一项新职能,是因为在职业生涯设计过程中,组织通过参与和配合,可以更多地了解员工的认知、价值观、期望与自我判断,从而根据组织环境和目标,有针对性地制定人员培养与开发计划,检视人员培训政策,更好地引导员工为组织目标而发挥自己的聪明才智,提高组织绩效。

2. 公共部门参与公职人员职业生涯发展计划,有助于使公职人员在组织环境中,明确认识到自身的角色和努力的方向,不断发展自己。职业生涯发展计划从本质上说,是员工个人在其工作经历中做出的自我角色定位。这种自我意识极其重要,它使员工能够客观地评价自身的能力、专业知识和技能,以及家庭背景;争取在职业生涯发展中,扬长避短,充分发挥潜能,防范职业危机;同时也可以避免组织出现人才流失、离职率高等现象。而组织指导和参与员工的职业生涯发展计划,不仅可以使员工更加明确工作环境特性与自我定位的关系,而且可以在个人与组织的不断匹配过程中,对工作与员工个人特长进行有机协调,达到双赢。

3. 将公职人员职业生涯发展计划与人力资源规划结合起来,有助于人力资源的合理使用和良性流动,实现人与事的最佳组合,在完成组织目标的同时,使员工个人获得事业成就感。组织人力资源规划要对未来员工的数量和种类需求进行预测,将它同员工的职业生涯发展计划结合起来,这可以为组织判断人才的来源和培养方式提供重要的依据。同时,人力资源规划也为个人职业生涯发展计划指明了方向,从而保证组织和个人都可以取长补短,量才使用,而不胜任工作或无法得到自我满足的员工,可以通过正常的渠道和方式流动到其他岗位或单位,也可以通过有计划地再培训,提升自我。这使得组织能够为个人提供更多的发展计划,并形成开放的人力资源管理系统,使人才得到充分的使用,减少人力资源的浪费。

4. 在公共部门人力资源规划与员工职业生涯设计相互匹配的过程中,组织与个人不断调整各自的价值观,有助于形成组织和谐的文化氛围和良好的人际关系,建立团结协作的团队。组织参与员工职业生涯发展计划或指导员工制订计划,是双方相互作用的过程,也是双方相互调试的过程。在调试中,双方可以加深彼此的了解和沟通,增强彼此的信任,从而形成一种良好的组织氛围。

第二节 公共部门人力资源职业生涯规划的理论与实践

一、职业生涯规划的基本含义

职业生涯管理的重要环节是职业生涯规划。职业生涯规划是指对员工工作及职业发展的设计,协调员工个人的需求和公共组织的需求,实现个人和组织的共同成长和发展。它的制定者既包括员工,也包括组织以及二者之间的反馈与互动。职业生涯规划的内容主要包括:职业选择、职业生涯目标(可分为长期目标、短期目标)的确立、职业生涯路径的设计,还包括与人生目标及长期目标相配套的职业生涯发展战略,与短期目标相配套的职业生涯发展策略。职业生涯规划体现了以人为中心的人本主义管理理念。

二、职业生涯规划有关理论

(一)职业生涯选择理论

1.弗里克·帕森斯的特质—因素理论

特质—因素理论是职业生涯管理理论中最为悠久的理论。这一理论认为,每个人都有自己独特的人格特性与能力模式,这种特性和模式与社会某种职业的实际工作内容及其对人的要求之间有较大的相关度。美国职业指导之父弗里克·帕森斯将其运用于职业指导方面,提出了职业选择的"三步范式"法。其后,这一理论不断得到充实和完善,成为职业生涯管理的奠基理论。

特质—因素理论的核心是人与职业之间的合理匹配。个人进行职业选择时,以及社会对个人职业选择进行指导时,应尽量做到人格特性与职业因素的接近和吻合。这种匹配过程包括三个步骤:

(1)特性评价

特性评价的客体是将要选择职业的人的各种生理、心理条件以及社会背景。具体说,是对常规性身体与体质检查、能力测验(尤其是职业能力测验)、兴趣测验、人格测验、学业成绩、家庭经济收入、父母职业、家庭文化背景等多方面的材料,做出综合评价。影响较大的阿尔波特(Allport)理论将人格特性分为"支配、自我扩张、坚持、外倾(即外向)、对自己能批评、自炫、合群、利他、社会智力水平、对理论的兴趣、对经济的兴趣、对艺术的兴趣、对政治的兴趣、对宗教的兴趣"共14项一般人格特性,并与人的生理心理基础有关特征合并成21个项目,制成心理图示评定量表。在量表的每一项都区分为 11 个等级的答案,即从 5～0,再至 0～－5。

(2)因素分析

分析职业对人的要求,包括各种职业(职位、职务)的不同工作内容及它们对人的不同生理、心理、文化等条件的要求等,通过分析,可以使个人具有较明确的选择目标。

(3)二者匹配

把对个人的特性评价与对职业的因素分析结果对照,从而使个人能够寻找到自己适于从事的职业。

因此,弗里克·帕森斯"三步范式"要求:(1)清楚了解自己,包括天赋、能力、兴趣、志向、资源、限制条件等情况。(2)要对不同的行业工作的要求、成功要素、优缺点、薪酬水平、发展前景以及机会有较为明确的认识。(3)在这两组要求之间进行最佳搭配。

"三步范式"法被认为是职业选择和职业设计的经典方法,并得到不断的发展和完善,形成职业选择和职业指导过程中广泛应用的三个步骤:第一步,进行人员分析,评价个体的生理和心理特征;第二步,分析职业对人的要求,并向求职者提供有关职业信息;第三步,人职合理匹配。

特质—因素理论为人们的职业选择提供了最基本的指导原则——人职匹配。这一原则清晰明了、简单易行,具有很强的可操作性。同时,该理论也有其自身的局限性,如只强调个人特质要和关注要求匹配,忽视了社会因素对职业选择的影响制约作用,而且,它以静态的观点看待个人特质,忽略了个人和职业都是不断变化的。

2.约翰·L. 霍兰德的职业个性理论

职业个性理论是美国著名职业指导专家约翰·L. 霍兰德提出的,是将人格与职业勾划分为不同的类型,当属于某一人格类型的人选择了相应类型的职业时,即达到了匹配。社会对个人择业的指导,也就是要达到人格类型与职业类型的匹配。霍兰德从心理学、价值观理论出发,经过大量的职业咨询指导的实例积累,提出了职业活动意义上的人格分类,这包括现实型、调研型、艺术型、社会型、企业型、常规型六种基本类型。相应地,社会职业也分为上述六种基本类型。该理论强调劳动者与职业的相互适应。

(1)现实型(Realistic)

现实型也称实际型。属于现实型人格者,喜欢从事技艺性的或机械性的工作,动手能力强,做事手脚灵活,但是不善言辞,不善交际,人际关系协调能力较差。属于这一类型的职业是各类工程技术工作、农业工作,需要一定体力,运用工具或操作机器。如工程师、技术员、森林工人、农民、木工、电工、司机、测绘员、描图员等。

（2）调研型（Investigative）

调研型人格者，喜欢思考，求知欲强，乐于从事独立和富有创造性的工作。这类人往往具有较高的智力水平和科研能力，知识渊博，注重理论。但往往不重视实际，考虑问题偏于理想化，也不善于领导他人。属于该类的职业主要是科学研究和科学试验工作。如自然科学和社会科学方面的研究人员、专家、计算机操作人员、大学教授等。

（3）艺术型（Artistic）

艺术型人格者，喜欢通过各种艺术形式的创作表现自己的才能，实现自身价值，具有特殊的艺术才能和个性，感情丰富且易冲动，热衷于标新立异，不顺从他人，但是往往缺乏从事常规性具体工作的能力。该类职业有演员、编辑、作家、画家、作曲家、设计师、摄影师、文学评论员、广告创意人员等。

（4）社会型（Social）

社会型也称服务型。属于社会型人格者，喜欢从事为他人服务和教育他人的工作，喜欢参与解决人们共同关心的社会问题，渴望发挥自己的社会作用，比较看重社会义务和社会道德，但是往往缺乏机械能力。该类职业有教师、心理医生、外交人员、社会工作者、行政人员、福利人员、衣食住行服务行业的管理人员和服务人员等。

（5）企业型（Enterprising）

企业型也称决策型或领导型。属于企业型人格者，其性格外向、直率、果敢，精力充沛，自信心强，有支配他人的倾向和说服他人的能力，敢于竞争、冒险，喜欢权力、地位和物质财富，但是这种类型的人往往忽视理论，自身的科学研究能力可能也比较差。该类职业有经理、企业家、政府官员、律师、行业部门和单位的领导者、管理者等。

（6）常规型（Conventional）

常规型也称传统型。属于常规型人格者，喜欢从事有条理、有秩序的工作，循规蹈矩、踏实稳重、忠诚可靠，讲求准确性（如数字、资料），习惯执行他人命令、接受指挥而不愿独立负责或领导他人，不足之处是为人拘谨、保守、缺乏创新。该类职业有会计、出纳、秘书、速记员、打字员、统计员、办公室职员、计算机操作员、图书资料档案管理员等。

可以看出，每一种类型的人各有长短，从全社会的角度以及从人的心理差异的角度看，却是中性的，无所谓哪一种好些哪一种差些，而只有与职业类型是否协调和匹配的问题。

人格的类型,在一定意义是对社会刺激的反应,是人与环境、人与社会的互动倾向的反映。人格类型划分的理论及应用,比人格特性论简明方便,常为人们进行职业选择及前期的职业定向时所用。

(二)职业锚理论

职业锚理论最早是由美国著名的心理学家埃得加·H.施恩提出来的。

职业锚(career anchor)是指一个人持续探索职业发展的过程中,在不得不做出职业选择的时候,他(她)无论如何都不会放弃职业中的那种至关重要的东西或价值观。职业锚实际上就是人们选择和发展自己职业时所围绕的中心考虑因素和最为重要的价值。职业锚是依据自身的才干和能力、动机和需要、态度和价值观,现实地选择职业和准确的职业定位。

美国学者埃得加·H.施恩(Edgar H.Sichein)基于其对麻省理工学院斯隆研究院毕业生的纵向研究,总结出了五种类型的职业锚:第一,技术或功能型职业锚。该类型的人注重个人专业技能的发展,倾向于选择特定的技术或功能领域的职业,不愿意从事一般管理的、通才性质的职业,如工程技术、财务分析、系统分析、营销等工作。第二,管理型职业锚。该类型的人具有强烈的从事管理职业的动机,愿意担负管理责任,且责任越大越好。具有这种职业锚特征的个体一般同时具有比较明显的分析问题与解决问题的能力、人际沟通能力和情感激励能力。第三,创造型职业锚。该类型的人倾向于选择具有一定风险性、有自主权、追求创造、能施展自己特殊才华,获取较高挑战性与成就感的职业,如企业家、知识与艺术创造职业等。第四,自主与独立型职业锚。该类型的人追求的目标是随心所欲制定自己的步调、时间表、工作习惯和生活方式,尽可能少地受到组织的限制和制约,如大学教授、自由职业者、小型零售公司的所有者等。第五,安全型职业锚。该类型的人追求稳定安全的前途,如工作的安全、体面的收入、有效的退休方案和津贴等,同时信任组织或社团对他们能力和需要的识别、安排,如政府公务员职业。表9-3是施恩给出的职业锚自我评价表。

施恩认为具有不同职业锚的人不但具有不同的特点,而且具有不同的职业适应类型和成功标准。作为管理者,可以针对不同的职业锚类型为员工开展职业生涯规划,达到最大限度地激励员工的效果。

表 9-3　职业锚自我评价表

为了帮助你确定自己的职业锚,可以找几张空白纸写下你对以下几个问题的答案:
1.你在高中时期主要对哪些领域比较感兴趣(如果有的话)?为什么会对这些领域感兴趣?你对这些领域的感受是怎样的?
2.你在大学时期主要对哪些领域比较感兴趣?为什么会对这些领域感兴趣?你对这些领域的感受是怎样的?
3.你毕业之后所从事的第一种工作是什么(如果相关的话,服役也算在其中)?你期望从这种工作中得到些什么?
4.当你开始自己的职业生涯的时候,你的抱负或长期目标是什么?这种抱负或长期目标是否曾经出现过变化?如果有,那么是在什么时候?为什么会变化?
5.你第一次换工作或换公司的情况是怎样的?你指望下一个工作能给你带来什么?
6.你后来换工作、换公司或换职业的情况是怎样的?你怎么会做出变动决定?你所追求的是什么?(请根据你每一次更换工作、公司或职业的情况来回答这几个问题。)
7.当你回首自己的职业经历时,你觉得最令自己感到愉快的是哪些时候?你认为这些时候的什么东西最令你感到愉快?
8.当你回首自己的职业经历时,你觉得最让自己感到不愉快的是哪些时候?你认为这些时候的什么东西最令你感到不愉快?
9.你是否曾经拒绝过从事某种工作的机会或晋升机会?为什么?
10.现在请你仔细检查自己的所有答案,并认真阅读关于五种职业锚(技术或功能型、管理型、创造型、自治与独立型、安全型)的描述。根据你对上述这些问题的回答,分别将每一种职业锚赋予从1~5之间的某一分数。其中1代表重要性最低;5代表重要性最高。
得分:技术或功能型(　　　);管理型(　　　);创造型(　　　); 　　　自治与独立型(　　　);安全型(　　　)。

引自[美]加里·德斯勒:《人力资源管理》(第六版),中国人民大学出版社1999年版,第380页。

(三)职业生涯发展阶段理论

每个人的职业发展都要经过几个阶段,每一个职业阶段都将会影响个人的知识水平和对各种职业的偏好程度。所以进行职业生涯规划的第一步是必须了解这种职业周期的重要性。

1.萨帕的终生职业生涯发展理论

美国著名的职业心理学家萨帕从人的终生发展角度出发,结合职业发展形态,将人的职业生涯发展分为五个阶段,每个阶段又分为若干次阶段,并且每个阶段、次阶段都有各自不同的任务和特征。

(1)成长阶段(0~14岁)

这一阶段属于儿童期,在这个阶段内的儿童经过对父母以及周围家人、小伙伴等的观察和模仿,开始了解自我、探索自我。然而,由于处于这个年龄阶段的儿童认识发展水平较低,抽象思维能力较差,还不能全面地分析问题和解决问题,思维有片面性和局限性。因此,当电视上宣传某个科学家时,可能就立志当科学家;当侦探能抓住坏蛋时,就想将来当个警察;当老师表扬自己的画时,就想当一个画家。需要、幻想与喜好为这个阶段最重要的特征。

(2)探索阶段(15～24岁)

这一时期属于学习打基础阶段,主要涉及学校和工作前期。个人在学校生活与闲暇活动中研究自我并进行职业上的探索,探索各种可能的职业选择,个人可以尝试性地从事一些短期的工作,对自己的天资和能力进行现实性评价,并根据未来的职业选择做出相应的决策。

(3)立业阶段(25～44岁)

经过早期的试探后,个人会逐渐显现一种安定于某类职业的趋向,从开始认同所选定的职业,经过经验的积累,逐渐建立起稳固、专业、能独当一面的地位,以提高晋升的能力。工作职位或工作项目可能有所变动,但职业不会轻易地改变。有些人在岗位上"试验",若不合适就改为其他职业。以后,人们就逐渐在某种职业岗位上稳定下来。这一阶段又可分为试行期和稳定期。

(4)维持阶段(45～64岁)

这一阶段属于专精、升迁阶段。此阶段为保持并持续建立阶段性工作成果,迈入中老年阶段。心态趋于保守,重点为维持家庭及工作之间的和谐关系,大部分人是享受努力后成功的喜悦及成果,少部分人则要面对失败或是不如意的困境。成功者还逐渐传承经验,寻觅接班人。

(5)衰退阶段(65岁直至死亡)

此阶段,人的身心逐渐衰弱退化,达到退休年龄,原来的工作停止,而发展新的角色,寻求不同的工作方式以满足身心的需要,适应退休生活,如参加老年大学进修,从事义务活动等,以减缓身心上的衰退,持续生命力。

以下以年龄为划分阶段的方式,将不同阶段的发展重点整理成表9-4。

生涯发展阶段是持续性的过程,因此,各阶段之间并没有明显的区分。

各阶段经历的时间长短常因个人的个体差异及外在环境的影响而有所不同。有的人各阶段发展顺利,探索期时间很短,选择职业后直到退休没有转换过职业;有的人则在不停地转换工作和变动职业,直到最后一事无成。职业生涯发展,个人从小到大,难免会遭遇各种各样的困难和选择,如果个人能掌握早期的阶段任务,对于下一阶段的发展就有较多成功的把握。每一个人需透过上述的生涯发展阶段以完成自我的观念,并配合自己的兴趣、能力以试探更适合自己的职业发展目标,进一步建立起稳固的专业地位,获得成就。

表 9-4　生涯发展阶段发展重点

阶　段	年　龄	时　期	发　展　重　点
成长	0～10 11～12 13～14	幻想 兴趣 能力	受家庭教育、父母保护 适应学校生活和社会生活 了解工作的意义，逐渐认识自己
试探	15～17 18～21 22～24	试探 转变 尝试	初步的职业选择，职业喜好具体化 多种职业选择，恐惧工作的压力 努力寻找合适的工作，面对工作挫折
立业	25～30 31～44	稳定 立业	安定、婚姻的选择，养儿育女 整合考虑，稳固并力求上进和升迁
维持	45～65	维持	维持既有职位和成就，准备退休计划
衰退	65～	衰退	适应退休生活，发展新的角色

萨帕通过对职业发展、职业适应、职业自我观念等的纵向研究，总结和提炼出关于职业发展的基本主张。这些基本主张包括：

(1)每个人在能力、兴趣及人格特质上均有差异，这以心理学中的个别差异理论为基础。

(2)每个人在个性特质上分别适应不同的职业，而每个人均适合从事多种职业。可能因为人在职业选择时的弹性，因此职业选择虽没有进行指导，但成功者也不少。

(3)每种职业虽然需要一些特别的能力、兴趣和人格特质，但仍有很大的弹性，这样，每个人可从事多种职业，而同样的职业可以让不同的人来做。

(4)个人的职业兴趣、能力、工作与生活环境、自我观念会因环境、时间与个人经验的改变而发生变化，故职业选择应是一种持续不断的过程。

(5)职业的选择和适应过程经历了一系列不同的阶段，即成长、探索、立业、维持和衰退。试探阶段又可分为幻想期、尝试期和现实期。建立阶段也可划分为尝试期和稳定期。而且由一个阶段到另一个阶段的转变时期，又构成一些小循环，即再成长-再试探-再建立。

(6)个人的职业或生涯发展模式受父母的社会经济地位、个人的心理和能力以及机遇等因素的影响极大。

(7)每个人的生活阶段的发展，可借助于个人能力与兴趣的成熟、实际尝试与自我概念的发展而实现。

(8)职业生涯的发展过程，基本上是自我概念的发展和实践，是个人与社会环境之间、自我概念与现实之间的一种调和过程。

(9)工作满意和生活满意受下列两方面的制约：第一，个人的工作能力、兴趣、人格物质及价值观等的匹配程度。第二,个人在成长与探索经验上,是否觉得所从事的工作或担任的职务都很称职满意。工作满意与自我概念实现的程度成正比。

(10)对大多数人来说,工作与职业是人格组织的核心,对少数人来说,它们是人格组织的边缘,或不存在。

从总体上看,萨帕的理论是伸张性很强的一个发展理论。不仅考虑到了发展的年龄阶段,也考虑到发展的职业阶段,将一般规律与特殊规律很好的结合起来。此外,该理论重视心理属性,并以自我概念为核心,突出职业价值观、能力、兴趣等的作用,抓住了本质的职业心理属性。但该理论过于全面、宏观,如果做职业辅导或职业生涯管理工作的参考,缺乏操作性。

2. 格林豪斯的职业生涯发展过程理论

格林豪斯将职业生涯划分为 5 个阶段:

(1)职业准备(0～18 岁)。主要任务是发展职业想象力,对职业进行评估和选择,接受必要的职业教育。

(2)进入组织(18～25 岁)。主要任务是在一个理想的组织中获得一份工作,在获取足量信息的基础上,尽量选择一种合适的、较为满意的职业。

(3)职业生涯初期(25～40 岁)。学习职业技术,提高工作能力;了解和学习组织纪律和规范,逐步适应职业工作,适应和融入组织。为未来的职业成功做好准备是该时期的主要任务。

(4)职业生涯中期(40～55 岁)。主要任务是对早期职业生涯重新评估,强化或改变自己的职业理想;选定职业,努力工作,有所成就。

(5)职业生涯后期(55 岁～退休)。继续保持已有职业成就,维护尊严,准备退休,是这一阶段的主要任务。

3. 金斯伯格的职业心理发展过程理论

金斯伯格将一个人的职业生涯分为幻想期、尝试期和现实期。

(1)幻想期:处于 11 岁之前的儿童时期。儿童对大千世界,特别他们所看到的和所接触到的各类职业工作者,充满了新奇和好玩的感觉。此时期职业需求的特点是:单纯凭自己的兴趣、爱好,不考虑自身的条件、能力水平和社会需要与机遇,完全处于幻想之中。

(2)尝试期:11～17 岁,这是由少年儿童向青年过渡的时期。此时期,人的心理和生理在迅速的成长发育和变化,有独立的意识,价值观开始形成,知识和能力显著的增长和增强,初步懂得社会生产和生活的经验。在职业需求上呈现出的特点是:有职业兴趣,但不仅限于此,更多地和客观地审视自身各方面的条件和能力;开始注意职业角色的社会地位、社会意义,以及社会对该职业的需求。

(3)现实期:17岁以后的青年年龄段。即将步入社会劳动,能够客观地把自己的职业愿望或要求,同自己的主观条件、能力,以及社会现实的职业需要紧密联系和协调起来,寻找合适于自己的职业角色。此期所需求的职业不再模糊不清,已有了具体的、现实的职业目标,表现出的最大特点是客观性、现实性、讲求实际。金斯伯格的职业发展论,实际上是前期职业生涯发展的不同阶段,也就是说,是初就业前人们职业意识或职业追求的变化发展过程。

4.施恩的职业生涯发展阶段理论

美国的施恩教授立足于人生不同年龄面临的问题和职业工作主要任务,将职业生涯分为9个阶段:

(1)成长、幻想、探索阶段。一般0~21岁处于这一职业发展阶段。主要任务是:发展和发现自己的需要和兴趣,发展和发现自己的能力和才干,为进行实际的职业选择打好基础;学习职业方面的知识,寻找现实的角色模式,获取丰富的信息,发展和发现自己的价值观、动机和抱负,做出合理的受教育决策,将幼年的职业幻想变为可操作的现实;接受教育和培训,开发工作世界中所需要的基本习惯和技能。在这一阶段充当的角色是学生、职业工作的候选人、申请者。

(2)进入工作世界。16~25岁的人步入该阶段。首先,进入劳动力市场,谋取可能成为一种职业基础的第一项工作;其次,个人和雇主之间达成正式可行的契约,个人成为一个组织或一种职业的成员,充当的角色是:应聘者、新学员。

(3)基础培训。处于该阶段的年龄是16~25岁。与进入职业工作或组织阶段不同,在这个阶段要担当实习生、新手的角色。此时主要的任务是了解、熟悉组织,接受组织文化,融入工作群体,尽快取得组织成员资格,成为一名有效的成员;二是适应日常的操作程序,应付工作。

(4)早期职业的正式成员资格。此阶段年龄是17~30岁,取得组织新的正式成员资格。面临的主要任务是承担责任,成功的履行与第一次工作分配有关的任务;发展和展示自己的技能和专长,为提升或进入其他领域的职业成长打基础;根据自身才干和价值观,根据组织中的机会和约束,重估当初追求的职业,决定是否留在这个组织或职业中,或者在自己的需要、组织约束和机会之间寻找一种更好的配合。

(5)职业中期。年龄一般在25岁以上。主要任务是选定一项专业或进入管理部门;保持技术竞争力,在自己选择的专业或管理领域内继续学习,力争成为一名专家或职业能手;承担较大责任,确定自己的地位;开发个人的长期职业计划。

(6)职业中期危机:处于这一阶段的是35~45岁者。主要任务是现实地估价自己的进步、职业抱负及个人前途;在接受现状和争取看得见的前途之间做出具体选择;建立与他人的良好关系。

(7)职业后期。从 40 岁以后直到退休。此时的职业状况和任务是成为一名良师,发挥影响,指导、指挥别人,对他人承担责任;扩大、发展、深化技能,或者提高才干,以担负更大范围、更重大的责任;如果求安稳,就此停滞,则要接受和正视自己影响力和挑战能力的下降。

(8)衰退和离职阶段。一般在 40 岁之后到退休期间。此间的主要任务一是学会接受权力、责任、地位的下降;二是基于竞争力和进取心下降,要学会接受和发展新的角色;三是评估自己的职业生涯,着手退休。

(9)离开组织或职业——退休。在失去工作或组织角色之后,面临两大问题和任务,一是保持一种认同感,适应角色、生活方式和生活标准的急剧变化,二是保持一种自我价值观,运用自己积累的经验和智慧,以各种资源角色,对他人进行传帮带。

三、个人的职业生涯规划

(一)影响个人职业生涯的因素

人的职业生涯,首先是选择职业道路以及发展得顺利与否的问题,进而是能否获得成功以及成就有多大的问题。影响职业生涯顺利与否、成功与否的因素包括以下几个方面:

1. 教育背景

教育是赋予个人才能、塑造个人人格、促进个人发展的一种社会活动,它对人的职业生涯具有巨大的影响,这表现在它奠定了一个人的基本素质。

首先,获得不同教育程度的人,在个人职业选择与被选择时,具有不同的能力,这不仅关系到职业生涯的开端与适应期是否良好,还关系到他(她)以后在职业发展、晋升方面是否顺利。其次,人们所接受的教育的专业、职业种类,对于其职业生涯有着决定性的影响,在大多数情况下成为其职业生涯的前半部分以至一生的职业类别。即使人们转换职业,也往往与他(她)所学的专业有一定联系,或者以所学的专业理论、知识、技能为基础,流动到更高层次的职业岗位上。再次,人们所接受的不同等级教育、所学的不同学科门类、所在的不同院校及其所接受的不同教育思想,会带来受教育者的不同思维模式与意识形态,从而使人们以不同的态度对待自己和社会、对待职业的选择与职业生涯的发展。

2. 家庭影响

家庭也是造就人的素质以至影响人的职业生涯的主要因素之一。人在幼年时期就开始受到家庭的深刻影响,长期潜移默化的结果,使人形成特定的价值观和行为模式。许多人还会因受到家庭中父兄的教诲和各种影响,自觉或不自觉地获得某些职业的知识和技能。这种价值观、行为模式、职业知识和职业技能，必然从根本上影响着一个人的职业理想和职业目标，影响其职业选择的方向、种类，以及选择中的冒险与妥协程度、对职业岗位的态度乃至工作中的种种行为表现等等。

3. 个人的需求与心理动机

人们在就业时出于对不同职业的评价和价值取向的不同，需要从社会众多的职业中选择其中之一，就业后也要从若干种个人发展机会中进一步做出职业生涯的调整，从而使自身获得尽量好的归宿，获得他人与社会的认可。

就一般情况而言，人在年轻时意气风发，成功的目标和择业的标准都比较高。人到中年，就越来越现实。因为不论是一般的劳动者，还是事业上有成就的人，在有了相当多的职业实践和各种阅历以后，都更容易看清楚社会环境的约束，其成功的目标和择业、转换职业的标准等都变得相对实际，较为适合社会与所在组织的情况。

4. 机会

机会是一种随机出现的、具有偶然性的事物。机会既包括社会各种就业岗位对于一个人展示的随机性的岗位，也包括一个人所在的组织为个人提供的培训机会、发展条件和向上流动的职业情境。

机会虽然具有偶然性，但机会对于个人而言也并非完全是"可遇而不可求"。素质与机会有着一定的联系。大千世界中机会本身是客观存在的，但个人的高素质、能动性可能导致其寻找到新的发展机会，个人也可能开拓和创造更多机会。

5. 社会环境

社会环境，首先是指社会的政治、经济形势，这涉及人们职业权利方面的管理体制、社会文化与习俗、职业的社会评价等"大环境"。这些环境因素决定着社会职业岗位的数量和结构，决定着其出现的随机性与波动性，进而决定了人们对不同职业的认定和其步入职业生涯、调整职业生涯的决策。从这个角度看，社会环境决定着社会职业结构的变迁，从而也决定了人的职业生涯的变动规律。此外，社会环境还指个人所在的学校、社区、家族关系、个人交际圈等"小环境"。这些环境因素决定着一个人具体活动的范围和内容，也在一定程度上影响着人的职业生涯的具体际遇。

(二)个人职业生涯的基本阶段

每个人的职业生涯都经历了不同的发展阶段，在各个阶段中个人努力的方向也不尽相同。充分了解和研究职业生涯发展阶段及其性质、特点，把握不同职业生涯阶段的员工的需求、行为和心理特征，有助于组织开展职业发展管理活动,采取相应的人事选拔、调配政策和激励措施。对职业生涯阶段的划分,一般而言,可按照个人一生中不同时期的特征差异将职业生涯大体分为四个阶段,如表 9-5① 所示。

表 9-5　职业生涯周期的四分法

阶段	探索、尝试不同工作	加入组织,发展	滑坡,选择是否继续	解除约束,继续发展
	探索期	建立期	持续期	衰退期
主要活动	学习 帮助 跟随	成为正式一员、独立的贡献者	培训者 资源分配者 决定组织决策	退出
关系	学徒	同事	顾问/负责人	咨询官员
职责	依赖	独立	为其他人负责 履行权利	权利/职位 重要性的降低
年龄(岁)	16～25	25～35	35～55	55～75

1. 职业探索阶段。在这个时期,个人从媒体、家庭、学校和书本中获得职业的概念,有了选择一份理想职业的愿望与要求,能够正确评估自身的优势和弱点,认真探索各种可能的职业选择,并试图将自己的职业选择与他们对职业的了解以及通过学校教育、休闲活动和个人工作等途径获得的个人兴趣和能力匹配起来。此时,职业生涯发展的主要任务是学会运用自我判断、分析信息等方法初步选择、确定适合自己的职业发展方向,并为此开始准备和努力。这一任务主要是在家庭和学校中完成。

2. 职业建立阶段。这一阶段是大多数人工作生命周期中的核心部分。个人角色发生了重大变化,踏上了工作岗位,要完成从一个择业者到一个职业工作者的转换过程。此时,个人职业生涯发展的主要任务是获得最初的职业体验,接受第一份工作任务;发现和处理职业梦想与现实的差距以及由此引发的心理问题;调整自己的价值观和行为习惯,适应组织文化,学会与领导、同事们建立良好的人际关系;学会享受工作带来的成功或克服可能出现的挫折;评价自我的工作能力及判断职业选择的正确与否并在此基础上确定下一步的职业前程。

3. 职业发展中的持续阶段。包括个人职业生涯的中期(35 岁～45 岁)和后期(40 岁～55 岁)或维持期。在职业发展中期,由于经验的积累,有些人被组织委以重任,有了一定地位的成就感、安全感和稳定感。而有些人则与其原有的职业梦想差距较大,面临着职业危机,他们会选择跳槽或转换到新的工作领域。此时职业发展的主要任务是,处理好自我发展与家庭发展的矛盾,使其与工作协调

---

① 赵曼主编:《公共部门人力资源管理》,清华大学出版社 2005 年版,第 166 页。

起来;进一步学习、发展自己的职业绩效标准,寻求提拔、晋升的机会,稳固自己在组织中的地位。其他未成功者可能要重新评估自己的能力,做出新的职业选择决定,调整自己的职业发展方向。

在职业发展的后期即维持期,员工以其资历和贡献,向组织证明其已向组织提供价值,希望得到组织的认同和重视。在行为上,员工已经减少了工作流动频率,比较安心于现有的工作,但也害怕随着年龄的增长面对的机会减少而加大裁员危险。此时,职业发展的主要任务是希望稳定地延续组织工作,维持工作领域中既有的职位与成就,或者寻求进一步提升的机会。

4.职业衰退和离职阶段。在这一阶段中,随着个人健康状况和工作能力的衰退,职业活动能力与职业兴趣逐渐减弱,个人面临着从组织中退出、交出原有权力和责任的境遇。此时的主要任务就是要认识和接受退休的事实,尽快从家庭和社会生活中寻找新的满足源;学会利用既有的知识和技能从事自己的"职业后生涯";在家庭、朋友和社区的关爱下平静地安度晚年。

此间,组织可通过以下方式帮助处于职业晚期的员工:第一,认真审视人力资源政策中对资深员工会产生影响的各种传统做法;第二,调查资深员工的需要;第三,提供模拟退休的中长期休假;第四,发展退休计划;第五,提供多种弹性工作方式以供选择。

个人职业生涯发展的四个阶段,实质是组织与个人相互交往和作用的过程,尤其是中间的两个阶段,它是组织需要与个人满足不断适应的过程。至于这种适应过程是否顺利、有效,在很大程度上取决于组织怎样辅助员工设计和发展职业生涯规划。

(三)个人职业发展道路

1.立足本职的道路

人在职业成长的初期,通常是把"发展本职工作"道路作为首选道路。因为组织的事业可能是不断发展变化的,个人的职业能力、素质也是具有一定的可塑性的。立足本职工作的职业道路可以为新进入的人员提供职业适应、培训和成才方面的客观条件。

2.转换职业的道路

在转换职业决策过程中,应把握的要点是:

(1)慎重选择职业的领域和用人单位

第一,在长期目标的统帅下设计自己的职业生涯。因此,第一步必须清楚自己的职业目标是什么,并注意职业目标应随时间及实际情况的变化进行动态调整。

第二,根据长期的职业目标观察潜在的用人单位和职位,也就是观察这项工作对个人的最终目标有多大帮助。

第三，为长期利益接受短期折中方案，一些低工资的工作可能提供相当宝贵的培训机会或职业接触机会。

第四，仔细考虑是否接受高度专业化的或者比较隔离的工作安排，因为这类工作可能会限制或阻碍今后职业生涯的发展。

（2）了解清楚自己的现状

第一，对本人现有工作中存在的职业发展机会做出清醒的判断，例如是否存在本人需要的那种培训机会。

第二，认真并如实地评价自己的业绩，同时要清醒客观地估计领导及同事对本人业绩的评价。

第三，当个人和组织之间相互需要的程度下降时，应该能够认识到这一状况。这不是承认失败而是正确地把握现状。此时，组织已不能为个人提供更多的发展机会，同时个人对组织的贡献也开始下降。这种情况有五种征兆：对所做的工作不感兴趣，提升受阻，组织管理不善，劳动付出没有得到相应的报酬，无法实现梦想等等。

（3）选择流动（离职）时机

第一，应该选择在对本人最有利的时候离职。为此必须准确判断两件事情：一是清楚离开原用人单位的动机，二是是否已找到适合自己长期职业生涯计划的新的工作机会。

第二，友好地离开现在的组织，而不是在有争议的情况下离开。

第三，除非找到另一份工作，否则不要辞掉现在的工作，因为在仍被录用时更容易找到新的工作。

3. 自我创业的道路

自我创业，即不从劳动力市场现存的职业需求岗位中寻找职业和谋求发展，而是把握并在市场中寻找创业机会，运用自己的能力及各种资源举办个体、私营、私人合股企业，开拓自己的事业。自我创业是一条自由的、现实的、艰辛的，然而又是广阔的、富有挑战性的职业生涯之路。

（四）个人职业生涯规划过程

职业生涯管理是一个连续的过程，由一系列的活动和工作组成。其中员工个人职业生涯规划是管理中关键的一环，它通过自我认知，使得个人在组织工作中的发展目标不断地清晰化。个人职业生涯规划主要由职业生涯意识、自我评估和环境分析、职业选择、职业发展战略目标、职业生涯策略、评估和反馈六个步骤组成。

1. 职业生涯意识。职业生涯意识产生于个人职业生涯规划的初始阶段，是个人对自我未来职业目标和行动计划进行的深思熟虑的思考和判断,有助于员工做出职业生涯发展目标的决策,明确自身的使命。在个人职业发展中,职业生涯意识并非一次性完成,而是在一生中的不同阶段、不同情况下,多次出现,不断反思,灵活地做出相应调整。

职业生涯意识关注几个重要问题,包括:我一生为之奋斗的目标是什么?我适合什么性质的工作?我目前的背景和处境是怎样的(学历、家庭、工作组织状况等)?我下一步将采取什么行动?

2. 自我评估和环境分析。一个有效的职业生涯规划,必须是在充分认识自我和相关环境的条件下进行的。只有客观、全面、深入地认识和了解自己,才能对自己的职业生涯目标做出最佳抉择,才能选定适合自己发展的职业生涯路线。自我评估的基本内容包括:第一,进行自我剖析,了解自己的优势、缺点以及上级、同事对自己的评价,充分理解自我;第二,考察自己所追求的价值目标和工作动机,明确自己所面对的需求压力;第三,预测自己在职场中的发展空间和机会。除了要认识自我之外,还要对社会及组织环境进行深入的分析和研究。应注意了解环境的特点及发展变化情况、自己与环境的关系、环境对自己有利与不利的因素等等。只有把自身特点和组织环境最大限度地结合起来,才能在实际工作中趋利避害,使职业生涯设计更具现实意义。

在整个规划流程中,正确的自我评价是最为基础、最为核心的环节,这一环做不好或出现偏差,就会导致整个职业生涯规划的各个环节都出现问题。

3. 职业选择。当正确评估自我后,就要着手进行职业选择。职业选择是事业发展的起点,正确与否直接关系到人生事业的成败。科学的职业选择就是以自己的最佳才能、最优性格、最大兴趣和最有利的环境等信息为依据,谋求职业目标与自己潜能以及主客观条件之间的最佳匹配。在职业选择的过程中应当注意以下几点:(1)依据客观现实,考虑个人与组织、社会的关系;(2)比较、鉴别职业的条件、要求、性质与自身条件的匹配情况,选择条件更合适自己、有发展前途的职业;(3)扬长避短,看主要方面,不要追求十全十美的职业;(4)审时度势,要根据情况的变化及时调整自己的职业路径取向,不要固执己见,一成不变。

4. 职业发展战略目标。制定个人的职业生涯发展目标要求员工能够明确自己对长、短期职业生涯目标的定位。在目标设定上,应根据主客观条件进行设计,要保证目标适中,切合实际,还要把长远目标和短期目标结合起来,通过不断实现短期目标最终实现长远目标。通过目标设定,可以使员工就自己理想的职位安排、工作技能运用水平、工作职位晋升或转换以及上下级人际关系网等作出思考,以明确自己职业生涯发展的阶梯。在一个开放性的组织中,组织会充分考虑个人的职业发展计划,并将其纳入到组织的人力资源开发计划中。通过彼此调试,有效抑制组织与员工个体在目标整合上的偏差,将组织发展目标与个人发展目标有机协调起来。

5. 职业生涯策略。是指员工为实现其长、短期职业生涯目标而制定的一套可操作、有针对性的、周详的行动方案。主要包括自我学习、接受更高学历教育、拓展额外专业知识或技能、构建人际关系网、自觉提高工作绩效以及为平衡职业目标和其他目标(如生活目标、家庭目标)而做出的种种努力。同时,也包括组织为员工提供适当的学习与训练的途径和机会,帮助员工解决职业问题等,从而使员工个人职业生涯管理和具体的人力资源管理活动结合起来。

6. 评估与反馈。生涯规划是个人职业发展与生活的蓝图。虽然在制定职业规划的过程中,已经考虑了很多主客观因素,但是随着时间的推移,这些因素会产生变化。此外,在实施过程中,也会发现当初制订规划时未曾设想到的漏洞与执行困难。所以在此情况下,为保证职业生涯规划行之有效,在每实施一段时间后,就必须对生涯规划的内容和成效进行评估和修订,及时诊断生涯规划各个环节中所出现的问题,找出相应的解决对策。其修订的内容包括:职业的重新选择,生涯路线的选择,人生目标的修正,实施措施与执行计划的变更等等。

在进行职业生涯规划时应该把握几个"黄金准则":择己所爱、择己所长、择世所需、择己所利。择己所爱要求个人在进行职业生涯设计时要选择自己钟爱的职业方向进行发展,要将自己的兴趣爱好和自己的事业发展有机结合起来。择己所长是指个人在进行职业生涯设计时应尽可能地将自己的职业和自己的长处、优点结合起来,这样才有助于取得更好的成绩。择世所需和择己所利是指个人在进行职业生涯设计时要将所在组织的目标、利益和个人利益有机地结合起来,这样才能相互促进,否则就会互相削弱,也只有这样个人才有施展才华的广阔舞台。

四、组织职业生涯规划

(一)组织目标与个人职业生涯规划的兼容

职业生涯的规划涉及员工和组织两个主体。从组织的角度看,员工职业生涯规划包含着使个人潜在贡献最大化的自觉尝试,由于员工面临多变的环境以及客观机遇的限制,或者由于对自己职业生涯的认识不足,因而准确地定位职业生涯方向和目标不是一件很容易的事情,因此组织应该尽力指导员工设计其职业生涯规划,为员工提供组织环境及组织发展的信息,如组织发展前景、战略规划、人员要求、选拔提升人员的政策、组织员工参加潜能测评及职业生涯研讨会等。组织的职业生涯规划是协调员工职业发展需要和组织人力资源发展需要的重要方面。组织帮助员工管理其职业生涯,有利于组织保持竞争力。组织通过培养有目标、有自信的员工，能够提高组织的稳定性。能够为员工提供满意的工作机会的组织，将在拥有忠诚、勤奋的员工队伍方面占有优势。

组织职业生涯规划和个人职业生涯规划的内容有着明显差异，详见表 9-6：

表 9-6　组织职业生涯规划和个人职业生涯规划的视角对比

组织职业生涯规划的视角	个人职业生涯规划的视角
确定组织未来的人员需要	确认个人的能力与兴趣
安排职业阶梯	计划生活和工作目标
评估每个员工的潜能与培训需要	评估组织内外可供选择的路径
在严密调查的基础上，为组织建立一个职业生涯规划体系	关注随着职业与生命阶段的变化，在兴趣和目标方面出现的变化

参见［美］罗伯特・L. 马希斯、约翰・H. 杰克逊主编：《人力资源管理培训教程》，机械工业出版社 1999 年版，第 162 页。

(二)组织的职业生涯规划内容[①]

个人职业生涯设计与管理的成功与否，不仅取决于个人的主观努力，还取决于组织是否配合，是否为其积极创造条件。组织在个人职业生涯中，主要起指导和辅助的作用，具体表现在：第一，将人力资源规划与个人职业生涯发展联系、统一起来；第二，进行职业发展预测，分析职业发展走向；第三，系统研究组织提供的各种职业生涯发展的机制与通道，帮助个人开发职业能力；第四，向员工提供职业选择方面的信息，开展职业咨询；第五，促使员工更多地参与组织为职业发展安排的活动；第六，帮助个人协调或解决员工自我发展与家庭发展引发的冲突和矛盾，给员工以物质、精神和时间上的支持。组织的职业生涯管理活动的主要内容如下：

1. 建立职业发展的信息与预测系统。员工个人职业生涯发展计划的设计如果要获得最大的实现可能，就必须与时代的发展和社会的需求相吻合。但个人由于精力、财力、空间以及认知能力的限制，其所掌握的职业信息的来源和通道是有限的。因此其必须依赖在这些方面存在着巨大优势的组织。组织在确立组织目标和进行人力资源需求预测的同时，就能广泛收集职业发展的信息，也能够预测职业发展的趋势，因此可同时建立起有关职业的信息系统。职业发展信息内容包括某一职业的性质以及其在社会中的地位和发展方向、从事该职业必备的资格条件、该职业的收入水平、职业生涯发展要求的知识结构与素质，在职

①　参见孙柏英：《公共部门人力资源开发与管理》中国人民大学出版社 2009 年版，第 240～241 页。

业中晋升的通道等等。此外,职业生涯信息总是处于变动之中,这就要求必须对管理信息进行不断地维护和更新,以保证信息的有效性。

2. 提供职业咨询和职业管理指南。组织可以通过面谈、问卷、讲授等多种形式,由组织的领导者、部门主管和职业研究专家,向员工提供职业咨询,使员工明确职业开发方向,树立职业信心,理清职业发展思路。职业咨询的内容包括:(1)帮助员工分析自身的特性、职业锚、长处、短处和发展需要;(2)帮助员工学习职业生涯设计与管理,使其能够更积极地"经营"职业生涯;(3)提供组织内外部可选择的职业;(4)帮助员工解决职业生涯发展中出现的各种问题。

3. 制定职业生涯通道(career path)计划。职业生涯通道是对前后相继的工作岗位和经验所作的客观描述,表明在一种职业中个人发展的一般路线或理想路线。它建立在将职业角色放在一个不断变化和发展的状态的基础上,为员工合理使用和拓展能力提供各种发展机会,包括确定某种职业的进口和出口通道、职业的纵向流动通道、职业的横向流动通道三大方面。组织可以按照这种通道设计,寻找机会促进轮岗交流,从而使员工在技能和职业适应性方面得到全面的锻炼。职业生涯通道设计的内容是:比较和分析工作性质,在此基础上对工作进行分类,并确定胜任工作必备的条件;描述流动进步的条件,详细说明在职业生涯通道进程中所需要的资格条件;规定纵向流动中逐级上升的逻辑顺序和最低服务年限等。

4. 向员工开放工作岗位。将组织内每个工作岗位的信息向员工开放,要求员工根据自己的条件和职业期望选择适当的岗位。这是组织与员工之间双向选择的过程。同时组织也能在这一过程中获得员工工作绩效的反馈信息,进而完善可供员工选择的职业标准。

5. 回应和解决员工在职业生涯发展中遇到的典型性问题,采取积极的应对措施。在员工的职业生涯中,可能存在着一些典型的职业危机问题。一是职业生涯高原(plateauing)。这是指一个员工在其职业中期由于个人能力不够或分配不公、组织成长程度低等原因导致发展机会减少,已经不太可能晋升到更高的职位上,从而产生"中年危机"。组织面对产生了"中年危机"的员工,可以针对其特定的原因,鼓励员工参与组织的开发活动,并采用培训、职务转换等方式,尽可能为员工开拓发展空间。二是技能老化。这是指员工在完成一次教育培训的相当一段时间后,由于知识和技能的更新跟不上组织发展的要求而导致工作能力和绩效下降。因此,组织需要积极采取一些应对措施,如强调终身学习、共同探讨技能发展问题、让员工承担具有挑战性的工作任务、对创新活动予以奖励等等。

6. 制定教育、培训计划。组织可以针对职业发展的要求和员工素质现状之间存在的差距,进行有计划的培训。教育、培训包括两方面:一是工作经验、技能等实际才干的培养。一般通过师傅带徒弟或以榜样示范等方式实现。二是当工作经验不足以有效提供更多的知识时,员工就要接受正规的课程学习和教育,以丰富或更新知识结构,应对社会和组织提出的各种挑战,满足个人职业生涯发展的资格要求。

7. 制定工作—家庭平衡计划。组织中的员工除了职业生活外还有家庭生活。工作与家庭间的潜在冲突对员工职业生活的影响甚至超过个人发展目标对员工职业生活的影响。工作—家庭平衡计划可以使组织帮助员工正确看待家庭和工作的关系,缓解由于工作—家庭关系失衡给员工造成的压力。组织可以采取这些措施帮助员工调和职业和家庭的矛盾:向员工提供家庭问题和压力排解的咨询服务;创造参观或联谊等机会以促进家庭和工作的相互理解和认识;把家庭因素列入考虑晋升或工作转换的制约条件之中,以及设计适应家庭需要的弹性工作制等。

公共部门进行职业生涯规划管理时,必须重点关注的问题包括:组织机构内职业生涯开发活动的现有规模及相应的范围、资源和责任;职业生涯开发针对的员工群体或层次;驱动组织机构职业生涯开发活动的原因和需要;职业生涯开发是否或如何与人力资源组织和战略计划的制订相联系;如何评估职业生涯开发工作的效能;对组织的职业生涯开发的预测和整体态度等。

第三节　我国公共部门人力资源职业生涯规划与管理存在的主要问题与对策

一、公共部门人力资源职业生涯规划与管理存在的主要问题[①]

1. 个人和组织均忽视职业生涯管理,职业生涯规划理念尚未形成。长期以来,公务员被认为是"旱涝保收"的职业,外部竞争压力小,进入了公务员队伍就被认为是端上了"铁饭碗"。虽然近年来公务员制度不断改革,在内部引进竞争机制、淘汰机制,但在实际中"无过即有功"的现象依然大量存在,导致许多公务员不思进取、按部就班,对个人职业生涯设计缺乏积极性。同时作为政府部门本身,有关公务员职业生涯规划的工作尚未步入正轨,未能有意识地针对各部门自身的职能特点与发展规划开展公务员职业生涯规划工作。政府在人事管理制度

---

① 参见郭庆松:《公共部门人力资源管理研究》,上海人民出版社 2007 年版。

改革发展过程中,自觉不自觉地受到传统观念的影响,在人事管理上往往注重公务员的使用与管理,追求人职匹配,却忽视对公务员的经营与发展。

2. 职业梯过窄,缺乏多元化的职业路径。职业梯是决定组织内部人员晋升的不同条件、方式和程序的政策组合,可以显示出晋升机会的多少,如何去争取,从而为那些渴望获得内部晋升的员工指明努力方向,提供平等竞争的机制。根据组织和工作需要不同,职业梯可宽可窄。要求员工在多个职能部门、多个工作环境轮换工作的职业梯是宽职业梯,反之,则是窄职业梯。我国《国家公务员法》第 14 条规定:"公务员职位类别按照公务员职位的性质、特点和管理需要,划分为综合管理类、专业技术类和行政执法类等类别。"虽然这一规定拓宽了公务员的职业通道,但公务员分类制度主要还是行政职务范围内的划分,实际上不管从事什么工作,公务员的最终前途依然集中在一条"官阶"晋升阶梯上,不利于专业人员的发展。

而且,公务员队伍"只进不出"的现象依然严重。已有的若干规则如交流、辞退等在疏通出口方面的控制因素依然是偶尔程度占主流,只要公务员工作中不出现严重的违纪、违规行为,而本人又不愿意离开公务员队伍的,就可终身干下去。其结果是部分素质水平有限的人员占据职位,高素质人员难以进入,晋升渠道受阻,严重影响了公务人员个人的职业发展,造成人才流失。

3. 缺乏针对公务员职业发展而组织的相关培训。公务员职业生涯规划的实施,有助于发现公务员本身存在的一些不足和缺失,针对这些不足和缺失,政府相关部门应展开相应的培训,以弥补公务员的不足,促进公务员的职业发展。而目前我国公务员的培训,从培训目标的确定、培训类型的划分、培训课程的设置、培训方法的运用到培训效果的评估,总体上还是处于一种规定上的原则性和操作上的粗放型状态。培训形式化,多为满堂灌的课堂讲授而不注重实际效果,培训知识不合实际、不符合公务员的需要。这样的培训大大影响了公务员的学习积极性和学习效果,使公务员在职业发展道路上,受到自我认知不清和职业技能缺乏的巨大约束,从而阻碍了其职业生涯的发展。

二、完善公共部门人力资源职业生涯规划与管理的对策

1. 加强行政文化建设,树立公务员职业生涯管理意识。行政文化是行政的灵魂,是影响公务员职业生涯管理的重要因素。行政文化能够对行政组织及其公务员的行为起导向作用,能够规范公务员的行为,协调公务员与行政系统及整个行政环境的关系。加强行政文化建设,树立公务员正确的职业发展观,加大竞争、考核和奖惩机制的实施力度,疏通公务员"出口",使公务员认识到职业发展是职业成功的必由之路。通过工作经验积累产生并形成正确的职业锚,并据此

确立合适的职位目标。同时,作为政府本身应该充分认识到职业生涯管理的重要性,从组织的战略发展上整合资源,为员工提供组织在职务设计、人员安排、工作调整、培训教育等方面的政策和相关资料,提出建设性的建议,从而帮助公务员落实工作目标。

2. 拓宽职业路径,改革级别晋升规定。当一个人的工作职能和工作内容因组织内缺少晋升机会而保持不变时,职务就会发生停滞现象。因为领导职务是有限的,我国目前科级以下公务员占到公务员总量的92%,他们基本上享受不到因职务的晋升而带来的各种待遇。因此我们可以构建职务晋升与职级晋升的"双梯制",允许低职务的公务员在具备一定的资历、学历和工作业绩的条件下,在不晋升职务的同时适当晋升到与高一级职务相对应的级别范围中。这样不仅使得个人在晋级后可以获得更多的待遇,而且在制定自我的职业生涯规划时,目标更加具体和现实,从而起到更大的激励作用。

同时,可以借鉴企业、事业单位的做法,采取常任制和聘任制相结合的用人制度,对部分公务员实行定期聘任制。这样有利于顺畅公务员队伍出口,形成"可进可出"、"到期必出"的规律。

3. 创新培训方式,有针对性地开展培训和教育。组织通过帮助公务员制定职业生涯规划,发现他们的优势和弱势,根据他们的优缺点开展有针对性的培训,依照公务员的职位分类和工作需要,增加一些实用性强的行政管理知识与技能,以此丰富更新知识结构,适应社会和组织提出各种挑战,以符合公务员个人职业生涯发展的资格要求。注重培训的实际效果,引入和创新培训方式,比如能充分调动被培训者积极性和主动性的参与式培训。

4. 提供职业咨询和职业管理指南,建立职业发展的信息与预测系统。公务员的职业发展需要大量有针对性的信息数据,由于知识方面、专业方面或者技术方面的种种原因,加上这些信息数据有许多属于官方资料或者组织不公开资料,靠个人力量很难得到足够的信息供做职业规划时使用。相对而言,组织更有能力为公务员提供比较专业的职业生涯发展咨询。因此,政府要建立公务员职业发展信息系统,通过面谈、问卷、讲授等多种形式,由组织的领导者、部门主管和职业研究专家,为所属的公务员提供职业咨询,解答其在职业问题上的困惑和难题,廓清职业思路。

职业对于一个人来说已不仅仅是谋生的手段,而且也是实现人生价值的机会与空间。公共部门要重视对员工的职业生涯管理,要在尊重员工个性和需求的基础上,根据员工的能力和潜力,不断给员工指明目标和方向,并通过提供职业咨询,向员工开放组织内空缺职位,给员工提供公平的机会,以及通过职业培训等技术手段,为员工开辟能让其施展才华的空间和实现其事业追求的途径。

只有这样,才能更有效地激发员工的主动性、积极性,使其在工作中不断获得满足感和成就感,同时在员工追求自己职业目标的过程中,组织的管理目标和持续发展也就得到了顺利实现。

本章练习

1. 如何理解职业生涯管理的含义与特点?
2. 怎样看待员工职业生涯发展管理与组织人力资源规划的匹配过程?
3. 什么是"职业锚"? 包括哪些类型?
4. 影响个人职业生涯的因素有哪些?
5. 个人应如何进行自我职业生涯规划?
6. 试析我国公共部门人力资源职业生涯规划与管理存在的问题。

案例讨论

张某的职业生涯发展①

张某现在对自己的职业生涯感到十分困惑。2000 年他从国内某著名大学的行政管理专业毕业后,考取了某市的劳动和社会保障系统的公务员,并获得了一个不错的职位,进入人事部门工作。

张某开始了第一个他自以为十分喜欢、能够使他感到很快乐的工作。该市的行政管理系统一向以尊重人才、有凝聚力、政务廉明等著称。然而经过一段时间的工作后,张某渐渐发现,它并不像自己毕业前所想象的"大家庭"应有的那种环境。系统内的平均主义严重,干什么都要论资排辈,而且系统的各层领导对员工并不在意,人事部门主任更是表现得淋漓尽致,经常向员工传达着这样一种信息:如果你不愿意呆在这儿,那就走吧。有的是人在外面排队等着呢!

张某在人事部门工作了近两年,做的都是一些繁杂、琐碎的日常事务性工作,如整理档案、接听电话等,既没有得到任何有意义的科研任务,也没有接到任

---

① 引自赵曼主编:《公共部门人力资源管理》,清华大学出版社 2005 年版,第 185～186 页。

何有关下一步安排的通知，更谈不上什么有针对性的培训。他现在开始考虑的是跳槽到工商领域，为大公司工作，甚至回到高等院校去攻读博士学位也未尝不可。然而，在2003年的下半年，他所面临的是一个严峻的劳动力市场，即将到来的高等学校毕业生招生也是空前的竞争激烈。更何况，张某现在几乎没有什么积蓄，对自己到企业工作的各项技能又持怀疑态度。他现在真感到自己的境遇很悲惨。

讨论题：

1. 如果你是张某，你会怎么做？今后如何才能避免类似事情的发生？

2. 该组织人事部门的职业生涯管理工作存在哪些方面的缺陷？应当如何改进？

第十章　公职人员的行为规范与权益保障

★公职人员权利与义务的基本内容
★公职人员行为规范的主要内容
★申诉、控告的范围和内容
★人事争议仲裁的含义、特征与程序

健全和加强公职人员的行为规范,有利于规约公职人员的行为、监督公职人员遵守法纪,保证公共权力的正当行使;而保障公职人员的合法权益,有利于激励公职人员提高工作效率,增强政府机关的生机和活力。因此规范公职人员的行为,保障他们的权益,是公共部门人力资源管理的重要内容。

第一节　公职人员的权利与义务

一、权利与义务的含义及其关系

(一)公职人员的权利

公职人员的权利,是指法律对公务员在履行职责、行使职权、执行国家公务的过程中,可以做出某种行为,要求他人做出某种行为或者抑止某种行为的许可和保障。

国家公务员的权利是国家法律确认并保护的。公务员权力的运用是以国家法律为依据,以国家的强制力为后盾的。当国家公务员的权利受到侵害时,国家要使用强制手段予以恢复,或使享有权利者的利益得到相应补偿。

(二)公职人员的义务

公职人员的义务是指法律对公职人员必须做出一定行为或者不得做出一定

行为的约束和强制,是公务员对国家必须履行的某种责任。

国家公务员是公职人员,他们具有双重身份,既是行使国家权力的人,又是普通公民。因此,公务员的权利与义务也具有双重性。国家公务员的权利义务与普通公民的基本权利义务有一定的联系,但也存在一定的区别。

公民的权利和义务由宪法规定,对全体公民都有法律约束力,宪法规定的是对国家和社会具有重要意义的最基本的权利和义务。而公务员的权利和义务则是在公民权利义务的基础上具体化,具有局部的重要意义和约束力。两者的基本内涵精神是一致的,但又有一定的区别。公务员首先是一位普通公民,他们必然享有宪法规定的公民的基本权利和义务,但他又不是一般公民,他承担着政府职业赋予他的特殊的执行公务的权利,所以他们享有一般公民所不具有的特殊权利,承担了对一般公民而言是不必要的某些特殊义务。

(三)公职人员的权利与义务的关系

公职人员的权利和义务,二者是相互统一、不可分割的联系体。公职人员履行职责,执行公务,必须具有一定的法定权利,但也必须履行一定的义务,并承担一定的责任。马克思曾指出:"没有无义务的权利,也没有无权利的义务。"

第一,公职人员的权利与义务具有一致性。权利与义务在法学理论中是一对基本范畴,二者既相互对立,又相互统一,是相互联系、不可分割的统一体。这里的一致性包含两层含义:一是公职人员享受的法定的权利是以其履行法定的义务为条件的。例如完成公务才能领取相应的工资和嘉奖。二是一方权利的实现往往以对方履行义务为条件。如公务员甲(领导)与公务员乙,在法定范围内甲享有对乙的行政命令权,但只有乙服从,甲的权利才能实现。

第二,公职人员的权利和义务的相对性(可转化性)。如:公务员在执行公务时,对行政机关来说,这是该公务员必须履行的义务;而对行政相对人来说,则是该公务员的法定权利。

(四)规定公务员权利与义务的意义

1. 确认公务员的权利,能保障是公务员行使权力、执行公务。公务员要履行职责,执行公务,必须要有法定权利才行。法定权利有两方面:一是公务员的身份权;一是公务员执行公务所必需的权利,比如履行职责的权力和工作条件等。只有具备一些权利,并且得到法律保障,公务员才能消除执行公务时所遇到的阻碍,有效地执行公务。

2. 设定公务员的义务,是公务员行使国家权力、执行国家公务的前提和约束。义务和权利两个方面不可分离,既有联系又有区别。没有无义务的权利,也没有无权利的义务,法律义务与法律权利是相互对应的,要享有权利必须履行义务。因此必须对公务员行使权利的范围作出明确规定,对其必须履行的义务作出严格要求,使他们的行为符合法律规定的要求,促使他们正确行使权力。

3. 规定公务员的权利与义务,有利于提高公务员的权利意识和责任意识,使他们自觉履行义务。

4. 公务员权利与义务的规定,有利于国家、人民对公务员的管理和监督,有利于建设高素质的公务员队伍。

二、公职人员权利的基本内容

(一)西方国家公务员权利的基本内容

西方国家的公务员一般享有这些基本权利:

1. 身份保障权;

2. 结社权,公务员可以依法成立或者参加社会团体,并参与团体的社会活动;

3. 领取法定工资和享受合理报酬的权利;

4. 休息权,公务员有权获得正当的休息时间,包括带薪休假、病假、产假、哺乳假、受教育假;

5. 辞职权;

6. 申诉权。

(二)我国公务员权利的基本内容

《中华人民共和国公务员法》第13条规定,公务员享有下列权利:

1. 获得履行职责应当具备的工作条件的权利。

2. 非因法定事由、非经法定程序,不被免职、降职、辞退或者处分的权利。

法律保护公务员不被辞退,但法律同时也赋予国家行政机关依法辞退公务员的权利。行政机关在决定辞退公务员时,要考虑保护公务员的合法权益,对有以下三种情形之一的,不得辞退:

第一,因公致残并被确认丧失工作能力的。

第二,患严重疾病或负伤正在进行治疗的。

第三,女性公务员在孕期、产期及哺乳期内的。

3. 获得工资报酬,享受福利、保险待遇的权利。

法律保护公务员的工资、报酬、福利等待遇的权利。各级国家行政机关对公务员的工资、保险、福利的变更,必须依据有关方面的法律法规和政策进行,否则,县级以上人民政府及其人事部门有权依法查处,撤销其决定。

4. 参加(接受)培训的权利。

参加培训是公务员提高自身政治素质和业务素质以更好地胜任工作的学习权利。政治理论和业务知识的培训是公务员培训的主要内容。《国家公务员暂行条例》第53条规定:"国家行政学院、地方行政学院以及其他培训机构按有关规定承担国家公务员培训任务。"国家公务员按规定参加培训期间,其工资和各项福利待遇与在职人员相同。培训经费按国家有关规定解决。

5. 对机关工作和领导人员提出批评和建议的权利。

公务员对国家行政机关及其领导人员贯彻党和国家的路线、方针、政策的情况了解得更多一些,对行政管理活动的缺陷或不足更清楚些,因此其对行政机关及其领导人员的工作最有发言权。批评是针对存在的缺点和不足提出的,是公务员责任心的表现;建议是公务员对改进工作提出的建设性意见,是公务员工作主动性的表现。

公务员的批评建议权包括三方面的内容:一是批评建议的对象,既可以对本部门或有隶属关系的行政机关及其领导人员提出批评建议,也可以对其他部门或没有隶属关系的行政机关及其领导人员提出批评建议。二是批评建议的内容,既可以就与自己工作、权益有关的问题提出批评建议,也可以针对行政机关的工作程序、工作内容、领导人的工作方式和作风等问题提出批评建议。三是批评建议的形式,可以采用书面的、口头的或者其他合理的形式,在任何时候提出批评建议。

6. 提出申诉和控告的权利。

公务员的申诉控告权是法律对公务员合法权益受到侵害的一种救济办法,即事后补救措施。《中华人民共和国公务员法》赋予公务员提出申诉和控告的权利。这不仅保障公务员的合法权益不受侵害,而且对完善公务员制度、促进公务员各个管理环节的顺利运作、监督国家行政机关及其领导人员依法行政、改善和提高行政机关的各项人事管理水平都起到促进作用。

7. 申请辞职的权利。

辞职是指公务员依照法律、法规规定,申请终止其与国家行政机关的任用关系。辞职权是公务员选择职业的权利。公务员不愿意继续在国家行政机关工作的可以辞职。但不管是何种原因辞职,前提都是公务员是自愿的,任何单位和个人都不得违反公务员的意愿而强制其辞职,也不能以非法定的理由剥夺公务员正当的辞职权利。

8. 宪法和法律规定的其他权利。

这包括两部分内容:一是宪法和法律规定的一般公民的权利,二是宪法和法律特别指出的"国家机关工作人员"应享有的权利。这两类权利,国家公务员都应当享有。

三、公职人员义务的基本内容

义务是指国家依据法律规定并用国家的力量保障公民必须作出某种行为，或必须不作出某种行为。

(一)西方国家公务员义务的基本内容

1. 忠于政府,忠于职守。对擅离职守者,给予必要的纪律处分。

2. 服从领导,执行命令。

3. 遵守法纪,公正廉洁。

4. 严守职业秘密。要求公务员在工作期间严守中立,在业余时间对政治、哲学和宗教等问题发表意见时要有所克制,日常生活中在待人接物上也要克制自己的言行。

(二)我国公务员义务的基本内容

《中华人民共和国公务员法》第12条规定,公务员应当履行下列义务:

1. 模范遵守宪法和法律;

2. 按照规定的权限和程序认真履行职责,努力提高工作效率;

3. 全心全意为人民服务,接受人民监督;

4. 维护国家的安全、荣誉和利益;

5. 忠于职守,勤勉尽责,服从和执行上级依法作出的决定和命令;

6. 保守国家秘密和工作秘密;

7. 遵守纪律,恪守职业道德,模范遵守社会公德;

8. 清正廉洁,公道正派;

9. 法律规定的其他义务。

第二节　行为规范

一、公职人员行为规范的含义与特点

(一)公职人员行为规范的含义

行为规范是指规定或制约人们行为的指导思想和基本准则,是人们活动的一般准则或办事规则。公职人员行为规范是由国家政府机关或公共部门制定的公职人员的活动原则、办事规则、言行标准和其他行为的约束条件。

(二)公职人员行为规范的特点

与其他行业人员相比,国家公务员的行为规范有其自身的特殊性,突出地表现在下述三个方面：

1. 公务员的行为规范是国家意志的具体体现。与其他行业人员不同，国家公务员是代表国家、代表政府履行职责、执行公务的，无论其职位高低，他们的行为都与国家的性质、国家的利益紧密联系在一起。因而，不管是社会主义国家，还是资本主义国家，也不管公务员的行为规范包括多少内容，它们的一个共同的特点就是直接体现出自己国家的意志。

2. 国家公务员的行为规范具有相对稳定性。国家公务员的行为规范一经确定，就大体保持稳定。从实行公务员制度的各个国家的具体情况看，公务员的行为规范，主要体现的是一个国家的政治方向和政治信仰方面的内容。这些内容，除非国家性质发生改变，否则是不会发生大的改变的。这与道德规范等其他规范不同，道德规范的内容会随着时代的发展，随着人们价值观念的变化而发生变化，而国家公务员的行为规范则比较稳定。

3. 国家公务员的行为必须采取多种形式加以规范。对一般行业的从业人员而言，诸多行为，特别是职业道德方面的行为，主要依靠社会舆论和个人的自律来调整。而国家公务员的行为除了依靠社会舆论和个人自律来调整之外，还需要依靠法纪和政纪来约束。对于执掌一定权力的人员来说，单纯依靠社会舆论和个人自律并不能完全解决问题。因此还需要通过法纪、政纪的强制规范执掌一定权力的人员的行为。在资本主义国家，将公务员的行为规范法制化已成为一种普遍的发展趋势，即使对国家公务员的职业道德行为，也通过法律、法规的形式加以确认和规范。

二、公职人员行为规范的主要内容

国务院颁布的《国家公务员行为规范》规定如下[①]：

1. 政治坚定。努力学习马克思列宁主义、毛泽东思想、邓小平理论和江泽民同志"三个代表"重要思想，树立共产主义理想信念，坚持党的基本理论、基本路线和基本纲领，坚定地走建设有中国特色的社会主义道路，坚定不移地贯彻执行党和国家的路线、方针、政策，在思想上、政治上和行动上与党中央保持高度一致。

2. 忠于国家。热爱祖国，忠于宪法，维护国家安全、荣誉和利益，维护国家统一和民族的团结，维护政府形象和权威，保证政令畅通。遵守外事纪律，维护国格、人格尊严，严守国家秘密，同一切危害国家利益的言行作斗争。

3. 勤政为民。忠于职守，爱岗敬业，勤奋工作，钻研业务，甘于奉献。一切

---

① 《中国科学院院报》2002年2月27日。

从人民利益出发,热爱人民,忠于人民,全心全意为人民服务,密切联系群众,关心群众疾苦,维护群众合法权益,体察民情,了解民意,集中民智,珍惜民力,力戒形式主义、官僚主义,改进工作作风,讲求工作方法,注重工作效率,提高工作质量。自觉做人民公仆,让人民满意。

4. 依法行政。遵守国家法律、法规和规章,按照规定的职责权限和工作程序履行职责、执行公务,依法办事,严格执法,公正执法,文明执法,不滥用权力,不以权代法,做学法、守法、用法和维护法律、法规尊严的模范。

5. 务实创新。解放思想,实事求是,理论联系实际,说实话,报实情,办实事,求实效,踏实肯干。勤于思考,勇于创新,与时俱进,锐意进取,大胆开拓,创造性地开展工作。

6. 清正廉洁。克己奉公,秉公办事,遵守纪律,不徇私情,不以权谋私,不贪赃枉法。淡泊名利,艰苦奋斗,勤俭节约,爱惜国家资财,反对拜金主义、享乐主义。

7. 团结协作。坚持民主集中制,不独断专行,不搞自由主义。认真执行上级的决定和命令,服从大局,相互配合,相互支持,团结一致,勇于批评与自我批评,齐心协力做好工作。

8. 品行端正。坚持真理,修正错误,崇尚科学,破除迷信。学习先进,助人为乐,谦虚谨慎,言行一致,忠诚守信,健康向上。模范遵守社会公德,举止端庄,仪表整洁,语言文明,讲普通话。

三、公职人员行为规范的实施

(一)行为规范的实施步骤

制定规章固然重要,但执行规章更为重要,贯彻实施行为规范要采取以下几个步骤:

第一,开展宣传教育。要把制定《国家公务员行为规范》的目的和实施《国家公务员行为规范》的意义向本单位公务员做好宣传解释工作,消除公务员思想上的模糊认识,提高公务员执行行为规范的自觉性,把外在的强制力转化为内在动力,变"要我做"为"我要做"。要采取多种形式,加大社会宣传力度,营造良好的社会舆论氛围,自觉接受广大群众的监督和社会舆论监督。

第二,要进行配套制度的建设。主要包括两个内容:

一是规范本单位的工作程序和办事程序方面的制度建设。主要是指建立健全本机关、本部门、本系统的行政执法责任制、服务承诺制度、办事指南制度、一次告知制、限时办事制、政务公开制度、工作差错追究制度和首问责任制,规范服务礼仪和工作礼仪、"窗口"办公的服务标准等。

　　二是制定本机关公务员的公共服务行为规范,和与此相配套的"有效投诉"认定办法、监督电话和督查制度。国家颁发的《国家公务员行为规范》是适用于全国的规章,比较宏观,比较原则。由于各级各类国家机关的情况各有不同,业务也各有特点。因此,为增强《国家公务员行为规范》的可操作性,要求各级国家机关应当结合自身的工作特点,制定与本单位相适应的行为规范实施细则。只有这样,才可能真正将《国家公务员行为规范》落到实处。

　　第三,加强监督检查。要加强对《国家公务员行为规范》贯彻执行情况的监督检查,查处违反《国家公务员行为规范》的行为,发现问题及时纠正,确保《国家公务员行为规范》顺利有效地实施。各级各类国家机关应当结合自身的工作特点,制定和公布对本机关及其公务员进行监督检查的办法,设立本机关的监督电话,建立督查制度,并向社会公布。

　　(二)行为规范实施细则的范例

　　以下是实施细则的一个范例:《广州市人事局公共服务行为规范实施细则》①。

　　为进一步规范广州市人事局的公共服务行为,改进工作作风,提高行政效率和公共服务质量,树立政府部门的良好形象,根据《国家公务员行为规范》,结合本局实际,制定了以下细则:

　　1. 服务承诺制度

　　第一条,服务承诺制度,是指在向社会提供公共服务时,应根据本局的职能范围和职责要求,将对外服务的项目内容、办理条件、程序、时限及责任等事项向社会作出公开承诺,并采取有效措施保障承诺事项的落实,自觉接受群众监督的制度。

　　第二条,各处室要明确规定和及时补充、完善各项人事业务服务承诺的具体内容,并按有关程序在广州人事信息网及本局对外办公中心电子触摸屏上公布。

　　第三条,各处室要根据向社会所作的公开承诺规定,制定本处室服务承诺岗位责任,按时保质办结各项人事业务。因不可抗拒因素、特殊情况或办事方自身原因导致业务不能在承诺时限内办结的,业务经办人应及时报告处室领导,并以书面形式说明原因,登记备案。

　　第四条,严格服务承诺监督,实行服务承诺跟踪,设置服务承诺监督热线电话和投诉信箱。

　　2. 首问首办责任制

　　第五条,首问首办责任制,是指在提供公共服务的行为中,首位接听电话或

---

　　① 资料来源:广州市人事厅的有关文件。

接待来访咨询(含信访、举报、投诉、查询等,下同)、办事的工作人员,即为首问责任人或首办责任人的制度。

第六条,首问责任人应对咨询人咨询的问题进行耐心解答。咨询的问题不属本局职能范围的,应告知或帮助其了解可提供咨询的职能部门;咨询的问题属本局其他处室职能范围的,应指引其到相关职能处室咨询;在目前的政策法规范围内暂时不能解答的问题,应做好解释工作,不能使用"不知道"、"不清楚"、"不归我管"等语言予以回绝。

第七条,首办责任人应严格按照服务承诺规定提供公共服务,对符合有关规定条件、材料齐全的业务,要在规定时限内办结;对因材料不齐不能按时办结的业务,应及时告知办事人补充材料,并向主管领导说明原因;对不符合规定条件不能办理的业务,应详细说明并做好解释工作。

第八条,对不属于本局职责范围内的业务,首办责任人应予以说明并尽量提供指引;对属于局内其他责任人职责范围内的业务,首办责任人应主动负责联系,必要时,应请办事人留下联系电话并及时告知有关经办人;事权管理不明确的,应及时报请领导批办。

第九条,对属于本职工作范围内的咨询或业务办理条件、程序、时限等服务承诺内容,工作人员负有一次性详尽告知义务。对材料不齐、未按规定程序报批或不符合受理条件的业务,工作人员负有及时告知义务。需要补充材料或按规定程序重新报批的业务,业务受理时限自材料齐备或再行报批之日起计算。

3. 公共服务礼仪

第十条,公共服务礼仪,是指工作人员在提供公共服务中应具备的文明礼貌、工作礼节、言谈举止和风度仪态等,是工作人员职业道德修养、精神风貌及良好形象的体现。

第十一条,注重仪表仪态,保持衣着整洁,不得着奇装异服。

第十二条,对前来办事、咨询的群众,要热情接待,礼貌服务,不得与服务对象发生争吵,要杜绝门难进、脸难看、事难办的现象。

第十三条,严格遵守《广州市人事局文明办公用语规定》,做到服务用语和接打电话规范、文明。

4. 有效投诉认定

第十四条,本办法所称投诉,是指局机关及局属公管理单位公务员在行政执法、处理行政事务、办理行政审批事项、接待来访群众等公共服务活动中所列的"不得有的行为"而受到有关单位或个人(以下简称"投诉人")向本局有关部门反映或提请协调解决的行为。

第十五条,局里建立公务员公共服务行为督查制度。

（1）设立监督电话、传真和电子邮箱。投诉人可通过约见、电话、信函、传真或电子邮件等进行投诉。

（2）本局投诉受理机构设在局监察室。其职责是：

①指导、协调、检查、监督局机关和局属公管理单位公务员公共服务行为投诉的处理；

②直接或会同有关处室（单位）协调处理投诉事宜；

③对投诉的内容进行调查、核实，提出初步处理意见，提交局公务员公共服务行为有效投诉认定小组审议；

④负责对投诉事宜的督办工作；

⑤定期（一般为每季度1次，如遇重大情况可临时召开）召集有关处室（单位）通报受理各类投诉情况；向党组反映投诉的重大问题，报告投诉和处理情况。

（3）局成立"公务员公共服务行为有效投诉认定小组"，由局纪检组长任组长，组员分别由局办公室、公务员管理处、监察室等处室负责人和局机关工会选派1名会员（其身份须是公务员）代表组成。该小组的职责是：审查局监察室提交的受理投诉情况和初步处理意见书，认定其是否属于有效投诉。

（4）局监察室收到投诉人电话、信件、传真等（含局办公室信访组转来的）投诉后，应根据投诉的对象、内容等，及时报告主管局领导并书面通知被投诉处室（单位）。凡属于对处级以上领导干部的投诉要向分管局领导报告。

（5）被投诉处室（单位）接到投诉后，要积极配合局监察室马上进行调查核实，实事求是地依法处理投诉。经调查核实，对确属于被投诉人过错的，被投诉部门和被投诉人应在限期内解决问题，同时要研究采取整改措施防止类似事件的再发生，投诉处理结果和整改措施要以书面形式反馈局监察室，并将处理结果及时回复投诉人；对由于投诉人对政策规章的有关规定或具体行政行为误解或不了解而提出的非有效投诉，由被投诉处室（单位）作出解释，以书面或口头的形式回复投诉人。

（6）经"公务员公共服务行为有效投诉认定小组"审议认定为有效投诉的，由局监察室书面通知被投诉人，并告知其申诉的权限和时限。

第十六条，处理投诉应根据有关法律、法规和政策，实事求是，依法办事。

第十七条，公务员有以下行为之一，可认定为有效投诉：

（1）在办理行政审批事项时，对于符合条件的不予审批或没有按规定予以审批；

（2）不按照规定告知申报人其所需办理事项的依据、时限、程序、所需的全部材料以及不予办理的理由；

（3）不按照规定程序、时限给申报人提供服务；

(4)不按照规范的工作用语及工作礼仪执行公务;

(5)不按照规范的服务用语和服务礼仪接待来访群众,接听咨询电话;

(6)不答复群众反映的属于处室业务范围的问题;

(7)其他与公务员身份不相称的行为或表现。

第十八条,局监察室对受理的投诉应进行登记分类,对重大的投诉事项应建立档案。投诉人对有关投诉材料要求保密的,局监察室和有关的处室(单位)不得将投诉材料转给被投诉人。

第十九条,对受到投诉人投诉、且经"局公务员公共服务行为有效投诉认定小组"审议认定属于有效投诉的公务员,除责成其改正外,还将视情节轻重按下列规定处理:

(1)一年内受到有效投诉或被检查发现一次的,本人本年度考核不能评为优秀;

(2)一年内受到有效投诉或被检查发现两次的,本人本年度考核不能评为称职;

(3)一年内受到有效投诉或被检查发现三次的,本人本年度考核评为不称职,予以轮岗或降职;

(4)轮岗或降职后又在一个考核年度内受到有效投诉或者被检查发现三次以上的,予以辞退。

第二十条,局监察室接到投诉人的投诉后,一般应在 3 个工作日内作出受理决定。对不属于本局处理的投诉,应在 3 个工作日内将其转交给有权处理的机关或者部门处理;对属于本局处理、且决定不予受理的投诉,应在 3 个工作日内书面或口头回复投诉人;对属于本局处理、并决定受理的投诉,应在 3 个工作日内书面通知被投诉处室(单位)和口头通知被投诉人。被投诉处室(单位)或个人对适用口头解释的投诉,应在收到通知后 1 个工作日内直接答复或通过局监察室答复投诉人(凡由被投诉处室直接答复投诉人的,要同时报告监察室记录备案);对适用其他处理方式的投诉,应在收到投诉后 2 个工作日内调查核实,并将处理结果书面告知投诉人和局监察室;对于情况比较复杂的事项,报局主管领导批准后,在 5 个工作日内告知投诉人延迟至某一时限处理;对紧急的投诉事宜,应立即处理。

第二十一条,被投诉人对依照本办法作出的有关处理决定如有不服的,有权依法向局办公室或分管局领导提出申诉。

第三节 申诉、控告

一、申诉、控告的含义与性质

公务员的申诉控告权是法律对公务员合法权益受到侵害的一种救助办法，即事后补救措施。《中华人民共和国公务员法》赋予公务员提出申诉和控告的权利。这不仅保障公务员的合法权益不受侵害，而且对完善公务员制度、促进公务员各个管理环节的顺利运作、监督国家行政机关及其领导人员依法行政、改善和提高行政机关的各项人事管理水平都起到促进作用。

（一）公职人员申诉的含义

公务员申诉，是指公职人员对所在行政机关或公共组织作出的涉及本人权益的人事处理决定不服，向作出原处理决定的行政机关、人事部门或行政监察部门提出重新处理的意见和要求的行为。

公职人员的申诉与一般公民的申诉不同，公职人员所在单位是公共部门，因而公职人员的申诉是行政上的申诉，而不是通常法律上所说的申诉。公职人员的申诉具有下列特点：

第一，申诉的主体是公共部门的公职人员，公共部门的非正式在编员工是不能就公共部门的人事决定进行申诉的，而只能通过其他的方式进行权利维护。同时，一般不能由他人代为申诉，只有在公职人员丧失行为能力或死亡时才可以由他人代为申诉。

第二，申诉的客体是公职人员认为的公共部门侵害其利益的人事处理决定行为，这种人事处理决定行为是一种内部具体行政行为，而不是诉讼上所说的申诉对象。

第三，处理公职人员申诉的机关是由法律规定的特定机关，其在申诉的过程中具有具体的法定程序，有准司法程序的特性。

第四，申诉的目的是希望对公职人员所认为的有关部门作出的侵害其利益的人事处理决定进行改变，具有对公共部门侵害的弥补性。

（二）公职人员控告的含义

公务员控告，是指国家公职人员对行政机关或公共组织及其领导人员侵犯其合法权益的行为向上级行政机关或者行政监察机关提出指控的行为。

公职人员的控告具有以下特点：

第一，控告的主体必须是公职人员，只有在公职人员丧失行为能力或死亡时才能由其代理人提出控告。公共部门的控告人必须是直接的利害关系人,这与普通公民的控告相比有所不同,普通公民可就被控告对象侵害其直接的或间接的利益提出控告,即不一定要求控告人是直接的受害人,而公共部门的控告人必须是直接的利害关系人。

第二,控告的客体是公共部门及其领导人员。即控告的客体可以是单位,也可以是领导人员。

第三,控告必须按照法律规定的程序提出,控告处理过程依准司法程序进行,它要经历控告的提出、受理、处理等一系列法定环节。

（三）申诉与控告的性质

在我国,申诉权和控告权是宪法赋予公民的基本权利,国家公务员作为公民的一部分,无疑也享受公民的申诉控告权。但就国家公务员在国家政治、经济、社会生活中所处的特殊地位而言,其享有的申诉控告权与一般公民享有的这些权利具有不同的性质。它不同于公民对国家机关的控告和不服法院判决的申诉;国家公务员的申诉、控告只能向国家行政机关提出,不能向国家检察机关提出;国家公务员的申诉、控告不属于诉讼的范围,它属于内部行政行为,只能通过行政机关解决。

（四）公职人员申诉与控告的区别

公务员的申诉与控告既有区别又有联系,其区别如下表:

表 10-1　公务员申诉与控告的区别对照表

名　称	申　诉	控　告
原因不同	公务员认为行政机关作出的有关其个人合法权益的具体人事处理决定不正确或不适当,对已发生效力的人事处理决定不服,要求重新审查处理	公务员的合法权益受到不法侵害,要求对责任人进行处理
目的不同	使处理机关改变或撤销对公务员的人事处理决定,以便恢复其合法权益,并使已受到的损失得到补偿	不仅要求合法权益得到恢复和补偿,还要求有关机关追究实施不法侵害的机关或人员所承担的法律责任
受理机关不同	同级政府人事部门,上一级人民政府和有管辖权的行政监察机关	行政监察机关和上级国家行政机关
提出时限不同	接到人事处理决定之日起 30 日内或复核决定之日起 15 日内提出	没用明确的时限规定
审查时限不同	60 日,最长不超过 90 日	6 个月,最长不超过 1 年

续表

名　称	申　诉	控　告
法律后果不同	撤销或建议撤销原处理决定；变更或建议变更原处理决定；重新审理；维持原处理决定	作出撤职以下处分；批评教育；内部通报；赔偿；提出监察建议；对案件予以撤销
法律依据不同	依据《国家公务员申诉控告暂行规定》	依据《监察机关调查处理政纪案件办法》

二、申诉、控告的范围和内容

(一)申诉的范围和内容

国家公务员对涉及本人的下列人事处理不服的,可以自接到该人事处理决定之日起 30 日内向原处理机关申请复核;对复核结果不服的,可以自接到复核决定之日起 15 日内,按照规定向同级公务员主管部门或者作出该人事处理决定的机关的上一级机关提出申诉;也可以不经复核,自接到该人事处理决定之日起 30 日内直接提出申诉。

1. 处分;

2. 辞退或者取消录用;

3. 降职;

4. 定期考核定为不称职;

5. 免职;

6. 申请辞职、提前退休未予批准;

7. 未按规定确定或者扣减工资、福利、保险待遇;

8. 法律、法规规定可以申诉的其他情形。

对省级以下机关作出的申诉处理决定不服的,可以向作出处理决定的机关的上一级机关提出再申诉。

行政机关公务员对处分不服向行政监察机关申诉的,按照《中华人民共和国行政监察法》的规定办理。

公务员的申诉内容,具体可以划分为要求申诉受理权、要求变更或撤销原处理决定权、要求赔偿损失或挽回影响的权利等。根据不同的申诉内容,公务员必须具备的法定申诉条件为:

(1)不服本行政机关作出的行政处分或其他人事处理决定而提出申诉时的条件。

当公务员对所在机关作出的有关行政处分、辞退、降职、免职、年度考核中定为不称职、扣发津贴等人事处理决定不服时,可以向有关申诉的受理机关提出申诉。申诉时要符合下列条件：

第一，必须是由受到行政机关处分或其他处理的当事公务员提出的，即申诉必须有法定的事由。

第二，必须有涉及公务员个人的、已经生效的、以书面形式作出的人事处理决定。

第三，公务员对处理决定不服。"不服"的含义是认为涉及自己的处理不正确、不公正、不客观、不合法。

第四，申诉必须在法定的期限内提出。国家公务员提出的申诉应当在接到行政机关人事处理决定之日起 30 日内或者接到复核决定之日起 15 日内提出。因不可抗力等正当理由导致在规定的期限内未能提出申诉的，经受理申诉的机关批准可以延长期限。如申诉人无正当理由，超过规定期限提出申诉的，受理机关可以不予受理。

第五，公务员的申诉必须以法定的书面形式提出。

(2)不服行政监察机关作出的行政处分决定而提出申诉时的条件。

当公务员对行政监察机关给予自己的行政处分不服时，或认为监察机关对有关本人的处分处理决定不合理时，可依法向原行政监察机关或上一级监察机关提出申诉。在国家行政体制和人事行政管理体制中，行政监察机关也同样具有直接给予公务员行政处分的权力，但这一权力是有限的。第一，只能给予同级行政机关公务员处分，且必须经过同级行政机关的批准。第二，行政监察机关只能对公务员作出撤职以下的行政处分。

（二）控告的范围和内容

国家公务员对行政机关及其领导人员侵犯其合法权益的行为，可以向上级行政机关或者行政监察机关提出控告。

控告应当由受侵害的国家公务员本人提出，如本人丧失行为能力或者死亡，可以由其近亲属代为提出。

国家公务员提出控告时，应当符合下列条件：

1. 国家公务员的合法权益受到侵害，且侵害权益的行为是违法违纪的；

2. 有明确的被控告机关或者被控告人员；

3. 被控告的机关和人员属于受理控告的机关管辖；

三、申诉、控告的程序

（一）公务员申诉的程序：

1. 复核。国家公务员申请复核的，应当在接到国家行政机关的人事处理决定之日起 30 日内提出。

国家公务员申请复核时,应当递交复核申请书,同时附上原处理机关的处理决定(复印件)。复核申请书应当载明下列内容:

(1)申请人的姓名、单位、职务及其他基本情况;

(2)申请复核的事项、理由及要求;

(3)提出复核申请的日期。

原处理机关在接到递交的复核申请书后,应当指定原承办人以外的人员进行复核。原处理机关在 30 日内作出复核决定,并以书面形式通知申请复核的国家公务员。

2. 申诉。国家公务员对原处理机关作出的复核决定不服的,可以向有管辖权的机关提出申诉。

国家公务员提出的申诉应当在接到行政机关人员处理决定之日起 30 日内或者接到复核决定之日起 15 日内提出。因不可抗力等正当理由导致在规定的期限内未能提出申诉的,经受理申诉的机关批准可以延长期限。如申诉人无正当理由,超过规定期限提出申诉的,受理机关可以不予受理。

申诉应当由受到人事处理的国家公务员本人提出,如本人丧失行为能力或者死亡,可以由其近亲属代为提出。

国家公务员提出申诉时,应当向受理申诉的机构递交申诉书,并附上原处理机关作出的人事处理决定(复印件),对复核决定不服的申诉还应当附上复核机关作出的复核决定(复印件)。申诉书应当载明下列内容:

(1)申诉人的姓名、单位、职务及其他基本情况;

(2)原处理机关的名称;

(3)申诉的事项、理由及要求;

(4)提出申诉的日期。

3. 受理。受理公务员申诉的机关为:(1)原处理机关;(2)同级人民政府人事部门;(3)行政监察机关。

对国家公务员提出的申诉,受理机关应当在接到国家公务员申诉之日起 30 日内,区别不同情况做出如下处理:

(1)予以受理,并立案审理,同时告知申诉人。

(2)不予受理。以书面形式告知申诉人,并说明理由。

(3)申诉材料不齐备,限期补正。过期不补正的视为不再申诉。

对决定予以受理的申诉,受理申诉的机构应当在接到国家公务员递交的申诉书后 60 日内,作出处理决定。对案情复杂、按期不能办结的案件,办理期限可延长 30 日。

受理申诉的机关对涉及国家公务员申诉的事项,有权进行查询和调查。被申诉的机关应当提供相应的证据和文件。

受理申诉的机构在决定受理国家公务员的申诉后,应当组成临时性的公正委员会,负责审理国家公务的申诉案件,提出具体处理意见。

公正委员会一般由政府人事部门与申诉事项有关的工作机构的负责人组成。必要时,可以吸收政府其他工作部门的有关人员参加。

公正委员会一般由三至五人组成,组成人数必须是单数,主任由政府人事部门中负责受理公务员申诉的工作机构的负责人担任。

公正委员会在案件审查结束后,要根据审理情况提出处理意义,写出审理报告,并将审理报告提交受理申诉的机关。

审理报告应当载明下列内容:

(1)原处理决定正确的,维持原处理决定。

(2)原处理决定所列事实不存在的,撤销原处理决定或者建议原处理机关撤销原处理决定。

(3)原处理决定所列事实不清楚,证据不足,或者违反规定程序的,建议原处理机关重新审理。

(4)原处理决定适用法律、法规、政策不当或者处理明显不当的,直接变更原处理决定或者建议原处理机关予以更正。

受理申诉的机关作出的申诉处理决定,为最终决定。

受理申诉的机关作出申诉处理决定后,要制作国家公务员申诉处理决定书。申诉处理决定书应当载明下列内容:

(1)申诉人的姓名、单位、职务及其他基本情况;

(2)原处理机关的名称,以及作出人事处理决定和复核决定所认定的事实、理由及适用的法律法规和政策;

(3)申诉的事项、理由及要求;

(4)受理申诉的机关认定的事实、理由及适用的法律、法规和政策;

(5)受理申诉的机关的处理决定;

(6)做出决定的日期。

受理申诉的机关应当及时将申诉处理决定送达申诉人和原处理机关。

原处理机关应当将处理决定存入国家公务员的个人档案。

国家公务员在复核和申诉期间,原处理决定不停止执行。

国家行政机关不得因国家公务员提出申诉,而加重对国家公务员的处理。

在受理复核和申诉的机关未作出处理决定前,国家公务员可以撤回复核申请和申诉。要求撤回复核申请和申诉的,必须以书面形式提出。受理复核和申诉的机关在接到国家公务员关于撤回复核申请和申诉的申请书后,可以停止受理工作。

受理国家公务员申诉的工作人员，必须符合国家公务员回避的有关规定。

行政监察机关受理国家公务员不服行政处分的申诉时，按照国家有关规定办理。

4. 公务员行使申诉权时和受理申诉的机关各应承担的义务

国家公务员在申诉中捏造事实、弄虚作假、诬陷他人的，根据情节给予批评或行政处分；触犯刑法的，要依法追究刑事责任；给国家或他人造成经济损失的，要负责赔偿；给他人造成名誉损害的，要公开赔礼道歉，挽回影响。

国家行政机关必须负责查清事实；要严格执行政策；在规定的期限内作出处理决定；对提出控告的公务员予以保护，不得歧视和刁难。

5. 国家公务员提出申诉时，应提交的材料及申诉材料应载明的内容

(1)国家公务员提出申诉时，必须提交正式的书面申请。其中，未经复核的，附上原处理机关作出的人事处理决定(复印件)；经过复核的，必须附上原处理机关作出的人事处理决定以及作出的复核决定(复印件)。

(2)申诉申请书应载明以下内容：

第一，申诉人的姓名、单位、职务；

第二，原处理机关的名称；

第三，申诉的事由、理由及要求；

第四，提出申诉的日期；

第五，申诉人的通信地址及联系电话；

第六，申诉人的签名和盖章。

(二)公务员控告的程序

1. 提出控告

国家公务员提出控告，应当符合下列条件：

(1)国家公务员的合法权益受到侵害，且侵害权益的行为是违法违纪的；

(2)有明确的被控告机关或者被控告人员；

(3)被控告的机关和人员属于受理控告的机关管辖。

国家公务员提出控告应当递交控告书。控告书应当载明下列内容：

(1)控告人的姓名、单位、职务及其他基本情况；

(2)被控告机关或领导人员的名称等基本情况；

(3)控告的理由和要求；

(4)提出控告的日期。

2. 受理

受理控告的机关是原处理决定的上级行政机关或者行政监察机关。上级行

政机关或者行政监察机关在接到国家公务员的控告书后,要按照国家有关规定对控告人提供的情况进行初步审查、判断。需要立案的,应当及时立案。

上级行政机关或者行政监察机关对国家公务员提出的控告决定立案的,应当按照国家有关调查处理政纪案件的规定和程序进行调查、处理。

受理控告的机关对国家公务员提出的控告立案审理后,应当区分不同情况作出处理决定,并将处理决定以书面形式送达控告人、被控告机关、被控告人和被控告人所在机关。

有关机关和人员接到处理决定后,应当在规定的期限内执行,并将执行情况通报给作出处理决定的机关。

3. 公务员行使控告权时和受理控告的机关各自应承担的义务

受理控告的机关对依照本规定提出控告的国家公务员应当予以保护,不得歧视、刁难。对国家公务员提出的控告,不得置之不理或者敷衍塞责,不得将控告材料转给被控告人。

国家公务员在控告中捏造事实、弄虚作假、诬陷他人的,国家行政机关要根据情节给予批评或者行政处分;触犯刑法的,要依法追究刑事责任;给国家或他人造成经济损失的,要负责赔偿;给他人造成名誉损害的,要公开赔礼道歉,挽回影响。

四、申诉、控告的法律责任

(一)公务员的法律责任

申诉、控告是公务员依法享有的权利。国家法律规定了公务员在进行申诉、控告时应同时承担相应的法律责任,以保障权利的正常行使。

1. 公务员的申诉和控告必须忠于事实。

只有忠于事实,申诉、控告行为才具有合法性、合理性和有效性;只有忠于事实,才能为案件受理机关的调查和处理提供真实、可靠的依据,使受理机关以法律为准绳,作出正确的处理决定。否则,不仅会浪费国家的人力、物力、财力,拖延正确处理的时间,而且还可能损害他人的利益,甚至造成冤假错案,于己、于他人、于国家都不利。因此,要求公务员:第一,必须如实地反映事实和情况,不能为了实现个人目的夸大或缩小事实,更不能故意捏造事实。第二,公务员掌握的材料和情况,是通过正常渠道获得的,而不是小道消息或街谈巷议。第三,申诉、控告掌握的证据应比较充分,须符合忠于事实的原则。诬告是法律禁止并严惩的行为,是以使他人受到不应受的行政或刑事处分为目的的恶意行为。对于利用申诉、控告权利,故意诬告陷害他人的公务员,行政机关或监察机关要视情节严重程度,依法追究责任。

2. 在申诉、控告案件的审理、处理过程中,公务员可以提出正当的要求,但不能提出过高或无理的要求。

3. 必须遵守受理机关就申诉、控告问题制定的规章制度。公务员享有的申诉、控告权利和承担的责任与国家申诉、控告受理机构的权利、义务的关系是对等的。

(二)对公务员错误处理的国家行政机关的法律责任

当公务员的合法权益确实受到不法或不当侵害时,为了补偿其因错误处理所造成的损失,同时也为了使公务员管理机关及其公务员能够慎重处理涉及公务员权益的问题,国家行政机关必须承担对公务员因错误处理后的法律责任。

第一,经济责任。对公务员因错误处理造成的经济损失负责赔偿,赔偿的数额按照国家赔偿法的有关规定确定。

第二,名誉责任。国家行政机关应对其名誉损失负责挽回影响,在应有的范围内恢复公务员的名誉。

第三,行政或刑事责任。对因故意打击报复而使公务员受到错误处理的直接责任者,视其动机、手段、责任大小和造成公务员实际损失的大小,依法给予必要的行政处分,或追究刑事责任。

第四节　争议仲裁

一、人事争议、仲裁的含义及其特征

(一)人事争议、仲裁的基本概念

人事争议是指在人事管理过程中人事关系主体双方因实现权利义务而产生的争议。人事争议仲裁是指人事争议的仲裁机构对人事争议进行调解或裁决的行政司法活动。

人事争议仲裁具有以下特征:

第一,单方申请,双方地位平等。人事争议发生后,只要一方当事人提出申请且符合仲裁机构的受理条件的,仲裁机构就可受理。

第二,机构独立,一级仲裁。仲裁机构处理人事争议时不受任何行政机关和个人的干预;同时各仲裁委员会之间没有隶属关系;仲裁委员会作出裁决后当事人对裁决不服的,应当向原仲裁委员会申请复议而不能向其他仲裁委员会提出重新仲裁的申请。

第三,先行调解,及时裁决。调解和裁决是仲裁委员会处理人事争议的两种方式。仲裁委员会处理人事争议时将调解贯穿于争议处理的全过程,力争通过调解解决争议;对调解未达成协议的,仲裁庭应及时作出裁决。

人事争议仲裁与申诉控告及行政复议是有区别的,主要区别如表 11-3 所示。

表 10-3　人事争议仲裁与申诉控告及行政复议的区别

名　称	性　　质	对　　象	适用原则	受理机关
人事争议仲裁	具有准司法性	1. 机关、企业、事业单位的个人 2. 机关、企业、事业单位	谁主张谁负责举证	人事争议仲裁委员会
申诉控告	是一种内部的行政行为	具有公务员身份的个人	行政机关负责举证	政府人事部门和行政监察机关
行政复议	是一种内部纠错行为	与行政机关相对应的公民、法人及其他组织	行政机关负责举证	法定的行政机关

（二）人事争议、仲裁的基本原则

第一,当事人在仲裁中的地位一律平等,在适用法律上一律平等。

第二,以事实为依据,以法律法规规章政策为准绳。

第三,及时公平合理的原则。

第四,独立办案原则。

（三）人事争议、仲裁的申请及受案范围

人事争议仲裁申请,是指发生人事争议的一方当事人根据有关规定将所发生的争议提请人事争议仲裁机构解决的一种活动。当事人提起仲裁申请应当注意以下几方面的要求:

1. 申请人必须是与人事争议案件有直接利害关系的党政群机关、事业单位及其工作人员

党政群机关、事业单位和工作人员之间表现为一种行政隶属关系,或者是管理与被管理的关系,或确立聘(任)用合同关系。当发生人事争议申请仲裁时,作为单位或工作人员就成为与案件有直接利害关系的申请人。发生人事争议的当事人若为无行为能力、限制行为能力或者死亡的,可以由其法定代理人或监护人代为提出仲裁申请,并参与调解、仲裁活动。

2. 有明确的被申请人和具体的仲裁请求及事实、理由

(1)有明确的被申请人、具体的仲裁请求,即是解决"告谁","请求解决什么"的问题。任何争议都至少有两方以上的当事人,若作为申请方的当事人不知道另一方当事人是谁,被申请人不明确,就无法解决人事争议,缺乏承担责任的主体。同时还要有明确、具体的仲裁请求,即要明确其申请人请求人事争议仲裁机

构所要解决的具体问题。

（2）事实理由。即是申请人提出仲裁请求的事实根据和人事政策法规根据。所谓事实根据,必须是已发生的、实际存在的人事争议,是客观存在着影响或侵犯合法权益的事实,而不是将来可能发生或者主观想象的。所谓人事政策法规根据,即是申请人认为被申请人的行为违反了人事政策法规的有关规定,申请人提出仲裁申请时,就必须提供这方面的人事政策法规根据。

3. 必须是属于人事争议仲裁受案范围内的人事争议

申请人提出仲裁的人事争议必须是按规定属于人事争议仲裁管辖范围内的争议。《人事争议处理暂行规定》以及深圳市有关规定所确定的仲裁管辖范围为:

（1）党政群机关与工作人员之间因录用、调动、履行聘任合同发生的争议。

（2）事业单位与工作人员之间因辞职、辞退、工资、考核、回避以及履行聘任合同或聘用合同发生的争议。

（3）依照法律、法规、规章规定可以仲裁的人才流动争议和其他人事争议。

发生上述人事争议的当事人就可以提起人事争议仲裁申请。企业与职工因劳动关系而引起的劳动争议,属于劳动仲裁管辖。国家公务员与单位发生的人事行政争议包括行政处分、辞退、降职、年度考核不称职等,应按照国家公务员申诉控告规定的程序提出申诉。

4. 必须属于人事争议仲裁机构管辖

即须向有管辖权的仲裁机构提出。市仲裁委员会负责处理市属单位和市内跨区的人事争议案件;区仲裁委员会负责处理区属单位的人事争议案件。

5. 申请人申请人事争议仲裁时,必须采用书面方式,即应当向有管辖权的人事争议仲裁机构提交仲裁申请书

仲裁申请书应载明下列事项:

（1）申请人的姓名、性别、年龄、职业、工作单位和住址、电话、邮编等。如果申请人是单位,则应写明单位的名称、地址、法定代表人或者主要负责人的姓名、职务、电话。

（2）被申请人的名称,即单位的全称、地址,法定代表人的姓名、性别、年龄、职务、联系电话、邮编。如果被申请人是个人,则应写明其姓名、性别、年龄、职业、工作单位和住址、电话、邮编。

（3）申请仲裁的具体请求和所依据的事实、理由。

（4）受理仲裁的机构名称。

（5）申请人签章,并注明提出申请的日期。

（6）附注:应写明申请书副本和有关证据材料的份数。

6. 必须在规定的时限内提出

当事人应当从知道或者应当知道其权利被侵害之日起 60 日内,以书面形式向有管辖权的仲裁委员会申请仲裁,超过 60 日的,人事争议仲裁机构将不予受理。

常见的争议包括:

(1)录用争议,指党政机关、社会团体、事业单位的工作人员与所在单位因录用而引起的人事争议

(2)辞职争议,指党政机关、社会团体、事业单位的工作人员根据本人情况申请与所在单位终止工作关系而所在单位不予批准所引发的争议。

(3)辞退争议,指党政机关、社会团体、事业单位等用人单位由于某种原因与工作人员解除工作关系,被辞退的职工对辞退不服而与用人单位发生的争议。

(4)工资福利争议,指党政机关、社会团体、事业单位等用人单位,因工资(包括职务工资、工龄工资、基础工资级别、工资、奖金津贴等)的计算、发放问题与单位职工发生的争议。

(5)履行聘用合同产生的争议,指党政机关、社会团体、企事业单位与其工作人员,就聘用合同有关事项发生的纠纷(包括因履行、变更、终止聘用合同发生的争议)

二、人事争议的仲裁机构

公职人员人事争议仲裁的受理机关是公共部门内部独立存在的具有仲裁权的司法行政机关。由于公职人员的人事争议是在公共部门内部产生的,它与公职人员所在的公共部门是一种行政职务关系,因此这种争议应属于行政争议的范围,同时公职人员与其所在的公共部门之间存在的就业合同等平等协定又使它兼具民事争议的性质。从保护行政权的完整性的目的出发,人民法院不可能直接对公共部门内部的人事争议问题进行裁决,而且公共部门的各种具体人事政策规定也不易被人民法院掌握。由仲裁机构处理人事争议体现了公正、快速、经济等特点。根据《人事争议处理暂行规定》,我国公职人员人事争议的受理机关为:人事部设立的人事仲裁公正厅,处理管辖范围内的人事争议;省(自治区、直辖市),副省级市,地(市),县(市、区)设立的人事争议仲裁委员会,分别负责处理管辖范围内的人事争议。

(一)人事争议仲裁委员会

人事争议仲裁委员会是依法处理管辖范围内的人事争议的专门机构,其成员按照多方参加的原则,由人事局组织部监察局、工会、教育局、卫生局、财政局、司法局、劳动和社会保障局等机构的代表组成。

人事争议仲裁委员会的职责是：

第一，负责处理管辖范围内的人事争议，领导监督其办事机构、仲裁庭的工作。

第二，研究制定人事争议处理的各项工作制度，研究部署人事争议仲裁工作，并向同级人民政府报告工作。

第三，聘请仲裁员，决定仲裁庭的组成，决定仲裁员的回避。

第四，实施仲裁监督，向有关单位提出仲裁建议。

第五，协调有关人事争议处理方面的关系。

（二）人事争议仲裁办公室

人事争议仲裁办公室设在县、区人民政府的人事行政部门内，负责办理仲裁委员会的日常事务，协助仲裁委员会进行工作。

人事争议仲裁办公室的职责是：

第一，负责案件受理，仲裁文书的送达，档案的管理，仲裁费用的收取与管理。

第二，经仲裁委员会授权，确定仲裁庭的组成，协助仲裁庭办案。

第三，组织开展人事争议处理的理论研究，做好人事争议仲裁法规、政策的宣传教育工作，组织培训仲裁工作人员。

第四，向仲裁委员会和人事行政部门报告工作，接受其领导、检查和监督。

第五，收集仲裁工作资料，总结交流办案经验，完成仲裁委员会交办的其他事项。

（三）人事争议仲裁庭

人事争议仲裁庭是人事争议仲裁委员会处理人事争议案件的基本组织形式，是仲裁委员会行使的仲裁职能的具体承担者，具有临时性的特征，一个案件处理完毕就解散，即实行一案一庭。仲裁庭的组织形式可分为：独任制和合议制两大类。

人事争议仲裁庭的职责是：

第一，调查取证。要求当事人提供证据，并对证据进行审查判断。

第二，对争议双方依法进行调解；调解结案时，制作调解书。

第三，调解不成时，及时依法裁决。

第四，在遇到专门问题时，仲裁庭可向专家咨询，或者委托专门机构进行勘验或鉴定。

（四）人事争议仲裁组织机构中的仲裁员

人事争议仲裁员包括专职仲裁员和兼职仲裁员，由人事争议仲裁委员会在具备人事争议仲裁员资格的人选中进行聘任。

仲裁员的职责是：

第一，接受仲裁委员会及其办事机构交办的人事争议案件，参加仲裁庭。

第二，查明案件事实，必要时进行与争议事实有关的调查取证。

第三，根据国家有关法律、法规、规章及政策提出处理方案。

第四，主持调解，促使当事人双方达成调解协议。

第五，审查申请人的撤诉请求。

第六，参加仲裁庭合议，对案件提出裁决意见。

第七，案件处理终结时，填写结案审批表。

第八，及时制作仲裁文书，做好案卷的整理、归档工作。

第九，宣传人事政策法规规章。

第十，履行其他由国家法律法规及规章赋予的职责。

（五）与人事争议、仲裁相关的主要的法律法规

与人事争议、仲裁相关的主要的法律法规有：《中华人民共和国劳动法》、《国家公务员暂行条例》、《人事争议处理暂行规定》、《人事争议处理办案规则》、《人事争议仲裁员管理办法》、《最高人民法院关于人民法院审理事业单位人事争议案件若干问题的规定》。

三、人事争议仲裁的程序

（一）仲裁申请

仲裁的申请必须具备相应的条件。首先，申请人必须是与人事争议案件有直接利害关系的公民个人或组织；其次，要有明确的被申请人、具体的请求和事实理由；再次，必须是属于人事争议仲裁受案范围内的人事争议，且必须属于人事争议仲裁机构管辖。

仲裁的申请应采用书面形式，申请人填写人事争议仲裁申请书及副本，并提交本人身份证及复印件和相关证据材料。

（二）仲裁受理

仲裁申请审查的时限是：人事争议仲裁机构在收到仲裁申请书之日起15日内进行审查，并作出受理或者不予受理的决定。决定不予受理的，在作出决定之日起5日内制作不予受理通知书，并说明理由；决定立案受理的，在作出受理决定之日起7日内发出书面通知并送达申请人，需要补充有关材料的，通知申请人限期提供。

受理仲裁申请时，还应做好以下工作：

第一，在作出受理决定之日起7日内，须将应诉通知书、申请书副本送达被申请人，通知被申请人在15日内进行答辩并提交答辩书。被申请人未提交答辩书的,不影响仲裁程序的进行。

第二,通知申请人按规定预交案件受理费和审理费。

第三,通知双方当事人提交参加仲裁活动的有关身份证明书,如单位法定代表人身份证明书。有委托代理人参加仲裁活动的,还应通知其提交由当事人亲笔签名或盖章的授权委托书。

（三）仲裁调解

仲裁调解,必须具备以下要件:

第一,查明案件事实,分清是非责任;

第二,双方当事人自愿;

第三,符合人事政策法规。

仲裁调解的程序是:

人事争议仲裁机构根据案件的具体情况,决定由仲裁庭主持,或由独任仲裁员主持调解。若双方当事人经过充分协商,自愿达成调解协议,且协议内容符合有关人事政策法规的,经人事争议仲裁机构审查批准后,制作调解书,送达双方当事人,结束调解程序。如果双方当事人调解不成,或调解书送达前一方当事人反悔的,应及时开庭仲裁。

（四）开庭和裁决

1. 开庭准备

人事争议仲裁机构,在开庭前 5 日,将开庭日期和地点,通知双方当事人和仲裁参与人。申请人无正当理由不到庭,或者未经仲裁庭许可中途退庭的,可以视为撤回仲裁申请;被申请人无正当理由不到庭,或未经仲裁庭许可中途退庭的,可以缺席裁决。

2. 仲裁庭调查

第一,听取申请人、被申请人、第三人的陈述;第二,询问当事人及证人;第三,宣读鉴定结论,出示书证、物证和视听资料。

3. 仲裁庭辩论

第一,当事人只能就仲裁庭已经查清的事实进行辩论,不能就尚未查清的事实进行辩论。

第二,双方当事人有充分平等行使辩论权的权利。

第三,双方当事人的辩论应集中在双方争执的焦点和必须解决的问题上,禁止滥用辩论权。

第四,在辩论中若当事人及其代理人提出,或仲裁庭发现有新的事实和证据需要进一步查证时,应暂时停止辩论,恢复调查,待查明事实之后再进行辩论,如当庭无法查清,应延期仲裁。

4. 仲裁庭调解

仲裁调解贯穿于仲裁始终,在辩论终结后,亦可在事实责任明确、适用法律法规政策正确的前提下,促使双方当事人自愿达成调解。

5. 仲裁庭评议和裁决

第一,在辩论结束之后,仲裁庭应休庭,仲裁庭成员对当事人的条件、事实证据、理由依据、仲裁费用负担等问题进行合议讨论。仲裁庭评议实行少数服从多数原则。

第二,仲裁庭评议结束后,仲裁庭复庭,由首席仲裁员宣布仲裁裁决,然后宣布闭庭、开庭结束。

(五)仲裁庭处理人事争议案件的时限

仲裁庭处理的人事争议案件,一般在仲裁庭组成之日起 60 日内结案,案情复杂需要延期的,经仲裁委员会批准可以适当延期,但延长的期限不超过 30 日。

(六)人事争议仲裁的执行

1. 当事人对已经发生效力的调解书和裁决书,必须执行。对拒不履行的单位和个人,仲裁委员会有权根据情节轻重,建议有关部门予以批评教育,或行政处分;也可依照有关规定,通知有关部门协助执行,或直接采取必要的行政措施强制执行。

2. 经裁决允许流动的人员,其所在单位应当在接到裁决书之日起 15 日内办理有关手续,逾期不履行的,可由仲裁委员会直接调转人事档案,并办理有关手续。

3. 人事争议仲裁机构,就事业单位与其工作人员之间因辞职、辞退及履行聘用合同所发生的争议作出仲裁裁决,若一方当事人在法定期限内不起诉,又不履行仲裁裁决,另一方当事人向人民法院申请执行的,人民法院应当依法执行。

四、人事争议仲裁的参与人

(一)当事人

当事人所具有的特征:

第一,与案件有直接的利害关系,即当事人参加仲裁是为了维护自己的合法权益。

第二,必须以自己的名义参加仲裁。

第三,受仲裁机构的约束。

人事争议仲裁程序中的当事人,分为申请人与被申请人。申请人享有的权利是:第一,向仲裁机构提出仲裁申请的权利;第二,提供证据的权利;第三,变更或放弃仲裁请求的权利。

被申请人享有的权利是:第一,提起反申请,请求仲裁机构保护自己合法权益的权利;第二,提出反证,以反驳申请人的仲裁请求,维护自己的权益;第三,承认仲裁请求,处分实体的权利。

申请人与被申请人共有的权利是:第一,委托代理人;第二,申请回避;第三,进行辩论;第四,查阅庭审材料,即在仲裁机构的许可下,当事人有权查阅除涉及国家单位机密、或者个人隐私的材料以外的,其他涉及本案的庭审材料,或进行复制;第五,请求调解;第六,申请复议;第七,申请执行。

当事人的义务是:第一,依规定的方式、时间、程序等行使权利,不得滥用权利;第二,在仲裁过程中,遵守仲裁庭纪律,服从仲裁庭指挥,尊重对方当事人和其他参与人的权利;第四,必须履行发生效力的裁决或调解协议。

(二)第三人

第三人的特征是:第一,第三人必须在双方当事人之间的仲裁程序已经开始,而人事争议仲裁机构尚未作出裁决之前参加人事争议仲裁程序;第二,第三人参加在他人间已开始的仲裁程序,目的在于维护自己的利益;第三,第三人参加人事争议仲裁活动的依据,必须是本案的处理结果与其有直接或间接的利害关系。

第三人参加人事争议仲裁程序的方式:

1. 第三人申请,仲裁机构批准参加。

2. 仲裁机构视情况通知第三人参加。

第三人享有的权利及应尽的义务:

1. 了解申请人与被申请人提起仲裁的程序,以及答辩的事实和理由

2. 有权参加人事争议仲裁的审理活动,有陈述意见、提供证据、进行辩论等权利。

3. 应当依规定的方式、时间参加仲裁程序;不得滥用权利;必须遵守仲裁庭的纪律,服从仲裁庭的指挥,尊重对方当事人和其他参与人的权利;必须履行发生效力的裁决或调解协议。

(三)代理人

代理人的特征:

1. 代理人不是以自己的名义,而是以被代理人的名义进行活动。

2. 代理活动的后果由被代理人承担。

3. 代理人只能在法律规定或当事人授权的范围内进行代理活动。

4. 代理人只能代理当事人一方,不能同时代理双方当事人。

法定代理人:根据我国《民法通则》规定,无民事行为能力及限制行为能力人的监护人,是其法定代理人。法定代理人只要向仲裁机构提示其身份证明文件,

证明其与当事人之间存在监护关系,且本身具有完全行为能力,即可全权代理当事人进行有关的人事争议仲裁活动。

委托代理人:是指受当事人委托,在授权范围内代为进行仲裁活动的人。当事人的近亲属、律师社会团体、当事人单位推荐的人,及其他经仲裁机构许可的公民,都可担任委托代理人。委托代理人应以一至两人为宜。委托代理人的权限来自委托人的授权,其代理权限的范围,取决于授权委托书中写明的授权事项和范围。

五、人事争议仲裁的执行与法律责任

（一）执行

对发生效力的调解书、裁决书,当事人必须执行。如当事人一方不执行,则由人事争议仲裁委员会发出执行催告通知,并按人事管理权限提请有关单位协助执行。

（二）法律责任

当事人及有关人员在仲裁过程中有下列行为之一的,人事争议仲裁委员会可予以批评教育、责令改正;情节严重的,由公安机关依照《中华人民共和国治安管理处罚条例》的有关规定处罚;构成犯罪的,由司法机关依法追究其刑事责任:

1. 干扰仲裁活动、阻碍仲裁工作人员执行公务的;
2. 拒绝提供有关文件、资料和其他证明材料的;
3. 提供虚假情况的;
4. 对仲裁员、仲裁参加人、证人、协助执行人进行打击报复的。

仲裁员及其他工作人员在仲裁活动中徇私舞弊、收受贿赂、敲诈勒索、滥用职权、侵犯当事人合法权益的,由其所在单位或上级机关给予行政处分;构成犯罪的,依法追究刑事责任。

本章练习

1. 公职人员享有哪些权利?必须履行哪些义务?
2. 规定公务员权利与义务有什么意义?
3. 根据《国家公务员行为规范》的有关规定,国家公务员的行为规范的主要内容是什么?
4. 试比较公职人员申诉与控告的异同。
5. 试述建立公务员申诉、控告制度的意义。
6. 什么是人事争议仲裁?人事争议仲裁有哪些特征?

案例讨论

（案例 1）一名警察的申诉[①]

刘明是某县公安局的人民警察,在一次与歹徒搏斗中身负重伤,最终导致终身残疾,并丧失了工作能力。祸不单行,在他住院期间,他一年前办的一件案子被确认为冤案。在他出院时等待他却是一张县公安局下发的辞退书。重压之下的他一病不起,再次昏迷被送进医院治疗。一个月后,他病情有了好转,便委托他的弟弟向县人事局提出申诉,人事局却驳回了他的申诉,理由是其申诉期已过,而且县人事局无权受理他的申诉。

讨论题:

　　1.刘明的申诉是否成立?

　　2.他的申诉是否已超过申诉时限?

　　3.县人事局是否应该受理此案?

（案例 2）丁某的人事争议仲裁

丁某是上海市某区某学校教师,已从事一线教学工作 15 年。她于 2003 年 9 月 24 日接到学校领导的通知,学校要实行岗位聘用制,因为她在一个学期的综合考核中成绩为低,所以她不能在一线教学岗位继续教学,她可以离开学校,或者做服务工作。丁某是大学本科毕业,有 15 年教龄,她不甘心这样的安排,便向校方提出查看综合考核排序名单的要求,但被拒绝。和学校闹僵以后,丁某打电话到劳动部门要求仲裁,但被告知劳动部门不受理事业单位的用人争议。几经周折,她得知可以向区人事争议仲裁委员会申请人事争议仲裁。2003 年 10

[①] 引自倪星:《公共部门人力资源管理》,东北财经大学出版社 2008 年版,第 246～247 页。

月 11 日,丁某向区人事争议仲裁委员会递交了人事争议仲裁申请书,要求回原岗位工作,在人事仲裁期间的经济损失由学校按上学年月平均岗位工资的双倍补偿,并支付 1 万元的精神损害补偿费。15 天后,丁某的申请被受理。从 2003 年 12 月 16 日到 2004 年 1 月 12 日,丁某分别三次出庭。在庭审中,丁某终于见到了学校的"综合考核排序名单",这张电脑打印的排序名单没有盖公章。丁某向仲裁委员会指出,这不是一份真实的原始考核材料。

讨论题:

1. 丁某所提出的人事争议仲裁是否属于公职人员人事争议仲裁的受案范围?

2. 丁某提起人事争议仲裁的程序是否符合法律要求?

3. 区人事争议仲裁委员会是本案的合法受理机关吗?

4. 将人事争议仲裁由原来"一裁终局"改为"一裁两审"终局,对公职人员人事争议仲裁有哪些新的益处?

第十一章 公共部门人力资源信息管理系统

★公共部门人力资源信息管理的内涵
★公共部门人力资源信息管理系统的主要功能和结构
★公共部门人力资源信息系统对管理决策的支持过程
★公共部门现有人力资源信息系统的使用内容
★人力资源信息管理系统的更新与再开发程序
★新型公共部门人力资源网站的构建要素

现代管理科学已经步入信息科技主导的社会环境,信息在人们的生产、生活、教育、管理等各个领域日益显现出其强大的力量。公共部门人力资源管理也必须以公共人力资源信息为基础,重视人力资源信息的收集、加工、传递和贮存等工作。公共部门人力资源管理过程中只有充分注重人力资源信息管理系统的构建,才能保证公共人力资源管理活动正常、高效地运行。

第一节 公共部门人力资源信息管理系统概述

一、公共部门人力资源信息管理的内涵

公共部门人力资源信息管理,是指公共部门根据人力资源管理活动的要求,使用一定的设备和技术手段,收集各种原始信息,并按照一定目的进行加工处理,以供决策机构使用的整个过程。① 公共部门人力资源信息管理是公共人力资源管理其他各项活动的基础,是连接从事人力资源管理工作的各部门之间的

---

① 姚先国、柴效武:《公共部门人力资源管理》,科学出版社 2004 年版,第 504 页。

纽带。人力资源预测与规划、工作分析与评价,招聘等工作的决策都是建立在掌握了大量相关信息的基础之上的。

在现代信息处理技术日益发达的今天,许多组织的管理活动逐渐过渡到以计算机为主,并通过网络与外部系统保持互动。传统的手工管理、封闭式管理已逐渐退出历史舞台。现代信息技术不仅要求选择合适的技术,而且保证各基础技术之间的连接,为信息处理提供必要的技术支持。公共部门人力资源信息管理系统是公共人力资源信息管理活动的载体,为信息管理活动提供技术性保障。人力资源系统技术包括信息处理技术、计算机硬件、计算机软件、文件系统、数据库系统、互联网技术等各个方面。

随着"企业化"政府理念的引入,公共部门和私人部门人力资源信息管理在本质上差别越来越小,并逐步出现了互相兼容的趋势。但是由于公共部门在需求和利益取向上都与私人部门的人力资源管理有着本质的差别,必须区别对待公共部门的人力资源信息管理系统。

二、公共部门人力资源信息管理系统的主要功能

(一)保障人力资源的基本信息管理

公共部门人力资源的基本信息工作主要两个部分:一是各种涉及人力资源管理的各种规章制度与业务流程。这些规章制度既包括国家的相关政策文件、法律等,也包括本单位、部门因职务、业务需要产生的内部规定。二是对应于组织内部每个雇员的个人基础信息,如职务和个人自然及社会属性。基本信息工作的管理是公共部门人力资源运作的基础设施平台,这个平台内的人力资源管理规章制度是人力资源部门一切管理活动的内部"法律依据"。而其所构建的标准化操作流程主要是用来在组织中分配权利、责任和义务,它是公共部门整体进行规范化运作基本支撑框架。因此,人力资源基本信息管理的工作是公共部门人力资源管理活动的至关重要的起点。

(二)提供便捷的人力资源相关例行管理

公共部门人力资源管理的例行性工作主要包括人力资源规划、员工招募、档案、合同、评估、培训、薪资、福利等内容。传统例行性工作的主要特点就是琐碎繁杂,无规律可循且缺乏创造性,占据了人力资源管理部门的大量工作时间。同时这部分工作又是人力资源管理工作中不可回避的基本事务,但是就其本质而言无法对组织核心价值带来更大效益,因此,传统例行管理带来的诸多不便之处使得"业务外包"趋势明显。公共部门人力资源信息管理系统的引入,为提供便捷、高效的人力资源相关事务例行管理带来契机。

(三)实现人力资源战略信息管理

战略管理可使公共部门更主动地,而不是被动地塑造本组织的未来。它使组织成员识别、重视并利用内外部环境的各种机会,客观看待管理问题,加强宏观调控和时间配置,而这一系列的管理行为都离不开战略性信息管理。战略性信息管理工作要求人力资源管理者能站在发展战略的高度,系统性地主动分析组织内外部人力资源现状,为公共部门决策者提供准确、及时的信息,支持组织战略管理活动。人力资源战略是公共部门人力资源部门一切工作的指导方针,并围绕着组织的战略目标制定相应的人力资源管理计划。可以说,人力资源战略信息管理的实现,是从制度上和行动上调整组织现状与理想状态之间的差距。

(四)为公共部门的有效运作提供数据帮助

一套合理而完善的人力资源管理信息系统软件还将为人力资源管理者带来另外一个好处,由于数据库完整地记录了企业所有员工的人事、考勤、考核、培训、薪资、福利等各方面的信息,系统将能快捷、方便地获得各种统计分析结果,为企业的战略目标的实现提供人力资源要素的决策支持。"一套人力资源管理信息系统还能够给政治领导人和利益关系人提供十分重要的帮助,后两者希望一个机构的项目能够保持对组织之外政策压力的回应性。在这些情况下,数据的支持或对机构绩效的批评可以被汇集到报告中,从而'驱使'机构努力开展规划、控制和评估活动"。[①] 通过人力资源管理信息系统所提供的系统、客观、科学的各类数据或书面报告,可以较为全面地分析现有政策带来的各种效应。公共部门人力资源管理者可以利用这些资源,将改革的措施引入到组织的政策或程序中,从而保证公共部门实现有效运作。

为了将信息技术引入人力资源管理,我们还可以把基本的公共部门人力资源管理工作分为定性与定量两类。所谓定性的工作主要是指制度的制定、业务流程的设计、面试、员工沟通、人力资源分析报告等,这些工作的特点是具有很强的创造性,需要经过深入的主观思考和判断才能完成。所谓定量的工作,主要是指根据既定制度与流程完成对客观事务的处理,比如根据薪资制度计算本月员工工资等,这类工作一般缺乏创造性,但又是需要日常处理的重复性工作,往往占据了人力资源管理工作的大部分时间,降低了人力资源部门的整体工作效率。信息技术在人力资源管理中主要是作为工具来应用,它可以用来处理所有定量的问题,比如员工考勤、薪资计算等,较之手工管理,信息技术的应用将大大降低例行性工作占用人力资源管理人员时间的比例,这无疑极大地提高了人力资源

---

① [美]唐纳德·克林格勒、约翰·纳尔班迪:《公共部门人力资源管理:系统与战略》(第四版),中国人民大学出版社 2001 年版,第 429 页。

部门的工作效率。不论是定性还是定量的管理工作,引入信息技术的最终目的都是将这些基本的日常工作系统化、程序化,据此建立起一整套的管理系统。提高工作效率,是公共部门人力资源管理系统的首要目的。客观上增进了工作效率的同时,人力资源管理者可以将更多的时间转移到开拓性、建设性的管理工作中,使他们有更多的时间思考战略层次的问题。

对于开拓性的信息管理工作则强调人力资源管理要为部门提供增值服务,并整合到一个更高级的管理目标之中。人力资源管理部门的价值,是通过提升员工的工作效率和组织的效率来实现的,而提升员工与组织绩效的手段,就是要结合部门战略与人力资源战略,重点思考如何创建良好的团体文化、个性化的员工职业生涯规划、符合本部门实际情况的薪酬体系与激励制度,并特别关注人力资源的深入开发。实际上,对人才的吸引、使用、保持以及培养等工作的成败,关键不在于日常的管理工作是否到位,而在于是否营造了一个适于人才工作与发展的环境,这个环境的创造,就需要人力资源管理者在开拓性工作上花更多的时间和精力。①

同时,优秀的人力资源管理软件还应该是管理技术、信息技术、文化的融合,在消化吸收先进的人力资源管理理念的基础上,可以在软件中诠释人力资源管理的全部内容与业务流程,从而使得人力资源信息管理系统可以被用来定义人力资源部门的工作内容,优化和规范其业务流程,使其成为企业人力资源部门信息化、职业化、个性化的管理平台。由于很多非专业出身的人力资源管理者往往无法系统地掌握现代人力资源管理体系的内容与业务流程,借助人力资源信息管理系统的辅助,可以更快地使其融入组织的人力资源管理整体战略结构之中。

公共部门网络技术的应用还可以为人力资源本部门之外的管理人员及员工提供各种形式的自助服务(self-service)。例如,公共部门的高层管理者可以通过人力资源信息管理系统平台,查看到各个部门人力资源的配置、重要员工的状况、人力资源成本的分析、员工绩效等;对部门负责人而言,可以通过网络管理自己部门的员工,在授权的范围内修改属下员工的基本信息、考勤记录,审批休假申请和进行绩效评价等;对于普通员工,可以在网上查看自己本月的个人考勤休假情况、薪资明细、累计福利,组织内部的各类招聘信息、新颁布的人事政策,还可以注册和申请安排内部培训课程等。提供自助服务使得人力资源管理从以前的相对封闭变得开放,滞后管理变成超前管理,这些优点无疑可以改善人力资源部门对公共部门最高决策者以及全体员工的服务质量,并使得全体人员都能参与到人力资源的管理活动中来。

---

① 赵曼:《公共部门人力资源管理》,华中科技大学出版社 2008 年版,第 312 页。

综上所述,信息技术在公共人力资源管理中的应用可以帮助公共领域中的组织达成如下目标:提高工作效率,优化业务流程,改善服务质量,提供基于信息的决策支持等丰富的管理内容。

三、公共部门人力资源信息系统的结构

(一)公共部门人力资源信息系统的结构分类

按人力资源管理业务内容分类,公共部门的人力资源信息系统可以分为公务员的招募、选录和晋升,业绩计量与业绩评估系统,个人能力评估与职务配置,培训、成本核算,绩效评估以及激励方案设计等。

按照组织结构分类,人力资源信息系统包括信息技术系统、信息管理业务系统和人员系统。其中信息技术系统包括处理技术、计算机硬件软件配置、文件系统、数据库系统及网络系统;管理业务系统包括信息记录、指标设定、模型选择、报告类型等,它是反映组织内的信息功能与需求;人员系统包括计算机维护、软件开发、信息源组织、信息处理与开发人员配置。

(二)公共部门人力资源信息系统的结构模式①

根据人和信息系统的功能,人力资源信息系统应该包括以下几个部分:

1.收集信息子系统。它主要是用来收集员工个人的历史信息和现场信息,为组织员工和资源规划及计划、人力资源管理改进、提取二次信息提供基础信息。

2.管理存储(信息记忆)系统,也叫数据库管理信息系统。负责对进入系统的人力资源数据进行分类、整理、保管、维护和更新。

3.信息加工或处理子系统。主要由数据库、模型库和方法库所组成。

4.信息传递子系统,或称通讯系统。包括系统内外的信息交换、系统内信息的上下流动路径、方式等。

5.信息显示系统。它为最终用户或中间用户提供各种类型的信息,如人力资源业务报表、屏幕显示、图形显示、声音显示等。

根据系统类型的不同,分系统可以以不同的方式进行整合。一般说来,系统可以按"流水线"式或"工具箱"式进行结构组合。流水线式结构如图11-1所示。

这种机构常用于人力资源业务系统和管理系统,处理的大多是组织内日常的、固定的信息,组织内互动信息不多。在这样的系统中,主流是数据流,围绕"输入—处理—输出"展开信息系统。

---

① 赵曼:《公共部门人力资源管理》,华中科技大学出版社 2008 年版,第 314 页。

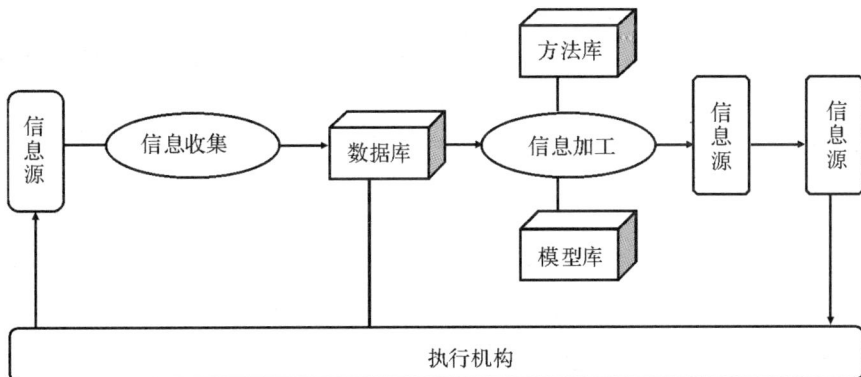

图 11-1　人力资源信息系统结构：流水线式

工具箱式的结构如图 11-2 所示。这种系统常见于决策支持系统和办公信息系统中。由于模型中具有响应随机需求和特殊管理需求的模型系统，该方法灵活多变，功能强大。

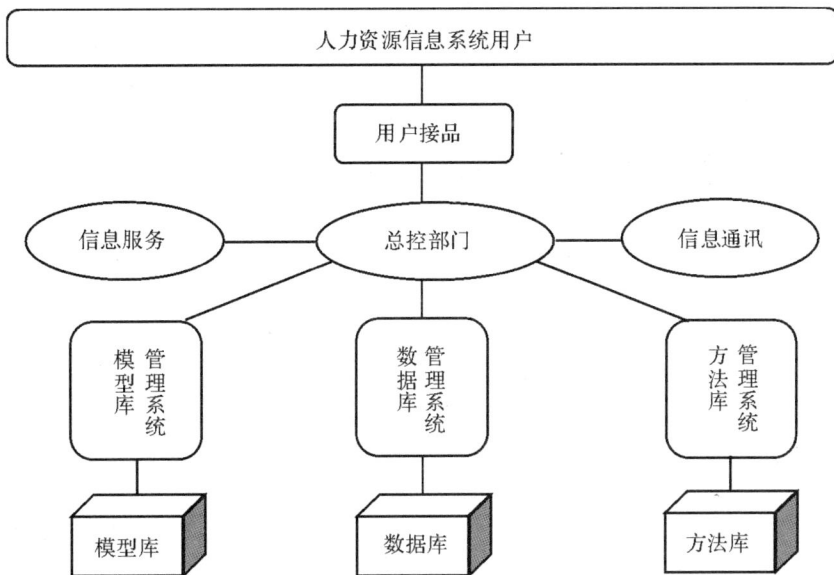

图 11-2　人力资源信息系统结构：工具箱式

参见赵曼：《公共部门人力资源管理》，华中科技大学出版社 2008 年版，第 315 页。

(三)整合公共部门人力资源信息系统

人力资源管理是一项综合性、多层面、系统化的管理任务,它不仅需要解决组织当前出现的问题,对环境和人员信息的管理还须具前瞻性和战略性。因此,人力资源信息系统是由不同层次、不同分系统整合而成的,这种整合过程是从基础信息到专业化信息的特征提取过程。

以人力资源晋升决策为例描述系统整合过程。根据人力资源晋升的特点,其过程需要一个信息综合决策模型。这一过程首先是把个人的能力分解,提取其中的可识别、可观测、决定组织绩效的个性特征,如敬业精神、职业能力、团体意识、创新能力、知识结构、工作及学习经历等。同时,以上这些特征对组织的边际贡献往往是不同的,并且会随着员工的职务差别和个体差别而变化。公共部门人力资源晋升决策最终会面临两个问题,一是职务对人的要求,二是某一具体的人到底适合什么职务。前者属于职务设计范畴,后者属于业绩评价和工作配置内容。而人力资源信息管理系统一方面需要了解职务信息,另一方面要了解人的信息,然后进入正确、有效的职务与人员的工作匹配程序。一般来说,这一系统整合过程是通过下述一些步骤来完成。

1. 人力资源特征定义与评价指标设置

作为一个社会人总是具有各种远非组织所需的复杂信息,组织对人的考核职能是提取与自己目标相关、导致组织绩效差别的那一类信息。换言之,组织对人的考核是一个很具目的性的信息搜寻过程。例如员工的学历、工作经验、专业知识水平等。因此在组织考核中,总是在组织绩效和个人能力、贡献之间寻找某种关联关系。为此,首先必须设定具体的考核指标,然后对指标进行定义,最终表述出一个人的生产特征。例如,对于团队精神可以定义为:

$$T = (差,一般,较好,很好) = (0, 30, 60, 100)$$

括号内数据可以根据具体管理需要进行细分和量化,其相对标度控制在0~100%之间,当然也可以设定为开放式的。我们可以对个人的其他方面特征作类似处理并统一结果,最终将个人特征全部定义下来,这就构成了管理基础数据库的指标体系。

2. 建立人力资源数据库

指标设置与特征定义完成后,便可以据此建立企业人员的基础数据库,它包含组织内所需要的所有人员信息。表11-1是一个组织人员基本情况简表,该表包括职员进入时提供的个人信息和组织在其职业过程中补充的信息两部分。

表 11-1 工作人员基本情况简表

员工编号	姓名	性别	籍贯	出生年月	学历	职称	入职时间
001001	——						
001002	——						
001003	——						
…	…						

3. 设定系统联结权重

当取得了个人单方面特征信息后,并不能对管理进行总体提供决策支持,必须把各方面信息合成为一个综合信息。把分类信息合成为一个综合信息,必须给分类系统设置不同的联结权重。系统之间的联结权重称之为联结权。各项工作产出应该有权重设置,需要根据各产出在工作目标中的"重要性"而不是花费时间的多少来设定。该权重可以从两个方面取得,一是像人力资本公式等一类的线性模型,其边际贡献代表了相应的权重;二是通过层级分析法(the analytic hierarchy process,简称 AHP)来进行处理①。AHP 方法要求对不同指标对组织绩效的贡献大小进行对比,最后求取相应的总体重要程度。这种方法的优点是:简单且反映了组织战略和各管理层对某些特征的认同。例如,对营销人员来说业绩重于其他指标,但管理人员注重敬业和团队精神。实质上,赋予不同指标的不同权重就是赋予某一部、个人及特征的边际贡献。

4. 整合信息系统

系统根据联结结构及其权重,可以把分散的信息融合为一个系统信息。在公共部门人力资源信息管理系统中,这一类的信息系统整合是由一个内置的模型来完成的,最终会输出一个综合信息。管理者和个人都可以通过这一简单的综合信息来观察个人在组织中的地位、边际贡献等。

人力资源信息管理系统结构模型涉及管理需求、人力资源部门和信息系统三者之间的关系。

1. 人力资源系统是与管理相适应的。管理产生的信息需求是信息系统设计、规划的基础;人力资源管理系统的组织者是专业化的人力资源管理部门。因此,信息系统的直接用户是人力资源部门,最终用户是组织内各个管理部门。

2. 人力资源信息系统反映了组织内的不同需求。从管理角度看,它必须满足组织内计划、组织、指挥、控制、协调与激励要求;从人力资源专业管理看,它反

---

① 赵曼:《公共部门人力资源管理》,华中科技大学出版社 2008 年版,第 317 页。

映人员的流量、配置、考核等内容,以便与各个管理部门衔接;从价值核算上看,人力资源信息系统必须适应成本、收益、资本管理及资本账户的建立。

3.人力资源系统包括设计与规划、组织实施、维护与改进等各个过程。信息管理系统作为核心一方面接受来自各个部门的管理需求,同时也为各个部门提供信息支持。人力资源部门是负责人力资源信息系统开发的维护的组织者,它是专门化的部门,其他各业务系统通过人力资源部门得以反映。

四、典型公共部门人力资源管理系统结构模型

一套好的公共部门人力资源管理系统解决方案应能对人力资源管理的所有领域提供最佳支持。这些领域涵盖从人力资源规划、人才招聘到人事信息管理(包括员工信息管理、职位管理、合同管理、考勤管理、休假管理、业绩评估和离职管理)、薪资福利管理以及员工的培训与发展管理等各个方面,并提供各种查询、统计和报表输出功能,动态地反映部门内人力资源的状况,为人力资源管理提供高效的决策支持。作为一个典型的公共部门人力资源管理系统解决方案,既要能够支撑组织的系统管理,又要便于员工充分地熟悉组织从而实现个人管理。公共部门人力资源信息管理系统既是面向管理者的,又是面向员工的。同时,它更是面向一个功能完整地组织结构的。因此一个模型化的公共部门人力资源信息管理系统应该反映这三个方面的需求。

(一)为人力资源管理者的决策提供辅助服务

1.人力资源规划

通过对组织目标、结构、匹配合理性评价来了解组织现阶段基本情况;根据历史数据进行人力资源总量预测、结构预测、绩效预测,以便确定按需配置公共部门人力资源;通过指标分析形成组织决策;建立储备人才管理数据库等规划。

2.职位管理

职位管理包括职位分析,职务分类,职务设计,职位分配和职务变动信息管理。在公共部门职位分析与职务分类管理的过程中,会产生大量的表格及管理工具,从而产生相应的信息需求。职位管理在收集并记录这些信息后,再根据专家需求产生二次信息,为组织内职务动态优化设计和日常职务管理服务。

3.招募、选录和晋升信息管理

4.人力资源素质测评信息

内置测评指标系统、过程及结果信息记录、程序及实施背景。通过量化的指标系统来衡量个人对组织的绩效贡献,这些信息必须导入职务管理系统,为工作匹配决策提供依据。

5.人力资源合同管理

人力资源合同管理包括基本合同资料、合同调整和争议管理三个部分。所有公共部门与个人所形成的合同，都应该在人力资源信息系统中得到充分的反映；对待合理化建议所引发的合同调整；劳动争议处理过程和制度优化措施。

6.人力资源配置与流动

该子系统包括人事任免、职务升降、人员调配与交流及辞退、辞职等基本信息及决策支持信息。人力资源配置与流动包括两类信息的对应：一是职务信息与个人信息的对应。它的目标是让员工垂直流动到对应岗位；二是岗位匹配或横向流动。即把专业性人员分配到最大绩效的岗位上。

7.业绩评估体系

业绩考评是公共人力资源部门经常的或固定发生的业务，它动态跟踪个人与岗位的匹配状况，记录个人的业绩，从而为人力资源决策提供支持。

8.培训与开发管理

培训是优化公共部门人力资源的重要途径。组织内培训有三类，一类是体现在人力资源规划方案内的培训方案，包括进修、出国学习等；第二类是政府部门规定的资格准入培训，如公务员入职培训、晋升培训等；第三类培训可能是临时的、随机产生的培训需求。培训是公共部门累计人力资本的重要途径，它导致某种可衡量的产出；但是它也会增加个人流动性或导致原有工作的重新组合。

9.薪资/福利管理及激励方案

公共部门内部激励有三种类型：薪资和福利激励；职业前途激励；符号激励。与一般企业不同的是，公共部门利用职业前途激励非常广泛，并且往往不能为其他激励所替代；而符号激励则是个人职业声誉的报偿形式，在公共部门更是被普遍运用。以上三种激励之间存在一种内部关联关系，并由组织内游戏规则约束。人力资源管理信息系统应该记录相关信息并按规则进行关联，定期反馈到财务部门及相关部门，兑现激励方案的承诺。

10.人力资源职业生涯规划

职业生涯规划是的人力资源规划的子系统。组织内存在两种基本的资源：组织职位资源和人力资源。公共部门员工一般比较稳定，原因是组织内职务激励手段非常丰富。在公共部门人力资源职业生涯规划体系建立后，我们需要选择一些可观察的管理工具，这些工具成为信息系统的基本指标并记录下来，然后按照一定的合成体系与其他子系统关联。

(二)面向各职能部门管理者及员工提供信息

典型的公共部门人力资源管理系统不仅仅是服务于管理者，同时要服务于被管理者。作为管理者，需要关注下属和所管辖环境中出现的各类事务，实施管理；作为一个部门负责人或者是一个员工，则需要经常了解自己上级、同事及其他环境对自己工作的评价,而这种评价不仅是动态的信息,往往在自己可控制的范围之外,需要实时了解、掌握并加以调整。通过管理信息系统的自助服务,被管理者可以获取自身以外的评价信息,调整工作态度、努力程度和关注方向等,保持与组织目标相一致。一般来说,自助服务应该是面向组织中的所有人员的,着重下面的几类:

1.总负责人自助服务

总负责人通过与各个部门、各个员工的经常的信息互动过程,可以及时了解本系统的动态信息,从而调整管理决策。

2.部门负责人自助服务

各个部门首先需要了解上级的管理战略、意图,及时调整部门的工作规划,从而维持和提升自己部门在组织中的权重和结构重要性;其次需要了解下级员工和部门的业务、人员变化信息,保持自己所属部门业务和组织的稳定性;此外还需要及时了解平行部门业绩和工作动态,协调竞争和合作关系,维持组织整体的功能。

3.员工自助服务

作为组织整体中的一员,每一个员工都应该知道组织的管理战略、业务动态、经营状况等方面的基本信息,除了员工自身特征之外,大部分的个体信息也是通过管理者等外界环境实施综合评价而取得的。员工通过自助服务了解组织的基本目标和战略部署,获得个人的特征评价和绩效评估结果,才能通过调整自身的行为和价值取向来迎合组织目标,适应组织环境,并缓解组织冲突。因此,员工需要经常通过人力资源信息系统的自助终端与组织实现互动。典型公共组织人力资源管理系统的功能结构图如11-3所示。

(三)面向组织功能结构的服务

1.基本功能结构

一套典型的人力资源管理系统(HRMS)从功能结构上,应分为三个基本层面:基础数据层、业务处理层和决策支持层。

基础数据层包含的是相对稳定的静态数据。主要有两大类:一类是对应于部门员工个人属性的数据,如姓名、性别、学历等。这些数据是判别、甄别和筛选员工的外部特征信息。它既包括员工的自然属性,也包括社会经济属性。这方面信息的提取取决于某一特定公共部门的特征。另一类是与组织相对应的,如组织结构、职位设置、工资级别、管理制度等,它用来定义员工在组织中的部位、权利和责任分配。基础数据是整个系统正常运转的基础。

业务处理层是指对应于人力资源管理具体业务流程的系统功能。这些功能运用的结果是,它将不断产生与积累新的业务与员工个人特征数据,如新员工增

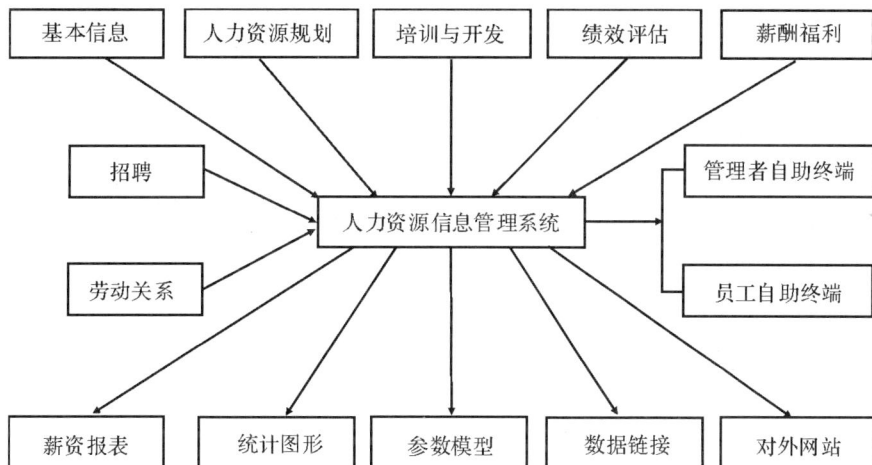

图 11-3　典型的公共组织人力资源信息管理系统

减数据、薪资数据、绩效考核数据、培训数据、考勤休假数据、人力资本数据等。这些数据是公共部门掌握人力资源状况、提高人力资源管理水平以及提供决策支持的主要数据来源。

决策支持层是建立在基础数据与大量业务数据组成的人力资源数据库基础之上的。通过对数据的统计和分析，就能快速获得所需特定复合信息，如工资状况、员工考核情况等。这不仅能提高人力资源的管理效率，而且便于组织高层从总体把握人力资源情况。决策支持层最能体现人力资源管理中的专业性知识。对于一个管理人员来说，通过不同模型会发现基础信息中的不同价值。同时，统计分析所报告的图表及参数的解释，是一项非常复杂但有意义的工作。基于上述结构的人力资源管理系统模型如图 11-4 所示。

2.输出结论报告

人力资源信息管理系统还需要具有输出结论报告功能，该系统能够汇总在人力资源管理过程中所运用的各类型信息资料，输出直观、清晰的报告和管理需求的结论信息。公共部门人力资源管理所产生的信息可以为管理者、员工和专家服务，输出的形式需要多样化和规范化。主要包括有图、表或者参数模型等。

图是直观反映数据关系的信息输出形式，有些管理者非常看重图的直观效果。公共部门管理信息系统中应尽量多地涵盖各类图形工具。因为，对非专业的管理需求者来说，它不一定具有读懂数据的能力和精力，但一般来说，人们都对图形具有相当好的直觉。像人力资源分布、动态变化、专家模型参数化结果等内容，图形报告的效果非常好。公共部门人力资源信息的图形化报告既可以达到专业化支持决策的效果，又可以节省管理成本，提高管理效率。

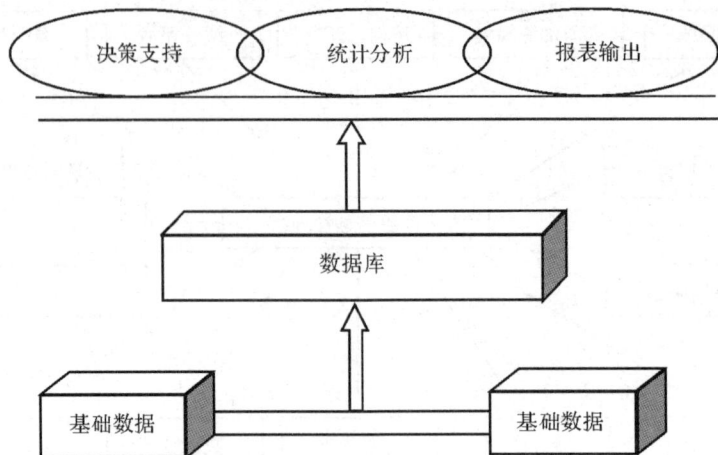

图 11-4   人力资源信息管理系统基本结构功能模型

　　报表是人力资源管理系统的主要输出形式,但不同部门对报表格式及显示数据项的要求往往存在很大差别。这就要求人力资源信息管理系统在提供大量基础报表的同时,还应提供灵活报表的设计工具,用户自己就能够在需要时制作新的报表或对已有报表进行修改。

　　模型是参数化管理的主要方法。在现代公共部门信息管理中,专家们都越来越依靠大量信息和特殊模型来寻找潜在的变量关系与模式,这是人力资源向高级化、专家化和科学化迈进的重要线索。模型包含三方面内容,一是模型结构,二是估计的参数,三是解释结果。一般模型都给出了图表等信息,但很少直接输出原始模型结构。但是,在公共部门中,这些结果都应输出,因为现代公共管理部门人员的素质越来越高,输出模型便于管理者判断结论的适用性和可靠性。

　　人力资源管理总是与其他业务管理紧密相连,例如与财务部门在薪资计算与发放上要进行配合,也许还要同其他部门进行综合评估合作等。这种联系使得人力资源管理系统在运行时,往往还需要与各个专业部门的专业应用系统进行数据交换和共享信息。比如要把薪资计算的结果导入到财务系统中去做进一步处理。这就要求人力资源管理系统成为能够在复杂应用环境下提供数据集成的工具,即所谓数据转换接口。系统在自身输出结构报告同时需要考虑到部门间专业应用系统的兼容性,强大的数据转换接口能确保人力资源管理系统在运行过程中与其他应用软件建立起无缝的数据通道,确保系统的正常运转。

第二节　公共部门人力资源信息系统对管理决策的支持过程

　　人力资源管理与决策支持系统包括：基本信息管理、人力资源规划、工作分析与职位评价、招募、选录和晋升管理、绩效评估管理、薪资管理、培训、教育及人员开发管理和劳动关系管理等部分。一套好的人力资源管理与决策支持系统必须具备下列特点：(1)能够在人力资源信息系统中充分体现组织和发展战略；(2)能及时进行组织功能诊断，发现潜在危机并提供危机管理的人力资源决策支持；(3)能把管理哲学思想转化为具体、简便的操作流程和工具；(4)能够进行工作分析、评价，为人力资源的规范化管理提供基础；(5)能够保证整个组织、业务和人力资源达到完整的责任、权利的结合；(6)尽量做到管理上的客观、公正、科学、简便，工作方法与软件相结合，即有专家建议又有操作软件，通过软件体现管理过程；(7)薪资决策分析为企业制定薪资战略提供支持；(8)为企业建立规范、有效的培训体系。

一、基本信息管理

　　基本系统关系到人力资源规划、工作分析评价、招聘管理、绩效评估、薪资管理、培训管理、劳动关系管理和基本信息。以上系统除基本信息外，其他部分各自独立，但也按部门业务关联而共享某些信息。

二、人力资源规划

　　人力资源规划是人力资源管理工作的首要工作，它把职位分析的结果直接与人力资源联系起来，并为招聘、甄选提供科学的依据和指导，其关键是要与企业、公共部门的战略规划相结合。人力资源规划是一个组织管理战略的重要组成部分，它是由组织发展战略、内外环境评价、人力资源状况等而提出的人力资源供给需求分析，明确公共部门所需人员数量、质量要求，制定相应政策计划，实施并调整的规划文件。

　　人力资源规划包括以下几个方面的内容：总体规划、配备计划、退休解聘及晋升计划、人事补充和调配规划、培训开发规划、薪资规划、职业规划、劳动关系计划、人力资源预算等。

三、工作分析与职位评价[①]

工作分析与职位评价是公共部门人力资源管理的重要组成部分,是公共部门人力资源管理的初始点,在人力资源管理中发挥着十分重要的作用。通过这些工作组织可以明确该岗位的任职资格,为招聘、培训打好基础;明确该岗位的职责权限,为绩效评估打好基础;明确该岗位的工作特征,为合理确定岗级岗差打好基础。

(一)工作分析

工作分析的基本内容包括两个方面:一是工作本身性质与特征的描述,即对特定工作的名称、关键活动、任务、职责、工作关系、工作环境等基本状态进行客观的描述;二是工作任职资格与规范的确立,即对任职者的教育程度、知识水平、经验与技能、身体条件、心理素质等要素予以明确。工作分析的结果是制定涵盖工作特征和任职资格两个方面内容的职位说明书,以此作为组织进行职位评价、职位分类及其他人力资源管理活动的前提和基础。

(二)职位评价

职位评价是工作分析的下一步骤,又是组织薪酬等级设计的基础。职位评价是一种具有价值判断性的管理环节,通过对职务的比较和衡量来确定特定职位的工作职责大小、工作重要程度等相对价值。职位评价的操作可分为定性和定量两类。

(三)职位说明书

在工作分析与评价基础上形成职位说明书:包括职位名称、任职资格、职责权限、工作关系、工资级别等。

(四)工作分析与评价质量评估

工作分析与评价既然是人力资源管理的基础,那么就要从其对招聘、考核、培训、薪资等方面的作用对其质量进行评估,从而使招聘条件、考核标准、培训目标、岗级岗差更加准确。

四、招募、选录和晋升管理

招募和选录是人力资源的入口,招到合适的人才,并正确匹配工作是公共部门招聘管理的重要任务。公共部门人力资源信息管理系统就是使招募、选录和晋升的过程尽量通过软件来实现,从而提高人力事管理工作的效率。该系统处

---

① 孙柏瑛:《公共部门人力资源开发与管理》,中国人民大学出版社 2006 年版,第 146 页。

理的常规招募、选录和晋升的过程中需要坚持三方面的原则,既程序化、效率化和公平性。

（一）用人申请表管理

用人申请表进行了精心设计,包括:目的、成本、效益、职位说明书等项目以规范用人申请达到控制人力资源质、量目标。

（二）招聘计划管理

在用人申请表基础上,结合人力资源规划,形成招聘计划,并对其实施进行管理。

（三）求职申请表管理

求职申请表除采集应聘信息外,还对各种甄选手段及结果进行管理,达到严把进人关的目的。

（四）应聘信息管理

对应聘信息进行采集、跟踪及统计分析。

（五）招聘质量评估

从招聘成本、业绩优良员工比例等指标对招聘质量进行评估。

由于公共工作职位被看作是稀缺的资源,因此人力资源获取功能反映了回应性、效率、个人权利和社会公平等相互竞争价值之间存在的冲突,这些价值是分配公共工作职位的基础。[1] 最终在价值导向上存在的差别,必须要转化进入那些操作性的招募、选录和晋升程序,正是这些程序使日常工作和成本的有效性成为可能,并保证对公平申请者的公平对待。

五、绩效评估与管理

政府绩效评估制度即所谓的考绩制度,是提升公务员整体的工作效率进而增强国家竞争力的有利工具。从管理的本质来看,绩效管理是组织达成目标的一种控制程序,其流程涵盖确立标准、衡量绩效、检测绩效、修正偏差。这四个流程将分别影响整个考绩制度实际的运作效果。[2] 客观、公正、科学、简便的绩效评估能够增进效益,促进人力资本积累,同时能够导致整个组织管理绩效的改进。绩效评估与管理的主要内容包括:

（一）日常和周期性评估系统

日常评估考核主要包括日常工作目标、标准考核、日常信息的完整记录;周

---

[1] ［美］唐纳德·克林格勒、约翰·纳尔班迪:《公共部门人力资源管理:系统与战略》（第四版）,中国人民大学出版社 2001 年版,第 302 页。

[2] 吴琼恩、张世杰、许世雨、董克用、蔡秀涓、苏伟业:《公共人力资源管理》,北京大学出版社 2006 年版,第 105 页。

期性考核包括员工综合素质、工作管理目标、工作标准考核等内容。与日常考核不同的是,前者重点在于记录即时信息并动态维持组织目标,防止偏离最优的目标路径;而后者更注重战略性、总体性考核。

(二)行为量化考核系统

引入行为量化指标和权重系数,将获取的员工日常工作表现资料输入行为量化考核体系中,输出员工工作表现绩效评价具体数值。通过这类数值可以作为工作绩效考核的参考,但是不能成为管理者绩效评价的唯一标准。

(三)结果反馈循环系统

绩效评估不是单向、单一的,而是需要不断改进和再循环的动态过程,如图11-5。绩效评估在实施过程中不断向人力资源信息系统反映被评估对象出现的各方面问题,以便于为此后的培训需求调查和培训设计等步骤作参考。

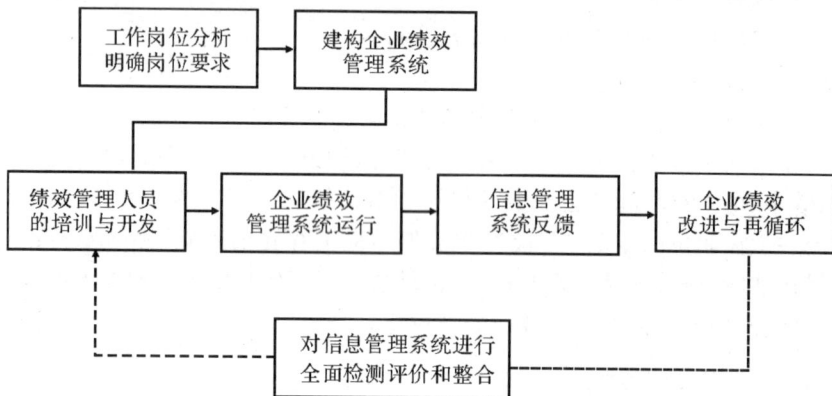

图 11-5　循环绩效管理作业图

(四)绩效评估质量管理系统

从考核满意度、考核标准制定等方面对考核质量进行评估。评估人员将遇到的绩效评估系统本身出现各类信息体现在信息系统中,会在下一轮的绩效评估质量管理系统中得到避免和改正。

六、薪资管理

根据现代战略性薪酬理念,薪酬是企业战略决策的重要组成部分和实现企业目标的关键因素。通过薪酬设计向员工传递企业需要自己去做什么、如何做,以及自己从中能得到什么利益的信息。运用薪酬管理系统来激励员工的行为与企业的目标和战略相一致。[①] 作为一种持续的组织过程,公共部门还必须不断地制定薪酬计划、拟定薪酬预算、就薪酬管理问题与员工进行沟通,并对薪酬系统本身的有效性做出评价,而后不断地予以完善。

薪资管理应该包括下面的内容:薪资报表管理;薪资变动管理;薪资模拟设计;薪资决策分析;薪资制度评估等。由于涉及组织中的任何部门和个人,因此薪资管理在人力资源信息管理系统中是最为重要也是最为复杂的一个管理模块。

七、培训、教育及人员开发管理

公共部门人力资源管理和开发活动,可以归类为培训、教育和人员开发三大类。大多数情况下,开发功能都和雇员更有效率、更有效益、更具回应性地完成现有工作的培训联系在一起。对于公共部门而言,人力资源的管理和开发活动是基于长期目的的考量,训练雇员构建他们在职业生涯晋升到特定岗位上所需的知识、技能和能力。因此,除了培训活动是为了现职的责任和义务而提供的学习之外,教育训练和人员开发都是趋于未来导向性的。[②] 对雇员的开发活动培训是公共部门人力资本重要来源之一。在现代社会中,随着知识更新、信息技术出现,它在组织人力资本形成中越来越重要。从个人来说,人力资源积累的就是针对自己系统特点的不断学习过程。培训管理一般由以下几个步骤构成:

(一)员工培训管理

1.培训需求分析

确定组织内制度性或随机的培训业务需求,选择需要培训的人员,然后与组织其他部门配合,调整业务流程和作业配置,核算成本与收益等。

2.培训计划制定

包括新员工任职培训、晋升培训、员工培训、员工工作改进培训、岗位变动培训、储备干部培训等。

3.培训计划实施

4.培训效果评估

培训评估贯穿于整个培训过程,其目的在于测量和追踪培训过程的各个环节,及时发现问题,提出改进措施,以提高培训的绩效。它是对培训活动实施监控的体现,是完善公共部门人力资源培训的重要手段。

---

① 赵曙明:《人力资源管理与开发》,北京师范大学出版社 2006 年版,第 182 页。

② [美]唐纳德·克林格勒·约翰·纳尔班迪:《公共部门人力资源管理:系统与战略》(第四版)中国人民大学出版社 2001 年版,第 366 页。

(二)教育训练和人员开发管理

教育培训主要内容在于技能建构,强调学习那些在不同岗位上通用的,或者作为管理层普遍需要接受的知识。无论是公共部门还是雇员本身,都应该做好相应的准备以迎接未知的问题,除了技能构建之外,还强调开发个人素质,以及对个人提高能力的理解力。在人力资源信息系统中引入这一类的开发模型,在其中有自我意识、变化管理、战略性规划等设计,使管理者转化成为能够鼓动、建构他人自信心的领导者。

八、劳动关系管理

良好的劳动关系会增强企业凝聚力,调动广大员工的积极性、创造性,为组织战略的实现打下坚实的基础。上通下达的管理信息系统正体现劳动关系中的平等协商、信息沟通、员工参与原则,劳动关系的妥善处理会增进公共部门的协调效果,减少组织冲突,避免纠纷。公共部门与外部会产生广泛的业务关联,因此劳动关系也非常复杂。人力资源信息系统中反映这种新型的劳动关系管理功能无论是从组织绩效和成本节约上,都是非常必要的。我们要求一个系统能够尽量记忆所有的信息,来满足随机性、复杂化管理需要,但下面几个则是主要的:

(一)劳动合同管理

1.基本资料管理。公共部门内部是一个合约集合,通过合同定义了所有部门、个人的权利与义务,因此所有形成的合同,都应该在人力资源信息系统中得到充分的反映。

2.合同调整管理。公共部门的绩效及动态成长特征与组织内每一个员工相关。他们都是组织的代理人,组织目标靠他们来实现。如果每一个员工行为都运行在最优路径上,组织目标就不会发生大的偏离。因此,信息系统应该随时收集来自这些代理人的合理化建议,从而提高决策的理性和组织效率。

(二)劳动争议管理

公共部门既是一个合作的团体,也是冲突最为集中的地方。经常的、频繁的、低强度的组织冲突有利于系统的整合,因为它不会使利益冲突能量过分积累到不可控的地步。劳动争议是冲突的一种类型,公共部门管理者应该正视这一问题,并通过人力资源管理系统收集并记录下来,以便组织行为审计,同时让各种冲突逐渐化解,使制度在冲突中走向成熟。

(三)劳动关系评估

定期地进行劳动关系评估需要系统提供相对完整的基础信息,同时又需要将这些零散的信息合成为一种管理信息。最终这些信息会通过改进管理理念,体现在各种具体的管理实践中。劳动关系评估不会像薪资管理那样,存在着清晰的数量关系,但它最终会体现在公共部门管理文化之中,使组织协调性和效率提升。

第三节　公共部门人力资源信息系统的使用、维护与再开发

公共部门人力资源信息管理系统是现实人力资源管理的虚拟平台,对于任何一个公共部门而言,在建立或引入人力资源信息管理系统时,都预期这一系统能够尽量完整地反映组织内的业务关系,涵盖全部的管理流程,并且能够动态适应组织内外部环境变化、人为因素复杂性等各方面的需求。开发任何信息管理系统都具有其普遍性,适合所有行业内管理部门使用,使信息系统的开发资源可以得到共享。然而任何部门和组织之间都有自身的特点和差异,具有不同的管理理念和战略目标,这就需要人力资源信息管理系统能够符合差异性需求,满足这些特殊的要求。

公共部门对现有的人力资源信息管理系统的使用是一个值得重视的问题。如何充分利用这一系统带来的信息资源,如何动态更新管理信息内容并及时从中获取管理者所需要的结论报告,以及自助终端如何得以推广使用等,都是公共部门人力资源管理者需要考虑的方面。人力资源信息系统是一个人机互动的系统,它不仅取决于系统的功能及经济特征,也取决于使用该系统的人力资源管理者及其他需求者,同时更取决于双方相互适应程度。

一、公共部门现有人力资源信息系统的使用

一套信息管理系统能够在组织运行过程中充分地替代传统管理功能,取决于拥有这一系统的管理组织和使用者。如果公共部门内部管理始终保持传统管理模式来运行,不通过系统平台及时更新管理信息,利用信息平台实施组织管理,那么即使拥有的是一套完善的信息管理系统,也不能发挥它的强大功能,更不能达到预期高效的管理效率。更为常见的是,组织已经引入了这样信息系统,但是由于组织内部操作的习惯性和传统思维束缚,系统的被服务对象不会使用或者根本拒绝使用这一系统,这样就会造成这一资源的浪费。为使一套系统高效运转,从而更大地创造公共效益,必须做好以下工作:

(一)转变传统管理观念,引入信息化理念

1.公共部门应该转变传统的行政观念,对工作人员加强服务型政府建设的思想教育。

2.在信息化社会大环境下,公共部门同样应该在管理的思想层面引入科技和信息化的理念。

(二)熟悉人力资源信息系统

1.各个管理部门都能清楚地知道信息系统能够提供哪些日常业务及特殊业务功能。

2.掌握信息系统的关联结构,以便合理的利用组织信息和服务。

3.人力资源部门应该完全熟悉使用该系统并向其他部门提供信息业务支持。

4.将信息系统与自己的业务相匹配,寻找信息系统的缺陷与不足,以待进一步完善。

(三)正确、熟练使用人力资源系统

正确熟练使用是高效使用该系统的重要条件,因此,人力资源信息部门不仅要组织好自己业务部门的使用培训,而且应该提前对所有需求者进行培训。当一套系统开始使用后,人力资源部门与其他关联业务部门会经常地基于该系统发生互动。其他部门的管理需求与人力资源部门的信息供给过程,会提高系统资源的使用效率,也会经常产生新的业务需求,促进人力资源部门改进该系统。

一般来说,出售信息系统的软件开发公司都会介入培训过程。但是,对于开发商而言他们熟悉的仅仅只是自身系统的结构模型,对所在的具体部门结构和运作往往并不熟悉。因此,一方面利用开发商提供的专业培训可以大大提高培训效率;另一方面人力资源部门也需要在培训的过程中,穿插针对本部门业务结构和运作的内容。由此可以让被培训者(也就是以后的信息系统使用者)可以尽可能全面地了解该系统,有助于以后的系统使用、维护和更新完善。因此,人力资源管理部门应该组织本系统的所有需求者尽量参加培训课程,并在自己使用的过程中积累和总结经验,不断完善信息系统操作说明的内容,同时逐步磨合现有系统与自己业务之间匹配。

二、人力资源信息管理系统的更新与再开发

(一)信息管理系统的更新

由于公共部门管理处在一个内外部环境不断动态变化的过程中,不论是管理理念、组织结构及管理手段都可能需要实时更新,因此会产生新的业务需求。这样的变化要求人力资源信息管理系统经常地更新,以适应组织管理的需要。人力资源各部门应该经常跟踪人力资源管理手段的新变化,组织结构动态,对比自己的管理系统是否能够满足这些变化,实时将这些新的需求详细记录下来,以备系统周期性更新时参考。各个相关业务部门,也应该将自己使用该系统中发

现的问题及新的需求及时反馈到人力资源管理部门。

（二）信息系统的再开发

随着人力资源管理者素质的提高和社会信息技术的进步,旧有的信息系统一旦落后,就需要进行管理信息系统的再开发环节。一般来说,人力资源基本信息收集这一块相对比较稳定,虽然信息管理需要采集的指标会经常变化,但可以在数据库文件中轻易得到跟进。灵活性较大的是专家信息系统。目前市场上的软件大多都整合了常规的统计软件包,这些包中能够满足大部门常规统计功能。由于新统计模型的出现和现有人力资源信息的积累,使用新模型来提取数据参数已越来越普遍。这时,我们应该注意几个问题:一是在条件许可时,在原有的人力资源软件中重新整合进新的功能;二是通过外购专业化软件来进行处理;三是注意不同软件之间的数据转换和技术性处理工作。[①]

（三）信息管理系统的开发决策模式

公共部门人力资源信息管理系统建设时通常会面临两个基本决策:利用外部开发的成熟系统还是自行组织研发系统。这几年来随着信息科技的普及,人力资源管理系统的开发工作已经逐步专业化、社会化。许多长期从事这一系统开发的公司不断涌现,他们不仅具有足够的技术支持和相关人力资本,而且能够提供全程的动态服务,例如售后维修、结构更新和人员培训等。这类专业化公司的出现,同时也改变了信息系统软件市场的竞争结构,系统软件的价格变得相对便宜。这一变化已经彻底改变了人力资源开发决策的传统模式,即通过外购信息系统代替公共部门的自主开发。外购软件商不仅能够提供一般的标准化管理软件,也能针对公共部门的特殊需求特点,定做管理系统,同时负责相应的员工培训课程设计和安排。因此,公共部门在进行信息系统开发决策是应该综合考虑各方面的需求和自身组织的特点。

1.利用外部开发市场,引入现有系统软件

经过多年的探索和发展,人力资源信息系统开发市场已逐渐成熟。从功能上看,一般的人力资源管理软件基本涵盖了大部分企业或组织的常规人力资源管理功能,并且能够按照公司的特殊业务需求定做目标系统。从服务上看,信息开发公司除了拥有一批专业化开发力量之外,他们一般还拥有组织管理、业务分析、专家系统方面的人员。同时,他们还提供培训服务。这些外部条件的成熟使我们具备了经济的利用外部市场,建立自己信息系统的条件。因此在决策时,我们应该尽量利用这些专业化市场力量。

2.根据组织自身特点,采取内部自主研发

---

① 　赵曼:《公共部门人力资源管理》,华中科技大学出版社 2008 年版,第 332 页。

从经济和效率角度考虑,利用外部市场进行开发确实是可行之举。但是在一下这些情况下,应该考虑采取自主研发的手段:当自己是一个特殊的组织结构,无法利用外部系统时;当自己组织系统内部具有专业化能力时;当自己系统设计到一些特殊信息需求,又不能与专业开发公司互动时;或者从成本与收益角度比较后发现适于自己开发时;可以自己进行人力资源信息开发。近年来,人力资源信息系统开发决策过程中,许多公共管理部门在开发前缺乏正确的决策,结果导致重复开发、系统与外部兼容性低、资源配置效率低下、动态适应性差等问题,今后在公共部门信息系统建设中应该尽量避免。

第四节　公共部门信息管理系统与外部系统的沟通

政府部门的公共人力资源管理,无论将其视为管理公共人力资源的功能、分配公共职位的过程,还是由各种相关政策、法律、规则与程序构筑而成的一种制度,基本上都是受到其所处的环境系统中各种复杂因素交互影响而产生的一种结果。① 因此,公共部门的管理信息与外部环境的沟通体现在信息管理系统上,就需要这类的信息管理系统具有与外部系统产生良好信息沟通的能力。

一、公共部门之间的内部信息沟通

公共部门内部之间存在许多密切联系和沟通机会,这里所说的内部,是指按行政职能联系起来的所有公共部门内部,而不是一个具体的政府职能部门内部。例如,一个地方政府职能是由财政、税收、计划、环境保护、城市建设与发展委员会等职能部门来承担的。因此政府会按行政隶属关系扩展成一个复杂的组织结构,各个部门代理完成政府的部门管理职能。这些职能部门既与当地政府部门之间存在横向的业务关系,也可能与上级部门之间存在着垂直业务关系。因此,部门内部、部门之间也经常会发生人力资源信息流动问题。例如,税收、工商等具体部门或完全垂直管理特征的部门,就会出现这种情况。公共部门之间由于各种业务往来和沟通机会,需要共享许多数据,这是由公共部门管理特点决定的。例如,图 11-6 中,各个部门都是相对独立的公共部门。

就人力资源管理部门而言,由于业务分工和职能需要,每个单位都必须有自己的特殊业务考核系统,以满足部门内部人力资源管理需要。但是,各部门又

---

① 吴琼恩、张世杰、许世雨、董克用、蔡秀涓、苏伟业:《公共人力资源管理》,北京大学出版社 2006 年版,第 21 页。

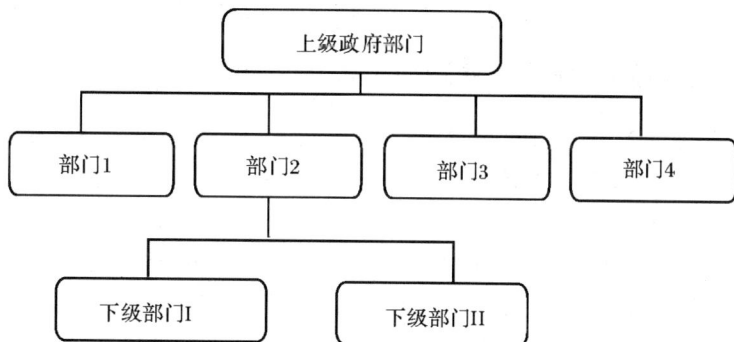

图 11-6　公共部门内部的信息流动

处于上级政府的统一管理之下。上级部门也会经常了解所属区域内人力资源信息，以便作出整体决策。这样，下级管理部门就必须及时提供或定期提供人力资源总体和结构数据。同时，部门Ⅰ和Ⅱ与上级部门 2 存在垂直业务联系，因此它们之间应该保留数据接口，使数据流动畅通。

表 11-2 是一个简化的政府各公共部门之间的人力资源信息通讯表。表中数据 0 代表部门内部的信息流动，1 代表按职能定义的各部门之间的信息流程图。例如，所有部门都必须向统计局提供本部门人力资源信息，政府主管部门与各业务职能部门之间也存在完全沟通式的业务联系。至于它们之间以何种方式、何种流程和规则进行通讯，往往都有相当正式的或习惯的规则。因此，在进行政府公共部门人力资源规划时，应该考虑这一问题。

表 11-2　简化的内部通讯图

	计划发展委员会	统计局	社会保障局	财政局	政府办（厅）
计划发展委员会	0	1	1	1	1
统计局	1	0	1	1	1
社会保障局	1	1	0	1	1
财政局	1	1	1	0	1
政府办（厅）	1	1	1	1	0

赵曼：《公共部门人力资源管理》，华中科技大学出版社 2008 年版，第 333 页。

在传统的信息处理模式中，这些公共部门内部信息的流动一般通过邮件、电话等方式进行处理。但在现代信息管理网络中，电子信息流动已经是一种常规处理模式。信息的流动往往需要授权，或者说存在一些制度性障碍，但他们的业务网络并不是完全封闭的，而是会发生经常的信息互动。因此，在保持公共部门信息系统相对独立性前提下,各个部门之间应该预留信息沟通的接口。

二、内部信息与外部信息互动

随着新闻媒体、网络等宣传媒介的发展,公共部门的信息公开化程度越来越高,以往的政府一直在利用各种媒体来保持与社会的信息沟通,同时它也需要了解外部信息,这就是公共部门的外部沟通问题。在过去,报纸、杂志、电视、邮件等传统媒介是政府选择的重要信息工具,但现在,互联网的普及彻底打破了传统公共部门内外部信息沟通方式,应运而生的许多政府建立的门户网站正是信息沟通模式转变的标志。这些政府网站不仅提供一般性政府服务,而且还是这些部门处理业务信息的重要部分。

政府通常会注重保持与社会的信息交流。这些交流包括:政府需要及时地了解劳动市场与人才就业市场的信息;政府还需要了解所属区域内企业人力资源的总体、分布及结构状况;政府为了合理规划人力资本投资,需要对教育及人力资本总体、分布及流动情况有所了解;政府需要了解上级人力资源政策动向,也有责任向市场传递人力资源政策的动向。

由于公共部门的许多重大决策都与人力资源有关,而所需的信息往往是综合的,这样的综合信息在一般的实践性人力资源系统那里无法得到支持,不能自动获取支持信息。因此,政府还应经常深入地了解人力资源管理方面理论层次的科研信息,并独立地发起有针对性的人力资源科研活动。这样各级地方政府不仅需要保持与上级政府之间人力资源的信息沟通,又需要与它所面对的市场进行信息互动,还需要与社会各个部门发生业务来往。虽然内部决策过程可能保持独立的,但在不同的权限内,这种决策过程公开化也是非常重要的。

值得注意的是,公共部门系统内部与外部环境之间的信息沟通往往是双向的。例如,政府各职能部门会主动地向市场传递关于人力资源的策略信息,这些信息包括政府各部门需要招聘公务员信息、劳动及社会保障信息、就业促进信息、吸引人力资源的信息等。同时,政府决策涉及人力资源的市场信息,他们需要了解不同层次的基础信息来支撑政府的决策。

三、新型公共部门人力资源网站的构建

公共部门网站建设是目前的一个潮流,许多公共部门都有自己的网站。网站是公共部门保持与社会信息沟通的而有效手段。过去人力资源网站仅仅局限在人才招聘方面,所以一般也成为招聘网。但是,从理论和目前实践来看,公共部门的人力资源信息网站应该包含更多的服务内容。

公共人力资源网站建设技术问题目前已经不再是一个重大的决策变量,网

站经营则越来越重要。尤其是公共人力资源网站的建设,除了传统上的人力资源供需信息传递,还需要引入更多与公共部门服务型职能转变相关的概念。公共部门人力资源网站不能够仅仅成为虚拟的人才交流市场,更不能成为介绍性、炫耀性甚至广告信息的工具网站。作为公共部门与社会沟通的门户来说,鉴于它的公共服务性,可以同公民参与、行政监督等一系列公众体系相结合。同样可以通过建立公共部门网站获取公众评议信息,作为公共部门员工绩效考评的参考项目。网站是组织与外界沟通的门户,在信息社会下如何设计和经营网站,与经营公共部门本身几乎有着同等重要的地位。因此,新型公共部门人力资源网站的构建和维护过程,需要像管理公共部门本身一样来进行管理。设计公共部门人力资源网站需要考虑以下因素:

（一）网站面向群体的研究

公共部门人力资源网站是面向信息消费者的一个窗口。它的目标是尽量向所有关联者传递和沟通相关信息,并提供最大的信息服务。因此研究网站所面向的消费群体是首要考虑的。专门的公共部门人力资源网站可能是政府网站的分支,也可能是一个专门的营利单位,如政府承办的人才招聘网等。公共部门内部网站往往也设计了专门栏目,提供深度的信息服务。例如,政府在公务员招聘时,可能首先利用覆盖面大的专门网站发布招聘信息,这样可以扩大目标市场的范围,同时,也可以把消费者注意力引导到自己的网站上。公共部门网站所面向的消费群体可能包括以下几个部分:

1.公共部门人员招募、选拔晋升公示等。

2.劳动关系政策公告。

3.人力资源服务者（咨询者）和人力资源学科研究者。这些消费者了解的内容一般为政策变更、历史信息、现有公共部门人力资源政策、人力资源数据、科研结论与报告等各个方面。

（二）网站提供的信息内容

公共部门人力资源网站应该尽量包含所有适合于公开的人力资源信息。一个公共部门运行到一定程度后,会累计大量数据和专业人力资本。无论是针对内部或外部服务,网站都应该做好以下服务。

1.基本信息服务:它包括人力资源现有状况、结构信息服务。

2.政策服务:及时公布现有新的政策及老政策变更信息;提供公开的政策。

3.咨询服务。

4.提供监督平台服务。

3.导航与网站链接服务:利用自己专业人员对本行业专业和信息优势,链接到其他网站,以便内外部使用者了解科研动态、结论、政策变更预测等。

本章练习

1. 什么是公共部门人力资源信息管理？
2. 公共部门人力资源信息管理系统的主要功能是什么？
3. 公共部门人力资源信息系统整合过程需要哪些步骤来完成？
4. 模型化的公共部门人力资源信息管理系统应该反映哪些方面的需求？
5. 简述人力资源信息管理系统面向组织功能结构的服务。
6. 设计公共部门人力资源网站需要考虑哪些因素？

案例讨论

中国石化建立人力资源管理信息系统(eHR)①

中国石化人力资源管理信息系统(eHR)是中国石化企业资源计划 ERP 系统的重要组成部分。建立该系统的目的旨在通过先进成熟的计算机、网络、数据库及通讯技术建立一个规范、准确、高效的人力资源管理信息系统。

eHR 是从人力资源管理的角度出发,用集中的数据库将几乎所有与人力资源相关的数据(如个人信息和历史资料、薪资福利、招聘、个人职业生涯的设计、培训、职位管理、绩效管理、岗位描述)统一管理,形成集成的信息源。利用系统友好的用户界面,强有力的花名册、登记表及统计报表生成工具、分析工具和信息的共享能力,形成科学的、实用的、互动的人力资源管理信息平台。人力资源管理信息化是一个阶段性的过程,通过记录人力资源业务结果,提供数据查询统计工具及远程查询,为中国石化各级单位领导决策充当参谋,以科学手段辅助企业优化人力资源管理。

互联网时代的到来不仅冲击了传统的市场、供应、销售和服务等领域,也给人力资源管理带来了新的挑战和机遇。eHR 实际上是一种基于 Internet/Intranet 的人力资源管理信息系统。为了将人力资源管理人员从繁重琐碎的日常事

---

① 资料来源:http://www.chinahrd.net/zhi_sk/jt_page.asp? articleid=133220,访问时间:2009 年 12 月 20 日。

务性工作中解脱出来,eHR强调员工的自助服务,如果员工的个人信息发生了变化,他本人经过授权就可以通过BIS(浏览器/服务器)用自己的账户去访问更新自己的信息,经过一定的批准程序即可生效。同样,对于培训、假期申请等日常的行政事务也可作类似处理。这样不仅减轻了人力资源管理人员用于数据采集、确认和更新的工作量,也较好地保证了数据的质量和数据更新的速度。中国石化人力资源管理信息系统(eHR)为适应当前"三支队伍"建设管理战略的需要,开发了8个功能模块,主要包括:机构管理、人员管理、领导人员管理、专家管理、高技能人才管理、统计报表、薪酬管理、查询分析。

中国石化管理层认识到采用人力资源管理信息系统的必要性,因此在充分考察论证的基础上,选购了亚信科技(中国)有限公司开发的适合本企业特点的人力资源管理信息系统(eHR)。该信息系统的特点包括:

1. 整合的、集中的信息源

首先,我们可以反思一下,企业里原有有关人力资源方面的信息是如何保存和查找的?可能会用自编程序、FoxBase或Excel来计算员工的工资,而员工的养老金信息、合同信息、个人信息等可能被存放于多个部门的Word或Excel文件中或打印出来放在文件柜里。这种分散的信息源,在信息的采集、整理和更新时会产生许多重复的工作,造成人浪费,其保存和查找也是一个相当困难的过程,而要使所有的信息得到及时的更新从而保持相容的状态则几乎是不可能的。而采用人力资源管理信息系统,就可以用集中的数据库将与人力资源管理相关的信息全面、有机地联系起来,有效地减少了信息更新和查找中的重复劳动,保证了信息的相容性,从而大大地提高了工作效率,还能使原来不可能提供的分析报告成了可能。

2. 易访问、易查询的信息库

在没有采用和实施人力资源管理信息系统之前,当企业管理人员要统计数字时,往往依赖于某个人或某些人来获取。首先是找到人力资源部的相关人员,由他们从不同的计算机文件、打印件或档案柜中查找相关的信息,再汇总经审批后提交。这种依赖于人的过程往往会因为花费的时间较长或某个人不在办公室而不能及时完成。在采用和实施人力资源管理信息系统之后,就会将依赖于人的过程改为依赖于计算机系统的过程,企业管理人员只要获取了相应的权限,就可以随时通过浏览器进入系统,直接查阅相应的信息及相关报表数据。

3. 有利于体现公平性原则,留住人才中国石化下属

各企业都不同程度上存在若人才流失现象,除了因为薪资因素之外,还有如工作环境、领导公平与否、培训机会和个人前途等等其他因素。现在不少人利用业余时间学习了很多的课程,得到了证书,有了一技之长。但是,按以往的情形,

除了有机会在领导面前显示外,他很难得到相应的岗位和报酬。如果将技能输入人力资源管理信息系统,在相应人力资源管理相关制度的配合下,在某个岗位需要人时,先搜寻一下企业内部是否有合适的人选,如果有可与之沟通,通过一定的审批即可上岗,这样也许会留住一部分人才。再如,在提拔干部时,是根据谁在领导面前表现得多,还是根据他的知识、技能和以往的绩效?体现公平性原则不仅在于选拔出合适的人才,还在于给员工一种暗示:个人在本企业的前途不在于是否善于在领导面前表现,而是在于个人的努力程度,从而达到激励员工的目的。体现公平性原则不应只是一句口号,它需要企业在制度上予以保证和必要的系统工具支持。人力资源管理信息系统就是一种非常有效的辅助工具。

4. 提高管理水平

实施人力资源管理信息系统的过程本身也包含着回顾企业本身的机构和岗位设置、管理流程、薪资体系等,并根据软件中所蕴含的先进管理思想来改变现行的体系。采用和实施人力资源管理信息系统不仅仅是为了提高工作效率,在实施人力资源管理信息系统后,经过整合的、较为全面、准确、一致和相容的信息不仅可以让中国石化各级领导对本企业人力资源的现状有一个比较全面和准确的认识,同时也可以生成综合的分析报表供企业领导人在决策时参考。如在薪资普调或薪资体系变更前,生成按岗位的历史薪资分析报告等,可辅助企业领导层决策科学化。

人才已成为实现中国石化自身战略目标的一个非常关键的因素。如何能保持本企业员工的工作责任感,激励他们的工作热情,减少人才流失,已成为困扰中国石化各企业和人力资源部门的一个日益尖锐的问题。企业管理从根本上来讲就是对人的管理。现在"公平、公正、合理"的企业管理理念已为中国石化各企业所采纳,但是要实现"公平、公正、合理"决非易事,它不是仅靠规章制度和政策就可以解决的。通过建立透明、相容、一致、易查和全面的人力资源管理信息系统,将与人相关的信息统一地管理起来并加以应用,才有可能将"公平、公正、合理"原则的实现。

讨论题:

1. 试分析中国石化采用人力资源信息管理系统的内外部原因?

2. 结合中石化的人力资源信息管理系统案例,试分析它与公共部门人力资源信息管理系统之间的区别与联系。

参考文献

1. 萧鸣政主编：《人力资源开发与管理——在公共组织中的应用》(第二版)，北京大学出版社 2009 年版。

2. 孙柏瑛、祁光华编著：《公共部门人力资源开发与管理》，中国人民大学出版社 2009 年版。

3. 吴志华：《我国公共部门人力资源管理改革》，上海交通大学出版社 2009 年版。

4. 李德志等编著：《公共部门人力资源管理与开发》(第二版)，科学出版社 2008 年版。

5. 赵曼：《公共部门人力资源管理》，华中科技大学出版社 2008 年版。

6. 倪星主编：《公共部门人力资源管理》，东北财经大学出版社 2008 年版。

7. 陈天祥编著：《公共部门人力资源管理及案例教程》，中国人民大学出版社 2008 年版。

8. 滕玉成、于萍：《公共部门人力资源管理》(第二版)，中国人民大学出版社 2008 年版。

9. 郭庆松：《公共部门人力资源管理研究》，上海人民出版社 2007 年版。

10. 杨顺勇、王学敏、查建华：《人力资源管理》，复旦大学出版社 2007 年版。

11. 魏新、刘苑辉、黄爱华：《人力资源管理概论》，华南理工大学出版社 2007 年版。

12. 吴琼恩、张世杰、许世雨，董克用、蔡秀涓、苏伟业《公共部门人力资源管理》，北京大学出版社 2006 年版。

13. 赵曙明：《人力资源管理与开发》，北京师范大学出版社 2006 年版。

14. 谭融：《公共部门人力资源管理》，天津大学出版社 2006 年版。

15. 赵秋成：《公共部门人力资源管理》，东北财经大学出版社 2006 年版。

16. 傅夏仙、吴晓谊编著：《公共部门人力资源管理基础》，上海人民出版社 2005 年版。

17. 王德高：《公共管理学》，武汉大学出版社 2005 年版。

18. 黄建荣：《公共管理新论》，社会科学文献出版社 2005 年版。

19. 俞文钊:《人力资源管理心理学》,上海教育出版社2005年版。

20. 郑功成著:《社会保障概论》,复旦大学出版社2005年版。

21. 许法根编著:《国家公务员制度》,浙江大学出版社2004年版。

22. 傅礼白著:《国家公务员制度概论》,山东大学出版社2004年版。

23. 莫志宏著:《人力资本的经济学分析》,经济管理出版社2004年版。

24. 姚先国、柴效武编著:《公共部门人力资源管理》,科学出版社2004年版。

25. 周文霞主编:《职业生涯管理》,复旦大学出版社2004年版。

26. 刘冰、张欣平编著:《职业生涯管理》,山东人民出版社2004年版。

27. 仇雨临主编:《员工福利管理》,复旦大学出版社2004年版。

28. 滕玉成、俞宪忠:《公共部门人力资源管理》,中国人民大学出版社2003年版。

29. 吴江、胡冶岩主编:《公共部门人力资源管理》,中共中央党校出版社2003年版。

30. 朱晓卫著:《公共部门人力资源开发与管理研究》,黑龙江人民出版社2003年版。

31. 林泽炎、李春苗编著:《员工职业生涯设计与管理》,广东经济出版社2003年版。

32. 石金涛:《培训与开发》,中国人民大学出版社2003年版。

33. 萧鸣政:《人力资源开发学》,高等教育出版社2002年版。

34.《公共部门人力资源管理》编写组:《公共部门人力资源管理》,中国国际广播出版社2002年版。

35. 赵曙明:《人力资源管理研究》,中国人民大学出版社2001年版。

36. 武欣编著:《绩效管理时务手册》,机械工业出版社2001年版。

37. 胡君辰、郑绍濂主编:《人力资源开发与管理》(第二版),复旦大学出版社1999年版。

38. 康士勇:《工资理论与工资管理》,中国劳动出版社1998年版。

39. [美]埃文·M.伯曼、乔纳森·P.韦斯特等著,萧鸣政等译,《公共部门人力资源管理》(第二版),中国人民大学出版社2008年版。

40. [美]埃文·伯曼、詹姆斯·鲍曼、乔纳森·韦斯特、蒙哥马利·范瓦特,祁光华译:《公共部门人力资源管理:悖论、流程和问题》(第二版),北京大学出版社2008年版。

41. [美]乔治·伯兰德、斯科特·斯内尔,魏海燕译:《人力资源管理》(第十三版),东北财经大学出版社2006年版。

42. [美]耶胡迪·巴鲁:《职业生涯管理教程》,经济管理出版社2005年版。

43. [美]托马斯·J.伯格曼、维达·基尔比纳斯·斯卡佩罗,何蓉等译:《薪酬决策》,中信出版社 2004 年版。

44. [美]杰弗里·H.格林豪斯、杰勒德·A.卡拉南、维罗妮卡·A.戈德谢克：《职业生涯管理》(第三版),清华大学出版社 2003 年版。

45. [美]罗纳德·克林格勒：《公共部门人力资源管理：系统与战略》(第四版),中国人民大学出版社 2002 年版。

46. [美]约瑟夫·J.马尔托奇奥著,周眉译：《战略薪酬》(第二版),社会科学文献出版社 2002 年版。

47. [美]彼德·圣吉等：《变革之舞：学习型组织持续发展面对的挑战》,东方出版社 2001 年版。

48. [美]雷蒙德·诺伊：《员工培训与开发》,中国人民大学出版社 2001 年版。

49. [美]亚瑟·小舍曼等：《人力资源管理》,东北财经大学出版社 2001 年版。

50. [美]加里.德勒斯：《人力资源管理》(第六版),中国人民大学出版社 1999 年版。

51. [美]劳伦斯·S.克雷曼著,孙非等译：《人力资源管理——获取竞争优势的工具》,机械工业出版社 1999 年版。

52. [美]埃德加·H.施恩：《职业的有效管理》,生活·读书·新知三联书店 1998 年版。

53. [美]埃德加·H.施恩：《组织心理学》,经济管理出版社 1987 年版。

54. 邓卫文：《论公务员职位分类制度之创新》,载《行政与法》2006 年第 3 期。

55. 李强：《人力资源工作分析研究》,载《科学管理研究》2006 年第 1 期。

56. 赵建平：《人力资源开发视角下的公务员培训》,载《人才开发》2006 年第 2 期。

57. 徐锦林：《公务员分类管理还有探索的空间》,载《社会科学报》2005 年第 12 期。

58. 罗帆,余欢：《提高事业单位绩效考核信度与效度的制度创新》,载《武汉理工大学学报·信息与管理工程版》2004 年第 6 期。

后　记

　　本书阐述了公共人力资源管理的基本理论及可操作的一些方法,内容涉及公共部门人力资源管理的理论核心与基本原则、工作分析与职位评价、分类管理、绩效管理、培训管理、生涯管理、薪酬管理、福利与保险、行为规范与权益保障等方面,并结合《中华人民共和国公务员法》,对我国公共部门人力资源管理的一些热点、难点问题进行了积极而有益的探讨。

　　本书的理论分析较为系统,实践操作性较强,既可用作高教、成教、职教行政管理专业的教材,也可为各级各类政府行政部门和企事业单位管理人员、专职人事工作者提高理论水平、业务水平和专业素质之用。

　　本书由福建师范大学公共管理学院的骨干教师和部分研究生合作完成。各章撰写人分别为:鄢龙珠(导论、第六章)、吴镇聪(第一、二章)、王明春(第三、四章)、陈志(第五、十章)、刘少枫(第七、八章)、陈建平(第九章)。鄢龙珠、刘少枫、陈志作了全书文字统稿。

　　编写过程中,我们参考了不少相关书籍、资料,未能全部注明,在此一并致谢。

　　由于编者的知识和经验有限,加之编写时间较为仓促,不足之处在所难免,我们敬请各位专家和读者批评指正。

编　者

图书在版编目(CIP)数据

公共部门人力资源管理/鄢龙珠主编. —2 版. —厦门：厦门大学出版社，2010.2(2015.4 重印)

ISBN 978-7-5615-2621-7

Ⅰ.公…　Ⅱ.鄢…　Ⅲ.人事管理学-高等学校-教材　Ⅳ.D035.2

中国版本图书馆 CIP 数据核字(2009)第 221841 号

官方合作网络销售商：

厦门大学出版社出版发行

(地址:厦门市软件园二期望海路 39 号　邮编:361008)

总 编 办 电 话:0592-2182177　传真:0592-2181253

营销中心电话:0592-2184458　传真:0592-2181365

网址:http://www.xmupress.com

邮箱:xmup @ xmupress.com

厦门集大印刷厂印刷

2010 年 2 月第 2 版　2015 年 4 月第 6 次印刷

开本:720×970　1/16　印张:20.75　插页:2

字数:374 千字　印数:17 501～20 500 册

定价:35.00 元

本书如有印装质量问题请直接寄承印厂调换